PROCESSO ORAL -

Entre Formação, Transformação e Reconstrução

Augusto Tanger Jardim

PROCESSO ORAL -
Entre Formação, Transformação e Reconstrução

2022

EDITORA JusPODIVM
www.editorajuspodivm.com.br

EDITORA
*Jus*PODIVM
www.editorajuspodivm.com.br

Rua Canuto Saraiva, 131 – Mooca – CEP: 03113-010 – São Paulo – São Paulo
Tel: (11) 3582.5757
• Contato: https://www.editorajuspodivm.com.br/sac

Copyright: Edições *Jus*PODIVM

Diagramação: Equipe *Jus*PODIVM

Capa: Ana Caquetti

J37p Jardim, Augusto Tanger
Processo Oral - Entre Formação, Transformação e Reconstrução / Augusto Tanger Jardim – São Paulo: Editora Juspodivm, 2022.
352 p.

Inclui Bibliografia
ISBN: 978-85-442-3883-7

1. Direito Processual Civil. I. Jardim, Augusto Tanger. II. Título.

CDD 341.46

Ao Henrique, meu filho.

Eu vejo o futuro repetir o passado.
Eu vejo um museu de grandes novidades.
O tempo não para.
(Cazuza)

AGRADECIMENTOS

O presente livro é fruto de pesquisa desenvolvida durante um período que integra meu doutorado e os anos de pandemia que se seguiram. Esses dois momentos demandam agradecimentos específicos.

Durante a elaboração da tese a colaboração de alguns colegas foi de suma importância no desenvolvimento e teste das ideias presentes neste livro. Cito, ciente de estar cometendo uma injustiça com outros que também foram importantes, em ordem alfabética: Alexandre Marder, Eduardo Cunha da Costa, Klaus Cohen Koplin, Leonardo Abreu, Otávio Augusto Dal Molin Domit, Rafael Sirangelo de Abreu, Valternei Melo de Souza e Vitor de Paula Ramos. Merece agradecimento especial o professor Doutor Daniel Mitidiero na condição de orientador da tese e de grande processualista e ser humano.

Necessário, ainda, agradecer às pessoas que serviram de esteio para mim ao longo de toda minha vida e em especial durante os difíceis anos da pandemia: aos meus "irmãos e irmã de vida" (de modo especial: Felipe Kern Moreira, Fernanda Nunes Barbosa, Flavio De Lorenzi, Ricardo Moacir Silva e Valternei de Melo de Souza) e à minha família ancestral (Neila, Antonio, Guilherme, Gustavo e Candice). Neste agradecimento, existe também um pedido de desculpas. Desculpas pelas ausências, pela pressa no convívio. Se tivesse mil vidas, queria tê-las todas com vocês ao meu lado.

Agradeço, por último, à minha família construída, com amor e dedicação ao longo da minha vida: à minha esposa, Juliana, e ao meu filho, Henrique. Vocês são o motivo para que eu tente, sempre, ser uma pessoa melhor. Este livro é uma parte deste esforço.

APRESENTAÇÃO

O texto que agora é apresentado foi construído com a humilde expectativa de contribuir para os debates em torna da necessidade, permanente, de qualificação da Justiça Civil. Dentro do amplo universo de possibilidades, o aporte trazido no presente livro cuida do tema da oralidade processual. A oralidade processual costuma ser apontada como um meio de tornar mais efetiva a prestação da tutela jurisdicional. Ocorre que, estudando o tema (seja de forma teórica, seja de forma aplicada), percebe-se não haver clareza a respeito do que verdadeiramente se trata a oralidade processual, como ela se manifesta no processo, qual a sua função e se os seus objetivos são alcançados na prática. A fim investigar esses problemas, busca-se entender qual o contexto em que a oralidade processual surgiu e como ela evoluiu até a compreensão que dela se tem no direito processual brasileiro. A esta tarefa são destinadas duas partes do livro. Para tanto, foram indicados dois autores-chave para a formação e a transformação da noção de oralidade adotada no Brasil: respectivamente, Giuseppe Chiovenda e Mauro Cappelletti. Com essa pesquisa, que leva em conta o contexto histórico e cultural de cada autor (dedicando tópico próprio para como o direito processual brasileiro aplicava o modelo de oralidade proposto), espera-se demonstrar qual era a real expectativa atribuída à oralidade frente aos conflitos existentes no período de cada autor e quais problemas que a Justiça Civil enfrentava a que se atribuía à oralidade a solução. A terceira parte do livro procura compreender quais foram as mudanças na sociedade, em geral, e na prestação da tutela jurisdicional, em particular, que impactam nos modelos de oralidade construídos ao longo do tempo. Neste ponto, identifica-se que os problemas para os quais a oralidade foi concebida sofreram drástica alteração, de modo que a sua função e o seu propósito tenham acabado por perder substancialmente o seu sentido. Disso resulta a necessidade de reconstruir um modelo de oralidade que atenda à nova realidade da Justiça Civil.

É oportuno perceber que este livro pode ser lido (ou pode despertar o interesse do leitor) em duas dimensões distintas. Isso porque, as duas primeiras partes do livro podem atender aos leitores que procuram uma reconstrução histórica e cultural das ideias de autores-chave para o processo civil acerca do tema da oralidade processual. De outra sorte, a terceira parte do livro pode contemplar os leitores que, menos preocupados com a reconstrução do cenário da oralidade processual, busquem reflexões e alternativas aos modelos tradicionalmente concebidos, bem como, uma proposta de alteração da forma que o processo pode melhor ser organizado e, até mesmo, a maneira que a estrutura dos agentes a serviço da prestação da tutela jurisdicional pode ser redefinida.

Deve ser feita uma advertência quanto a delimitação das pretensões do livro: a oralidade processual é investigada no âmbito da Justiça Civil em sede de primeiro grau e diante de procedimento comum (com uma abordagem específica da oralidade nos Juizados Especiais). Com isso se quer dizer que a oralidade típica do processo penal (que, embora possua, diversos pontos em comum) não será levada em consideração no desenvolvimento e, em especial, nas conclusões do livro. Além disso, nas páginas deste livro não será investigada a oralidade processual em sede recursal, tampouco em procedimentos especiais (tal como, por exemplo, nas ações civis públicas) ou em processos que envolvam conflitos estruturais. Foca-se no procedimento comum de primeiro grau, pois nele, reside o maior potencial prático de ganho a partir de uma reconstrução do modelo de oralidade processual.

Outra observação útil, a título de apresentação, é a de que o presente livro é resultado de pesquisa elaborada como requisito para obtenção de título de Doutor em Direito junto ao Programa de Pós-graduação em Direito (PPGD) da Universidade Federal do Rio Grande do Sul (UFRGS) e de estudos realizados durante o período da pandemia de COVID-19 (2020-2022). Somente o fato de ter em sua essência uma tese, já se revela a pretensão de que o texto traga algo de novo ao debate a respeito do tema. Importante frisar, no entanto, que o texto apresentado na defesa da tese foi modificado em duas direções. De um lado, o rigor metodológico, quanto a estrutura e sumário, que se espera de uma tese, foi suavizado em favor de uma maior facilidade de localização dos temas tratados. Essa opção se deve ao fato de que, enquanto uma tese tem por principais leitores professores doutores, amplos conhecedores do tema tratado, um livro tem a expectativa de alcançar um universo de leitores muito mais amplo. Com isso pretende-se, sem perda substancial de conteúdo, facilitar o acesso a determinados temas que podem ser úteis no contexto amplo das ideias apresentadas no livro ou de forma isolada. De outro lado, desde o protocolo da tese junto ao PPGD da UFRGS, ao final de 2019, alguns eventos causaram grande impacto no contexto da oralidade. O primeiro e mais importante deles foi a forma como o Poder Judiciário lidou com a pandemia de COVID-19. Optou-se por esperar que os efeitos dessa pandemia se tornassem mais claros no tocante à prestação da tutela jurisdicional para que o texto fosse atualizado. Enquanto não havia uma previsão minimamente segura para a aludida atualização foi acrescentado ao texto original da tese uma abordagem da oralidade no contexto dos Juizados Especiais, bem como incorporadas algumas ideias e obras publicadas após 2019.

Com isso, têm-se a expectativa de apresentar ao leitor uma obra que, após uma contextualização histórico-cultural do tema, propõe soluções técnicas totalmente adequadas à sociedade contemporânea. Por fim, chama-se a atenção para o fato de que diversos temas tratados ao longo do livro (em especial em seu capítulo 4.3), que antes da pandemia pareciam ser disruptivos em demasia, após as respostas exigidas do Poder Judiciário diante da pandemia de COVID-19 foram, em certa medida, normalizados.

SUMÁRIO

Capítulo 1

INTRODUÇÃO

O debate em torno da oralidade no processo civil moderno possui, sem margem de dúvidas, mais de 100 anos. Se compreendida a oralidade como, pura e simplesmente, uma manifestação não escrita direcionada a uma autoridade apta a tutelar um determinado direito, ela remonta aos primórdios da humanidade. No entanto, a oralidade de que se trata aqui está situada em um contexto histórico mais específico, bem como se materializa de forma peculiar específica no processo civil.

Em linhas gerais, o tema da oralidade processual tem sido evocado em cada grande movimento de reforma das técnicas processuais desde o século XIX. Sua construção com feições modernas nasce da necessidade de superação do modelo de processo comum medieval, em face do desenvolvimento do Estado moderno. O processo comum medieval (predominantemente escrito, burocrático, desconcentrado e moroso) não apresentava soluções adequadas à nova sociedade que emergia ao longo do século XIX. Neste período houve a maturação das ideias que vieram a culminar com a construção de um modelo de processo oral racionalmente estruturado. Procurava-se estabelecer um processo que, ao mesmo tempo em que fosse célere, garantisse uma maior qualidade na prestação da tutela jurisdicional.

O modelo representativo do contexto histórico-cultural da oralidade moderna tomado para exame no presente livro como ponto de partida é o proposto por Giuseppe Chiovenda (1872-1937). Evidentemente, a oralidade processual preexistia à construção do mencionado autor (tal como será explicado ao longo do trabalho, em especial no capítulo 2), assim como poderiam ser estudados outros modelos de oralidade a partir de outros autores. No entanto, a opção pelo modelo de Giuseppe Chiovenda se deve à sua grande influência na formação do processo civil brasileiro, bem como da qualidade teórica da construção. Desde a perspectiva do direito italiano (e das dificuldades que o direito comum legara àquele país), o autor estrutura um meio de alterar a maneira como a prestação da tutela jurisdicional vinha sendo feita no seu tempo. Este conjunto de soluções (que será apresentado no item 2.2) representa o que se entende por formação do processo oral.

Se a formação do processo oral tinha por finalidade modificar o processo civil de feição medieval, a transformação do processo oral foi necessária diante da mudança da sociedade e da visão acerca do papel do Estado, em geral, e do processo civil, em particular, ao longo do século XX. A sociedade predominantemente urbana, cujas relações haviam sido massificadas (somente para referir duas mudanças), demandava do processo civil uma resposta aderente à realidade e não simplesmente que fosse uma obra perfeita do ponto de vista da pura técnica processual. Além disso, a constitucionalização do direito reclamava que todos os seus ramos fossem ressignificados. Assim, o modelo de oralidade construído por Giuseppe Chiovenda necessitou ser transformado. Mais uma vez, considerando a influência no ordenamento jurídico brasileiro, foi escolhido um autor italiano para representar o modelo de oralidade transformada: Mauro Cappelletti (1927-2004).

Em que pese ter sido objeto de estudo de grandes processualistas, ao longo do seu desenvolvimento a ideia de oralidade processual começa a deixar problemas sem solução e perguntas sem respostas. Se a oralidade é construída como meio de evitar a morosidade típica do direito comum, como justificar a resistência por parte de juízes e advogados quanto à sua concretização ao longo da sua história?

Essa pergunta, como tantas outras possíveis, revela um distanciamento entre o modelo eminentemente teórico de oralidade (construída por Giuseppe Chiovenda e transformada por Mauro Cappelletti) e a sua aplicação prática. Em face disso surgem as perguntas: por que a construção teórica da oralidade não traz o resultado esperado na prática? Seria a construção cientificamente equivocada ou estaria dissociada da realidade social? A correção do rumo da oralidade processual deve ser operada no plano do procedimento ou da estrutura do processo e dos seus sujeitos?

A hipótese geral sustentada é a de que o processo oral deve ser reconstruído, não por existir defeito em sua concepção (que poderia ser adequada ao seu tempo), mas porque a sociedade para a qual apresenta soluções é drasticamente distinta daquela em que a oralidade foi formada e posteriormente transformada. Além disso, a necessidade de reconstrução decorre não apenas da mudança social, mas da recente evolução tecnológica dos meios de comunicação (que, evidentemente, também foram causa para a mudança). Por outro lado, essas mudanças (sociais e tecnológicas) não reclamam necessariamente uma reforma na legislação processual para que a oralidade seja implementada no Brasil. Por mais paradoxal que possa parecer, basta que o processo e os Tribunais se apropriem do cenário em mudança e reconfigurem os conceitos e os institutos existentes. Dois exemplos, desde já, podem ser apresentados para ilustração: a imediação deve ser compreendida a partir da possibilidade de uma audiência ser realizada por videoconferência e registrada na íntegra no processo em áudio e som; a competência territorial deve ser entendida no contexto do processo eletrônico e de sociedade conectada em rede.

Diante de tudo isso, o objetivo do presente livro é apresentar uma reconstrução do processo oral (formado por Giuseppe Chiovenda, transformado por Mauro Cappelletti, reconhecendo os respectivos contextos culturais e impactos no ordenamento jurídico processual brasileiro) adequada à sociedade atual. Para atingir esse objetivo, o trabalho foi estruturado em três partes (capítulos). Cada capítulo foi organizado em três partes (tópicos) de modo a apresentar (a) um contexto cultural de um período em exame; (b) um modelo teórico (ou *estado da arte*, no caso do capítulo 4) e (c) uma aplicação (ou projeção de aplicação, no caso do capítulo 4) do modelo teórico no ordenamento jurídico brasileiro.

Significativo tecer uma explicação acerca dos recortes realizados quando da apresentação do contexto histórico-cultural presente nos primeiros itens dos três capítulos. Do ponto de vista da profundidade, o recorte pretende lidar com os principais fatores de caracterização do período, sem expectativa de esgotamento do tema. A escolha metodológica dos fatores explicitados leva em consideração não apenas a relevância para a formação cultural propriamente dita do período sob análise, mas também a sua importância para o desenvolvimento dos temas tratados no livro. Do ponto de vista do seu alcance, o recorte abrange os períodos históricos significativos para o desenvolvimento do pensamento de Giuseppe Chiovenda (capítulo 2) e de Mauro Cappelletti (capítulo 3) e propõe uma leitura contemporânea do contexto processual (capítulo 4). De tal sorte, ao invés de delimitar um ambiente cultural, quanto ao tempo, simplesmente a partir de fases ideais (como a classificação de estado liberal, social, democrático, ou a partir das dimensões dos direitos fundamentais) ou tomando marcos históricos, pretende-se, sem abrir mão desses modelos, explorar os elementos que permitiram a formação e a transformação da oralidade moderna e que agora demandam sua reconstrução.

Quanto ao alcance temporal de cada tópico, o primeiro item do capítulo 2 (2.1) apresenta brevemente o contexto antecedente à formação do pensamento de Giuseppe Chiovenda (em especial a partir do século XIX) e a cultura em que o autor estava inserido ao longo da sua vida (1872-1937).

Adverte-se, no entanto, que, embora alguns eventos históricos tenham ocorrido durante a vida de Giuseppe Chiovenda (como a Revolução Russa, por exemplo), nem todos impactaram de forma significativa a forma de pensar do autor acerca da oralidade processual. Daí que, sendo o tópico dedicado à formação do contexto cultural do autor e não à reconstrução histórica do período, alguns eventos não respeitarão uma lógica estritamente temporal. Portanto, dito de uma forma rudimentar, o cerne da exposição se ocupa dos eventos que impactaram a obra de Giuseppe Chiovenda no espaço de tempo que vai do século XIX até quase a metade do século XX. É isso que se quer dizer quando se refere no título do capítulo à formação do processo oral na modernidade. A adoção do termo modernidade tem a finalidade singela de distinguir a oralidade existente (por exemplo, tanto na antiguidade romana quanto no processo germânico antigo), da oralidade construída no contexto do Estado "moderno" (não guarda, portanto, correspondência direta com a ideia de modernidade, por exemplo, proposta por Michel Villey em *A formação do pensamento jurídico moderno*)[1]. Quando do estudo da obra de Mauro Cappelletti, toma-se por contexto antecedente a sociedade existente à época de Giuseppe Chiovenda (descrita no item 2.1) e avança-se até o final do século passado, período em que o pensamento de Mauro Cappelletti acerca do tema da oralidade já havia sido concebido de forma definitiva. Assim, em linhas gerais, o item 3.1 do livro se ocupa da segunda metade do século XX. O último período em exame (no item 4.1.) cuida do contexto atual e dos fatores culturais presentes na contemporaneidade atinentes ao tema da oralidade que não foram reconhecidos nas obras de Mauro Cappelletti, menos ainda na obra de Giuseppe Chiovenda e que, no entanto, procuraram contemplar, em 2004, os *Principles of Transnational Civil Procedures* do *American Law Institute* e o *International Institute for the Unification of Private Law* (ALI-UNIDROIT).

Estabelecidos os aspectos culturais de cada período, cuidam as segundas partes de cada capítulo de explorar as referências técnicas para o processo em cada contexto[2]. Todos os itens mencionados estão estruturados da mesma forma. Parte-se da exposição do contexto cultural do processo (não o da cultura em geral, que é explorado nos itens 1 de cada capítulo)

1. VILLEY, Michel [1914-1988]. **A formação do pensamento jurídico moderno** [*La formation de la pensée juridique moderne* – 2005]. Trad. Claudia Berliner. São Paulo: Martins Fontes, 2005. Obra que se recomenda a leitura para o aludido enfoque.
2. Para a compreensão do processo civil como fenômeno cultural, leia-se: LACERDA, Galeno [1922-2012]. Processo e cultura. **Revista de Direito Processual Civil**, a. 2, v. 3, Jan./Jun., p. 74-86, 1961.

antecedente à formação do modelo[3] de processo oral, contextualizam-se os aspectos culturais do processo com o idealizador do modelo (Giuseppe Chiovenda, Mauro Cappelletti e o modelo atual) e, ao final, apresentam-se as soluções técnicas existentes no modelo. O segundo tópico do capítulo 4, no entanto, possui uma pequena adaptação nessa estrutura. Ela se deve ao fato de que, no período compreendido como contemporâneo (ao contrário do que ocorre nos períodos anteriores descritos nos capítulos 2 e 3), não existe uma figura que sirva de referência para a identificação de um modelo. Essa circunstância (típica da sociedade atual, como se observa do item 4.1) faz com que o "modelo atual" de oralidade seja concebido não a partir do esforço doutrinário de um indivíduo, mas de esforço de harmonização de regras processuais em escala transnacional em comparação com o produto legislativo vigente no Brasil. Daí a opção de o item 4.2 tratar do "processo oral contemporâneo", ao invés de explorar um modelo construído por um determinado autor (como ocorre nos itens 2.2 e 3.2), toma-se os *Principles of Transnational Civil Procedures* (2004) propostos conjuntamente pelo *American Law Institute* e o *International Institute for the Unification of Private Law* (ALI-UNIDROIT) como paradigma de cotejo com o ordenamento processual contemporâneo brasileiro.

No terceiro e último tópico de cada capítulo, cogita-se da aplicação dos modelos no ordenamento jurídico processual brasileiro em cada respectivo contexto. Assim, no item 2.3, investiga-se da aplicação do modelo de Giuseppe Chiovenda no direito brasileiro na primeira metade do século XX. No item 3.3, avalia-se o impacto da compreensão de processo oral proposta por Mauro Cappelletti na legislação brasileira, na segunda metade do século XX. Por fim, no item 4.3, como o modelo de processo oral ao invés de relatar e apresentar críticas o modelo de processo oral contemporâneo (descrito no item 4.2), são propostos meios para que o processo oral seja reconstruído atendendo à realidade existente na atualidade. Desse modo, toda a contextualização histórico-cultural e a apresentação dos modelos e soluções técnicas relacionadas à oralidade convergem para o último tópico do trabalho. É nele onde serão apresentadas as teses propriamente ditas

3. Modelo aqui entendido como um dos possíveis instrumentos de pesquisa propostos por Enrico Robillant. No presente livro, o modelo deve ser entendido "nel senso di 'costruzione artificiale che non rappresenta direttamente il fenomeno che si vuole studiare, ma serve al fine di comprenderlo mediante l'analisi di un fenomeno analogo, più semplice, anche immaginario" (ROBILANT, Enrico di [1924-2012]. Modelli nella teoria del diritto. **Rivista Trimestrale di Diritto e Procedura Civile**, a. XXIV, p. 705-721, 1970, p. 707).

presentes na pesquisa, na medida em que irá apresentar uma proposta de reconstrução do processo oral baseada em módulos procedimentais, na redefinição do espaço institucional de atuação do foro, na divisão funcional de tarefas entre juízes e auxiliares da justiça, e na ressignificação da prática oral dos atos processuais.

A título de delimitação do objeto da pesquisa é importante referir que o tema da oralidade tratado no livro tem por foco o procedimento comum de primeiro grau. Diante disso, não pretende dedicar atenção aos atos orais perante os tribunais, tampouco, investigar de maneira direta as técnicas processuais existentes nos procedimentos especiais (exceção feita aos procedimentos dos juizados especiais). Ainda, escapa à pretensão do presente estudo, investigar a oralidade processual no âmbito dos processos coletivos ou dos processos estruturais. Analisar o desenvolvimento da oralidade em tais processos demandaria um esforço de pesquisa específico suficiente para um trabalho autônomo.

Acredita-se que, ainda que limitado o escopo do presente livro, considerando o grande volume de processos potencialmente alcançados pela reconstrução da oralidade, ainda sim as conclusões e propostas existentes no presente trabalho são úteis, seja no sentido teórico (como ponto de partida para uma reflexão mais abrangente), seja no sentido prático (como meio viável de prestação de tutela jurisdicional justa, tempestiva e adequada ao estado democrático de direito).

Capítulo 2

A FORMAÇÃO DO PROCESSO ORAL NA MODERNIDADE

O presente capítulo tem por objetivo, como o título sugere, apresentar a formação do processo oral na modernidade. No entanto, antes de desenvolver este objetivo, é relevante tecer uma advertência prévia para somente após explicitar algumas questões metodológicas deste capítulo.

A advertência reside na explicação do que se entende por *processo oral na modernidade*. Como ponto de partida, é necessário prestar um esclarecimento acerca da delimitação do alcance temporal do presente tópico. Se, de um lado, é certo que a ideia da oralidade processual pode ser encontrada no direito antigo[1], de outro lado, é impossível (ou, ao menos, pouco frutífero) reconstruir os contornos culturais do fenômeno jurídico em análise em tão longo período de tempo. Opta-se, portanto, em situar o exame do tema no

1. A ponto de Giuseppe Chiovenda referir ter sido o direito romano "eminentemente oral, na plenitude da significação dêsse termo e pela razão íntima e profunda de que assim o exigia a função da prova", tal como é possível observar nas características de concentração presentes na lápide capitolina (*a lis fullonum*), na medida em que no aludido procedimento "o juiz, ouvidas as partes, ordena um exame no lugar da coisa e no dia imediato faz prosseguir, inspeciona os lugares, examina todos os indícios, prolata a sentença", bem como, na valorização da imediação proposta pelo imperador Adriano ao recomendar aos juízes interrogar "diretamente as testemunhas, mesmo a custa de fazê-las vir de longe a expensas do tribunal, e de utilizarem o menos possível delegações e atas" (CHIOVENDA, Giuseppe [1872-1937]. **Instituições de direito processual civil** [*Istituzioni di diritto processuale civile, 1933-1935]*. 2. ed., v. 1. Trad. J. Guimarães Menegale. São Paulo: Saraiva, 1965, p. 126). Acerca da oralidade em Roma, recomenda-se a leitura da dissertação de mestrado de Alexandre Miura Iura, orientada por José Rogério Cruz e Tucci, junto à Faculdade de Direito da Universidade de São Paulo, intitulada *Oralidade e escrita no processo civil*. Além do direito romano, da mesma forma, aponta Chiovenda ser oral o processo primitivo germânico (longobardo), tendo em vista "a ignorância da escrita e o costume popular de tratar dos negócios judiciais em assembleia pública" (CHIOVENDA, Giuseppe [1872-1937]. **Instituições de direito processual civil** [*Istituzioni di diritto processuale civile, 1933-1935]*. 2. ed., v. 1. Trad. J. Guimarães Menegale. São Paulo: Saraiva, 1965, p. 135).

momento histórico em que se buscou elevar a compreensão da oralidade processual como um meio de superar os problemas processuais inerentes ao processo civil do direito comum, em especial, o processo construído a partir do modelo processual baseado na escritura[2]. Ou seja, na transição dos séculos XIX e XX[3].

Feita esta advertência, passa-se a apresentar os aspectos metodológicos do capítulo.

O capítulo está estruturado em três partes (tópicos).

A primeira parte cuida de apresentar o contexto geral em que a oralidade na modernidade foi construída. Para uma adequada compreensão do fenômeno analisado, optou-se por esboçar, em linhas gerais, o cenário que a oralidade moderna pretendia superar, ou seja, o processo comum medieval. Essa exposição permite que se compreendam os motivos pelos quais

---

2. Essa opção está em alinhamento com a leitura do problema feita por Mauro Cappelletti. Segundo o autor, "O que hoje há de novo na oralidade é o fato de que o movimento pela oralidade surgiu, ou ressurgiu, como reação contra um abuso da escritura no processo civil da nossa época, e às conseqüências de tal excesso, que fizeram do processo um mecanismo lento, caro, incompreensível a muitos" (CAPPELLETTI, Mauro [1927-2004]. Problemas de reforma do processo civil nas sociedades contemporâneas. **Revista de Processo**, v. 65, p. 127-143, jan.-mar. 1992).

3. Daniel Mitidiero define as fases metodológicas do processo civil em: praxismo, processualismo, instrumentalismo e processo civil no Estado Constitucional (MITIDIERO, Daniel. Processo e cultura: praxismo, processualismo e formalismo em direito processual civil. **Cadernos do Programa de Pós-graduação em Direito – PPGDIR/UFRGS**, n. 2, p. 101-128, setembro de 2004; MITIDIERO, Daniel. **Colaboração no processo civil**: Do modelo ao princípio [2009]. 4. ed. São Paulo: Revista dos Tribunais, 2019, p. 27). Ainda no plano da definição das fases do processo, Marco Felix Jobim, em monografia dedicada ao tema, chama a atenção que a quarta fase cultural do processo é chamada (e possui variações) de formas diferentes por cada escola de processo no Brasil. Daí, nascem as expressões "formalismo-valorativo", "neoprocessualismo", "neoinstitucionalismo" (JOBIM, Marco Felix. **Cultura, escolas e fases metodológicas do processo**. 4. ed. Porto Alegre: Livraria do Advogado, 2018, *passim*). No presente estudo, opta-se pelo abandono dos rótulos propostos (recomendando a leitura da obra de Marco Felix Jobim para um aprofundamento sobre a distinção), preferindo designar, simplesmente, a "quarta fase" como processo no Estado democrático de direito, a exemplo do que faz Daniel Mitidiero. Feitas essas considerações, importante referir, a título de contextualização, que o período proposto para exame no presente tópico corresponde à fase do *processualismo*, na medida em que o processo já é tratado como um ramo autônomo do direito e não como um desdobramento do direito material (visão que supera a essência do praxismo). Sobre o processualismo, sob a ótica do autor tomado por referência na classificação, ver: MITIDIERO, Daniel. O processualismo e a formação do código Buzaid. **Revista de Processo**, v. 183, p. 165 – 194, Maio / 2010.

a oralidade moderna adotou determinadas características (por exemplo, a irrecorribilidade das decisões interlocutórias). Depois de brevemente expostos os traços do processo comum, adentra-se no ambiente cultural do processo oral na modernidade. Este momento histórico vai ser influenciado pelas concepções de liberdade individual, legalidade, codificação.

A segunda parte do capítulo tem por objetivo compreender como Giuseppe Chiovenda foi influenciado pelos fatores sociais e culturais da sua época e de que forma isso interferiu na sua concepção de processo. A opção por ter Giuseppe Chiovenda como guia na construção histórica e cultural[4] do processo oral moderno, em especial para um estudo desenvolvido no Brasil, se faz ao menos por duas circunstâncias. Em primeiro lugar, porque o momento histórico-cultural em que Giuseppe Chiovenda construiu sua obra e pensamento está situado em um período de grande transição (em grande medida provocado, ou quando menos, desenvolvido, pelo próprio autor) entre duas formas de compreender o processo civil. De um lado, representando o modelo a ser superado, o autor encontrou um processo civil lento e prolífico na produção de atos e repleto de incidentes processuais. Diante dos problemas existentes nesse modelo de processo, dedicou grande parte de sua obra à reconstrução do conceito de processo na Itália, valendo-se do direito germânico, a partir da ideia de um processo centrado na oralidade, tendo influenciado de maneira muito intensa a doutrina processual existente na sua época[5]. A construção e a repercussão da obra de Giuseppe Chiovenda no Brasil por aspectos históricos particulares representam a segunda circunstância que indica o seu período como ponto de partida para o exame do tema da oralidade processual.

---

4. A opção por um recorte a partir dos traços culturais do processo busca alinhamento, neste aspecto, dentre outros, com Ovídio Baptista da Silva, cujo relato revela que "Sabemos, embora nem todos tenham a disposição de confessá-lo, que o direito é uma ciência da cultura, que labora com verdades contingentes, situando-se muito distante da matemática e muito próximo das ciências históricas; que o Direito, afinal, é uma ciência da compreensão, não uma ciência explicativa" (BAPTISTA DA SILVA, Ovídio [1929-2009]. **Processo e ideologia**. Forense: Rio de Janeiro, 2004, p. 28).

5. No verbete "Oralità nel processo" do Digesto Italiano, redigido por Piero Calamandrei, consta que "Il merito di aver sollevato in Italia il problema dell'oralità é tutto del Chiovenda, il quale, con un mirabile apostolato iniziato nel 1906, e durato fino alla sua morte, si è fato banditore di quella riforma inspira ai principi del processo orale, che oggi, attraverso il progetto Solmi, sta forse per trionfare" (CALAMANDREI, Piero [1889-1956]. Oralitá nel processo. Em **Nuovo digesto italiano**. vol. IX. Torino: UTET, 1940, p. 178).

Assim, se a primeira parte cuida de aspectos sociais e culturais do período, em geral, na segunda parte do capítulo, estudam-se, em particular, as concepções processuais (e soluções técnicas preconizadas) do autor à luz das suas vertentes histórico-culturais. No enfrentamento desse tópico será apresentado o modelo de oralidade proposto por Giuseppe Chiovenda.

Por fim, a terceira parte do capítulo irá investigar como e se o modelo de oralidade proposto por Giuseppe Chiovenda impactou o ordenamento jurídico brasileiro e quais foram os resultados da sua aplicação. Nesse ponto será estudado o Código de Processo Civil brasileiro de 1939, sempre procurando, quando adequado, contextualizar a aludida lei com sua formação histórica interna e, sem a pretensão de realizar um estudo de direito comparado, ilustrando alguns desenvolvimentos normativos em outros países.

2.1. CONTEXTO CULTURAL DA FORMAÇÃO DO PROCESSO ORAL NA MODERNIDADE

O contexto cultural da formação do processo oral na modernidade que se pretende apresentar toma como referência a vida (entendida como momento de existência) e a obra de Giuseppe Chiovenda.

Giuseppe Chiovenda foi o sistematizador do processo civil inserido em um contexto cultural que denunciava a ineficiência da prestação da tutela jurisdicional e do processo civil de seu tempo. Se, por um lado, no plano filosófico, a Europa, há bastante tempo, havia entrado no período das luzes[6],

---

6. Acerca das ideologias existentes no período, é ilustrativa a lição de Giovanni Tarello: "A segunda das grandes ideologias que se expandem na cultura jurídica entre o final do século XVII e o final do século XVIII é idealmente conflitante com a primeira, como já foi acenado. São portadores desta segunda ideologia do direito Leibniz e Wolff. Trata-se da ideologia segundo a qual o direito é um dado, como todos os outros dados da realidade; por isso o conhecimento do direito é conhecimento absolutamente idêntico a todos os outros conhecimentos, e o método do conhecimento do direito é o método do conhecimento em geral, ou melhor, o método geral de conhecer. Todo problema jurídico deve encontrar uma resposta certa, e a resposta certa consiste na solução derivada, segundo as regras da lógica, de premissas certas. Estas premissas certas são as proposições fundamentais que espelham as regras de direito. As regras de direito são, por isso, proposições, que, como todas as outras proposições, são predicados da qualidade de um ente (isto é, de um objectum). O ente das predicações jurídicas é o "sujeito" (o súdito), o qual Leibniz dá o nome de "sujeito" no sentido gramatical (que deixa de chamar-se objeto); as qualidades das predicações jurídicas são os status subjetivos (pai, filho, nobre), as situações nas quais se encontram os sujeitos (herdeiro, vendedor, depositário), e os deveres, as obrigações, os direitos em sentido subjetivo" (TARELLO, Giovanni [1934-1986]. Ideologias setecentistas da codificação e estrutura

por outro, o direito processual dava os seus primeiros passos como ciência. Embora já existissem estudos vocacionados a temas tipicamente processuais[7], é comum apontar como o momento do surgimento do processo civil moderno a metade do século XIX, mais especificamente, tendo 1868 por ano de nascimento, com a publicação da obra *Die Lehre von den Prozesseinreden und die Prozessvoraussetzungen*, de Oskar Bülow[8]. Giuseppe Chiovenda constrói seu pensamento (e repensa à feição da sua época o processo oral) sob a influência dos estudos oriundos da Alemanha[9], dentro de um contexto liberal (do ponto de vista político), racionalista-cientificista (do ponto de vista intelectual) e histórico-dogmática (do ponto de vista jurídico). No campo do processo civil esse ambiente deu guarida ao que se convencionou chamar de processualismo.

---

dos códigos [Ideologie settecentesche della codificazione e struttura dei codici – 1978]. Trad. Ricardo Sontag. **Meritum**, Belo Horizonte, v. 3, n. 2, p. 05-31, jul./dez. 2008, p. 13).

7. Sobre o tema ver: NÖRR, Knut Wolfgang. **Verso il processo civile moderno:** dal diritto naturale al novecento. Trad. Claudia Foti. Roma: Aracne, 2013.

8. Nas palavras de Cândido Rangel Dinamarco, "A ciência do direito processual teve o seu assento de nascimento na obra de von Bülow sôbre as exceções e pressupostos processuais, publicada na Alemanha, em 1868". Embora o próprio autor reconheça que "von Bülow não foi, na realidade, o primeiro a ter a intuição da existência dessa relação jurídico-processual. Antes dele, já tinha sido feita uma referência a esta na obra de Bethmann-Hollweg, que êle próprio cita. O seu mérito indiscutível foi o de apresentar sistematicamente a teoria, a qual fôra anteriormente objeto de um simples aceno. Vieram depois sérias disputas a respeito (a relação é linear, angular ou triangular?), contestou-se a validade da descoberta, mas é uma verdade reconhecida pelos processualistas de hoje que a teoria da relação jurídica processual foi o marco inicial da independência do direito processual civil como autônomo na árvore do Direito. Só a partir daí é que foi possível o desenvolvimento científico do direito processual e o encaminhamento da solução de suas questões fundamentais (especialmente daquelas referentes aos seus institutos básicos: jurisdição, ação, processo" (DINAMARCO, Cândido Rangel. Reflexões sôbre direito e processo. **Revista dos Tribunais**. v. 60, n. 432, p. 23-38, out. 1971).

9. Nas palavras de Giordano Ferri, "Si pensi all'impegno del Chiovenda nei suoi Principii, la cui prima edizione risale al 1906 mentre la terza riveduta ed ampliata è del 1922, all'influenza dogmatica di Adolf Wach e di Franz Klein nel rivendicare la funzione pubblica del giudizio in cui si esprime l'autorità dello Stato, nel sottolineare il nuovo ruolo dell'azione vista non più come un'articolazione del diritto sostanziale privato ma come diritto autonomo di natura pubblica" (FERRI, Giordano. Verso il processo civile moderno [a proposito di Knut Wolfgang Nörr, *Verso il processo civile moderno. Dal diritto naturale al Novecento*, traduzione di C. Foti, Roma, Aracne "Storia del diritto e delle Istituzioni: Studi", 2013]. **Historia et ius** [www.historiaetius.eu], paper 15, 5/2014, p. 1-2).

2.1.1. Das linhas gerais sobre o direito medieval, suas mazelas processuais e as mudanças culturais que conduziram à formação do Estado Moderno

Contudo, esta evolução somente tomou esse rumo, pois pretendia superar um modo de ver o direito que já não atendia às necessidades daquele tempo. Assim, importante se faz identificar quais foram os elementos e os referenciais teóricos que o processualismo pretendeu superar, para, somente a partir de então, compreender o processualismo em si e os movimentos teóricos que se seguiram. Para tanto, de maneira panorâmica, inicialmente algumas considerações devem ser feitas sobre o direito na Europa na Idade Média.

Ao longo da idade média, houve a formação do que se convencionou chamar de direito comum[10]. A construção dessa concepção de direito decorreu, em um primeiro momento, de um processo de hibridização entre

10. Para uma compreensão sistemática do direito comum, recomenda-se a construção de Giovanni Tarello em: TARELLO, Giovanni [1934-1986]. La crisis del derecho común en el siglo XVII europeo: un problema historiográfico [*La crisi del diritto comune nel settecento europeo: un problema stroriografico* – 1976]. *In:* TARELLO, Giovanni. **Cultura jurídica y política del derecho**. Granada: Comares, 2002, p. 65-71. Segundo o mencionado autor, "El sistema del derecho común presentaba por ello dos rasgos, de los cuales uno corresponde a la estructura organizativa y el otro al contenido normativo. El rasgo estructural está constituido por la convivencia de más sistemas jurídicos, de los cuales uno residual o sea dotado de extensión máxima y de incidencia efectiva menor comparativamente a los otros sistemas. El rasgo que se aplica al contenido o material está constituido por el contenido del derecho romano aceptado" (TARELLO, Giovanni [1934-1986]. La crisis del derecho común en el siglo XVII europeo: un problema historiográfico [*La crisi del diritto comune nel settecento europeo: un problema stroriografico* – 1976]. *In:* TARELLO, Giovanni. **Cultura jurídica y política del derecho**. Granada: Comares, 2002, p. 65).

as fontes de direito romano[11], de direito germânico e de direito canônico[12] e os respectivos estatutos e escritos jurídicos[13].

A aproximação do direito canônico e do direito civil[14] (de origem romano-germânica) na Idade Média foi favorecida pelo maior nível cultural dos clérigos à época e pela necessidade de os mesmos conhecerem o direito romano, tendo em vista a sua aplicação subsidiária ao direito canônico nos juízos eclesiásticos[15]. Esse fenômeno ocasionou "um afastamento, ou até um enfraquecimento, da tradição jurídica germânica e a formação de uma classe jurídica erudita, que começou a dominar as posições de juízes e advogados e, ao fim da Idade Média, terminou por dominá-las praticamente em todas as frentes"[16].

---

11. Para Ovídio Baptista da Silva, "O chamado direito comum medieval, basicamente formado pelos direitos romano e canônico, contrapunha-se aos 'procedimentos especiais' ou locais, de origem germânica, como hoje contrapõe-se o procedimento ordinário, em suas duas espécies – o ordinário propriamente dito e o sumário –, aos procedimentos especiais" (BAPTISTA DA SILVA, Ovídio [1929-2009]. **Processo e ideologia**. Forense: Rio de Janeiro, 2004, p. 131).

12. Segundo Hespanha, o direito canônico desempenhou um papel menos importante do que o direito romano na formação do direito comum (HESPANHA, António Manuel. **Cultura jurídica europeia**: síntese de um milênio. Florianópolis: Fundação Boiteux, 2005, p. 152).

13. Adverte Giuseppe Chiovenda que a formação do processo civil italiano medieval não teria como suas principais fontes o direito romano e o canônico, mas, em verdade, os estatutos e os escritos jurídicos. (CHIOVENDA, Giuseppe [1872-1937]. Romanesimo e germanesimo nel processo civile [1901] *In*: **Saggi di diritto processuale civile** [1900-1930]. V.1. Roma: Foro Italiano, 1930, p. 197-199).

14. Sobre a relação entre esses dois universos jurídicos, é útil a observação de Sir Frederick Pollock e Frederick William Maitland: "The relation between the two great systems was in the twelfth century very close. The canon law had borrowed its form, its language, its spirit, and many a maxim from the civil law. Of course, however, it had to deal with many institutions which had never come within the ken of the classical Roman lawyers, or had been treated by them in a manner which the church could not approve" (POLLOCK, Sir Frederick [1845-1937]; MAITLAND, Frederic William [1850-1906]. **The history of English law before the time of Edward I** (1895). v. 2. Indianapolis: Liberty Fund, 2010, p. 124).

15. WIEACKER, Franz. **História do direito privado moderno** [*Privatrechtsgeschichte der neuzeit unter besonderer berücksichtigung der deutschen entwicklung* – 1952]. 2. ed. Trad. A. M. Botelho Hespanha. Lisboa: Fundação Calouste Gulbenkian, 1980, p. 76-77.

16. STÜRNER, Rolf, Oralidade e escritura no processo civil europeu. Traduzido por Ronaldo Kochem. **Revista de Processo**, v. 223/2013, p. 111-129, set. 2013.

Importante referir que, embora existisse a mencionada influência do direito romano-germânico e canônico na Idade Média, fazia-se presente um grande número de leis locais com a pretensão de aplicação em âmbito restrito (local)[17]. Assim, as leis locais atribuíam sentido, frente a um caso concreto, ao direito comum, ao serem interpretadas à sua luz, respeitando as particularidades regionais[18].

Quanto ao seu alcance, o direito comum foi percebido respeitando as tradições jurídicas[19] de cada espaço social. Em que pese ter se desenvolvido

---

17. Esta, aliás, é uma das características do direito comum, apontada por Giovanni Tarello como sendo seu traço estrutural. Segundo o mencionado autor, "En sentido estructural, por *derecho común*, se entiende un derecho residual que se aplica a todas las relaciones, salvo las derogaciones constituidas por cualquier ley particular (como las leyes locales, las leyes aplicadas a sujetos particulares, las leyes aplicadas a tipos de bienes particulares especificados en diferentes niveles por el derecho común, las leyes aplicadas a tipos particulares de contratos, también ellos individualizados en diferentes niveles por el derecho común)" (TARELLO, Giovanni [1934-1986]. La crisis del derecho común en el siglo XVII europeo: un problema historiográfico [La crisi del diritto comune nel settecento europeo: un problema strioriografico – 1976]. *In:* TARELLO, Giovanni. **Cultura jurídica y política del derecho**. Granada: Comares, 2002, p. 65).
18. Esta é a conclusão de John Henry Merryman: "Este *jus* commune de derecho civil romano y el derecho canónico eran el derecho de aplicación general en Europa. Desde luego, existía también un gran número de leyes locales, algunas de las cuales eran consuetudinarias y otras tenían la forma de legislación emanada de príncipes, señores, ciudades y comunas. En general, este tipo de derechos específicos era considerado como excepcional en esencia y de interés local solamente. La atención legal se dirigía hacia el jus commune en vez de hacerlo hacia variantes locales. Sin embargo, las reglamentaciones locales tuvieron influencia en el jus commune. Muchos de los más notables maestros de derecho y eruditos legales eran también abogados que practicaban su profesión y estaban en constante contacto con el derecho aplicado" (MERRYMAN, John Henry [1920-2015]. **La tradición jurídica romano-canónica** [*The Civil Law Tradition* – 1969]. Trad. Carlos Sierra. México: Fondo de Cultura Económica, 1971, p. 30-31).
19. "Una tradición jurídica, como el término lo indica, no es un conjunto de normas jurídicas acerca de contratos de asociaciones y delitos, aunque tales normas serán casi siempre en cierto sentido un reflejo de esa tradición. Son más bien un conjunto de actitudes profundamente arraigadas y condicionadas históricamente acerca de la naturaleza de la ley, acerca de la i función del derecho en la sociedad y en la forma de gobierno, acerca de la organización y operación apropiadas de un sistema jurídico y acerca del modo como el derecho de crearse, aplicarse, estudiarse, perfeccionarse y enseñarse. La tradición jurídica relaciona el sistema jurídico con la cultura de la cual es una expresión parcial. Coloca al sistema jurídico dentro del ámbito cultural" (MERRYMAN, John Henry [1920-2015]. **La tradición jurídica romano-canónica**

de uma forma mais nítida no contexto dos países que posteriormente foram designados como pertencentes à tradição de *civil law*, a influência do direito romano-canônico também foi sentida no âmbito dos países de *common law*, ainda que de forma tardia, se comparada com os países da Europa continental[20]. O direito comum passou a influenciar de forma mais intensa o direito inglês, cujo início da tradição consuetudinária de direito remonta à conquista normanda na Inglaterra (ano de 1066[21]), no período renascentista dos Tudor (1485-1603)[22]. Entretanto, em razão da reforma anglicana, estabeleceu-se um conflito que estendeu seus efeitos para o campo jurídico como o rechaço do direito comum, ligado ao papado, que pôde ser sentido até o século XVIII[23].

[*The Civil Law Tradition* - 1969]. Trad. Carlos Sierra. México: Fondo de Cultura Económica, 1971, p. 15).

20. Ensina Caenegem que "A maré alta nas fortunas do Direito romano, com a "recepção" na Alemanha e na Escócia e uma possibilidade muito debatida de "recepção" na França, ocorreu no século XVI. Portanto, não é surpreendente que também na Inglaterra vários círculos exibissem um sério desejo de que fossem varridas as teias do Direito medieval e o Direito Romano - "comum a toda a Europa civilizada" - fosse introduzido em seu lugar" (CAENEGEM, R. C. van [1927-2018]. **Juízes, legisladores e professores** [*Judges, legislators and professor* - 1987]. Trad. Luís Carlos Borges. Rio de Janeiro: Elsevier, 2010, p. 85).

21. "La fecha que se ha usado generalmente para marcar el comienzo de la tradición del derecho consuetudinario es el año 1066, cuando los normandos derrotaron en Hastings a los nativos y conquistaron Inglaterra" (MERRYMAN, John Henry [1920-2015]. **La tradición jurídica romano-canónica** [*The Civil Law Tradition* - 1969]. Trad. Carlos Sierra. México: Fondo de Cultura Económica, 1971, p. 17).

22. Chamando a atenção para a influência do direito romano na formação do direito inglês, Hespanha afirma que "A recepção do direito romano, que se iniciara, como no resto da Europa ocidental - no séc. XIII, ganha um novo ímpeto no período renascentista dos Tudor (1485-1603), tanto mais que a valorização dos textos de direito romano ia em paralelo com a reaproximação aos textos religiosos originais do cristianismo, proposta pela Reforma" (HESPANHA, António Manuel. **Cultura jurídica europeia**: síntese de um milênio. Florianópolis: Fundação Boiteux, 2005, p. 262).

23. Nas palavras de Antonio Manuel Hespanha, "Ainda nos meados do séc. XVIII, esta lenda negra da recepção do direito romano (*civil law*) e, ao mesmo tempo, a glorificação do *common law* é muito evidente no épico e xenófobo modo como Sir William Blackstone (1723-1780), o maior jurista da época, autor de uns *Commentaries on the laws of England* (1765- 1769), descreve a luta dos reis e juízes ingleses para contrariar a difusão da ao mesmo tempo lúdica e subversiva dedicação dos 'clérigos' e estudantes ociosos ao 'direito municipal de Roma', com prejuízo do 'admirável sistema jurídico inglês'" (HESPANHA, António Manuel [1945-2019]. **Cultura jurídica europeia**: síntese de um milênio. Florianópolis: Fundação Boiteux, 2005, p. 263).

Os resultados desse processo cultural foram, dentre outros, a formatação de um Poder Judiciário influenciado pelo particularismo e pelo poder político[24], além da baixa capacitação técnica e acadêmica dos magistrados[25].

Como síntese das principais características[26] do processo romano-canônico, é possível identificar "o caráter privado da jurisdição e da finalidade do processo, a prevalência do elemento lógico no exercício da função jurisdicional, o apriorismo formalístico do direito probatório e a formação do convencimento do juiz como introdução do chamado sistema da prova legal"[27], bem como o abandono do processo oral romano e a prevalência do processo escrito[28]. Importante referir que o sistema da prova legal é indicado

---

24. Analisando desde uma perspectiva italiana, essa é a conclusão de Michele Taruffo em: TARUFFO, Michele; MITIDIERO, Daniel. **A justiça civil**: da Itália ao Brasil, dos setecentos a hoje. São Paulo: Thomson Reuters Brasil, 2018, p. 23.

25. Tomando o exemplo português, António Manuel Hespanha afirma que, "Nos meados do séc. XVII, o número dos juízes de fora – os únicos que, desde 1539, tinham que ter uma formação jurídica universitária, não ia além de um décimo do total dos juizes dos concelhos. Os restantes eram juizes que, quando muito, saberiam ler e escrever, embora as fontes pareçam evidenciar que nem isso acontecia num número apreciável de casos. Ou seja, mesmo para quem administrava a justiça, discurso dos juristas eruditos, escrito e, para mais, em latim, era absolutamente inacessível. Como o era mesmo a própria lei do reino (nesse caso, as Ordenações filipinas, de 1604)" (HESPANHA, António Manuel [1945-2019]. **Cultura jurídica europeia**: síntese de um milênio. Florianópolis: Fundação Boiteux, 2005, p. 270).

26. Em sentido análogo, Araken de Assis identifica dentre as características do direito comum: "(*a*) predominância do elemento escrito (*quod non est in actis non est in mundo*); (*b*) falta de contato imediato do juiz com os figurantes do processo (partes, advogados, testemunhas, peritos) e com o objeto da prova; (*c*) ausência de publicidade – a prova testemunhal era produzida previamente (*enquête*) e sob sigilo; (*d*) ausência de direção do juiz sobre o processo, posto sob iniciativa exclusiva das partes, postergando o desfecho da causa; (*e*) ampla recorribilidade de todos os atos do juiz; (*f*) regras estritas de avaliação da prova (sistema da prova legal), a exemplo da que estabelecia não bastar como prova o depoimento de uma só testemunha (*testis unus, testis nullus*)" (ASSIS, Araken de. **Processo civil brasileiro**. Volume I. São Paulo: Revista dos Tribunais, 2015, p. 341-342).

27. ALVARO DE OLIVEIRA, Carlos Alberto [1942-2013]. **Do formalismo no processo civil**: proposta de um formalismo-valorativo (1997). 4. ed. São Paulo: Saraiva, 2010, p. 49.

28. Nas palavras de Giuseppe Chiovenda: "Ora se noi consideriamo lo stato e la dottrina del processo comune che si andò formando e applicando in Italia, a partire come s'è visto [...] dal sec. XII, e che pure porta il nome di processo <<romano-canonico>>, lo troviamo informato a principii e caratteri fondamentali opposti a quelli ora analizzati: [...] f) Il processo non è più orale ma scritto, cioè regolato da principii opposti a quelli della immediatezza, della concentrazione, della identità del giudice, della pubblicità"

por Mauro Cappelletti como a característica mais significativa do processo comum, naquilo que toca sua vocação para a escritura. Aponta que é em virtude do sistema legal de prova que "una larguísima lista de reglas vinculantes se fue imponiendo en materia de admisión y de valoración de las pruebas". Refere que, no que diz respeito à prova testemunhal, os testemunhos eram "examinados en secreto por notarios o secretarios, y cuyas deposiciones eran escritas por estos en protocolo para uso del juez [...], no hablaban pues, al juez directamente, personalmente, sino a través del diafragma frío e incoloro de la escritura[29].

O resultado prático desse sistema de prova recaía sobre a valoração da prova, pois era realizada "no por el juez, caso por caso y en consideración de los elementos concretos de credibilidad, de verosimilitud, de persuasión; sino apriorísticamente y en abstracto por la ley"[30]. Além de tudo isso, o processo era frequentemente interrompido pelos recursos contra as *interlocutionae*[31].

Em geral, na Europa, a derrocada da sociedade tipicamente medieval foi produto do renascimento e da reforma religiosa que conduziram a um processo de racionalismos em todos os campos da sociedade e, evidentemente, no direito[32]. Ainda no século XVIII, foi instituída, no âmbito das ciências

---

(CHIOVENDA, Giuseppe [1872-1937]. **Istituzioni di diritto processuale civile** [1933]. 2. ed., v. 1. Napoli: Jovane, 1947, p. 115-116).

29. CAPPELLETTI, Mauro [1927-2004]. Proceso oral y processo escrito [*Procédure écrite et procédure orale* - 1970]. *In:* CAPPELLETTI, Mauro. **La oralidad y las pruebas en el proceso civil**. Trad. Santiago Sentís Melendo. Buenos Aires: EJEA, 1972, p. 39.

30. CAPPELLETTI, Mauro [1927-2004]. Proceso oral y processo escrito [*Procédure écrite et procédure orale* - 1970]. *In:* CAPPELLETTI, Mauro. **La oralidad y las pruebas en el proceso civil**. Trad. Santiago Sentís Melendo. Buenos Aires: EJEA, 1972, p. 40.

31. CARDOSO, Oscar Valente. A oralidade (e a escrita) no novo Código de Processo Civil brasileiro. **Cadernos do Programa de Pós-Graduação em Direito/UFRGS**, v. VIII, n. 1, p. 247-279, 2013, p. 260.

32. Nas palavras de Ovidio Baptista da Silva, "seria impossível compreender o Racionalismo sem considerar, dentre os grandes movimentos espirituais que marcaram a derrocada do mundo medieval e o surgimento da modernidade, pelo menos os dois mais importantes deles: o Renascimento e seu mais significativo produto cultural, o humanismo; e a Reforma Religiosa" (BAPTISTA DA SILVA, Ovídio [1929-2009]. **Processo e ideologia.** Forense: Rio de Janeiro, 2004, p. 58). Considerando o campo do processo civil, concluía que "Neste particular, são paradigmáticas as primeiras obras institucionais escritas por Francesco Carnelutti. As Lestoni e o Sistema não dispõem sequer de índices, mesmo bibliográfico, e o texto obedece ao mais profundo e radical dogmatismo. Além de não haver discussão de um único caso concreto, o autor não se refere nem à história dos institutos processuais examinados e nem menciona a opinião de qualquer outro jurista. O método matemático consagrado em toda a sua

naturais (no direito o fenômeno pôde ser sentido com maior intensidade a partir das primeiras décadas do século XIX), a premissa de que "todo o saber válido se devia basear na observação das coisas, da realidade empírica ('posta', 'positiva')", devendo essa observação e experiência "substituir a autoridade e a especulação doutrinária ou filosofante como fontes de saber"[33].

O produto dessa evolução (no sentido de transcurso de tempo e não necessariamente em um conteúdo valorativo) cultural sofreu, em um segundo momento, um novo influxo de fatores que se mostraram fundamentais para a formação do direito moderno. Dentre estes fatores, é possível referir o direito régio da França e o direito imperial alemão[34].

A superação da organização política e social medieval, promovida pela transição cultural anteriormente exposta, deu azo ao surgimento do que se convencionou chamar de Estado Liberal de Direito. Em geral, sobre o momento de formação do Estado Liberal de Direito[35], é indicado: "os cem anos que decorrem entre 1750 e 1850 correspondem ao período de instalação de uma nova ordem política e jurídica, a que se costuma chamar liberalismo"[36] – período este em que as grandes revoluções liberais (burguesas)[37] se de-

---

crueza. Menciona-se Carnelutti por ser um dos juristas de grande prestígio na doutrina italiana, mas os exemplos poderiam multiplicarem-se sem limites" (BAPTISTA DA SILVA, Ovídio [1929-2009]. **Processo e ideologia.** Forense: Rio de Janeiro, 2004, p. 37).

33. HESPANHA, António Manuel [1945-2019]. **Cultura jurídica europeia**: síntese de um milênio. Florianópolis: Fundação Boiteux, 2005, p. 373-374.

34. CHIOVENDA, Giuseppe [1872-1937]. Romanesimo e germanesimo nel processo civile [1901] *In*: **Saggi di diritto processuale civile** [1900-1930]. V.1. Roma: Foro Italiano, 1930, p. 193. Ainda, sobre a influência do direito francês na Itália, em especial, ver: TARUFFO, Michele; MITIDIERO, Daniel. **A justiça civil**: da Itália ao Brasil, dos setecentos a hoje. São Paulo: Thomson Reuters Brasil, 2018.

35. Ferrajoli (FERRAJOLI, Luigi. **A cultura jurídica e a filosofia jurídica analítica no século XX** [*La cultura giuridica nell'Italia del novecento* – 1999]. Tradução de Alfredo Copetti Neto, Alexandre Salim e Hermes Zaneti Júnior. São Paulo: Saraiva, 2015, p. 17) distingue o Estado liberal em dois momentos. Ao primeiro momento do Estado liberal chama de "Estado liberal iluminista". Este Estado liberal estava ocupado de afastar os resquícios do Estado absolutista. O segundo momento, chamado de "liberalismo oitocentista" (ocorre no século XIX), tem sua formatação vocacionada à preservação das "conquistas" alcançadas pelo Estado liberal.

36. HESPANHA, António Manuel. **Cultura jurídica europeia**: síntese de um milênio. Florianópolis: Fundação Boiteux, 2005, p. 341-342.

37. Propondo uma abordagem do tema mais abrangente, Cezar Saldanha indica a formação do Estado moderno (ou Estado-Nação) como fenômeno promovido pela *nacionalização* da política e pela institucionalização da esfera pública "em torno da instituição monárquica, que já não é mais a mesma do Medievo" (SOUZA JÚNIOR,

senvolveram e produziram efeitos. Ainda que convencionadas as revoluções burguesas como marco inicial da formação do Estado de Direito moderno, é necessário referir que, como normalmente ocorre com o estudo histórico, existe um amplo espaço de tempo entre o estabelecimento das condições culturais para que tais revoluções ocorressem; e, inclusive, é perceptível um transcurso substancial de tempo entre a primeira (a Revolução Inglesa de 1688, que marca o fim da dinastia Stuart[38]) e a última (a Revolução Francesa de 1789[39], que ainda foi antecedida pela revolução que culminou com a independência dos Estados Unidos da América em 1776[40]). Entre uma e outra, passaram-se mais de 100 anos.

Cesar Saldanha; REVERBEL, Carlos Eduardo Dieder. **O tribunal constitucional como poder**: uma nova visão dos poderes políticos [2012]. 2. ed. São Paulo: Revista dos Tribunais, 2016, p. 27-28).

38. Sobre as causas da peculiaridade do sistema inglês, aponta Ovídio Baptista da Silva que "A marcante diferença entre o espírito racional formado na Inglaterra e nos demais países do norte da Europa, quando comparado ao racionalismo peculiar aos países da Europa meridional, deveu-se aos pressupostos políticos determinantes do absolutismo monárquico no continente e à subseqüente reação liberal que acabou provocando a Revolução Francesa. Isto é que faz a diferença entre o *common law* e o direito praticado no continente europeu" (BAPTISTA DA SILVA, Ovídio [1929-2009]. **Processo e ideologia**. Forense: Rio de Janeiro, 2004, p. 64). Neste mesmo sentido, R. C. van Caenegam afirma que as revoluções inglesa e francesa produziram efeitos radicalmente distintos do ponto de vista da modificação do direito vigente, pois, enquanto a Revolução Francesa desencadeou uma mudança radical quanto ao exercício do poder pelo parlamento, a Revolução Inglesa teve por resultado de longo prazo um fortalecimento do *common law* produzido pelos juízes, na medida em que fora concebida em "um clima mental que ainda equiparava Direito bom com Direito velho, ao passo que a fé do século XVIII no progresso produziu uma crença de que direito velho significava ruim e que apenas Direito novo era Direito bom" (CAENEGEM. R. C. van [1927-2018]. **Juízes, legisladores e professores** [*Judges, legislators and professor* – 1987]. Trad. Luís Carlos Borges. Rio de Janeiro: Elsevier, 2010, p. 17).

39. Georg Jellinek afirma a influência da Revolução Americana sobre a Revolução Francesa, nos seguintes termos: "It is the prevailing opinion that Lafayette was inspired to make this motion by the North American Declaration of Independence. And this instrument is further declared to have been the model that the Constituent Assembly had in mind in framing its declaration. The sharp, pointed style and the practical character of the American document are cited by many as in praiseworthy contrast to the confusing verbosity and dogmatic theory of the French Declaration" (JELLINEK, Georg. **The declaration of the rights of man and of citizens**: a contribution to modern constitutional history. Trad. Max Farrand. New York: Henry Holt and Company, 1901, p. 14).

40. Embora tenha ocorrido após a revolução inglesa, Georg Jellinek aponta que existem diferenças importantes entre uma e outra. Na perspectiva do autor, "The American bills of rights do not attempt merely to set forth certain principles for the state's

Deste caldo de cultura, que teve como grande evento representativo a Revolução Francesa, surgiram alguns elementos comuns a todos os "ambientes sociais" que formaram o pensamento dito liberal. Destacam-se: a prevalência da liberdade individual como valor a ser protegido[41], a intervenção mínima do Estado e a lei como instrumento máximo do direito[42].

---

organization, but they seek above all to draw the boundary line between state and individual. According to them the individual is not the possessor of rights through the state, but by his own nature he has inalienable and indefeasible rights. The English laws know nothing of this. They do not wish to recognize an eternal, natural right, but one inherited from their fathers, 'the old, undoubted rights of the English people'" (JELLINEK, Georg. **The declaration of the rights of man and of citizens**: a contribution to modern constitutional history. Trad. Max Farrand. New York: Henry Holt and Company, 1901, p. 48).

41. Nas palavras de Ovídio Baptista da Silva, "descrever a importancia do individualismo na formação da ideologia política liberal, não será mais do que, simplesmente, escrever a historia das filosofías políticas que predominaram na Europa nos séculos XVII e XVIII, inspiradas, naturalmente, pelo novo espirito religioso nascido da Reforma. As próprias doutrinas 'contratualistas', que tanto influenciaram na formação do ideário político dos revolucionários franceses, apóiam-se no individualismo que é propriamente o pressuposto do 'contrato social'. O indivíduo, livre e autônomo, é que constituiria, através de um pacto, o Estado. A filosofía política liberal e 'contratualista' sustenta-se na primazia do indivíduo, como sujeito originário, anterior ao Estado, de resto, concebido para protegê-lo" (BAPTISTA DA SILVA, Ovídio [1929-2009]. **Processo e ideologia**. Forense: Rio de Janeiro, 2004, p. 310). Ainda no plano das ideias de liberdade e individualismo, acrescenta Nicolò Trocker que "sul piano dei diritti sostanziali, la libertà contrattuale presuppone soggetti giuridici eguali che in libero accordo regolano i loro rapporti privati. Nell'ambito del diritto pubblico l'idea del «patto sociale » si basa a sua volta su uomini liberi ed uguali. Nel campo processuale, è il principio dispositivo che si preoccupa di portare questa concezione ad coerente attuazione. Il processo civile è strutturato come se si trovassero di fronte e in posizione di parità due avversari abili e scaltri, i quali, forti del proprio interesse e delle proprie capacità, non abbisognano dell'assistenza o dell'aiuto del magistrato. I condizionamenti sociali ed economici restano semplicemente ignorati" (TROCKER, Nicolò. **Processo civile e costituzione:** Problemi di diritto tedesco e italiano. Milano: Giuffrè, 1974, p. 6).

42. Em sentido similar, Hespanha afirma que "Os cem anos que decorrem entre 1750 e 1850 correspondem ao período de instalação de uma nova ordem política e jurídica, a que se costuma chamar liberalismo. No plano do direito, realizam-se então os seus pressupostos estratégicos – instauração, por meios legislativos, de um novo paradigma de organização política (o Estado liberal-representativo) e de organização social ('liberalismo proprietário', *i.e.*, identificação da propriedade como condição de liberdade e, logo, de cidadania activa), que a própria lei irá desenvolvendo nos seus detalhes institucionais. No plano dos grandes princípios, o novo direito estabelece a liberdade, a propriedade e a igualdade perante a lei. Mas qualquer destes princípios tinha consequências institucionais concretas, que as leis civis e políticas iriam desenvolver"

Luiz Borges Horta aponta que o estado de direito liberal reconhecia dois aspectos do valor liberdade: "a liberdade negativa e a liberdade como autonomia"[43]. Existia, neste período, portanto, a compreensão de que o Estado deveria intervir minimamente na sociedade, atuando somente para garantir que os direitos individuais dos cidadãos não fossem violados (dever de prestação negativa). Segundo Norberto Bobbio[44], os mecanismos constitucionais que caracterizam o estado de direito tem o escopo "di difendere l'individuo dagli abusi del potere".

A função exercida pelo Estado estava limitada a garantir as expectativas de realização dos direitos e a proteção de um conjunto de direitos individuais[45] *(direitos-garantia). Assim, "são os valores do indivíduo os que completam agora a ordem estatal: esta última se apresenta precisamente através da mediação jusnaturalística, como a soma e a codificação racionalizada dos valores individuais"*[46].

(HESPANHA, António Manuel (1945-2019). **Cultura jurídica europeia**: síntese de um milênio. Florianópolis: Fundação Boiteux, 2005, p. 341-342).

43. HORTA, José Luiz Borges. **História do estado de direito**. São Paulo: Alameda, 2011, p. 81.

44. BOBBIO, Norberto (1909-2004). **Liberalismo e democrazia**. Milano: Simonelli, 2006, p. 40.

45. Adverte Ovídio Baptista da Silva, sobre a importância desse fenômeno para o processo civil: "E, naturalmente, será uma tarefa inútil estudar o direito moderno, particularmente nosso Direito Processual Civil, prescindindo dos vínculos que o ligam à ideologia da modernidade, pela via do individualismo. A própria categoria conhecida como 'direito subjetivo' é uma criação moderna que, todavia, deita raízes em correntes filosóficas medievais" (BAPTISTA DA SILVA, Ovídio [1929-2009]. **Processo e ideologia**. Forense: Rio de Janeiro, 2004, p. 61).

46. SCHIERA, Pierangelo. Estado moderno. *In:* BOBBIO, Norberto; MATTEUCCI, Nicola; PASQUINO, Gianfranco. **Dicionário de política**. 11. ed., v. 1. Trad. Carmen C. Varriale e outros. Brasília: UNB, 1998, p. 430.

2.1.2. A Lei e a Codificação como elementos típicos do Direito Moderno

O meio escolhido para concretizar esse ideal de Estado mínimo era a lei[47]. De acordo com Sylvia Calmes[48], a Revolução Francesa[49] estabeleceu uma lógica de legalismo baseada na premissa de que, sendo a lei a expressão da vontade geral, somente ela pode estabelecer os limites da liberdade e os direitos naturais de todo homem (nos termos do art. 6º da Declaração dos Direitos do Homem e do Cidadão).

Diante disso, a lei (que representa a vontade ordenadora do Estado) passa a ser a "portadora dos princípios mais estáveis e permanentes da organização política da sociedade e estabelecendo, por isso, os limites da actuação do Estado e dos particulares (direitos subjetivos públicos ou privados)", subordinando a administração (princípio da legalidade) e encontrando como único limite "a obediência à distribuição de competências estabelecidas na constituição (constitucionalidade formal)"[50]. Deve ser feita uma ressalva acerca do direito inglês[51] dos 700, pois, embora tivesse uma consciência aguda

---

47. Para Gustavo Zagrebelsky, no período, "La legge, da espressione della volontà dello Stato capace di imporsi incondizionatamente in nome di propri trascendenti interessi, iniziava a concepirsi come strumento di garanzia dei diritti" (ZAGREBELSKY, Gustavo. **Il diritto mite**. Torino: Einaudi, 1992, p. 23).

48. CALMES, Sylvia. État de droit, droits fondamentaux et démocratie. **Annales de philosophie et des sciences humaines**, n. 23, t. 1, 2007, p. 109.

49. Comparando o contexto francês com o alemão, Gustavo Zagrebelsky afirma que "Nella Francia della Rivoluzione, la sovranità della legge si appoggiava ala dottrina della sovranità della nazione, « rappresentata » dall'Assemblea legislativa. In Germania, in una situazione costituzionale che non aveva conosciuto la vittoria livellatrice dell'idea francese di nazione, si trattava invece della concezione dello Stato sovrano, impersonato nel « monarchisches Prinzip » prima e poi nel « Kaiserprinzip », sostenuto e limitato dalle rappresentanze dei ceti"(ZAGREBELSKY, Gustavo. **Il diritto mite**. Torino: Einaudi, 1992, p. 25).

50. HESPANHA, António Manuel [1945-2019]. **Cultura jurídica europeia**: síntese de um milênio. Florianópolis: Fundação Boiteux, 2005, p. 370.

51. Acerca da diferença de formação do *Estado de direito* europeu continental e o inglês, ensina Gustavo Zagrebelsky que enquanto no primeiro modelo houve a substituição de poderes absolutos (o poder absoluto do rei foi substituído pelo poder absoluto da Assembleia), na Inglaterra não houve a substituição das fontes que emanam o poder do Estado, mas a limitação dos poderes absolutos do rei (privilégios e liberdades) por meio da atuação do parlamento. Em síntese, nas palavras de Gustavo Zagrebelsky, "Non c'è modo più categorico per indicare la differenza che questo: da uma parte, l'assolutismo régio venne sconfitto in quanto potere régio; dall'altra, in quanto potere assoluto" (ZAGREBELSKY, Gustavo. **Il diritto mite**. Torino: Einaudi, 1992, p. 26).

de que existia um direito não escrito[52], era caracterizado por reconhecer a existência de um direito escrito, atribuindo à lei preponderância sobre ele[53].

No mesmo contexto, surge, de maneira bastante abrangente sobre a Europa, a compreensão[54] de que as leis deveriam integrar um direito codificado[55] em contraposição ao sistema particularista e fragmentado dos textos

---

52. Essa compreensão era rechaçada por parte da doutrina cujo principal expoente era Jeremy Bentham. Realizando uma reconstrução histórica da tradição de *common law*, Daniel Mitidiero, quando enfrenta a concepção de Bentham, afirma que, "Como um obstinado crítico do *Common Law*, Jeremy Bentham alerta para o fato de que o direito inglês não constituiria um direito preexistente às decisões judiciais, formado a partir dos costumes imemoriais do homem inglês e pacientemente revelado através dos séculos pela experiência dos juízes. Na verdade, o *Common Law* não seria nada além de atos judiciais autocráticos particulares que as pessoas em geral estariam dispostas a atribuir a algo semelhante ao efeito legal. Para Bentham, o direito inglês seria um direito judiciário (*judiciary law*), integralmente criado pelos juízes (*judge-made law* – na sua clássica expressão), sendo por essa razão um direito na sua essência irremediavelmente retroativo" (MITIDIERO, Daniel. **Precedentes**: da persuasão à vinculação [2016]. 3. ed. São Paulo: Revista dos Tribunais, 2018, p. 39). Daí por que Bentham "foi um crítico violento de um judiciário que, por sua própria autoridade, decida o que era o direito, referindo-se tão-somente aos precedentes e a um vago corpo de normas consuetudinárias, e que se guiava apenas por uma tradição não escrita. De acordo com Bentham, os juristas iriam defender sempre o direito não escrito, já que era a fonte de seu poder; apenas a primazia do estatuto e o poder legislativo do Parlamento podiam pôr fim ao despotismo dos juristas" (CAENEGEM. R. C. van [1927-2018]. **Uma introdução histórica ao direito privado** [*Introduction historique au droit prive* – 1988]. Trad. Carlos Eduardo Lima Machado. São Paulo: Martins Fontes, 2000, p. 249).
53. HESPANHA, António Manuel. **Cultura jurídica europeia**: síntese de um milênio. Florianópolis: Fundação Boiteux, 2005, p. 266-268.
54. Giovanni Tarello afirma que o surgimento do "direito codificado" não encontra amparo em apenas uma determinada ideologia e/ou cultura, "mas, sim, [n]a confluência de diversos e disparatados complexos de ideologias que vemos presidir a feitura dos direitos codificados" (TARELLO, Giovanni [1934-1986]. Ideologias setecentistas da codificação e estrutura dos códigos [Ideologie settecentesche della codificazione e struttura dei codici – 1978]. Trad. Ricardo Sontag. **Meritum**, Belo Horizonte, v. 3, n. 2, jul./dez. 2008, p. 05-31, p. 8).
55. Referindo esse processo de afirmação do Estado de Direito e da codificação da lei, Mauro Cappelletti ensina que "Una de las ideas fundamentales inspiradoras de la civilización occidental en los siglos XVIII-XIX, ha sido aquella de la *rule of law*, o 'principio de legalidad', llamado también 'Estado de Derecho' o *government of law*, en contraposición al *government of men*. Una exigencia primaria de aquella época fue en efecto, tutelarse contra gobiernos arbitrarios en respuesta a los abusos del feudalismo y del ancien régime. Respondiendo a esta exigencia, por lo menos en la Europa continental – y en aquellas vastas áreas del mundo que fueron denominadas por la influencia de la misma – la técnica de la 'legislación' se refinó después y se desarrolló

normativos até então existentes[56]. Esse movimento foi chamado por Menezes Cordeiro de *primeira codificação*[57] e tinha por objetivo resolver "três questões

convirtiéndose en una verdadera 'codificación'" (CAPPELLETTI, Mauro. Apuntes para una fenomenologia de la justicia en el siglo XX. **Revista de Processo**, v. 71, p. 84-120, jul./set. 1993). Giovanni Tarello define codificação em sentido estrito e técnico como "quel processo culturale e storico attraverso cui si è resa possibile la menzionata idea ottocentesca; e ciò il processo che conduce ai Codici concreti, cui i giuristi ottocenteschi (continentali) si referivano". (TARELLO, Giovanni [1934-1987]. **Storia dela cultura giuridica moderna**: assolutismo e codificazione del diritto. Bologna: Mulino, 1976, p. 19-20).

56. Sobre o contexto cultural que antecedeu as codificações do século XVIII, é valiosa a lição de Giovanni Tarello: "As duas ideologias do direito de origem seiscentista, mas que circulavam no século XVIII, se apresentam nas suas falsas vestes de teoria como respostas à pergunta: 'O que é o direito?' No curso do século XVIII, em ambas as tradições ideológicas vieram enxertar-se elementos ideológicos novos, que se apresentavam como respostas à pergunta: 'Como deve ser o direito?' Essa pergunta teve, dos mais disparatados setores, uma resposta unívoca: o direito, ou melhor, 'as leis' devem ser simples, claras, poucas, breves e sucintas. A idéia que se fez generalizar por aqueles que não tinham interesses privados na conservação da complicação existente (como os advogados, burocratas, escribas, mensageiros e os mais diversos oficiais) era aquela de que cada um deveria estar certo da própria posição ante o direito, e que, por isso, o próprio direito deveria ser certo. Para ser certo, o direito deveria, justamente, ser feito de poucas e simples leis. Atrás da fórmula unívoca estava, como sempre, posições e interesses diferentes, como diferentes eram as razões da insatisfação ante a complicada conformação do particularismo jurídico de todos os Estados (trata-se já propriamente de verdadeiros Estados) da Europa" (TARELLO, Giovanni [1934-1986]. Ideologias setecentistas da codificação e estrutura dos códigos [Ideologie settecentesche della codificazione e struttura dei codici -1978]. Trad. Ricardo Sontag. **Meritum**, Belo Horizonte, v. 3, n. 2, jul./dez. 2008, p. 05-31, p. 19). Segundo Norberto Bobbio, do ponto de vista filosófico, a inspiração iluminista fez com que os juristas da Revolução Francesa "si propongono di eliminare la congerie di norme giuridiche prodotte dallo sviluppo storico e di instaurare al suo posto un diritto fondato sulla natura e adatto alle universal esigenze umane" (BOBBIO, Norberto (1909-2004). **Il positivismo giuridico**: lezioni di filosofia del diritto [1979]. Torino: Giappichelli, 1996). Ainda, sobre o período das codificações, ver: CAENEGEM. R. C. van [1927-2018]. **Uma introdução histórica ao direito privado** [Introduction historique au droit prive – 1988]. Trad. Carlos Eduardo Lima Machado. São Paulo: Martins Fontes, 2000 e TARELLO, Giovanni [1934-1987]. **Storia dela cultura giuridica moderna**: assolutismo e codificazione del diritto. Bologna: Mulino, 1976.

57. Relaciona a primeira codificação com o Código Civil Frances de 1804 e a segunda codificação com o Código Civil Alemão de 1900, cuja cultura dominante "era a pandectista, assente de modo periférico, no Direito romano" (CORDEIRO, Antonio Manuel da Rocha e Menezes. **Da boa-fé no direito civil** (1983). Coimbra: Almedina, 2013, p. 329).

fundamentais: a unificação das fontes, a busca de uma ordem e a adaptação do conteúdo jurídico a novas realidades"[58].

Ensina António Manuel Hespanha que, "Já nos finais do século XVIII, alguns Estados europeus incorporam em reformas legislativas amplas os principais resultados das doutrinas jusracionalistas", indicando como exemplos a Prússia (em 1794, o *Allgemeines Landrecht für die preußischen Staaten* - ALR, compilação do direito territorial geral dos Estados da Prússia), a Áustria (em 1811, o *Allgemeines Bürgerliches Gesetzbuch* - ABGB, Código Civil geral) e Portugal (a partir de 1778, com uma reforma global das Ordenações)[59]. Ao tratar da formação dos códigos na França pós-revolucionária, aponta Vittorio Denti que somente em 1793 a ordenança de 1667 "fu abrogata, per essere ripristinata dal consolato nel 1800, rappresentando sostanzialmente l'ossatura del codice napoleônico"[60].

Daí a conclusão de António Manuel Hespanha no sentido de que "foi só em 1804, já durante o Consulado e sob a influência directa de Napoleão I, que o Code Civil conheceu a sua versão definitiva e foi promulgado (1804)". O Código de Processo Civil (1806), o Código Comercial (1807) e o Código Penal (1810) constituíam o que foi, "por um lado, a consumação de um movimento doutrinal que, partindo da doutrina tradicional francesa, fora enriquecido com as contribuições do jusracionalismo setecentista"[61].

Tomando por base a evolução histórica Italiana[62], Pietro Costa aponta que, embora existam contradições teóricas entre os juristas italianos dos

58. CORDEIRO, Antonio Manuel da Rocha e Menezes. **Da boa-fé no direito civil** [1983]. Coimbra: Almedina, 2013, p. 228.

59. HESPANHA, António Manuel. **Cultura jurídica europeia**: síntese de um milênio. Florianópolis: Fundação Boiteux, 2005, p. 376-377.

60. DENTI, Vittorio [1919-2001]. Chiovenda e le riforme del processo civile. **Il Foro Italiano**, v. 111, parte quinta, p. 347-356, 1988, p. 34.

61. HESPANHA, António Manuel. **Cultura jurídica europeia**: síntese de um milênio. Florianópolis: Fundação Boiteux, 2005, p. 376-377.

62. Chama-se a atenção para o contexto italiano na medida em que é a partir dele que Giuseppe Chiovenda irá construir sua concepção de oralidade, que, para o presente trabalho, é tomada como paradigma investigativo da compreensão da oralidade moderna. Ressalte-se, por exemplo, que a evolução do direito português experimentou trajetória particular. Segundo António Manuel Hespanha, embora na primeira metade do século XIX (coincidente com o consulado do Marquês de Pombal) houvesse a promoção de maneira intensa da ideia da supremacia da lei sobre as demais fontes do direito, esses ideais puderam ser concretizados somente a partir de 1867, com a aprovação do Código Civil. Antes disso, o direito português era orientado pelo "doutrinarismo jusracionalista dos finais do século XVIII (Martini, Heineccius, Thomasius,

séculos XIX e XX[63], o modelo que assume a prevalência da lei por meio da codificação gira em torno da pretensão de autossuficiência da lei[64]. Além da autossuficiência da lei, outra característica do período era a de se atribuir completude ao ordenamento jurídico, pois todo o Direito estava, ou deveria estar, presente nos Códigos[65]. Além disso, o Código tinha por finalidade promover a "univocidade e compactação da estrutura organizativa do 'direito codificado'"[66], adequando-se "a uma aplicação do direito mais quotidiana e mais controlável pelo novo centro do poder – o Estado". Constituía-se em um "núcleo normativo, perene e consensual, da vida em sociedade"[67].

A partir dessa fonte normativa (perene, abstrata e estruturada em Código), o direito seria mais facilmente compreendido, tanto pelos seus operadores quanto pela sociedade para a qual ele serve, dispensando, inclusive, que os magistrados, quando da sua aplicação, tivessem de o interpretar. Bastava

---

Wollf), combinado com a invocação directa dos modernos códigos estrangeiros e da doutrina sobre eles construída (Pothier, Portalis, Demolombe), permitida pela Lei da Boa Razão" (HESPANHA, António Manuel. **Cultura jurídica europeia**: síntese de um milênio. Florianópolis: Fundação Boiteux, 2005, p. 388).

63. Para Pietro Costa, "da un lato, nella pubblicistica risorgimentale, il codice non viene contrapposto alla tradizione, ma viene valorizzato come l'inveramento e il culmine della storia nazionale, in un singolare mélange di storicismo savigniano, di esaltazione della tradizione 'romanistica' e di giuspositivistico elogio della legge; dall'altro lato, nell'Italia post-unitaria, la retorica giuridica prevalente sembra ruotare non già sul primato 'assoluto' del codice, ma sulla celebrazione (nazionalistica) dell'italica capacità di combinare armoniosamente dottrina e prassi, codice e giurisprudenza" (COSTA, Pietro. Pagina introduttiva. Giudici, giuristi (e legislatori): un "castello dei destini incrociati"? **Quaderni Fiorentini**, XL, 2011, p. 1-17, p. 5).

64. COSTA, Pietro. Pagina introdutiva. Giudici, giuristi (e legislatori): un "castello dei destini incrociati"? **Quaderni Fiorentini**, XL, 2011, p. 1-17, p. 5.

65. ÁVILA, Humberto. Subsunção e concreção na aplicação do direito. *In:* MEDEIROS, Antonio Paulo Cachapuz. **Faculdade de Direito**: o ensino jurídico no limiar do novo século. Porto Alegre: EDIPUCRS, 1997, p. 418. Essa compreensão pode ser sentida, também, de forma muito intensa no direito processual brasileiro, como se depreende do relato, já no século XX, de Francisco Morato: "Um codigo de processo não pôde deixar de ser uma obra unitaria, completa, plastica e harmônica, onde as regras, dispositivos e preceitos se succedam e enramem sob o sopro de systema e de generalizações" (MORATO, Francisco [1868-1948]. A oralidade. **Revista Forense**, v. 74, p. 141-148, 1938).

66. TARELLO, Giovanni (1934-1986). Ideologias setecentistas da codificação e estrutura dos códigos [Ideologie settecentesche della codificazione e struttura dei codici – 1978]. Trad. Ricardo Sontag. **Meritum**, Belo Horizonte, v. 3, n. 2, p. 05-31, jul./dez. 2008, p. 8.

67. HESPANHA, António Manuel. **Cultura jurídica europeia**: síntese de um milênio. Florianópolis: Fundação Boiteux, 2005, p. 341.

ao magistrado (no imaginário da época) recolher os sentidos normativos do próprio texto que o legislador lhe oferecia (dada a sua suposta univocidade)[68]. Com isso o Código superava as dificuldades do direito comum[69] em permitir, de um lado, que o julgador se valesse de fontes de direito facilmente cognoscíveis (clareza) e, de outro lado, que houvesse um maior controle sobre o resultado da atividade jurisdicional, na medida em que ao juiz cumpria aplicar a lei (previsibilidade)[70]. Assim, restavam superados os problemas de aplicação do direito comum, baseado em "argumentos de autoridade (teológica ou acadêmica, como no período do direito comum) ou de especulações abstractas (como no período do jusracionalismo)"[71], ocasionando a sua aplicação de forma dispersa, casuísta, dependente da teologia e da moral.

A ideia central por trás dessa compreensão tinha por fundamento a premissa de que "o domínio da legalidade comporta como consequência

---

68. Na cultura do período, segundo sinaliza Norberto Bobbio, tinha-se a compreensão de que "La subordinazione dei giudici alla legge tende a garantire un valore molto importante: la sicurezza del diritto, in modo che il cittadino sappia con certezza se il proprio comportamento è o no conforme alla legge" (BOBBIO, Norberto [1909-2004]. **Il positivismo giuridico**: lezioni di filosofia del diritto [1979]. Torino: Giappichelli, 1996, p. 30).

69. Em que pese, segundo revela John Herry Merryman, estes códigos civis serem quase idênticos, do ponto de vista de conteúdo, aos "primeros tres libros de las Instituciones de Justiniano del *jus commune* de la Europa medieval. Los principales conceptos eran en esencia el derecho común romano y medieval y su organización y estructura conceptual eran similares" (MERRYMAN, John Henry [1920-2015]. **La tradición jurídica romano-canónica** (The civil Law Tradition – 1969). Trad. Carlos Sierra. México: Fondo de Cultura Económica, 1971, p. 28).

70. Tratando da segurança promovida pelo Legislador diante da ideia de supremacia da Lei no Direito Francês "Esse paulatino encobrimento e seu respectivo desvelamento podem ser nitidamente percebidos no mínimo a partir de três grandes marcos: i) o Code Louis (1667); ii) a Révolution (1789); e iii) o Code Napoléon (1804). Em todos esses momentos um elemento comum perpassa o direito francês: a pressuposição ou a reação ao caráter meramente cognitivista da interpretação judicial da lei e a sua aplicação ao caso concreto mediante uma simples atividade lógico-dedutiva. Vale dizer: a pressuposição ou a reação à ideia de que legislação seria capaz de se impor ao caso concreto mediante um simples 'jugement-syllogisme'" (MITIDIERO, Daniel. **Precedentes**: da persuasão à vinculação [2016]. 3. ed. São Paulo: Revista dos Tribunais, 2018, p. 44).

71. HESPANHA, António Manuel. **Cultura jurídica europeia**: síntese de um milênio. Florianópolis: Fundação Boiteux, 2005, p. 373/374.

a previsibilidade e a certeza do direito, e intensifica a estabilidade"[72], promotora, de acordo com a concepção da época[73], de segurança jurídica[74]. O meio escolhido pelos juristas da época para atender a esses valores somente fazia sentido se considerarmos que a sociedade, estática e, em grande parte, agrícola, não exigia frequentes adequações normativas à sua realidade[75].

Os poderes do Estado, materializados na lei, eram concentrados na Assembleia Nacional, que gozava de poderes soberanos e absolutos[76]. Esse efeito fez com que reavivasse em muitas pessoas "a necessidade de se evitar este novo despotismo[77], reinsistindo-se tanto na prevalência dos direitos

---

72. PALOMBELLA, Gianluigi. **Filosofia do direito** [Filosofia del diritto. 1996]. Trad. Ivone C. Benedetti. São Paulo: Martins Fontes, 2005, p. 342.

73. Neste ponto, ilustrativa a lição de Ovídio Baptista da Silva: "A busca de segurança jurídica que o racionalismo pretendeu obter através da utilização da metodologia das ciências da natureza ou da matemática – origem do normativismo moderno – fez com que a doutrina e o ensino universitário suprimissem o estudo de 'casos', reocupando-se, tanto nos manuais quanto na docência universitária, apenas com a 'norma', com eliminação do 'fato'. A separação entre 'direito' e 'fato', inspirada nos dois mundos kantianos, o mundo do ser e o do dever ser, que deita raízes no racionalismo dos filósofos do século XVII, permanece intocada na doutrina contemporânea, mesmo que ninguém tenha dúvida de que o Direito, como ciência da compreensão, exista no 'fato', hermeneuticamente interpretado" (BAPTISTA DA SILVA, Ovídio [1929-2009]. **Processo e ideologia.** Forense: Rio de Janeiro, 2004, p. 36).

74. A ideia de que a lei era uma forma de promoção de segurança jurídica, segundo Valternei Melo, partia do pressuposto de que "o direito não só estava plenamente contido no texto da lei, mas de que entre ambos existiam uma relação que poderia ser vista como a de uma completa identidade" (MELO, Valternei. A vinculação jurídica: do protagonismo da lei ao protagonismo da interpretação. *In:* ARENHART, Sérgio Cruz; MITIDIERO, Daniel. **O processo civil entre a técnica processual e a tutela dos direitos**: estudos em homenagem a Luiz Guilherme Marinoni. São Paulo: Revista dos Tribunais, 2017, p. 1209-1228, p. 1215).

75. ÁVILA, Humberto. Subsunção e concreção na aplicação do direito. *In*: MEDEIROS, Antonio Paulo Cachapuz. **Faculdade de Direito**: o ensino jurídico no limiar do novo século. Porto Alegre: EDIPUCRS, 1997, p. 418.

76. Precisa a lição de Antonio Manuel Hespanha: "O poder político substitui-se à autoridade científica como fundamento e legitimação do direito. Este fica dependente das maiorias parlamentares, tornando-se perigosamente vizinho da política. Tudo isto dá origem a uma perda de prestígio do direito, quando não a uma desconfiança em relação a ele, induzidas ambas pelo desprestígio da política e desconfiança que ela progressivamente suscita" (HESPANHA, António Manuel [1945-2019]. **Cultura jurídica europeia**: síntese de um milênio. Florianópolis: Fundação Boiteux, 2005, p. 382).

77. Nas palavras de Ovidio Baptista da Silva, "Torna-se fácil compreender as razões que, no século XIX, fizeram com que os autores dos Códigos procurassem impedir que eles fossem interpretados. Reproduziu-se no século XIX a tentativa de Justiniano. A

originários sobre a vontade dos eleitos do povo (governo "liberal") como na necessidade de dividir e equilibrar os poderes de Estado (governo "moderado")"[78]. No campo jurídico, a apropriação do direito pelo poder político "o ligou ao poder e à classe detentora como precioso *instrumentum regni* mais do que antes tenha sido feito, mortificou o jurista a ser repetidor da única voz do legislador"[79].

Contudo, superado pelo estado liberal-iluminista o desafio de controlar os poderes anteriormente concentrados em uma única fonte (o soberano), por meio da separação dos poderes e do controle sobre a "usurpação" do direito promovido pelo judiciário (que atendia aos interesses do soberano)[80], o Estado Liberal oitocentista, influenciado pela escola histórica do direito de Friedrich Carl von Savigny (pandectista[81]), "inverte o postulado principal do

---

intenção que sustentou esse propósito foi a mesma que, no início da Era Moderna, procurou eliminar a Retórica, enquanto ciência argumentativa, do campo do Direito, basicamente do campo do Processo. A idéia de perfeição do direito criado, que se oculta sob essa conduta, foi denunciada por Agnes Heller, ao mostrar o pathos tirânico, conseqüentemente antidemocrático, desse modo de compreender o Direito. O Direito 'perfeito' elimina qualquer tentativa de questionamento. É o direito do tirano" (BAPTISTA DA SILVA, Ovídio (1929-2009). **Processo e ideologia**. Forense: Rio de Janeiro, 2004, p. 93).

78. HESPANHA, António Manuel. **Cultura jurídica europeia**: síntese de um milênio. Florianópolis: Fundação Boiteux, 2005, p. 358-359.

79. GROSSI, Paolo. História social e dimensão jurídica. **Meritum**, Belo Horizonte, v. 4, n. 2, p. 05-26, jul./dez. 2009, p. 22.

80. Esses movimentos históricos e culturais ratificam as palavras de Daniel Mitidiero naquilo que chamou de tentativa de domesticação do direito. Em suas palavras: "A lembrança do papel da lei na história do direito francês – assim como do papel do precedente na história do direito inglês – testemunha as marchas e contramarchas da tentativa de domesticação do poder pelo direito. Em outras palavras, a tentativa de prover uma ordem jurídica segura em que todos possam ser livres e ser tratados de forma isonômica tendo como principal referencial a legislação" (MITIDIERO, Daniel. **Precedentes**: da persuasão à vinculação [2016]. 3. ed. São Paulo: Revista dos Tribunais, 2018, p. 24).

81. Analisando a escola capitaneada por Friedrich Carl von Savigny, Konrad Zweigert e Hein Kötz apontam que "Accordingly SAVIGNY and his followers, from PUCHTA to WINDSCHEID, addressed themselves to schematizing, ordering, and integrating the concepts of Roman law, so it was that the Historical School of law produced the *Pandectist School* whose only aim was the dogmatic and systematic study of Roman material. Their method of treatment was once again marked by that exaggerated dogmatism which was noted in the period of the law of reason, save that it was directed to rules of Roman law rather than particular postulates supposedly grounded in reason. For them the legal system was a closed order of institutions, ideas, and principles

iluminismo: a artificialidade do direito e das instituições, em relação à qual vem oposta a ideia da espontaneidade e naturalidade da evolução histórica, acima e além dos contingentes eventos políticos"[82]. Essa compreensão produz como resultado uma codificação que "pressupõe sempre um certo pré-entendimento genérico da matéria a tratar, o que é dizer: antes do estudo científico e da formalização pressupostos pela codificação, existe já, a nível cultural, uma ideia dos problemas a considerar e das saídas para eles recomendadas"[83]. Para esta escola[84], "o direito se desenvolve a partir do senso inato de justiça de uma nação e das atitudes e valores históricos e tradicionais de um povo; o direito era, portanto, o resultado de todo o passado de uma nação e não podia ser imposto arbitrariamente pelas autoridades do presente"[85].

developed from Roman law: one only had to apply logical or 'scientific' methods in order to reach the solution of any legal problem" (ZWEIGERT, Konrad [1911-1996]; KÖTZ, Hein. **Introduction to comparative law** [1977]. Trad. Tony Weir. Oxford: Oxford University Press, 1998, p. 140).

82. FERRAJOLI, Luigi. **A cultura jurídica e a filosofia jurídica analítica no século XX** [*La cultura giuridica nell'Italia del novecento* – 1999]. Trad. Alfredo Copetti Neto, Alexandre Salim e Hermes Zaneti Júnior. São Paulo: Saraiva, 2015, p. 17.

83. CORDEIRO, Antonio Manuel da Rocha e Menezes. **Da boa-fé no direito civil** [1983]. Coimbra: Almedina, 2013, p. 329.

84. Menezes Cordeiro afirma que o funcionamento do método jurídico de Savigny possuiu duas fases. A primeira estava ancorada na lei, enquanto, na segunda, o direito era entendido primeiro como "produto dos costumes e crenças populares, depois da jurisprudência, mas sempre de forças intrínsecas, tacitamente operosas, e não do arbítrio de um legislador" (CORDEIRO, Antonio Manuel da Rocha e Menezes. **Da boa-fé no direito civil** (1983). Coimbra: Almedina, 2013, p. 291).

85. CAENEGEM. R. C. van (1927-2018). **Uma introdução histórica ao direito privado** [*Introduction historique au droit prive* – 1988]. Trad. Carlos Eduardo Lima Machado. São Paulo: Martins Fontes, 2000, p. 244.

No mesmo período na Itália, de acordo com Luigi Ferrajoli, houve "um processo de progressiva autonomização da ciência do direito e de homologação e unificação dos seus diversos ramos sob a hegemonia, teórica e metodológica, da doutrina civilista"[86], que teve como ponto de partida "a despolitização do direito e da ciência jurídica, é a conversão do juscivilismo italiano em método histórico e sistemático próprio do pandectismo alemão"[87].

A Itália, no âmbito político, atinge seu processo de unificação em 1870, sob a influência de uma cultura liberal, entre os anos que se seguem até o estabelecimento do fascismo (1922). Segundo Ferrajoli[88], este liberalismo desenvolve-se a partir de um viés "conservador e autoritário, estatalista e patriótico, que não terá dificuldade de se encontrar com o fascismo sem nem mesmo se tornar fascista, mas simplesmente permanecendo fiel a si próprio", confirmando a posição de defesa da autonomia do direito e da legalidade em nome do próprio tecnicismo e da própria cientificidade e apolitização.

86. "O paradigma civilista continuará a ser dominante ao menos até os anos sessenta do século XX, e a fornecer os postulados da deontologia do jurista e da sua ideologia de classe: a neutralidade e a apolitização do direito; a completude e a coerência do ordenamento; o caráter técnico-avaliativo da interpretação, seja doutrinária, seja judicial" (FERRAJOLI, Luigi. **A cultura jurídica e a filosofia jurídica analítica no século XX** [*La cultura giuridica nell'Italia del novecento* – 1999]. Trad. Alfredo Copetti Neto, Alexandre Salim e Hermes Zaneti Júnior. São Paulo: Saraiva, 2015, p. 36-37).

87. Segundo Ferrajoli, a adesão do pensamento pandectista alemão foi favorecido na medida em que "O romanismo, repensado de modo pandectista, oferece o modelo do jurista e os elementos basilares da sua ideologia de classe: a atualização do direito passado, que na Itália se identificava com a sua mais antiga e gloriosa tradição e, portanto, como fator da identidade nacional; o papel construtivo do jurista, não mais mero exegeta e comentarista, mas modelador do sistema jurídico a partir das categorias civilistas transmitidas pelo direito romano; o consequente primado da ciência jurídica, e, no interior da civilista-romanista, como intérprete do 'espírito do povo', contra a ideia iluminista e jacobina da onipotência do legislador; a função pedagógica do ensino do direito romano na formação do jurista e, mais em geral, do homem de lei" (FERRAJOLI, Luigi. **A cultura jurídica e a filosofia jurídica analítica no século XX** [*La cultura giuridica nell'Italia del novecento* – 1999]. Trad. Alfredo Copetti Neto, Alexandre Salim e Hermes Zaneti Júnior. São Paulo: Saraiva, 2015, p. 24-25).

88. FERRAJOLI, Luigi. **A cultura jurídica e a filosofia jurídica analítica no século XX** [*La cultura giuridica nell'Italia del novecento* – 1999]. Trad. Alfredo Copetti Neto, Alexandre Salim e Hermes Zaneti Júnior. São Paulo: Saraiva, 2015, p. 38.

Por outro lado, ao longo dos oitocentos, também na Alemanha, há a construção de uma teoria jurídica própria para o Estado, que tinha por finalidade explicar toda a dinâmica publicística[89] exclusivamente com o auxílio de categorias especificamente jurídicas[90]. Quanto à compreensão de um direito público, na Itália, "a transferência do modelo civilista se realiza, por obra de Vittorio Emanuele Orlando e de Santi Romano, por meio da distinção também do direito público pela lei positiva, e a sua configuração como 'um sistema de princípios jurídicos mais que de preceitos legislativos'"[91].

Importante salientar, em termos de construção de contexto histórico-cultural, que Giuseppe Chiovenda nasce no ano de 1872 (portanto, em uma Itália já unificada e liberal), vindo a falecer em 1937 (sem ter tido a oportunidade de ver a derrocada do regime imposto por Benito Mussolini à Itália). Essa correspondência temporal, associada a determinadas características da obra de Giuseppe Chiovenda, fez com que se atribuísse a ele determinada colaboração com o regime totalitário[92]. Assim, foi neste ambiente, e da

---

89. Sobre o tema, do ponto de vista da formação histórica e cultural do fenômeno, John Henry Merryman destaca que "el derecho-público en las naciones de derecho civil contemporáneo es en gran parte el producto de una revolución que tuvo lugar en Occidente en el siglo que comenzó en 1776. Este movimiento, que afectó a la mayor parte de las naciones europeas, ha englobado acontecimientos tan dramáticos como las revoluciones francesa y americana, el Risorgimento italiano, las series de guerras de independencia que liberaron a las naciones de Sudamérica y Centroamérica, la unificación de Alemania bajo Bismarck y la liberación de Grecia, después de siglos de dominación turca. Pero todos estos acontecimientos fueron producto de una revolución intelectual más fundamental. Ciertas rancias ideologías acerca del gobierno y del individuo fueron por fin superadas y tomaron su lugar otras nuevas maneras de pensar acerca del hombre, de la sociedad, de la economía y del Estado. Incluso en partes de Occidente que no tuvieron una revolución cruenta (como Inglaterra), estas ideas más recientes llegaron a prevalecer. En esta revolución intelectual es donde encontramos las fuentes principales del derecho público dentro de la tradición del derecho civil" (MERRYMAN, John Henry [1920-2015]. **La tradición jurídica romano-canónica** [*The civil law tradition* - 1969]. Trad. Carlos Sierra. México: Fondo de Cultura Económica, 1971, p. 15).
90. FIORAVANTI, Maurizio. Savigny e la scienza di diritto pubblico del diciannovesimo secolo. **Quaderni Fiorentini**, IX, p. 319-338, 1980, p. 322.
91. FERRAJOLI, Luigi. **A cultura jurídica e a filosofia jurídica analítica no século XX** [*La cultura giuridica nell'Italia del novecento* – 1999]. Trad. Alfredo Copetti Neto, Alexandre Salim e Hermes Zaneti Júnior. São Paulo: Saraiva, 2015, p. 27.
92. Assim, por exemplo, faz Giovanni Tarello em: TARELLO, Giovanni [1934-1986]. L'opera di Giuseppe Chiovenda nel crepuscolo dello Stato liberale. *In:* TARELLO, Giovanni. **Dottrine del processo civile**: studo storici sulla formazione del diritto processuale civile. Bologna: Il Mulino, 1989, p. 109-214, p. 116. No entanto, parece

necessidade de fundar uma ciência processual adequada a ele, que a compreensão do *processualismo chiovendiano* nasce e funda as suas premissas: no racionalismo e na abstração conceitual exacerbados e na identificação da relação jurídica processual com o objeto da ciência processual[93].

2.2. O MODELO DE ORALIDADE PROCESSUAL DE GIUSEPPE CHIOVENDA

Em consonância com o esforço reconstrutivo do ambiente cultural que deu azo à formação do pensamento de Giuseppe Chiovenda, o presente tópico tem por ponto de partida a pretensão de identificar o modelo de processo típico do direito comum, baseado na ideia de escritura, e os fatores determinantes para a sua superação a partir da valorização de um processo oral (influenciado pelo modelo liberal de processo). Assim, sem a pretensão de esgotamento do tema, à vista de sistematizar[94] estes fatores e de perceber

---

com razão Vittorio Denti a afirmar que "Ma se noi leggiamo l'art. 29 del progetto della commissione per il dopoguerra, ci riesce difficile vedere riflessa nella definizione dei poteri del giudice un'ideologia puramente autoritaria" (DENTI, Vittorio [1919-2001]. Chiovenda e le riforme del processo civile. **Il Foro Italiano**, v. 111, parte quinta, p. 347-356, 1988, p. 352). Acrescenta José Rogério Cruz e Tucci que "Chiovenda não se imiscuía na política [embora tenha assinado "o manifesto antifascista de autoria do filósofo Benedetto Croce, publicado em 1º de maio de 1925, no periódico Il Mondo"]. Opunha-se ao regime, mas nunca foi um adversário militante; simplesmente ignorava o fascismo" (TUCCI, José Rogério Cruz e. **Giuseppe Chiovenda**: vida e obra. São Paulo: Migalhas, 2018, p. 24). Sintetiza Michele Taruffo, ao referir que "o programa de Chiovenda é, portanto, consoante ao 'espírito do tempo', mas não porque permeado por uma ideologia autoritária antecessora do fascismo, mas sim porque interpreta coerentemente a crise da ideologia liberal 'pura' aplicada ao processo civil" (TARUFFO, Michele; MITIDIERO, Daniel. **A justiça civil**: da Itália ao Brasil, dos setecentos a hoje. São Paulo: Thomson Reuters Brasil, 2018, p. 225).

93. Sobre a formação do processualismo tal como exposto, ver: MITIDIERO, Daniel. **Colaboração no Processo Civil**: do modelo ao princípio [2009]. 4. ed. São Paulo: Revista dos Tribunais, 2019, p. 30-32.

94. Não se trata propriamente de um esforço de reconstrução e investigação histórica, mas da tentativa de compreensão de fatores culturais comuns e de livre trânsito da sociedade de um determinado tempo a fim de possibilitar uma melhor compreensão dos processos culturais (em especial, jurídicos) contemporâneos.

como eles impactaram o processo civil, em geral, e a oralidade processual, em particular. Para isso, serão consideradas as circunstâncias que levaram à consolidação da ideia de um processo caracterizado pela escritura, os fatores que puseram em xeque esta concepção e os efeitos jurídicos daí decorrentes (particularismo e fragmentação jurídica) e, por fim, a proposta de um modelo processual pautado pela oralidade.

2.2.1. A escritura processual: um modelo a ser superado

Inicialmente, e a fim de trazer clareza quanto às premissas adotadas, mostra-se relevante apresentar uma noção (que pode oscilar de acordo com o tempo – momento histórico – e espaço – local em que se observa o fenômeno) do que se compreende por escritura processual[95]. Aqui, quando se fala em escritura, se remete não pura e simplesmente ao modo como um determinado ato foi materializado no processo (por meio escrito). A escritura processual (ou modelo pautado pela escritura) representa uma tendência predominante da prática de todos os atos processuais por meio da comunicação escrita. Chama-se a atenção para o fato de que praticamente não existem exemplos de processos estritamente desenvolvidos na forma escrita. Daí por que se fala em "tendência predominante" da escritura como modelo de processo. Aliás, importante dizer desde logo que o mesmo fenômeno (a inexistência de um modelo puro[96]) ocorre quando se fala em modelo de processo baseado na oralidade.

95. Saliente-se que não se busca definir o conceito, ou noção, a respeito de escritura enquanto o ato de materializar algo por meio escrito, mas em um modelo ideal de processo que sintetize as características principais do direito comum contra o qual Giuseppe Chiovenda direcionava seu anseio de reforma.

96. Sem recorrer a um esforço de reconstrução histórica de "arqueologia jurídica", como aduz Araken de Assis. (ASSIS, Araken de. **Processo civil brasileiro**. Volume I. São Paulo: Revista dos Tribunais, 2015, p. 341).

A escritura, como tendência de prática dos atos processuais, foi uma das características do direito comum europeu[97]. Importante lembrar que o processo comum tinha por traço principal a tradução do direito romano[98] à

97. Em maior intensidade a escritura pode ser sentida na Espanha – por meio, da transição das *Siete Partidas* de 1265, até as *Ordenanzas Reales de Castilla* (1484) e a *Nuevo Recopilación* (1567). (STÜRNER, Rolf. Oralidade e escritura no processo civil europeu. Traduzido por Ronaldo Kochem. **Revista de Processo**, v. 223, p. 111-129, set. 2013). Na França, a escritura processual é introduzida no século XIV pela influência dos princípios do direito romano-canônico naquele ordenamento (CHIOVENDA, Giuseppe [1872-1937]. Romanesimo e germanesimo nel processo civile [1901] *In*: **Saggi di diritto processuale civile** [1900-1930]. V.1. Roma: Foro Italiano, 1930, p. 215-216). Mesmo no direito inglês, onde a influência do direito romano-canônico foi menos intensa do que na Europa continental, a escritura se fez notar. No relato de Rolf Stürner, "o *trial* continuava oral, a Escritura determinava a introdução ao processo, semelhantemente ao processo francês, fortemente formalizada através dos *writs*. Também os *pleadings* durante o processo, que deveriam definir, na conversa e no discurso, o objeto da produção de provas no *trial*, eram originalmente oral; porém, depois eram documentados pelos escrivães do tribunal, e poderiam, aproximadamente desde o século XVI, ser entregues por escrito – parcialmente em razão da praticabilidade em destituir os escrivães, mas provavelmente também pela influência do processo fortemente escrito das *Courts of Chancery*. A forte escritura do processo das *Courts of Chancery* seguia o modelo romano-canônico, semelhante ao processo das *Admirality Courts* e, naturalmente, das *Ecclesiastical Courts*" (STÜRNER, Rolf. Oralidade e escritura no processo civil europeu. Traduzido por Ronaldo Kochem. **Revista de Processo**, v. 223, p. 111-129, set. 2013). O processo civil português das Ordenações, segundo relato de Carlos Alberto Alvaro de Oliveira, possuía um "procedimento era essencialmente escrito, com total distanciamento do juiz na produção da prova" na medida em que "a inquirição das testemunhas era realizada por inquiridor, secretamente, perante tabelião que registrava os respectivos depoimentos, sem nenhuma parte ser sabedora, até as inquirições serem abertas e publicadas (Ord. Fil., liv. I, título 86; liv. III, tít. 62)" e que "o documento escrito prevalecia sobre a prova testemunhal; a escritura pública mostrava-se necessária para a prova dos negócios sobre móveis de valor superior a 4.000 réis e sobre imóveis de valor superior a 60.000 réis (Ord. Fil., liv. III, tít. 59)" (ALVARO DE OLIVEIRA, Carlos Alberto [1942-2013]. **Do formalismo no processo civil**: proposta de um formalismo-valorativo [1997]. 4. ed. São Paulo: Saraiva, 2010, p. 55-56).

98. Sobre a relação do direito romano com as ideias de escritura e oralidade, é valiosa a contribuição de Rolf Stürner ao afirmar que, "No conjunto, o processo romano mostrava-se um processo que, apesar do emergente estudo da escritura e da leitura, conservara os benefícios da Oralidade e utilizara a Escritura mais como documentação e suporte. Em nenhuma etapa de seu desenvolvimento, a Oralidade fora reprimida pela Escritura – para tanto, basta ver o processo da *supplicatio* imperial. O processo romano testemunha, a esse respeito, um espírito muito pragmático, que protegeu a flexibilidade do intercâmbio oral e que pode ter a função de modelo até à Modernidade" (STÜRNER, Rolf. Oralidade e escritura no processo civil europeu. Traduzido

luz da sociedade medieval (amplamente influenciada pelo direito germânico[99] e canônico), cuja fragmentação e instabilidade política eram intensas[100].

---

por Ronaldo Kochem. Revista de Processo, v. 223, p. 111-129, set. 2013). Igualmente, Mauro Cappelletti afirma a influência da oralidade no processo romano clássico (CAPPELLETTI, Mauro [1927-2004]. O valor atual do princípio da oralidade [original publicado em 1960]. Trad. Daniel Ustárroz. Revista da Faculdade de Direito da UFRGS, v. 21, p. 255-260, mar. 2002, p. 259).

99. Importante a ressalva feita por Giuseppe Chiovenda a respeito da oralidade no processo germânico medieval. Informa Giuseppe Chiovenda que "Il processo germánico era benso orale; ma era questa l'oralità d'un popolo che non conosce la scrittura e che tratta nell'assemblea gli affari giudiziari; non era l'oralità romana rispondente alla funzione della prova. In un processo in cui il giudice non si forma la sua libera convinzione ma pronuncia in base ai giudizi di Dio, e poi in base alle regole costituenti il sistema della prova legale, l'oralità ha una importanza meramente formale ed è destinata a venir meno non appena si diffonda l'uso della scrittura e man mano che i giudizi passano dall'assemblea alla sala del giudice" (CHIOVENDA, Giuseppe [1872-1937]. L'idea romana nel processo civile moderno. **Rivista di Diritto Processuale Civile**, v. IX, parte I, p. 317- 332, 1932, p. 327). No mesmo sentido vai construída a lição de Rolf Stürner: "Com o colapso do Império Romano tardio (*spätrömisches Reich*) sob a pressão das tribos germânicas, houve a substituição do respectivo processo, com seus elementos escritos, pelo processo judicial público fortemente dominado por leigos. Esse era realizado oralmente e geralmente ao ar livre e não deixava espaço algum para elementos escritos, até mesmo porque a grande maioria dos envolvidos ignorava a escrita e a leitura. Esse processo germânico valia não somente em solo *propriamente* germânico, mas também na Itália, Gália, Espanha e na Inglaterra conquistada pelos normandos. O advento do (também sob a influência romana) direito parcialmente escrito de tribos, entre os quais se destaca especialmente o direito franco, mudou os processos europeus em direção à oralidade na época entre os séculos V e XI. A partir daí, na melhor das hipóteses, os resultados de importantes processos, sobretudo de cortes reais, podiam novamente ser encontrados em documentos". Conclui que "A extensão do deslocamento da oralidade para a Escritura foi diversificado, ainda que todas as culturas jurídicas de alguma forma tenham sido fortemente influenciadas pelas ideias romano-canônicas de processo" (STÜRNER, Rolf. Oralidade e escritura no processo civil europeu. Traduzido por Ronaldo Kochem. **Revista de Processo**, v. 223, p. 111-129, set. 2013).

100. Acerca deste contexto político e normativo, Daniel Mitidiero afirma que na França anterior à promulgação do Code Louis (1667) era caracterizado pelo particularismo jurídico. Segundo relata, "Ao Norte tinha vigência a título de *jus commune* um direito consuetudinário de origem germânica, ao passo que ao Sul tinha vigência – também a título de *jus commune* – o direito romano, notadamente o *Corpus Juris Civilis* de Justiniano e o Código Teodosiano. Além disso, existiam inúmeras intervenções legais do soberano que visavam a particularizar determinadas pessoas, assinalar certas jurisdições e diferenciar certos bens visando a privilegiar algumas posições sociais em detrimento de outras" (MITIDIERO, Daniel. **Precedentes**: da persuasão à vinculação [2016]. 3. ed. São Paulo: Revista dos Tribunais, 2018, p. 44-45).

A questão essencial a responder é: por que o direito comum sentiu a necessidade de abandonar a ideia da oralidade romana clássica optando pela escrituração do processo? A opção pela escritura dos atos processuais teria ocorrido por fatores de ordem filosófica e de ordem pragmática.

Filosoficamente, a valorização da escritura decorria, "por um lado, [d]o resultado da redescoberta da mais alta cultura jurídica de Roma, e, por outro, era também consequência da ambição escolástica pela exatidão e sistemática, que exigia a fixação escrita (documentação) e não era atingível a partir da incerteza da comunicação oral"[101]. Pragmaticamente, a escritura atendia ao anseio de evitar abusos e arbítrios por parte dos juízes[102]. Tais arbítrios, além da potencial influência política que a nobreza poderia exercer sobre o juiz[103],

---

101. STÜRNER, Rolf. Oralidade e escritura no processo civil europeu. Traduzido por Ronaldo Kochem. **Revista de Processo**, v. 223, p. 111-129, set. 2013.

102. Esta preocupação com o exercício abusivo dos poderes concedidos aos juízes se fazia presente no caldo de cultura que o *Code Louis* (1667) foi concebido na França. Segundo aponta Daniel Mitidiero, "O objetivo de Louis XIV ao impor a estrita observação das *ordonnances* pelos juízes está na reivindicação do direito para as suas mãos. Com isso, procura reduzir paulatinamente o fragmentado direito medieval à lei uniforme moderna, alterando o papel desempenhado pelos juízes franceses – de guardiões do direito, responsáveis pela sua *interpretatio*, a funcionários reais, docilmente subordinados à sua intenção. Daí o aparecimento da conhecida máxima do Ancien Régime – *tout justice émane du roi*. A chave empregada para a consecução dessa tarefa está justamente no cognitivismo interpretativo: isto é, na mística e mítica suposição de que é possível simplesmente declarar normas preexistentes mediante o exercício da jurisdição" (MITIDIERO, Daniel. **Precedentes**: da persuasão à vinculação [2016]. 3. ed. São Paulo: Revista dos Tribunais, 2018, p. 47). No entanto, foi com a Revolução Francesa de 1789 que o controle sobre a atuação do juiz por meio da legislação foi intensificado. Para Luiz Guilherme Marinoni, "A Revolução Francesa, porém, procurou criar um direito que fosse capaz de eliminar o passado e as tradições até então herdadas de outros povos, mediante não só o esquecimento do direito francês antigo, como também da negação da autoridade do *ius commune*. O direito comum havia de ser substituído pelo direito nacional e esse tinha que ser claro e completo para não permitir qualquer interferência judicial. Não havia como confiar nos juízes, que até pouco tempo estavam ao lado dos senhores feudais e mantendo forte oposição à centralização do poder. Significa que, além da rejeição do direito comum e da necessidade de instituição de um direito novo, foi imprescindível a subordinação do juiz ao Parlamento. O direito contaria com um grave e insuportável obstáculo caso fosse entregue nas mãos dos magistrados. Ou melhor, havia bom motivo para não dar aos juízes o poder de interpretar as normas traçadas pelos 'representantes do povo'" (MARINONI, Luiz Guilherme. **Precedentes obrigatórios** [2010]. 6. ed. São Paulo: Revista dos Tribunais, 2019, p. 45).

103. Sinala Michele Taruffo que, na Itália, durante os séculos XVI, XVII e parte do XVIII, "À extrema desordem no assentamento das jurisdições acrescentavam-se outros gravíssimos problemas que incidiam sobre a escolha e a qualidade dos juízes. Precipuamente,

tinham como causa inarredável a pluralidade de fontes distintas de direito ("massa de leis, opiniões e precedentes"[104]) que poderiam ser aplicadas em um determinado ato[105]. Além disso, a remuneração do juiz diretamente pelas partes de acordo com a prática dos atos processuais favorecia "um interesse específico do juiz em prolongar os processos multiplicando audiências e sentenças interlocutórias, além de encorajar a sua parcialidade a favor da parte mais rica – sendo, portanto, mais uma conhecida fonte de abusos e de corrupção", fazendo do processo um meio para "defender o *status quo* de uma base consolidada de interesses sociais e econômicos, de casta e de classe"[106].

Daí que, pragmaticamente, ao obrigar o juiz a julgar com base nos documentos existentes no feito, limitava-se a possibilidade de o juiz (desonesto) tomar decisões estranhas aos elementos da causa, bem como influenciar negativamente a coleta da prova testemunhal[107] (cuja apreciação era limitada

---

a sobrevivência das jurisdições feudais impedia que nesse campo houvesse qualquer escolha ou seleção do juiz: o barão 'possuía' a jurisdição enquanto possuía o feudo, isto é, a título de privilégio – e não porque fosse alguma maneira idôneo para desenvolver a função jurisdicional" (TARUFFO, Michele; MITIDIERO, Daniel. **A justiça civil**: da Itália ao Brasil, dos setecentos a hoje. São Paulo: Thomson Reuters Brasil, 2018, p. 25).

104. ALVARO DE OLIVEIRA, Carlos Alberto [1942-2013]. **Do formalismo no processo civil**: proposta de um formalismo-valorativo [1997]. 4. ed. São Paulo: Saraiva, 2010, p. 50.

105. Destacando a margem interpretativa de que dispunham os juízes frente a esse modelo de fontes do direito, Daniel Mitidiero afirma que "De um lado, a complexidade das fontes implicava fragmentação do direito e insegurança jurídica, dando-se espaço para que os juízes exercessem, muitas vezes indevidamente em proveito próprio, a interpretatio dos diferentes textos e costumes concorrentes, efetivamente decidindo a respeito do significado do direito e resolvendo os inúmeros conflitos normativos evidenciados para a solução dos casos concretos. A interpretatio tinha um valor normativo e não por acaso era comum a citação de precedentes judiciais para a sustentação de casos em juízo" (MITIDIERO, Daniel. **Precedentes**: da persuasão à vinculação [2016]. 3. ed. São Paulo: Revista dos Tribunais, 2018, p. 45). Sobre a *interpretatio*, ensina Nicola Picardi (-2016) que "no direito comum, a doutrina da *interpretatio* encontrava a sua norma de reconhecimento na eqüidade, não na vontade do legislador. A *interpretatio* consistia em um concurso de *auctoritates* e de *rationes* e era exercida segundo as técnicas de uma razão dialética, social e justificativa. PICARDI, Nicola (1935-2016) **Jurisdição e processo**. Trad. Carlos Alberto Alvaro de Oliveira. Rio de Janeiro: Forense, 2008, p. 93

106. TARUFFO, Michele; MITIDIERO, Daniel. **A justiça civil**: da Itália ao Brasil, dos setecentos a hoje. São Paulo: Thomson Reuters Brasil, 2018, p. 26.

107. Tratando do processo germano-longobardo do século XIII, Giuseppe Chiovenda aponta que o mesmo "diventò scritto perché il giudice, dovendo valutare l'attendibilità delle testimonianze, come delle altre prove, in base a regole legali prestabilite, argomentando cioè dalle accennate circostanze esteriori accuratamente segnate nel verbale (*conditio,*

por "regras rígidas e abstratas para a valoração das provas")[108]-[109]. Ainda no plano da produção e da apreciação da prova, a prova oral era produzida, por vezes de forma secreta[110], perante juízes (ou mesmo outros agentes autorizados) diferentes daqueles que iriam julgar o processo[111] e, uma vez reduzidas a termo (prova oral documentada por escrito), limitavam a sua apreciação quando da tomada de decisão para o caso[112].

---

sexus, aetas, discretio, fama, fortuna, fides, inimicitia, ecc.) non ebbe più alcuna spinta all'esame diretto dei testimoni. Mancava al giudice la facoltà e il bisogno di servirsi d'uno strumento più raffinato e sicuro d'indagine: l'osservazione. Così l'assunzione delle prove venne man mano delegata al notaio: a un notaio scelto dal giudice, talvolta scelto dalle parti (Stat. Novara, Mon. h. p., Leges municipales, II, 1, p. 648, ano 1277); talvolta a due notai, uno dei quali interrogava e dettava a verbale le risposte, l'altro scriveva (Stat. Pisa, ed. Bonaini, pag. 444, ano de 1286). Tutte le altre caratteristiche del processo comune ordinário si accentrarono introno a questa causa fondamentale, d'origine essenzialmente germanica" (CHIOVENDA, Giuseppe [1872-1937]. **Istituzioni di diritto processuale civile** [1933]. V. 1, 2ª ed., Napoli: Jovane, 1947, p. 124-125).

108. ALVARO DE OLIVEIRA, Carlos Alberto [1942-2013]. **Do formalismo no processo civil**: proposta de um formalismo-valorativo [1997]. 4. ed. São Paulo: Saraiva, 2010, p. 48.

109. Importante a contextualização trazida por Mauro Cappelletti ao afirmar que, "Num processo essencialmente escrito, justifica-se perfeitamente o sistema de valoração legal das provas; não, porém, num sistema oral, em que o juiz, estando em contacto direto com as fontes de informação, pode 'valorar' todos os elementos e indícios, inclusive, é claro, o perigo de que a parte – a 'testemunha' mais bem informada – seja também, por outro lado, uma 'testemunha' pouco confiável, porque interessada. [...] O sistema da prova legal foi o espelho de uma cultura escolástica e dogmática, ao passo que o da valoração crítica por parte do juiz – ou, como também se lhe chama, não de todo adequadamente, o sistema da prova livre – é o espelho de uma cultura concreta, indutiva, empírica a cultura que vai em busca da verdade com o método galileano do *trial and error*, do *provando e riprovando*" (CAPPELLETTI, Mauro [1927-2004]. Problemas de reforma do processo civil nas sociedades contemporâneas. **Revista de Processo**, v. 65, p. 127-143, jan./mar. 1992).

110. Segundo Carlos Alberto Alvaro de Oliveira, "Testemunhas eram interrogadas secretamente, a prova testemunhal *ad futuram memoriam* empregada sem restrições e a eficácia dos livros mercantis, como meio de prova, limitada a causas de determinado valor" (ALVARO DE OLIVEIRA, Carlos Alberto [1942-2013]. **Do formalismo no processo civil**: proposta de um formalismo-valorativo [1997]. 4. ed. São Paulo: Saraiva, 2010, p. 50).

111. CHIOVENDA, Giuseppe [1872-1937]. L'idea romana nel processo civile moderno. **Rivista di Diritto Processuale Civile**, v. IX, parte I, p. 317- 332, 1932, p. 327.

112. TARUFFO, Michele; MITIDIERO, Daniel. **A justiça civil**: da Itália ao Brasil, dos setecentos a hoje. São Paulo: Thomson Reuters Brasil, 2018, p. 18-19.

Em uma perspectiva da estrutura do procedimento, o processo civil do direito comum em geral (e o italiano medieval em especial) era caracterizado por ser dividido em fases rigidamente dissociadas (marcadas pela preclusão[113]). Embora tivessem seus atos marcados por extremo formalismo[114], estas fases não possuíam uma definição clara a respeito da sequência em que os atos deveriam ser praticados[115], podendo estender-se quase que ilimitadamente, "mediante à troca de memoriais, réplicas e contrarréplicas sem um número limitado e escritos em latim"[116], até o momento em que "as partes entendiam chegada a hora da conclusão do processo"[117].

Em Portugal, as Ordenações Filipinas, vigentes de 1603 a 1868[118], possuíam raízes teóricas e ideológicas no direito romano justinianeu e no direito canônico decorrentes das decretais papais, fazendo com que o processo fosse estruturalmente rígido (quanto às suas fases) e guiado pelo princípio dispositivo (no sentido formal e material), cabendo às partes não só a iniciativa da demanda, como também a sua movimentação e a formação do convencimento do juiz[119]. Na Alemanha, o direito comum tinha sua origem, igualmente, no direito romano e padecia dos mesmos problemas experimentados por Portugal[120].

---

113. CHIOVENDA, Giuseppe [1872-1937]. **Istituzioni di diritto processuale civile** [1933]. V. 1, 2. ed., Napoli: Jovane, 1947, p. 125.

114. ALVARO DE OLIVEIRA, Carlos Alberto [1942-2013]. **Do formalismo no processo civil**: proposta de um formalismo-valorativo [1997]. 4. ed. São Paulo: Saraiva, 2010, p. 50.

115. Nas palavras de Mauro Cappelletti, "si trattava, al contrario, di un procedimento diviso in una lunga serie di piccole tappe e fasi, con l'impulso processuale rimesso quasi esclusivamente alla discrezione delle parti, anzi di loro difensori [...]. La conseguenza di tutto ciò era l'amplia possibilità di abusi, di tattiche dilatorie, di rinvii" (CAPPELLETTI, Mauro [1927-2004]. L'oralità nel processo civile italiano: ideale contro realtà. **Revista Brasileira de Direito Processual**, v. 3, 3ª trim., p. 155-167, 1975, p. 157).

116. TARUFFO, Michele; MITIDIERO, Daniel. **A justiça civil**: da Itália ao Brasil, dos setecentos a hoje. São Paulo: Thomson Reuters Brasil, 2018, p. 18-19.

117. ALVARO DE OLIVEIRA, Carlos Alberto [1942-2013]. **Do formalismo no processo civil**: proposta de um formalismo-valorativo [1997]. 4. ed. São Paulo: Saraiva, 2010, p. 50.

118. No Brasil as Ordenações Filipinas vigeram além do período indicado. Para o processo civil, por exemplo, sua aplicação se deu até edição do Regulamento nº 763, de 1890.

119. ALVARO DE OLIVEIRA, Carlos Alberto [1942-2013]. **Do formalismo no processo civil**: proposta de um formalismo-valorativo [1997]. 4. ed. São Paulo: Saraiva, 2010, p. 55-56.

120. Afirmava Chiovenda que "il processo comune tedesco, da cui derivò il regolamento austriaco del 1781, non aveva, quanto a difetti, nulla da invidiare al processo comune

O processo civil orientado pela escritura trazia, ainda, como grande inconveniente a demora na prestação da tutela jurisdicional. Isso se deve, além dos fatos já mencionados (condução do processo exclusivamente pelas partes[121], infinidade de atos tendentes ao contraditório, produção fragmentada da prova, etc.), à apresentação de diversos incidentes por meio de "exceções", que conduziam a sentença a resolvê-los, e à subsequente interposição de recurso, que paralisava o feito até o seu julgamento, gerando um processo que se arrastava por décadas[122].

---

italiano, di cui a sua volta era una derivazione. Esclusa completamente la pubblicità o l'oralità e ogni contatto immediato fra giudice e parti; il processo dominato dal potere dispositivo delle parti: mantenuti gli stadi processuali, per la risposta, la replica, la duplica, la triplica, la quadruplica, dovendo però l'attore non potendo dedurre nella replica nuove circostanze e prove, se non per confutar elle produzioni del convenuto, e così questi nella duplica e via dicendo (principio di preclusione). Ciò costringeva le parti a condensare nel primo scritto tutte le possibili loro eccezioni e deduzioni, anche contraddittorie tra loro, l'una per l'evento che l'altra fosse respinta (principio della eventualità). [...] L'ammissibilità e l'apprezzamento delle prove era in gran parte governato dai principi della prova legale. A questi caratteri s'informa anche il *regolamento general giudiziario austriaco*, quantunque esso abbia una storia in parte autonoma che spiega alcune sue particolarità. [...]. Anche questo regolamento contiene un processo sommario (orale)" (CHIOVENDA, Giuseppe [1872-1937]. **Istituzioni di diritto processuale civile** [1933]. V. 1, 2. ed. Napoli: Jovane, 1947, p. 127-28).

121. No contexto italiano, afirma Michele Taruffo que "A gestão do processo era integralmente entregue aos advogados, derivando substancialmente daí os abusos, as armadilhas, as complicações inúteis e as colossais perdas de tempo" (TARUFFO, Michele; MITIDIERO, Daniel. **A justiça civil**: da Itália ao Brasil, dos setecentos a hoje. São Paulo: Thomson Reuters Brasil, 2018, p. 20). Carlos Alberto Alvaro de Oliveira também identifica o mesmo fenômeno no contexto do direito português, tomando por referência as ordenações do reino de Portugal, ao descrever que "o processo era rigorosamente dividido em fases rígidas e separadas e guiado pelo princípio dispositivo no sentido formal e material: às partes cabia não só a iniciativa da demanda como o seu movimento e a formação do material destinado à convicção do juiz. Autor e réu eram senhores absolutos da lide, *domini litis*" (ALVARO DE OLIVEIRA, Carlos Alberto [1942-2013]. **Do formalismo no processo civil**: proposta de um formalismo-valorativo [1997]. 4. ed. São Paulo: Saraiva, 2010, p. 55-56).

122. Sobre o tema das exceções, é valiosa a lição de Michele Taruffo: "O que, no entanto, dissolve a estrutura do processo comum é principalmente o fenômeno das exceções e do modo pelo qual essas são decididas: cada ato – e são inúmeros – suscita uma penca de exceções que, de seu turno, dão azo ao jogo das réplicas e contrarréplicas. [...] Também o requerimento e a produção de provas são fontes inexauríveis de incidentes e de sentenças, dado que em regra (como ocorrerá até os Oitocentos) é mediante sentença que se admitem as provas e resolvem-se os respectivos incidentes. Desse modo, o procedimento dura anos ou décadas (com complicações extraordinárias) antes de chegar para o juiz decidir a causa" (TARUFFO, Michele; MITIDIERO, Daniel.

Além do problema do tempo, segundo refere Hans Walter Fasching. as características do processo comum ("processo dos albores do absolutismo, claudicante, escrito, mediato e reservado") conduziam a uma crise de confiança na justiça civil, sendo compreendida a justiça como sendo exclusivamente uma "fonte de renda para profissões forenses, cujos integrantes exigiam uma posição monopolista cada vez maior"[123].

Assim, é possível concordar com a observação de que "Os modelos processuais do século XVIII serviam menos à tutela jurídica, muito mais, à denegação da Justiça"[124]. Some-se ainda a estes fatores de ordem processual o contexto histórico-social-político que promoveu a ascensão do liberalismo[125] por meio de *revoluções burguesas*[126] contrárias à perpetuação da sociedade medieval-absolutista.

2.2.2. A necessidade de um novo processo aderente à realidade da época

A nova sociedade exigia um "novo modelo" de atuação estatal e jurisdicional. O processo civil que era tratado no direito comum[127] no âmbito do

---

A justiça civil: da Itália ao Brasil, dos setecentos a hoje. São Paulo: Thomson Reuters Brasil, 2018, p. 19-20).

123. FASCHING, Hans Walter. A posição dos princípios da oralidade e da imediação no processo civil moderno: descrita à luz de alguns ordenamentos processuais centro-europeus. **Revista de Processo**, v. 39, p. 27-34, jul./set. 1985.

124. FASCHING, Hans Walter. A posição dos princípios da oralidade e da imediação no processo civil moderno: descrita à luz de alguns ordenamentos processuais centro-europeus. **Revista de Processo**, v. 39, p. 27-34, jul./set. 1985.

125. Rolf Stürner aponta, além do liberalismo, o iluminismo e a democratização da Europa como causas para a oralidade assumir (em cada ordenamento em um tempo e velocidades diferentes) um papel central nos modelos processuais civis ao longo dos séculos XIX e XX (STÜRNER, Rolf. Oralidade e escritura no processo civil europeu. Traduzido por Ronaldo Kochem. **Revista de Processo**, v. 223, p. 111-129, set. 2013).

126. "Outra etapa de evolução inicia-se com a Revolução Francesa e a ideologia iluminista que a inspirou, abolindo o *principe du secret de l'enquête*, rompendo com o passado, pela supressão, ao menos parcial, do sistema da prova legal, e com o incremento da publicidade do procedimento e do princípio da oralidade. Com tal ruptura, o processo feudal, caracterizado por uma pluralidade de jurisdições senhoriais e corporativas, transforma-se em processo liberal. Publicidade, oralidade, igualdade no acesso ao tribunal para todos, passam a ser os princípios fundamentais do processo civil" (ALVARO DE OLIVEIRA, Carlos Alberto [1942-2013]. **Do formalismo no processo civil**: proposta de um formalismo-valorativo [1997]. 4. ed. São Paulo: Saraiva, 2010, p. 64).

127. Nas palavras de Nörr, "Cosi, la dottrina sul diritto comune colloca solitamente il processo civile nello ius civile (concetto a sua volta polisemico), dal momento che esso viene trattato nelle lezioni e nei manuali sulle pandette e sulle istituzioni, ovvero

ius civile (em contraposição ao direito canônico) passa a ser compreendido no campo do *ius publicum*[128], *dissociando-o, portanto, do direito privado. Importante referir, ainda, que, no mesmo contexto histórico cultural, o processo civil como um todo experimentou uma nova fase metodológica. Abandonando o praxismo jurídico*[129], *o processo civil é "refundado" sob a vertente*

---

lo colloca, in contrapposizione al separato *ius publicum*, nel diritto privato" (NÖRR, Knut Wolfgang [1935-2018]. **Verso il processo civile moderno:** Dal diritto naturale al novecento [*Naturrecht und Zivilprozess. Studien zur Geschichte des deutschen Zivilprozessrechts während der Naturrechtsperiode bis zum beginnenden* – 1976]. Trad. Claudia Foti. Roma: Aracne, 2013, p. 71).

128. Sobre o tema da publicização do processo na Itália no período em exame, Michele Taruffo ensina que, "De qualquer modo, a chamada 'publicização' do processo civil inverte os pressupostos de fundo que estavam à base do Codice de 1865 e da doutrina oitocentista: i) o processo não é mais exclusivamente uma 'coisa das partes', mas um espaço em que se exprime a autoridade do Estado; ii) esse não visa somente à tutela de interesses privados, mas realiza o interesse público à administração da Justiça; iii) o ponto de apoio do processo não é mais a iniciativa das partes, mas a função do juiz. Em síntese, o processo não é mais visto como uma forma com que se explica a autonomia privada no exercício dos direitos, mas como um instrumento que o Estado coloca à disposição das partes visando à atuação da lei" (TARUFFO, Michele; MITIDIERO, Daniel. **A justiça civil**: da Itália ao Brasil, dos setecentos a hoje. São Paulo: Thomson Reuters Brasil, 2018, p. 221).

129. Relato interessante acerca dos praxistas, desde o direito espanhol, nos apresenta Niceto Alcalá-Zamora y Castillo: "Rasgos peculiares del practicismo serían estos: contemplación de la disciplina más como un arte que como una ciencia; cualidad de prácticos (es decir, de profesionales del foro) de la mayoría de sus autores; predominio frecuente de las opiniones de los prácticos sobre los preceptos legales, sepultados bajo aquéllas; suelen escribir en castellano (aunque con excepciones tan salientes como las de Carleval o Salgado, que lo hacen en latín); y en el conjunto de la producción se advierte en contraste muy agudo entre la de los Siglos XVI y XVII y la de la etapa final, principalmente Añada y Gómez y Negro" (ALCALÁ-ZAMORA Y CASTILLO, Niceto [1906-1985]. Teoría y practica del proceso. **Revista de Processo**, v. 33, p. 102-123, jan./mar. 1984). Para Daniel Mitidiero, "O praxismo corresponde à pré-história do direito processual civil, tempo em que se aludia ao processo como "*procedura*" e não ainda como "*diritto processual civile*". Época em que não se vislumbrava o processo como um ramo autônomo do direito, mas como mero apêndice do direito material. *Direito adjetivo*, pois, que só ostentava existência útil se ligado ao *direito substantivo*. Leciona-se que nesse período *sincretista* do direito processual civil (que denominamos de praxista), "os conhecimentos eram puramente empíricos, sem qualquer consciência de princípios, sem conceitos próprios e sem a definição de um método. O processo mesmo, como realidade da experiência perante os juízos e tribunais, era visto apenas em sua realidade física exterior e perceptível aos sentidos: confundiam-no com o mero procedimento quando o definiam como sucessão de atos, sem nada se dizerem sobre a relação jurídica que existe entre seus sujeitos (relação jurídica processual),

do processualismo científico, tendo-se como marco dessa transição a obra de Oskar Bülow[130].

Diante desses fatores, parte dos ordenamentos jurídicos processuais europeus[131] começou a buscar alternativas que mitigassem os efeitos do

---

nem sobre a conveniência política de deixar caminho aberto para a participação dos litigantes (contraditório)". Nessa quadra, a jurisdição era encarada como um sistema posto para tutela dos direitos subjetivos particulares, a ação era compreendida como um desdobramento do direito subjetivo e o processo como simples procedimento. O clima privatista do direito material permeava integralmente o direito processual, envolvendo-o no mesmo plano" (MITIDIERO, Daniel. **Colaboração no Processo Civil**: do modelo ao princípio [2009]. 4. ed. São Paulo: Revista dos Tribunais, 2019, p. 27-28).

130. Para Candido Rangel Dinamarco, antes da construção da obra de Oskar Bülow, "as normas do processo eram feitas segundo ditames exclusivamente práticos e estudados pelo critério meramente exegético, à moda dos velhos praxistas, e não havia, uma construção segura dos institutos processuais e muito menos uma coordenação harmoniosa entre êles, os quais eram geralmente tratados por romanistas e civilistas – o que bem indica como à consciência dos juristas de então não transparecera ainda a luz da distinção (hoje tão nítida) entre o direito substancial e o processo; não havia maturidade suficiente dos estudos, para se compreender que não são de direito material institutos como o da coisa julgada, da hipoteca, da prova, da responsabilidade executiva, da ação" (DINAMARCO, Cândido Rangel. Reflexões sôbre direito e processo. **Revista dos Tribunais**, v. 60, n. 432, p. 23-38, out. 1971). Nas palavras de Daniel Mitidiero, "A partir da obra de Oskar Bülow o processo deixa de ser mero procedimento, convertendo-se na abstrata relação jurídica, que obedece a pressupostos próprios de existência e validade. A jurisdição assume a condição de poder vocacionado já não mais à tutela dos direitos subjetivos, mas sim voltada à função de realizar o direito objetivo estatal e pacificar a sociedade. A ação deixa de ser compreendida como um apêndice do direito material, passando a representar um direito público subjetivo autônomo de ir a juízo e obter sentença. Nega-se, portanto, toda a perspectiva metodológica do praxismo: o direito judiciário converte-se em direito processual – passa-se de uma 'procedura' de inspiração privatista para um 'diritto processuale' de veio publicístico (MITIDIERO, Daniel. **Colaboração no Processo Civil**: do modelo ao princípio [2009]. 4. ed. São Paulo: Revista dos Tribunais, 2019, p. 31-32). Para uma visão crítica da adoção de Oskar Bülow como ponto de inflexão do processo civil alemão, ver: NÖRR, Knut Wolfgang [1935-2018]. **Verso il processo civile moderno:** Dal diritto naturale al novecento [*Naturrecht und Zivilprozess. Studien zur Geschichte des deutschen Zivilprozessrechts während der Naturrechtsperiode bis zum beginnenden* – 1976]. Trad. Claudia Foti. Roma: Aracne, 2013.

131. "No começo da Idade Moderna, inicialmente houve um aperfeiçoamento da Escritura no campo do processo comum erudito na maioria das culturas processuais. Isso vale para Alemanha, Itália e Espanha. França e Inglaterra preservaram, no entanto, um equilíbrio entre a Escritura e a oralidade" (STÜRNER, Rolf. Oralidade e escritura no processo civil europeu. Traduzido por Ronaldo Kochem. **Revista de Processo**, v. 223, p. 111-129, set. 2013).

processo sobre o tempo de tramitação processual. Uma das principais mudanças perseguidas pelas reformas havidas, em especial, no século XIX, foi a retomada da ideia da oralidade processual (e de seus corolários)[132] para além dos processos de rito simplificado existentes no direito comum medieval[133].

---

132. Nas palavras de Araken de Assis, "a oralidade representou movimento definitivamente – no sentido próprio da palavra – reacionário" (ASSIS, Araken de. **Processo civil brasileiro**. Volume I. São Paulo: Revista dos Tribunais, 2015, p. 341). Como fruto desse movimento, segundo Hans Walter Fashing, "As grandes reformas processuais do século XIX acentuaram, por isso, na Europa Central, de maneira expressiva, os princípios da oralidade e da mediação. Sua concretização foi entusiasticamente saudada e mereceram na moderna ciência processualística quase o caráter de dogmas intocáveis. Nesse sentido, qualquer dúvida levantada sobre o valor absoluto desses princípios, era por exemplo na Áustria, Alemanha e países escandinavos, quase um sacrilégio processual" (FASCHING, Hans Walter. A posição dos princípios da oralidade e da imediação no processo civil moderno: descrita à luz de alguns ordenamentos processuais centro-europeus. **Revista de Processo**, v. 39, p. 27-34, jul./set. 1985). Para uma visão comparada sobre o fenômeno ver: STÜRNER, Rolf. Oralidade e escritura no processo civil europeu. Traduzido por Ronaldo Kochem. **Revista de Processo**, v. 223, p. 111-129, set. 2013.

133. "O início da tradição de processos simplificados orais remonta o processo romano-canônico, portanto a sua existência não pode significar um sinal de uma geral mudança radical, mas sim, como uma concessão à subclasse não *erudita*. Em oposição a isso, a França reteve em suas *Ordonnances* reais um processo no qual a Escritura era complementada por elementos orais a partir do modelo de base do processo do parlamento parisiense. Esse desenvolvimento encontrou um conhecido resultado na *Ordonnance Civile* de 1667: à fase introdutória escrita (demanda, réplica, tréplica) ainda se sucedia, como antes, a audiência oral (*mündliche Verhandlung*), uma decisão fundamental que até hoje deveria guardar validade. Na Inglaterra, refinou-se a técnica de *pleadings* escritos nas Cortes de *Common Law*; por outro lado, as declarações orais frente ao júri ganharam em importância com a introdução da obrigação de testemunhar (*Zeugniszwangs*) (1563). Os documentos deveriam ser introduzidos no processo oralmente, ainda que seus conteúdos não pudessem ser transmitidos mediante a argumentação oral. Com o crescimento da importância da prova testemunhal cresceu a importância da técnica de interrogatórios por *examination* e *cross examination*. No Processo das Cortes de *Chancery*, os elementos escritos continuavam dominando (*pleadings*, *interrogatories* com *admissions* e *confessions*, *depositions*)"https://www.revistadostribunais.com.br/maf/app/resultList/document?&src=rl&srguid=i0ad6adc60000016773a0796dd1f05723&docguid=I603fc3200a5b11e3ab6801000000000&hitguid=I603fc3200a5b11e3ab6801000000000&spos=4&epos=4&td=10&context=62&crumb-action=append&crumb-label=Documento&isDocFG=false&isFromMultiSumm=&startChunk=1&endChunk=1 - DTR.2013.7500-n37 (STÜRNER, Rolf. Oralidade e escritura no processo civil europeu. Traduzido por Ronaldo Kochem. **Revista de Processo**, v. 223, p. 111-129, set. 2013).

O primeiro Código Processual europeu que propõe uma nova compreensão, "cuja influência determinou em quase todos os Estados europeus enérgica reação contra o processo comum e as leis dele decorrentes"[134] para o processo civil é o *Code de Procédure Civile* francês de 1806. O aludido Código tinha por traço característico ser, além de um processo público, oral[135]. Essa característica era resultado da "preocupação com soluções processuais efetivas que não afetem, todavia, os direitos da defesa"[136]. O procedimento do *Code de Procédure Civile* francês de 1806 iniciava por uma troca de escritos, seguida de uma audiência para a discussão da causa, sendo as afirmações e as provas produzidas de forma simultânea, ou sucessiva, para, a partir de então, serem oportunizados os debates[137]. Quanto ao papel desempenhado pelo juiz, assinala Giuseppe Chiovenda que, "acanto al principio del diritto di disposizione e d'iniziativa delle parti del processo, sta il principio della sovranità del giudice (onde questi può escludere come impertinenti le prove proposte, giudicar matura per la decisione una causa, ecc.)"[138]. Contudo, embora o Código francês de 1806 tivesse por propósito simplificar o processo, tornando-o mais econômico e célere, tal propósito não foi atingido. Nas palavras de Carlos Alberto Alvaro de Oliveira, "o processo teima por continuar exibindo perfil nitidamente formalista, demasiado lento e na sua maior parte escrito", em face do seu "assento na ideologia liberal, então vigorante, a dificultar e mesmo impossibilitar o aumento dos poderes do órgão judicial, privilegiando, por conseguinte, o predomínio das partes"[139]. Isso porque, de acordo com Giuseppe Chiovenda, o Código reproduzia, em

134. ALVARO DE OLIVEIRA, Carlos Alberto [1942-2013]. **Do formalismo no processo civil**: proposta de um formalismo-valorativo [1997]. 4. ed. São Paulo: Saraiva, 2010, p. 66.

135. Neste sentido: CHIOVENDA, Giuseppe [1872-1937]. **Istituzioni di diritto processuale civile** [1933]. V. 1, 2. ed. Napoli: Jovane, 1947, p. 127-128; TROCKER, Nicolò. **Processo civile e costituzione:** Problemi di diritto tedesco e italiano. Milano: Giuffrè, 1974, p. 6.

136. CADIET, Loïc. **Perspectivas sobre o sistema da justiça civil francesa**: seis lições brasileiras. Trad. Daniel Mitidiero e outros. São Paulo: Revista dos Tribunais, 2017, p. 21.

137. CHIOVENDA, Giuseppe [1872-1937]. **Istituzioni di diritto processuale civile** [1933]. V. 1, 2. ed. Napoli: Jovane, 1947, p. 128-129.

138. CHIOVENDA, Giuseppe [1872-1937]. **Istituzioni di diritto processuale civile** [1933]. V. 1, 2. ed. Napoli: Jovane, 1947, p. 129.

139. ALVARO DE OLIVEIRA, Carlos Alberto [1942-2013]. **Do formalismo no processo civil**: proposta de um formalismo-valorativo [1997]. 4. ed. São Paulo: Saraiva, 2010, p. 66.

essência, o direito francês anterior e se revelava uma lei antiquada, desde uma perspectiva estrutural[140].

Independentemente do insucesso quanto aos seus objetivos imediatos[141], o Código francês de 1806 exerceu influência[142] tanto no direito italiano (em especial os códigos sardos de 1854 e de 1860) quanto no direito germânico (em especial no processo civil das províncias do Reno), ainda que no segundo não tenha sido tão intensa[143].

---

140. CHIOVENDA, Giuseppe [1872-1937]. L'idea romana nel processo civile moderno. **Rivista di Diritto Processuale Civile**, v. IX, parte I, p. 317- 332, 1932, p. 332.

141. Sobre o insucesso do código francês pós-revolucionário, Chiovenda escreveu em 1907 que "l'esagerazione di questa riforma produsse come reazione il retorno all'antico puro e semplice", ou seja, às ordenanças francesas (CHIOVENDA, Giuseppe [1872-1937]. Le riforme processual e le correnti del pensiero moderno [1906]. **Saggi di diritto processuale civile** [1900-1930]. V. 1. Roma: Foro Italiano, 1930, p. 382). De outro ponto de vista, pode ser imputado o insucesso do Código francês de 1806 o fato de ele não ter representado uma ruptura integral do modelo existente no direito comum na medida em que, segundo José Carlos Barbosa Moreira, "sem embargo de certas inovações, ele na verdade espelhava em não poucos aspectos a legislação do *Ancient Régim*, notadamente a *Ordennance* de 1667" (MOREIRA, José Carlos [1931-2017]. Notas sobre as recentes reformas do processo civil francês. **Revista da Academia Brasileira de Letras Jurídicas**, v. 23, n. 30, p. 133-145, jan./jun., 2007, p. 133).

142. Esta influência possui relação direta com a influência político-militar que a França exercia sobre a Europa no período. Tratando do tema à luz do Código Civil francês, Eugênio Facchini Neto elucida que "Quando o Código entrou em vigor em 1804, muitos territórios europeus estavam sob domínio francês, razão pela qual passou a vigorar nesses territórios. Esse foi o caso da Bélgica, Luxemburgo, territórios alemães situados a oeste do rio Reno, o Palatinado, a Prússia Renânia, Hesse-Darmstadt, Genebra, Savoia, os Ducados de Parma, Plaisance, Blemont e o Principado de Mônaco. A maior parte desses territórios conservou o Código por um longo período: os territórios alemães, até 1900; Genebra, até 1912; Bélgica, Luxemburgo e o Principado de Mônaco, até os dias de hoje (...). A expansão militar francesa, especialmente sob Napoleão, fez com que, entre os anos de 1804 e 1812, o Code Civil entrasse em vigor em inúmeras outras regiões. Ainda que mais tarde a maioria desses países conquistasse ou reconquistasse sua soberania, fato é que o direito desses países permaneceu grandemente influenciado pelo Código Civil francês (...), como será visto. Ou por imposição, ou por recepção voluntária, o Código Civil francês teve um fabuloso destino. Além dos países que serão analisados com maior detalhe abaixo, o Código Civil francês influenciou grandemente o direito polonês, o código civil da Sérbia (1844) e o da Romênia (1864)" (FACCHINI NETO, Eugênio. Code civil francês: gênese e difusão de um modelo. **Revista de Informação Legislativa**, n. 198, ano 50, p. 59-88, abr./jun. 2013, p. 73).

143. TROCKER, Nicolò. **Processo civile e costituzione:** Problemi di diritto tedesco e italiano. Milano: Giuffrè, 1974, p. 6.

No entanto, o direito italiano perde a oportunidade de abandonar o modelo de processo civil do direito comum quando opta, ao elaborar o Código de Processo em 1865, pelo modelo do Código (pré-unitário) Sardo[144], continuando a padecer dos mesmos problemas atinentes à prestação de tutela jurisdicional anteriores[145], apenas com a vantagem de possuir uma legislação unitária.

De outro lado, no direito germânico, o processo do direito comum foi terminantemente abandonado. Como traço significativo da superação do direito comum, despontam as ideias de publicidade e oralidade do processo[146]. Ainda na primeira metade do século XIX, o tema da oralidade começa a ser debatido e apontado como uma solução para os problemas do processo[147].

---

144. TARUFFO, Michele; MITIDIERO, Daniel. **A justiça civil**: da Itália ao Brasil, dos setecentos a hoje. São Paulo: Thomson Reuters Brasil, 2018, p. 140.

145. Carnelutti, no início da década de 1940, amplia a crítica ao modelo italiano, retirando a "culpa exclusiva" do Código de 1865 e atribuindo parcela à administração da justiça. Nas suas palavras: "Il vero è che il problema del processo, così civile come penale, non si risolve soltanto con le leggi; la prima, anzi, delle condizioni per una buona amministrazione della giustizia è che vi siano adibiti uomini in numero sufficiente e con sufficiente idoneità e preparazione; noi sappiamo dunque che non si può chiedere tutto ala legge né abbiamo l'ingenuità di aspettarci dei miracoli dalla riforma di questa. Il vero è chi la buona volontà dei giudici e degli avvocati italiani ha spesso ottenuto, anche col vecchio codice, non ostanti i suoi difetti, dei risultati danno di sprezzare" (CARNELUTTI, Francesco [1879-1965]. Nuovo processo civile italiano. **Il Foro Italiano**, parte IV, v. 66, anno LXVI, p. 25-30, 1941, p. 25).

146. Refere Nicolò Trocker que "La ZPO del 1877 trascura l'importanza dello scritto sia come strumento di preparazioni della trattazione delle cause, sia come mezzo di documentazione di ciò che avviene in udienza. Condotta alle sue più radicali implicazioni e deformata a dogma intoccabile, l'oralità si dimostra ugualmente fatale per un adeguato svolgimento dei giudizi" (TROCKER, Nicolò. **Processo civile e costituzione:** problemi di diritto tedesco e italiano. Milano: Giuffrè, 1974, p. 42).

147. PÉREZ RAGONE, Alvaro; VÉLEZ, Diego Palomo. Oralidad y prueba: comparación y análisis crítico de las experiencias reformadoras del proceso civil en Alemania y España. **Revista de Derecho de La Pontificia Univesidad Católica de Valparaíso**, n. XXII, p. 363-406, jan./jun. 2009, p. 366-367.

O resultado desse debate[148], cujo principal expoente foi Adolf Wach[149], pode ser percebido nos princípios norteadores do processo civil alemão. Segundo Hans M. Semon predominavam no direito processual civil alemão os princípios da oralidade, da imediatidade, da publicidade, da iniciativa das partes e da liberdade das partes quanto à matéria do caso objeto do pleito[150].

---

148. Relata Vittorio Denti que "Nell'ultimo periodo della sua attività il Wach si occupò del principio di oralità, in connessione con il progetto di riforma (poi Regolamento) austriaco; in un primo momento parve apprezzare taluni aspetti del progetto del Klein ma più tardi si chiarì che, nonostante il favore per una maggiore oralità, il suo atteggiamento riguardo al processo autoritario austriaco era recisamente negativo" (DENTI, Vittorio [1919-2001]. **Dottrine del processo civile**: studi storici sulla formazione del diritto processuale civile. Bologna: Il Mulino, 1989, p. 41).

149. Alvaro J. D. Pérez Ragone sintentiza a trajetória de Adolf Wach da seguinte forma: "Adolf Wach nació el 11 de septiembre de 1843 en el este prusiano en una ciudad que marcó su personalidad donde una mitad de la población era alemán y la otra polaca. Familia de religión protestante y espíritu liberal que se forjó en sus estudios básicos y medios en el gimnasium, donde casi la mitad o más eran polacos católicos. Él mismo relata la anécdota de cuando en la escuela le preguntaron sus compañeros si era alemán o católico a lo cual respondió evangélico. Estudió derecho inicialmente en la Universidad Libre de Berlín luego en Heidelberg por un corto período que fue importante en su formación ya que integro la cofradía Alemania a la cual pertenecían por entonces importantes pensadores como Max Weber. Estudió luego en Leibniz en la Albertus Universidad donde trabajó en el área de derecho canónico y obtuvo su doctorado sobre el juramento provisto. Allí fue que recibió una importante influencia del jurista Sanio que lo impulsó a que posteriormente habilitara en 1868 en Göttingen sobre la historia del embargo italiano y alemán. Su habilitación se concentró en la historia del proceso de embargo italiano, texto que trató sobre los procedimientos sumarios, procedimiento ejecutivo y detalles del marco histórico. De allí se desempeñó como libre docente hasta que recibió el llamado para convertirse en profesor ordinario en Rostock con 26 años en 1869. Luego recibiría el llamado de la Universidad de Tübingen ya en 1871 donde se desempeñó como ordinario e integró una cofradía de la cual pertenecían importantes pensadores como el procesalista Oscar Büllow. Entre 1872 a 1876 se desempeñó como ordinario en Bonn donde tuvo especial contacto con Bethmann-Hollweg (1795-1877) quien delegó en él continuar su obra sobre el proceso civil del derecho común en su desarrollo histórico. Entre 1876 y 1920 se desempeñará como profesor ordinario en la Universidad de Leipzig, integrará diferentes asociaciones y fundaciones con fines culturales y consejos académicos. Fue miembro también de la asociación de derecho procesal civil que nace en el año 1920. Concluye su carrera pensionándose en 1919 en la Universidad de Leipzig. Fallece el 4 de abril de 1996" (PÉREZ RAGONE, Alvaro J. D. Retrato del revisionismo garantista en el proceso civil a través de Klein y Wach: algunas precisiones sobre eficiencia y derechos procesales. **Revista de Processo**, v. 233, p. 241-269, jul. 2014).

150. SEMON, Hans. M. O debate oral no processo civil alemão. **Revista Forense** v. 35, n. 74, p. 239–244, abr./jun., 1938.

Em obra, publicada em 1879, imediatamente após Ordenança Processual Civil alemã (*Zivilprozessordnung* – ZPO) de 1877, Adolf Wach indicava que o procedimento oral existente na lei era, ao mesmo tempo, conveniente e realizável, tendo em vista que, sendo impossível concentrar todos os atos em audiência única (cenário que seria ideal), apresentava-se concentrado (tanto na disposição da matéria quanto na documentação necessária) a partir da troca de escritos preparatórios e da atribuição de poderes diretivos ao juiz na condução do processo (inclusive nos atos orais)[151]. Todavia, adverte Carlos Alberto Alvaro de Oliveira[152] que a *Zivilprozessordnung*, representante que era da ideologia liberal[153] pós-napoleônica, adotou uma concepção de oralidade de "cunho excessivamente rígido, por demais teórica e doutrinária, típica das reações produzidas quando, para evitar-se um defeito, cai-se no defeito contrário", na medida em que "só se aceitava a atividade oral resultante da acta do processo, considerando-se inexistente qualquer ato não comunicado oralmente ao juiz na audiência pelas partes ou por seus defensores", não eliminando a morosidade do processo em face da "leitura em audiência das peças relativas às demandas e exceções, já apresentadas por escrito ao tribunal e ao adversário, e das provas literais". Esse apego ao formalismo, traço típico do liberalismo dos oitocentos, valia-se da ideia de

151. WACH, Adolf [1843-1926]. **Conferencias sobre la ordenanza procesal civil alemana** [Vorträge über die Reichs – Civilprocessordnung – 1879]. Trad. Ernesto Krotoschin. Buenos Aires: EJEA, 1958, p. 16-19.

152. ALVARO DE OLIVEIRA, Carlos Alberto [1942-2013]. **Do formalismo no processo civil**: proposta de um formalismo-valorativo [1997]. 4. ed. São Paulo: Saraiva, 2010, p. 67-68.

153. No mesmo sentido: "Quando nel 1877 il legislatore tedesco giunge all'emanazione della ZPO, il liberalismo ha già superato il suo apogeo; eppure la nuova legge unitaria è una delle leggi più tipicamente « liberali », fedele espressione della concezione liberalistica dello Stato e del processo" (TROCKER, Nicolò. **Processo civile e costituzione:** problemi di diritto tedesco e italiano. Milano: Giuffrè, 1974, p. 4).

imparcialidade do magistrado[154] para afastá-lo do contato direto das partes[155], que podiam influenciá-lo quando, em verdade, esse distanciamento deitava raízes na crise de confiança que passava o judiciário alemão na medida em que os seus membros não representavam garantia de elevada cultura e de insuspeitabilidade, fazendo com que Bismark não os visse com bons olhos[156].

---

154. Relevante referir a distinção entre os fenômenos da imparcialidade e da neutralidade do juiz. Hoje existe aceitação ampla de que imparcialidade e neutralidade não se confundem, sendo exigido do juiz como ditame constitucional somente a primeira característica. Sobre o tema é precisa a observação de Sérgio Luís Wetzel de Mattos: "o juiz não pode ser alguém 'neutro', porque não existe neutralidade ideológica, salvo na forma de apatia, irracionalismo ou decadência do pensamento, que não são virtudes dignas de ninguém e menos ainda de um juiz. Neste contexto não há outra imparcialidade a não ser a resultante do pluralismo ideológico e valorativo que é próprio do regime democrático (preâmbulo e art. 1º, V, da Constituição Federal de 1988). De resto, não parece, em tese, incompatível com a preservação da imparcialidade o exercício de poderes instrutórios pelo juiz – com a condição de que o contraditório e o direito à prova sejam rigorosamente respeitados" (MATTOS, Sérgio Luís Wetzel de. **Devido processo legal e proteção de direitos**. Porto Alegre: Livraria do Advogado, 2009, p. 222-223).

155. Em sentido similar, ou seja, tecendo análise desde a postura do juiz, Rafael Sirangelo Abreu vê o processo civil da ZPO de 1877 como "Um processo adequado na teoria, mas que se ressente da falta de um juiz ativo, o que, de resto, é explicado pela desconfiança dos cidadãos no poder dos juízes. O princípio dispositivo, assim, se torna uma 'cômoda poltrona' para o julgador que não quer muitas responsabilidades. Assim, 'o processo continuava sendo Sache der Parteien, especialmente em face da posição passiva e neutra do órgão judicial'" (ABREU, Rafael Sirangelo Belmonte de. Vertentes culturais do processo civil na passagem do século XIX ao século XX: as vertentes francesa e austríaca como marcos da passagem do estado liberal ao estado social e a atualidade de sua discussão. **Revista de Processo**, v. 229, p. 89-119, mar. 2014). Essa desconfiança pode ser explicada pela vertente ideológica liberal que, segundo José Roberto dos Santos Bedaque, aportava ao processo uma desconfiança generalizada frente à atuação do Estado, em sentido amplo e frente à atuação jurisdicional, em sentido específico (BEDAQUE, José Roberto dos Santos. **Poderes instrutórios do juiz** [1991]. 7. ed. São Paulo: Revista dos Tribunais, 2013, p. 78).

156. TROCKER, Nicolò. **Processo civile e costituzione:** problemi di diritto tedesco e italiano. Milano: Giuffrè, 1974, p. 16.

Um modelo de processo reformador do direito então vigente na Europa (seja francês, seja italiano, seja alemão) foi proposto por Franz Klein[157] na codificação austríaca de 1895. Do ponto de vista ideológico, na visão de Rainer Sprung, o sucesso do modelo de Franz Klein costuma ser atribuído à "compreensão sociológico-econômica da instituição processual e na orientação das instituições processuais singulares aos fins mencionados", tendo sido o processo austríaco, das normas processuais modernas, "o primeiro que tomou a sério a efetivação do conhecimento de que o processo seria uma manifestação social das massas e deveria ser organizado como instituição de bem público", tendo por contexto uma ideologia típica do século XIX baseada na "acentuação do componente social da 'luta individual por justiça'"[158]. Essa posição partia da premissa de que Franz Klein considerava a controvérsia civil como uma violação ao bem comum e o processo como um instituto existente para a promoção do bem social[159]. De tal modo, afirma José Aurélio de Araújo que, no aludido código, "O processo não era visto tanto como o meio para assegurar aos cidadãos a tutela dos seus direitos, mas o veículo para eliminar esse inconveniente social de modo mais curto e célere possível"[160].

157. Alvaro J. D. Pérez Ragone sintentiza a trajetória de Franz Klein da seguinte forma: "Franz Klein nació en el año 1854 en la ciudad de Viena. Allí estudiará y se formará. Concluye sus estudios en derecho calificando como juez y abogado para después continuar con su formación post doctoral y recibir la *venia legendi* con un importante trabajo sobre la conducta procesal maliciosa de las partes. Así obtiene su calidad de libre docente para derecho procesal civil en 1885 seguido de la autorización para la enseñanza del derecho romano en 1891 siendo designado como docente privado primero y después como profesor extraordinario no le será posible en su trayectoria acceder a la calidad de catedrático ordinario en su tiempo. Su experiencia como abogado le permitió percibir en la práctica los abusos y conductas maliciosas, como así también los incentivos generados dentro de la Ordenanza General de los Tribunales vigente. Desde el año 1891 asume distintos cargos en el Ministerio de Justicia, siendo designado como ministro en el año 1906 posición que detentará hasta 1908 y nuevamente en el año 1916. En 1919 se convertirá en secretario de relaciones exteriores, integrando como miembro la delegación austríaca para la negociación de la paz en 1919. Fallece en el año 1926" (PÉREZ RAGONE, Alvaro J. D. Retrato del revisionismo garantista en el proceso civil a través de Klein y Wach: algunas precisiones sobre eficiencia y derechos procesales. **Revista de Processo**, v. 233, p. 241-269, jul. 2014).

158. SPRUNG, Rainer. Os fundamentos do direito processual civil austríaco. **Revista de Processo,** v. 17, p. 138-149, jan./mar. 1980.

159. PICARDI, Nicola. Le riforme processuali e sociali di Franz Klein. **Historia et ius**, n. 2, paper 16, 2012, p. 4.

160. ARAÚJO, José Aurélio de. O código de processo civil de 2015 é um código josefino? a oralidade e a preclusão no procedimento comum (parte I). **Revista de Processo**, v.

Segundo Eduardo Couture, no Código austríaco, "predomina o processo oral; mas não no sentido teatral da justiça francesa, justiça de eloquência e de grande exibição, em tribunal repleto de espectadores; é, ao contrário, justiça de pequenos recintos, onde o juiz, as partes e seus defensores procuram justiça"[161]. Na percepção de Sérgio Luis Wetzel de Mattos, a preocupação de Franz Klein esposada na codificação austríaca de 1895 "centrava-se na idéia de criar um processo civil no qual a parte menos hábil, menos culta ou sem recursos pudesse encontrar-se em pé de igualdade material e não só formal com relação ao adversário" [162]. Daí "a necessidade de mais aguda atividade do juiz, instado a participar de forma mais intensa no processo e em particular na investigação dos fatos"[163]. José Aurélio de Araújo[164] narra que essa oralidade era materializada em um procedimento iniciado por fase escrita "mediante a troca de articulados (*Vorbereitende Schriftsätze*) para fixação do *thema probandum* e do *thema decidendum*, cujos requisitos eram analiticamente definidos (§§ 75 e 78 da ZPO)"[165] e finalizado em uma fase oral de instrução e julgamento.

A partir de Franz Klein, o processo passa a ser "um elemento significado para toda a sociedade" devendo "satisfazer os valores sociais mais elevados, o que permite, algumas vezes, a limitação da liberdade do indivíduo" sendo o juiz "o timoneiro dessa tarefa"[166]. No modelo austríaco, portanto, o órgão judicial é "munido de suficientes poderes para a direção material

---

286, p. 87 - 120, Dez / 2018.

161. COUTURE, Eduardo J. [1904-1956]. Oralidade e regra moral no processo civil. **Revista Forense**, v. 36, n. 77, p. 21–29, jan./mar., 1939.

162. MATTOS, Sérgio Luís Wetzel. **Da iniciativa probatória do juiz no processo civil**. Rio de Janeiro: Forense, 2001, p. 5.

163. MATTOS, Sérgio Luís Wetzel. **Da iniciativa probatória do juiz no processo civil**. Rio de Janeiro: Forense, 2001, p. 5.

164. ARAÚJO, José Aurélio de. O código de processo civil de 2015 é um código josefino?: a oralidade e a preclusão no procedimento comum (parte I). **Revista de Processo**, v. 286, p. 87-120, dez. 2018.

165. Segundo o mesmo autor, "Tais petições deviam ser concisas e descrever todas as circunstâncias fáticas nas quais se fundavam a causa com a indicação específica dos meios de prova, procurando, até mesmo, antecipar as deduções processuais da outra parte" (ARAÚJO, José Aurélio de. O código de processo civil de 2015 é um código josefino?: a oralidade e a preclusão no procedimento comum (parte I). **Revista de Processo**, v. 286, p. 87-120, dez. 2018).

166. ABREU, Rafael Sirangelo Belmonte de. Vertentes culturais do processo civil na passagem do século XIX ao século XX: as vertentes francesa e austríaca como marcos da passagem do estado liberal ao estado social e a atualidade de sua discussão. **Revista de Processo**, v. 229, p. 89-119, mar. 2014.

do processo, capazes de garantir sua marcha rápida e regular" passando o juiz "a estabelecer uma relação imediata e direta com as partes e as provas, estas livremente apreciadas"[167]. Essa revalorização do papel do órgão judicial decorre do fato de que "o processo austríaco, à semelhança do inglês, é inteiramente construído sobre a base da fé e da confiança no magistrado"[168]. De acordo com Alvaro Pérez Ragone[169], do ponto de vista procedimental, o Código austríaco se estruturava a partir de três premissas: a primeira, de que as partes "son las responsables del inicio y prosecución del proceso como así también del aporte de información fáctica y probatoria"; a segunda, de que a "dirección y control del juez de tiempos y costos – una mejora en la celeridad del proceso"; a terceira de que a "visión del proceso colaborativo en el cual no sólo las partes por el principio dispositivo y de aporte probatorio, sino también conjuntamente con el tribunal encarnaran una misión común, a saber llevar adelante un proceso para poder arribar a una solución fundada en justicia y verdad".

Deste modo, enquanto na Alemanha e na Áustria o processo civil se modernizava[170] a partir da sua concepção pública e do seu desenvolvimento

---

167. ALVARO DE OLIVEIRA, Carlos Alberto [1942-2013]. **Do formalismo no processo civil**: proposta de um formalismo-valorativo [1997]. 4. ed. São Paulo: Saraiva, 2010, p. 75-77. Na síntese proposta por Rafael Sirangelo de Abreu: "São preocupações principais do Código de Klein a *simplicidade*, o *barateamento* da prestação jurisdicional e a sua *rapidez*. O processo deve ser *simples*, já que o seu proveito social não deve ser enfraquecido pela forma do processamento: processo complexo é sinônimo de prejuízos práticos para a parte menos favorecida. Devem ser eliminadas as formalidades supérfluas para que o processo seja compreensível para as partes. Processo custoso não cumpre a sua função social. Assim, deve ser *barato*, pois a persecução legal não pode depender do capital disponível. O processo deve ser *rápido*, pois o que está em jogo é um bem público (ABREU, Rafael Sirangelo Belmonte de. Vertentes culturais do processo civil na passagem do século XIX ao século XX: as vertentes francesa e austríaca como marcos da passagem do estado liberal ao estado social e a atualidade de sua discussão. **Revista de Processo**, v. 229, p. 89-119, mar. 2014).

168. COUTURE, Eduardo J. [1904-1956]. Oralidade e regra moral no processo civil. **Revista Forense**, v. 36, n. 77, p. 21–29, jan./mar., 1939.

169. PÉREZ RAGONE, Alvaro J. D. Retrato del revisionismo garantista en el proceso civil a través de Klein y Wach: algunas precisiones sobre eficiencia y derechos procesales. **Revista de Processo**, v. 233, p. 241-269, jul. 2014.

170. Esse movimento de modernização do processo também pode ser sentido na Inglaterra, embora, dadas as suas peculiaridades culturais, a partir de propostas distintas. Relata van Caenegem que a Appellate Jurisdiction Act de 1876 buscou a modernização do processo inglês por meio da substituição das velhas formas de ação por um modelo de processo único que tinha por traço característico ser menos formal que seus antecessores. A informalidade se concretizava por meio de um processo que "era iniciado

pautado pela oralidade, na Itália, ainda sob a vigência do Código de 1865, o processo permanecia sendo extremamente complexo, confuso, formalista e dominado pela escritura[171]. A solução preconizada pelo legislador italiano nos anos que seguiram o seu Código de 1865 foi materializada por sucessivas reformas que tinham por principal ferramenta – para tornar a resposta às partes mais eficiente – a criação de processos sumários para determinadas causas[172].

2.2.3. A formação da oralidade processual na Itália e no pensamento de Giuseppe Chiovenda

Embora não houvesse ainda clareza a respeito da compreensão da oralidade processual no direito italiano (ao menos não da mesma forma que ocorria no processo de origem germânica[173]), a superação do processo privatista por um processo de cunho publicístico (que visa à administração da justiça) desloca sua atenção da atuação das partes para a função do juiz, na medida em que "o processo não é mais visto como uma forma com que se explica a autonomia privada no exercício dos direitos, mas como um instrumento que o Estado coloca à disposição das partes visando à atuação da lei"[174].

---

por um mandado uniforme, que formulava simplesmente a queixa, em termos que não eram nem prescritos nem técnicos", bem como pelo desaparecimento das diferenças entre os processos em *Equity* e em *Common Law*, na medida em que "o novo processo usava elementos de ambos os sistemas, mas os princípios da *Equity* eram decisivos" (CAENEGEM. R. C. van [1927-2018]. **Uma introdução histórica ao direito privado** [*Introduction historique au droit prive* - 1988]. Trad. Carlos Eduardo Lima Machado. São Paulo: Martins Fontes, 2000, p. 231-232).

171. TROCKER, Nicolò. **Processo civile e costituzione:** problemi di diritto tedesco e italiano. Milano: Giuffrè, 1974, p. 13.

172. TARUFFO, Michele; MITIDIERO, Daniel. **A justiça civil**: da Itália ao Brasil, dos setecentos a hoje. São Paulo: Thomson Reuters Brasil, 2018, p. 200-201.

173. Segundo Chiovenda: "Ma se l'oralità è cosi poco peculiare al processo germanico, quanto poco il processo romano era scritto, nel vero senso della parola, qui non siamo dinanzi alla lotta tra il principio romano e il germanico né alla prevalenza di questo su quello. Per quanto occasionato o favorito dal contatto del processo francese, il ritorno all'oralità nel moderno processo tedesco può ben concepirsi come un ritorno al processo romano" (CHIOVENDA, Giuseppe [1872-1937]. Romanesimo e germanesimo nel processo civile [1901]. **Saggi di diritto processuale civile** [1900-1930]. V. 1. Roma: Foro Italiano, 1930, p. 219-220).

174. TARUFFO, Michele; MITIDIERO, Daniel. **A justiça civil**: da Itália ao Brasil, dos setecentos a hoje. São Paulo: Thomson Reuters Brasil, 2018, p. 221.

Mais uma vez tomando como *turning point* o período da formação do pensamento processual moderno (*processualismo*), retorna-se à Itália do início do século XX para compreender os contornos do modelo de processo oral moderno. Isso porque é neste contexto histórico-cultural do processo civil que Giuseppe Chiovenda (1872-1937) está inserido na Itália. De um lado, havia um processo estruturado a partir de um modelo originado no direito comum. De outro lado, estava a influência dos processualistas germânicos com um processo renovado[175] a partir de uma ideia publicística e pautado pela oralidade[176].

---

175. Embora ambos recebessem influência do direito francês, como sinalizou o próprio Chiovenda em 1901: "quanto al nostro codice di procedura io ho detto più su ch'esso nel suo complesso non è più romano o men germanico dell'attuale processo tedesco: ciò si comprende pensando alle comuni origini, mediate o immediate, e all'influenza esercitata su entrambi dal processo francese" (CHIOVENDA, Giuseppe [1872-1937]. Romanesimo e germanesimo nel processo civile [1901]. **Saggi di diritto processuale civile** [1900-1930]. V. 1. Roma: Foro Italiano, 1930, p. 348).

176. Segundo Giuseppe Chiovenda, as causas que determinaram e permitiram as grandes reformas processuais empreendidas no século XIX foram: "1) Il rinnovamento del metodo scientifico, che guadagnando man mano il campo delle scienze morali e da ultime quello delle scienze giuridiche, fini col restituire al giudice la sua funzione di ricercatore della volontà concreta della legge sulla base della osservazione dei fatti, rimettendo in onore il principio del libero convincimento. Come mezzo al fine di realizzare praticamente questo principio, la dottrina predicò (Mario Pagano, a Italia; Mittermaier in Alemagna; Bentham in Inghilterra) il ritorno al processo orale. 2. Il rinnovamento degli studi di diritto pubblico sulla base della restaurazione dell'idea dello Stato; di qui parte la concezione moderna del processo come rapporto di diritto pubblico, in cui campeggia la figura del giudice come organo pubblico d'una funzione statale, cioè dell'attuazione della volontà della legge [...] 3) La rivoluzione francese non si limitò a proclamare il principio astrato che la giurisdizione è funzione esclusiva dello Stato e he come tale va ricondotta alla sovranità ch'e sua fonte, ma attua questo principio colla soppressione, determinata non meno da idee teoriche dalla avversione al passato, di tutte le giurisdizioni del vecchio regime [...] 4) il contato o la conoscenza del code de procédure civile determino in quasi tutti gli Stati europei, come s'è detto sopra, una energica reazione contro il processo comune e le legislazioni da esso derivate, a cui contrapponeva con violento contrasto il suo carattere semplice e chiaro, la oralità e pubblicità, il principio della sovranità del giudice, l'agilità delle sue forme. 5) Finalmente il rifiorire degli studi del diritto romano per opera della scuola storica, ha permesso di tornare ad una esatta nozione degli istituti romani classici e post-classici, e di individuare le influenze germaniche della formazione del processo comune. [...] La grande legge processuale dell'Impero Germanico fu, nell'ultimo quarto del secolo scorso, il prodotto di questa elaborazione scientifica, di cui porta i segni fra l'altro nell'accurata e conseguente attuazione dei principi della oralità, della immediatezza e della concentrazione; nella precisa configurazione dell'azione di accertamento; nel sistema delle prove; nella disciplina dei provvedimenti interlocutori e nel concetto

Diante das particularidades do seu tempo, Giuseppe Chiovenda constrói seu referencial teórico embasado no modo de pensar germânico acerca do processo civil, a partir de diversos encontros que marcaram sua trajetória acadêmica[177]. O primeiro desses encontros se deu, ainda sob a influência do direito italiano, em face da proximidade intelectual com Vittorio Scialoja[178], orientador de sua tese defendida em 1893, junto à Universidade de Roma. Vittorio Scialoja foi decisivo na trajetória de Giuseppe Chiovenda ao apresentar ao então discípulo o método histórico-dogmático e o interesse pelo direito romano e medieval[179].

Era na Alemanha, por meio da pandectista, e não na Itália, que o estudo do direito romano estava sendo desenvolvido de maneira mais intensa[180]. O caminho acadêmico natural para Giuseppe Chiovenda, portanto, foi buscar aprimoramento nas universidades alemãs (1895-1896), onde tomou contato com as ideias de Adolf Wach (Alemanha) e de Franz Klein (Áustria)[181]. Essas ideias, como já mencionado, contrastavam com a visão do direito italiano acerca do processo civil.

Reação ao processo do direito comum, a oralidade apresentava-se como resposta ao formalismo, à morosidade e à ineficiência daquele modelo de

---

della cosa giudicata" (CHIOVENDA, Giuseppe [1872-1937]. **Istituzioni di diritto processuale civile** [1933]. 2. ed., v. 1. Napoli: Jovane, 1947, p. 129-131).

177. Acerca da influência de Franz Klein e de Adolf Wach sobre Giuseppe Chiovenda, veja-se relato do próprio autor em: CHIOVENDA, Giuseppe [1872-1937]. Adolfo Wach [1926]. **Saggi di diritto processuale civile** [1900-1930]. V.1. Roma: Foro Italiano, 1930, p. 268.

178. Em texto publicado junto à *Rivista de Diritto Processuale* em 1926, por ocasião do falecimento de Adolf Wach, Chiovenda afirma que não somente ele mas também a maior parte dos juristas de sua geração receberam a primeira orientação de Vittorio Scialoja (CHIOVENDA, Giuseppe [1872-1937]. Adolfo Wach [1926]. **Saggi di diritto processuale civile** [1900-1930]. V.1. Roma: Foro Italiano, 1930, p. 267-268).

179. TUCCI, José Rogério Cruz e. **Giuseppe Chiovenda**: vida e obra. São Paulo: Migalhas, 2018, p. 31 e 38.

180. Sobre a compreensão do direito romano pelo direito germânico, Giuseppe Chiovenda chegou a afirmar: "Se nella Germania d'oggi si manifesta qualche reazione contro il romanesimo e se il progetto di nuovo Regolamento processuale (Berlino, 1931) accenna a qualche riforma in questo senso, noi dobbiamo tanto più recisamente affermare che il ritorno alle idee romane fu il primo fattore della perfezione della legge germanica del 1877 e il segreto della sua influenza sulla legislazione d'altri popoli" (CHIOVENDA, Giuseppe [1872-1937]. **Istituzioni di diritto processuale civile** [1933]. V. 1, 2. ed. Napoli: Jovane, 1947, p. 131).

181. TUCCI, José Rogério Cruz e. **Giuseppe Chiovenda**: vida e obra. São Paulo: Migalhas, 2018, p. 31.

processo[182]. Como já se demonstrou, uma das principais alterações promovidas foi a substituição da prevalência da escritura dos atos pela prevalência da prática oral dos mesmos. No entanto, somente esta alteração não era, nem de longe, um meio suficiente para superar os entraves à prestação da tutela jurisdicional justa que demandava o direito processual. Daí que, conjuntamente com a oralidade propriamente dita, foi proposta a valorização da imediação e da concentração dos atos processuais.

A fim de esclarecer melhor esses fenômenos, é necessário compreender, além do significado de cada um desses termos (oralidade, imediação e concentração), como se dá a interação entre os mesmos. Com este propósito, inicia-se pela investigação da natureza jurídica atribuída à oralidade na sua concepção moderna. A partir daí será possível compreender como imediação e concentração atuam sob a influência da oralidade.

Desde logo, é importante entender como a ideia de oralidade foi entendida por seu sistematizador. Ao longo de toda a sua obra, Giuseppe Chiovenda sempre referiu a oralidade como um princípio jurídico[183]. Em um

---

182. Elucida Vittorio Denti que "Come al tempo di Chiovenda il processo ordinario di cognizione nei tribunali era ristretto ad un numero limitato di controversie (nel decennio 1900-1910, su un totale annuo di 1.800.000 procedimenti esauriti, solo 82.000 erano stati decisi in tribunale e 209.000 in pretura, mentre oltre 1.500.000 erano stati definiti dagli uffici di conciliazione), cosi ancor oggi l'attuazione del modello dibattimentale nei sistemi di common law – l'ho già ricordato – si regge su una struttura assai articolata di riti minori differenziati, per tacere delle alter native al processo ordinario, offerte dalle procedure speciali" (DENTI, Vittorio [1919-2001]. Chiovenda e le riforme del processo civile. **Il Foro Italiano**, v. 111, parte quinta, p. 347-356, 1988, p. 355). De outro lado, havia uma grande esperança nos resultados que a oralidade poderia alcançar. Nesse sentido, menciona Eduardo Couture que "Os partidários da oralidade nunca resistem à tentação de difundir as estatísticas judiciárias da Áustria, publicadas pela primeira vez por SEMERARO, em 1914. No processo austríaco, 45% das causas decidem-se num mês; 35% em três meses, e a percentagem restante dura mais de um ano. Além da rapidez, o processo austríaco oferece as garantias da segurança. O juiz, sentado ao lado das partes, é como um confessor; com autoridade muito considerável, é um verdadeiro diretor do juizo; tem, aliás, amplas faculdades para aconselhar espíritos de conciliação e de transação. Mixto de juiz e de árbitro, desempenha um papel fundamental no juizo. Ao contrário do nosso direito, de origem espanhola, zeloso guarda da liberdade das partes, todo êle construído sôbre o receio, a desconfiança e o temor do juiz, o processo austríaco, à semelhança do inglês, é inteiramente construído sôbre a base da fé e da confiança no magistrado" (COUTURE, Eduardo J. [1904-1956]. Oralidade e regra moral no processo civil. **Revista Forense**, v. 36, n. 77, p. 21–29, jan./mar., 1939).

183. Saliente-se que a compreensão de princípios jurídicos no período em que se trata (três primeiras décadas do século XX) não é exatamente a mesma que possuímos hoje. Em

plano aberto, propunha a adoção do princípio da oralidade como superação do também princípio da escritura do processo. No entanto, sempre chamou a atenção para o fato de que a adoção do princípio da oralidade no processo não importava na eliminação dos atos escriturados, mas na sua ressignificação. Em regra, os atos seriam produzidos de forma oral, assumindo a escritura um papel de conservação dos atos e de meio a viabilizar a troca de manifestações escritas (preparação).

Mesma sorte se atribui às ideias centrais da compreensão de oralidade: concentração e imediação. Isso porque, tanto à concentração quanto à imediação, é atribuída a categoria de subprincípios (princípios decorrentes) do princípio da oralidade. Aliás, essa construção principiológica "em cadeia" serve de justificativa para afirmar que a oralidade não está relacionada somente com a prática de atos por meio oral, mas representa uma compreensão mais ampla de processo que exige, além da prática prioritária dos atos de forma oral, que os atos sejam praticados de forma concentrada (fator que seria mais facilmente atingido pela prática oral) e que o juiz conheça os fatos da causa (em especial na produção da prova) e julgue imediatamente o feito (o que deve ocorrer em audiência).

Interessante perceber que a solução encontrada por Giuseppe Chiovenda ao alçar a oralidade à condição de princípio permite que a aplicação da mesma seja mitigada diante de determinados casos concretos sem que, com isso, houvesse uma contradição (ou exclusão) do sistema processual proposto. Simplesmente o princípio cede aplicação ao caso concreto onde se mostra ineficiente[184]. Além disso, importante referir que, da maneira como compreendido por Giuseppe Chiovenda, trata-se a oralidade de princípio,

---

que pese essa evolução do conceito, a ideia de oralidade como princípio continua sendo utilizada pela doutrina posterior. Neste sentido: FASCHING, Hans Walter. A posição dos princípios da oralidade e da imediação no processo civil moderno: descrita à luz de alguns ordenamentos processuais centro-europeus. **Revista de Processo**, v. 39, p. 27-34, jul./set. 1985; STÜRNER, Rolf. Oralidade e escritura no processo civil europeu. Traduzido por Ronaldo Kochem. **Revista de Processo**, v. 223/2013, p. 111-129, set. 2013; TARUFFO, Michele; MITIDIERO, Daniel. **A justiça civil**: da Itália ao Brasil, dos setecentos a hoje. São Paulo: Thomson Reuters Brasil, 2018, p. 238.

184. Essa adaptabilidade é identificada por Francisco Morato: "Escolhido o modelo, cumpre seleccionar as lides que devem submetter-se antes ao procedimento escripto que ao oral; selecção que se ha-de fazer em consonancia com a índole das causas, pressão da rapidez e economia do julgamento, necessidade das provas, natureza dos meios probatorios. A oralidade não é um systema de caracter immutavel, applícavel absolutamente a todas as hypotheses e controversias. Varias são as questões em que, por um motivo ou por outro, deve a oralidade ser sacrificada, pois maiores seriam os damnos

cuja aplicação se dá em todo o processo, como um meio a orientar a tramitação processual em sua totalidade.

Superadas estas questões (natureza jurídica da oralidade e efeito da sua violação), passa-se a explorar, não mais a estrutura, mas as definições necessárias para a compreensão do tema à luz da doutrina de Giuseppe Chiovenda. Embora a ideia de oralidade tenha perpassado parcela substancial de sua obra[185], a sua primeira formulação a respeito do tema pode ser percebida desde 1906. Neste ano, na sua obra *Principii di diritto processuale civile*, procura distinguir as ideias de oralidade e escritura no processo[186] e estabelecer as condições (*principii conseguenziali*) para que um processo possa ser considerado oral.

Aponta três condições para que o processo seja oral: (1) que o juiz do processo oral seja, do início da causa à sua decisão, a mesma pessoa física, (2) que o procedimento seja o máximo concentrado em uma ou poucas audiências próximas umas das outras e (3) que a decisão interlocutória não seja impugnável de forma separada da decisão final. Desses preceitos, extrai três princípios decorrentes da oralidade: "1. L'identità física del giudice della causa; 2. La concentrazione della causa; 3. L'inappellabilità delle interlocutorie"[187].

O primeiro elemento proposto por Giuseppe Chiovenda materializa a sua ideia de imediação (ou imediatidade) do juiz com os atos processuais.

---

que as vantagens de sua aplicação" (MORATO, Francisco [1868-1948]. A oralidade. **Revista Forense**, v. 74, p. 141-148, 1938).

185. Acerca da cronologia da obra de Giuseppe Chiovenda sobre oralidade, é proveitosa a leitura de TUCCI, José Rogério Cruz e. **Giuseppe Chiovenda**: vida e obra. São Paulo: Migalhas, 2018, p. 56-57.

186. Afirma que a escritura permanece existindo no processo, mas com uma função redefinida a partir de duas funções. Em suas palavras: "La scrittura ha un duplice ufficio nel processo orale: a) il primo ufficio è di preparare la trattazione della causa. La prima scrittura preparatoria è quella che contiene la domanda giudiziale, e questa deve indicare gli elementi della domanda e i mezzi di prova in modo così preciso e determinato da porre il convenuto in grado di difendersi; diversamente la domanda sarà dichiarata improcedibile [...]. b) Il secondo ufficio della scrittura nel processo orale è la documentazione di ciò che ha importanza per la causa, in particolare di ciò che avviene all'udienza. [...] I verbali servono non solo di aiuto alla memoria del giudice che deve decidere, ma di documento delle attività processuali nelle istanze successive" (CHIOVENDA, Giuseppe [1872-1937]. **Principii di diritto processuale civile** [1906]. Napoli: Jovane, 1923, p. 682-683).

187. CHIOVENDA, Giuseppe [1872-1937]. **Principii di diritto processuale civile** [1906]. Napoli: Jovane, 1923, p. 686

Nitidamente, a proposta procura combater a possibilidade de que um juiz participe da produção da prova e outro (ou um colegiado[188]) fique encarregado de decidir a demanda[189], partindo da premissa de que o juiz deve realizar as atividades processuais, "non in base alle norte scritture, ma in base all'impressione ricevuta, e si apure rinfrescata con scritti, da queste attività avvenute davanti a lui, da lui, come usa dirsi, vissute"[190].

Além disso, é preciso considerar que ao tempo de Giuseppe Chiovenda, na Itália, o meio de produção das provas (extremamente fracionado) impedia que o juiz pudesse fazer valer a apreciação das mesmas com base em seu convencimento[191]. Afinal, como poderia fazer valer o juiz o seu convencimento se não tinha contato direito com os fatos?

---

188. Ao longo da história do processo italiano se fez presente o debate a respeito do julgamento colegiado no primeiro grau. Para que se tenha uma ideia da polêmica, segundo referem Comoglio, Ferri e Taruffo, nos anos de 1912-1913 foi realizada uma reforma na legislação processual italiana instituindo, dentre outras alteração o juízo único em primeiro grau. Diante do rechaço das profissões forenses a lei foi abrogada já no ano de 1914 sem sequer ter sido aplicada. (COMOGLIO, Luigi Paolo; FERRI, Corrado; TARUFFO, Michele. **Lezioni sul processo civile** [1995]. 2ª ed., Bologna: Il Mulino, 1998, p.40).

189. Tal afirmação pode ser observada, por exemplo, na referência direta presente no seguinte trecho: "É chiaro infatti che l'oralità non è possibile se i singoli atti processuali si svolgono davanti a persone fisiche di volta in volta varianti; poiché l'impressione ricevuta dal giudice che deve giudicare, ma solo potrebbe essergli rappresentata colla scrittura, nel qual caso il processo se fu orale rispetto al giudice istruente diventa scritto rispetto al decidente" (CHIOVENDA, Giuseppe [1872-1937]. **Principii di diritto processuale civile** [1906]. Napoli: Jovane 1923, p. 684).

190. CHIOVENDA, Giuseppe [1872-1937]. **Principii di diritto processuale civile** [1906]. Napoli: Jovane, 1923, p. 683.

191. Essa é a conclusão de Mauro Cappelletti. Nos seus termos: "O sistema da oralidade, aplicado no terreno das provas, e em particular nas provas a serem constituídas, assinala o momento do ingresso, também no mundo do juízo jurisdicional, daquele diverso método de raciocínio, que, originado na passagem do medievo ao renascimento, e estando sublinhado por nomes como GALILEO GALILEI e BACON, o fundador da escola experimental moderna, e de tantos outros pensadores e homens da ciência, encontra-se, hoje, sem dúvida, na base do conceito de juízo em geral. Este deve estar fundamentado não em apriorismos escolásticos nem em simples abstrações, mas sobre a análise fenomenológica e experimental da realidade, tal como essa se manifesta à observação. É certo que este método implica uma renovada confiança no homem, e, assim, naquilo que aqui particularmente nos interessa, no homem-juiz, nas suas capacidades de objetiva observação e de análise serena e imparcial dos dados observados. As rígidas tarifas matemáticas de valoração das provas – *testis unus testis nullus*, etc. eram certamente de mais fácil aprendizagem e aplicação do que o critério do livre convencimento fundado na integral análise e valoração do fenômeno observado"

O segundo elemento afirma a ideia de concentração dos atos processuais. A virtude da concentração seria: (a) a redução do tempo total do processo, (b) a diminuição do tempo entre a tomada de impressão do juiz a respeito dos fatos e a sua tomada de decisão, fazendo com que a primeira não se perca quando da tomada da segunda; e (c) a redução do risco de que, passando um maior lapso temporal, o juiz da causa venha a ser alterado (por exemplo, em face de falecimento, de promoção, de aposentadoria, etc.). Para que a concentração possa ser promovida no processo oral, a audiência deve contemplar o debate e, ao final do mesmo, deve ser imediatamente proferida a sentença, admitindo-se excepcionalmente "che sia deliberata e pubblicata in un brevissimo termine sucessivo"[192].

O terceiro elemento, ao contrário dos anteriores que se ocupam de questões estruturais do procedimento, tem sua mirada a um aspecto técnico relacionado à duração do processo. Isso porque o processo italiano era marcado por diversos incidentes processuais que produziam sua paralisação, cujas decisões, uma vez recorridas, permitiam o manejo de recursos que suspendiam a tramitação do feito. Diante desse cenário, a preocupação de Giuseppe Chiovenda com recorribilidade fracionada dos incidentes processuais se tratava de uma condição para que o processo pudesse se desenvolver sem interrupções e, assim, permitir a imediação e a concentração pretendidas.

Desde a sua formulação, a expectativa do autor[193] com o implemento de um processo de feição oral na Itália era evidentemente voltada para a necessidade de um processo mais célere. Essa celeridade era obtida em razão: (a) da redução de atos processuais (redução estimada em 2/3 dos atos necessários a um processo pautado pela escritura); (b) da simplificação e da concentração dos atos instrutórios; (c) pela redução da possibilidade de recursos (em face da irrecorribilidade das interlocutórias)[194]; (d) da redução de incidentes processuais (em face da tomada de decisão sobre questões

---

(CAPPELLETTI, Mauro [1927-2004]. O valor atual do princípio da oralidade [original publicado em 1960]. Trad. Daniel Ustárroz. **Revista da Faculdade de Direito da UFRGS**, v. 21, mar. 2002, p. 255-260, p. 255).

192. CHIOVENDA, Giuseppe [1872-1937]. **Principii di diritto processuale civile** [1906]. Napoli: Jovane, 1923, p. 685.

193. CHIOVENDA, Giuseppe [1872-1937]. **Principii di diritto processuale civile** [1906]. Napoli: Jovane, 1923, p. 689-691.

194. A ideia de irrecorribilidade das decisões interlocutórias estava atrelada a necessidade de superação de um fenômeno típico do processo comum: a suspensão do processo enquanto não julgada a impugnação. (CAPPELLETTI, Mauro [1927-2004]. Proceso oral y processo escrito [*Procédure écrite et procédure orale* – 1970]. *In:* CAPPELLETTI,

incidentais em audiência); (e) da possibilidade de julgamento por juiz único (pelo *giudice delegato*) sobre determinadas questões ("come le sentenze su rinuncia, su riconoscimento, su contumacia").

A oralidade de Giuseppe Chiovenda experimentou a oportunidade de ser apresentada, além de um modelo de natureza doutrinária, em um projeto de Código Processual Civil. Na presidência da Comissão, pôde dar ao projeto as feições típicas do processo oral, trazendo mais especificidade sobre como a dinâmica processual seria estabelecida para atender aos desideratos propostos pelo princípio da oralidade.

Realizando análise sobre o projeto de Giuseppe Chiovenda, Taruffo[195] identifica o debate oral em audiência (antecedido pela troca de escritos preparatórios) como o elemento central do procedimento, na medida em que nele "se desenvolvem a organização da causa, a colheita da prova oral e o debate" de forma bastante simplificada, bem como atribuindo ao juiz "penetrantes poderes de estímulo às partes e de iniciativa autônoma para investigação da verdade dos fatos". Além disso, afirma que "A disciplina das provas é notavelmente simplificada, introduzindo-se o interrogatório livre e direto das partes". Entretanto, quis a história que o projeto não viesse a tornar-se lei e que a Itália viesse a ter um Código de Processo Civil em substituição ao Código de 1865 somente em 1940.

Depois de apresentado o tema à comunidade acadêmica e de uma tentativa frustrada de torná-lo uma realidade positivada no ordenamento jurídico italiano, Giuseppe Chiovenda permaneceu ainda que transversalmente, enfrentando-o em diversos artigos e ensaios. A evolução da sua sistematização foi apresentada em sua obra *Istituzioni di diritto processuale civile*, publicada em dois volumes, nos anos de 1933 e 1935.

Nesta construção teórica, Giuseppe Chiovenda[196] situa a oralidade no plano principiológico do processo, cuja aplicação se manifesta a partir de cinco diferentes princípios derivados. São eles: (1) o princípio da prevalência da palavra como meio de expressão, combinada com o uso de meios

---

Mauro. **La oralidad y las pruebas en el proceso civil**. Trad. Santiago Sentís Melendo. Buenos Aires: EJEA, 1972, p. 39).

195. TARUFFO, Michele; MITIDIERO, Daniel. **A justiça civil**: da Itália ao Brasil, dos setecentos a hoje. São Paulo: Thomson Reuters Brasil, 2018, p. 239.

196. CHIOVENDA, Giuseppe [1872-1937]. **Instituições de direito processual civil** [*Istituzioni di diritto processuale civile, (1933-1935)*]. Trad. J. Guimarães Menegale. 2. ed., v. 3. São Paulo: Saraiva, 1965, p. 50-55.

escritos de preparação e de documentação[197]; (2) o princípio da imediação da relação entre o juiz e as pessoas cujas declarações deva apreciar; (3) o princípio da identidade das pessoas físicas do juiz durante a condução da causa; (4) o princípio da concentração do conhecimento da causa em um único período (debate), a desenvolver-se em uma audiência ou em poucas audiências contíguas; e (5) o princípio da irrecorribilidade das interlocutórias em separado[198].

197. Acerca da distinção entre documentação e testemunho (entendida como prova oral) é relevante apresentar, como exemplo de forma de pensar o problema à época de Giuseppe Chiovenda, a visão de Francesco Carnelutti. Para o autor, a diferenciação entre documento e testemunho deriva de dois corolários: "a) la rappresentazione documentale è immediata; la rappresentazione testimoniale è mediata. II medio, che non si ha nella prima e si ha invece nella seconda, è appunto la memoria umana. Nella prima la individualità del fatto da rappresentare si traduce immediatamente in un oggetto esteriore; nella seconda si fissa immediatamente nella memoria di un uomo e solo attraverso questa si riproduce nella rappresentazione; b) la rappresentazione documentale è permanente; la rappresentazione testimoniale è transeunte. Se il documento non fosse durevole non potrebbe aver efficacia di conservare di per sé la traccia del fatto rappresentato indipendentemente dalla memoria dell'uomo; se la testimonianza, non fosse transeunte, non si limiterebbe a una ricostruzione del fatto rappresentato con elementi puramente subbiettivi. I due caratteri ora notati, quali requisiti propri dei documento: immediatezza e permanenza, spiegano, se non mi sbaglio, con correttezza teorica, quella eccellenza della rappresentazione documentale sulla rappresentazione testimoniale, della quale hanno piuttosto la intuizione che la nozione scientificamente precisa tutti gli scrittori della materia; la immediatezza, spostando la formazione del fatto rappresentativo a un momento precedente il processo, la sottrae a tutte le influenze corruttrici che gli interessi confliggenti nel processo possono esercitare, e inoltre garantisce quella maggior fedeltà, che può esser compromessa dalla azione del tempo sulla memoria umana; la permanenza agevola quella che si potrebbe chiamare la disponibilità del fatto rappresentativo" (CARNELUTTI, Francesco [1879-1965]. **La prova civile**. Roma: Athenaeum, 1915, p. 142-144).

198. Essa é a versão da oralidade disseminada na doutrina brasileira da década de 1930, como se observa da descrição de Francisco Morato: "A oralidade caracteriza-se pelas circunstancias de serem as discussões travadas e as conclusoes deduzidas de viva voz em audiência do juiz singular ou collectivo; da promptidão com que pronuncia a sentença o mesmo juiz que assistiu á instrucção e debates do feito; da concentração de toda a actividade processual, attinente á instrucção e tratamento da causa, em uma só audiencia ou em audiencias immediatas. A oralidade caracteriza-se nas suas linhas mestras por cinco elementos: 1.°) A predominancia da palavra fallada; 2.°) A immediatidade da relação do juiz com as partes e com os meios productores da certeza; 3.°) A identidade physica do orgam judicante em todo o decorrer da lide; 4.°) A concentração da causa no tempo; 5.°) A irrecorribilidade das interlocutórias" (MORATO, Francisco [1868-1948]. A oralidade. **Revista Forense**, v. 74, p. 141-148, 1938).

De plano, percebe-se que, da sua primeira sistematização (nos *Principii di diritto processuale civile*) para a última, Giuseppe Chiovenda amplia o número de princípios derivados da oralidade. Essa ampliação, ao menos aparentemente, decorre de uma intenção muito mais explicativa do fenômeno (até mesmo em função de críticas recebidas e insucessos na promoção de reformas legislativas) do que propriamente representa uma inovação a respeito do tema. O princípio da prevalência da palavra sobre a escritura (que, para Giuseppe Chiovenda, tem a função de preparação e documentação) serve como resposta às críticas (diga-se, infundadas) de que a oralidade propunha a abolição da escritura. Ao mencionar a prevalência da fala sobre a escrita como eixo da oralidade, Giuseppe Chiovenda deixa claro o espaço de atuação da escritura e ao mesmo tempo afirma categoricamente a sua necessidade. O segundo e o terceiro princípios, em verdade, são derivações do princípio da imediação em sentido amplo. Diferenciam-se no âmbito de atuação do juiz no processo oral[199]. Enquanto o princípio da imediação da relação entre o juiz e as pessoas cujas declarações deva apreciar (segundo) trata da imediação na perspectiva da tomada de decisão do juiz, o princípio da identidade das pessoas físicas que constituem o juiz durante a condução da causa (terceiro) trata da imediação do juiz na condução da causa. Apresentam-se, portanto, como duas faces de uma mesma moeda (imediação-decisão e imediação-condução). O princípio da concentração (quarto) e o princípio da irrecorribilidade das decisões interlocutórias em separado permaneceram sem grandes alterações com relação à sua primeira compreensão.

Por meio da oralidade e dos seus princípios decorrentes, Giuseppe Chiovenda apresentava a clara intenção de adaptar o processo italiano então vigente à vida "moderna" de seu tempo[200]. Sua busca era por um processo

199. O papel a ser desempenhado pelo juiz no processo oral sempre foi uma preocupação de Giuseppe Chiovenda. Isso se revela já na sua obra *Principii di diritto processuale civile* na seguinte passagem: "Né può tacersi che l'oralità e la concentrazione processuale sono principii strettamente collegati a un altro grave problema, quello concernente i poteri del giudice. Nel processo civile moderno il giudice non può conservare l'attitudine passiva ch'ebbe nel processo d'altri tempi. È ormai un concetto acquisito al moderno diritto pubblico che lo Stato è interessato nel processo civile [...]: non certo all'oggetto della singola lite, ma a questo, che la giustizia in ogni lite sai la più pronta e la migliore possibile" (CHIOVENDA, Giuseppe [1872-1937]. **Principii di diritto processuale civile** [1906]. Napoli: Jovane, 1923, p. 686).

200. Evidentemente, como qualquer proposta de alteração de uma realidade existente, a oralidade proposta por Giuseppe Chiovenda encontrou adptos e detratores na Itália. Attilio Nicora aponta como favoráveis à oralidade proposta por Chiovenda os autores Antonio Costa, Antonio Sergi e Piero Calamandrei. Dentre os autores contrários à

que, sem abrir mão da "melhor excelência intrínseca da decisão", proporcionasse uma maior "economia, simplicidade e presteza" ao processo[201]. Sua expectativa era de que, por meio da oralidade, o processo italiano pudesse ter uma duração de tempo de três a quatro vezes menor[202].

Como síntese conclusiva, pode-se afirmar que: (1) a construção da oralidade chiovendiana é uma resposta à ineficiência do processo italiano vigente que possuía uma estrutura típica do direito comum (baseado na escritura[203]); (2) a ideia de oralidade era uma forma de reação à necessidade de prestação de tutela jurisdicional eficiente (célere e com qualidade) baseada na atribuição de poderes ao juiz da causa (superando-se a ideia do processo como coisa das partes); (3) a oralidade é um princípio jurídico processual do qual derivam os (sub-) princípios da concentração e da imediação; (4) a prática dos atos processuais deve ser feita, preferencialmente, de forma oral e em audiência; (5) a oralidade tem por premissa que o juiz tem condições (técnicas e operacionais) de aferir a verdade (em maior grau) quando em

---

oralidade chiovendiana indica Lodovico Mortara e Enrico Redenti (NICORA, Attilio [1939-2017]. **Il principio di oralità nel diritto processuale civile italiano e nel diritto processuale canônico.** Roma: Università Gregoriana Editrice, 1977, p. 44-101)

201. CHIOVENDA, Giuseppe [1872-1937]. **Instituições de direito processual civil** [*Istituzioni di diritto processuale civile, (1933-1935)*]. Trad. J. Guimarães Menegale. 2. ed., v. 3. São Paulo: Saraiva, 1965, p. 46.

202. Segundo o próprio Giuseppe Chiovenda: "E, pelo que se refere à celeridade do processo, frisamos, desde logo, a esta altura, um dado extraído das estatísticas judiciárias dos países de processo oral em confronto com o nosso, e é que o processo escrito dura em média três ou quatro vezes mais que o processo oral" (CHIOVENDA, Giuseppe [1872-1937]. **Instituições de direito processual civil** [*Istituzioni di diritto processuale civile, (1933-1935)*]. Trad. J. Guimarães Menegale. 2. ed., v. 3. São Paulo: Saraiva, 1965, p. 46).

203. Sobre a influência da ZPO austríaca no modelo chiovendiano, é expressiva a lição de Michele Taruffo: "O então maduro sistema chiovendiano oferece, ademais, os princípios sobre os quais esse programa é fundado: sobretudo a oralidade do procedimento, com os necessários corolários que daí derivam: imediação da relação do juiz com as partes e com as provas, identidade do juiz ao longo de todo o procedimento, concentração em uma única audiência ou em poucas audiências próximas e um substancial aumento dos poderes de direção do juiz na condução do processo a fim de que 'a lide seja definida com a maior celeridade compatível com uma decisão correta'. O modelo é sempre a *Zivilprozessordnung* austríaca de 1898, ainda que Chiovenda tente demonstrar que esses princípios são ínsitos à "verdadeira" tradição do processo italiano. [...] Os princípios chiovendianos estão, portanto, em radical antíteses em relação àqueles que inspiraram o Códice de 1865, centrado em um modelo de procedimento escrito, não concentrado, privado de imediação, com um juiz passivo e intercambiável no curso do processo" (TARUFFO, Michele; MITIDIERO, Daniel. **A justiça civil**: da Itália ao Brasil, dos setecentos a hoje. São Paulo: Thomson Reuters Brasil, 2018, p. 238).

contato direto com a produção da prova; (6) o "modelo" de apreciação da prova pelo juiz a que serve o processo oral é o da livre convicção (em reação ao sistema da prova legal[204]); (7) o juiz encarregado de conduzir o processo e de produzir a prova é quem deve julgá-la, pois é quem tem condições de prestar tutela jurisdicional de forma mais adequada.

2.3. A APLICAÇÃO DO MODELO PROPOSTO NO BRASIL

2.3.1. A influência da oralidade processual de Giuseppe Chiovenda na Itália: pressuposto para uma análise comparativa com a aplicação no direito brasileiro da primeira metade do século XX

O modelo moderno de oralidade, construído pela superação do direito comum pautado pela escritura (por um lado, em face da superação da sociedade feudal e da ascensão da burguesia e do Estado liberal; por outro, em face do encontro do Código de Processo Civil francês de 1806 e da pandectista) e pela concepção de Giuseppe Chiovenda, foi sendo ajustado (como ocorre com qualquer fenômeno jurídico) ao longo do século XX[205].

---

204. Avaliando as características do direito comum, Mauro Cappelletti indica o sistema da proval legal como a mais significativa para caracterizar o processo pautado pela escritura. Aponta que é em virtude do sistema legal de prova que "una larguísima lista de reglas vinculantes se fue imponiendo en materia de admisión y de valoración de las pruebas. Los testigos, examinados en secreto por notarios o secretarios, y cuyas deposiciones eran escritas por estos en protocolo para uso del juez – a menudo, además, en latín o sea en una lengua diversa de la hablada –, no hablaban pues, al juez directamente, personalmente, sino a través del diafragma frío e incoloro de la escritura". Daí que a valoração da prova neste sistema se faz "no por el juez, caso por caso y en consideración de los elementos concretos de credibilidad, de verosimilitud, de persuasión; sino apriorísticamente y en abstracto por la ley" (CAPPELLETTI, Mauro [1927-2004]. Proceso oral y processo escrito [*Procédure écrite et procédure orale* – 1970]. *In:* CAPPELLETTI, Mauro. **La oralidad y las pruebas en el proceso civil**. Trad. Santiago Sentís Melendo. Buenos Aires: EJEA, 1972, p. 39 e 41).

205. Já na época da formação do pensamento de Giuseppe Chiovenda, já existiam objeções acerca da sua construção. Sinaliza Vitor de Paula Ramos que "A então nascente psicologia do testemunho chegou a fornecer um alerta a respeito de que a oralidade não poderia, num passe de mágica, fazer o juiz ter condições de superar sua condição humana, ingressando nas profundezas da mente dos demais. 'Ela [a lei] pensou que colocando testemunhas e juiz face a face só se poderia fazer sair a verdade'" (RAMOS, Vitor de Paula. Prova testemunhal: do subjetivismo ao objetivismo – do isolamento científico ao diálogo com a psicologia e a epistemologia. São Paulo: Thomson Reuters Brasil, 2018, p. 48).

Inicialmente é importante referir que, na primeira metade do século XX, diversos ordenamentos processuais sofreram significativas alterações legislativas (excluída desse processo a Alemanha, que apenas recebeu reformas à sua *zivilprozessordnung*)[206]. Tais alterações ocorreram, em geral, em curto espaço de tempo, do final dos anos 1930 ao início dos anos 1940[207]. Mesmo os Estados Unidos, marcados por seu federalismo peculiar e pela sua tradição de *common law*, em 1938, adotaram uma lei única para regular os processos de natureza civil perante as cortes federais: *the Federal Rules of Civil Procedure*[208].

---

206. Renato Beneduzi afirma que o processo civil alemão foi influenciado no início do século XX por um movimento *anti*liberal que redundou na edição de duas novelas (em 1924 e 1933). Contudo, afirma o autor, "que o regime nazista (*Unrechtstaat*) não alterou o direito processual alemão com a mesma intensidade com que o fez em outras áreas do direito", tendo sido o controle do estado no âmbito do processo "predominantemente indireto, através da nomeação de juízes fiéis à ideologia nazista, da demissão de infiéis, da supervisão estrita dos que restaram e da sua integral submissão na interpretação da lei substancial, aos cânones do regime" (BENEDUZI, Renato. **Introdução ao processo civil alemão**. Salvador: Juspodivm, 2015, p. 22-23). Tratando do processo alemão no ano de 2003 (ano em que o artigo foi publicado na *Revista de Processo*, v. 28, n. 111), José Carlos Barbosa Moreira reconhece, com admiração, que a ZPO, embora tenha sofrido alterações, manteve a sua estrutura básica. Dentre as mudanças sofridas, sinalizou a reforma de 1976 ("reformou o procedimento de primeiro grau perante o *Landgericht*, a disciplina da revelia, da apelação e da execução provisória") e a reforma de 1990 ("que consagrou novas medidas destinadas a simplificar o procedimento, reduziu a admissibilidade dos recursos e regulou de maneira mais minuciosa a prova testemunhal e pericial") (MOREIRA, José Carlos Barbosa [1931-2017]. Breve notícia sobre a reforma do processo civil alemão. *In:* MOREIRA, José Carlos Barbosa. **Temas de direito processual**: oitava série. São Paulo: Saraiva, 2004, p. 199-2010, p. 200).
207. Ilustrativamente, além do Código Brasileiro, em Portugal (1939) e na Itália (1940-42) também surgiram novos códigos.
208. Indicam Michele Taruffo e Geoffrey C. Hazard Jr. que as causas para a criação das *Federal Rules of Civil Procedure* foi a existência de distintos sistemas processuais entre os Estados da federação, dentre os quais, alguns mostravam-se evidentemente ultrapassados a tal ponto que "Federal courts of the twentieth century found themselves applying legal tecnicalities that emanated from the eighteenth century and earlier" (TARUFFO, Michele; HAZARD JR., Geoffrey C. **American civil procedure**. New Haven: Yale University Press, 1993, p. 27). Do ponto de vista cultural, Oscar G. Chase apresenta a seguinte consideração sobre a criação das *Federal Rules*: "Uma mudança no direito processual tão significativa quanto a passagem do formalismo do Código Field para a flexibilidade das *Federal Rules* indubitavelmente possui causalidade múltipla, mas um elemento que certamente lhe serviu de alicerce foi a nova visão de 'modernidade': o modelo organizacional esperado era tipificado com sucesso pelo Mercado, sugerindo uma administração racional e pautada por princípios de cunho

No período, um dos principais ordenamentos que exercia influência direta[209] no direito processual pátrio era o italiano. Diante dessa peculiaridade, passa-se a investigar a influência, nas décadas de 30 e 40 do século XX, da ideia de oralidade proposta por Giuseppe Chiovenda na legislação italiana, para permitir uma comparação com os efeitos sentidos pelo ordenamento brasileiro.

O direito italiano, marcado por complexidade, formalismo, morosidade e alto custo excessivos, ainda tinha por demérito "um nível qualitativo da magistratura notavelmente baixo, ainda sem independência e autonomia em relação ao poder político"[210]. Todo esse conjunto de fatores, somado à própria evolução social e econômica experimentada desde o Código italiano de 1865, desencadeou um movimento de reformas da legislação processual[211].

Para Francesco Carnelutti, "Il tema centrale che interessa lo spirito della riforma è naturalmente che il processo civile si fa nell'interesse pubblico come il processo penale"[212]. É, exatamente, esse viés publicístico do processo que demanda uma ressignificação do papel do juiz[213].

---

científico" (CHASE, Oscar G. **Direito, Cultura e ritual**: sistemas de resolução de conflitos no contexto da cultura comparada [*Law, culture and ritual: disputing systems in cross-cultural context* - 2005]. Trad. Sérgio Arenhart e Gustavo Osna. São Paulo: Marcial Pons, 2014, p. 122.

209. A influência do direito português era muito grande no período, mas ao contrário da doutrina italiana que representava uma forma de inovação do pensamento jurídico brasileiro, a doutrina portuguesa, em geral, propunha a adoção de soluções conservadoras considerando o direito brasileiro então posto. Além disso, como no presente tópico é cogitada a influência do modelo de oralidade proposto por Giuseppe Chiovenda e como não houve a elaboração de um Código germânico no período, optou-se por excluir o tema da oralidade neste ordenamento.

210. TARUFFO, Michele; MITIDIERO, Daniel. **A justiça civil**: da Itália ao Brasil, dos setecentos a hoje. São Paulo: Thomson Reuters Brasil, 2018, p. 216.

211. Sobre as reformas da legislação processual italiana no período, ver: TARUFFO, Michele; MITIDIERO, Daniel. **A justiça civil**: da Itália ao Brasil, dos setecentos a hoje. São Paulo: Thomson Reuters Brasil, 2018, p. 216.

212. CARNELUTTI, Francesco. Nuovo processo civile italiano. **Il Foro Italiano**, parte IV, v. 66, anno LXVI, p. 25-30, 1941, p. 26.

213. Daí a acentuação do papel do juiz como portador e realizador da função do Estado na administração da Justiça e o impulso em direção a um programa de reformas radicais, que Chiovenda propagará incessantemente e por muito tempo, fundado na atuação de um processo oral, rápido e concentrado, tendo como base o modelo da *Zivilprozessordnung* austríaca que entrou em vigor em 1898 (TARUFFO, Michele; MITIDIERO, Daniel. **A justiça civil**: da Itália ao Brasil, dos setecentos a hoje. São Paulo: Thomson Reuters Brasil, 2018, p. 221-222).

Neste momento histórico, Giuseppe Chiovenda tem a oportunidade de transformar sua concepção teórica acerca de um modelo de processo oral em realidade. Isso porque, "em 1918, é constituída a Comissão para o Pós-Guerra, cuja oitava seção é composta pelo grupo para os estudos processuais da qual Chiovenda é o presidente"[214]. O autor indicava como graves problemas procedimentais do processo a "exagerada complicação, interminável duração e enorme custo"[215] e como solução para tais problemas a mudança das bases do procedimento de modo a ajustá-lo "aos princípios fundamentais da oralidade[216] e da concentração"[217]. Inspirado na codificação austríaca[218], apresenta em 1919 um projeto que contempla, apenas, o processo de cognição e tem por característica fundamental estar centrado no princípio da oralidade e influenciado pelos princípios "l'immediatezza del rapporto fra organo giudicante e persone coinvolte nel processo, la identità fisica della persona del giudice che segue le varie fasi del procedimento, e la concentrazione della trattazione in una udienza possibilmente unica" tendo por premissa "l'aumento dei poteri del giudice, sia per quanto concerne la direzione formale del processo che la formazione e la raccolta del materiale di cognizione"[219].

---

214. TARUFFO, Michele; MITIDIERO, Daniel. **A justiça civil**: da Itália ao Brasil, dos setecentos a hoje. São Paulo: Thomson Reuters Brasil, 2018, p. 237.

215. CHIOVENDA, Giuseppe [1872-1937]. Procedimento oral. **Revista Forense**, n. 74, 1938, p. 39.

216. Acerca da nomenclatura, embora consagrada por Guiseppe Chiovenda, a expressão "processo oral", Vittorio Denti compreende ser mais adequado para expressar o modelo processual o nome de *modelo dibattimentale*. (DENTI, Vittorio [1919-2001]. Chiovenda e le riforme del processo civile. **Il Foro Italiano**, v. 111, parte quinta, p. 347-356, 1988, p. 347).

217. CHIOVENDA, Giuseppe [1872-1937]. Procedimento oral. **Revista Forense**, n. 74, 1938, p. 39.

218. ALVARO DE OLIVEIRA, Carlos Alberto [1942-2013]. **Do formalismo no processo civil**: proposta de um formalismo-valorativo [1997]. 4. ed. São Paulo: Saraiva, 2010, p. 82-83.

219. TROCKER, Nicolò. **Processo civile e costituzione:** problemi di diritto tedesco e italiano. Milano: Giuffrè, 1974, p. 43. No mesmo sentido, afirma Vincenzo Ansanelli que "Nel progetto sono presenti numerose disposizioni che sembrano confermare la convinzione di Chiovenda che l'abbreviazione dei termini di durata delle controversie sia risultato raggiungibile esclusivamente per il tramite di un'accurata fase di preparazione dell'udienza dibattimentale" (ANSANELLI, Vincenzo. **Contributo allo studio dela trattazione nella storia del processo civil italiano**: 1815-1942. Torino: Giappichelli Editore, 2017, p. 191).

Embora gozasse de grande prestígio acadêmico, o projeto elaborado por Giuseppe Chiovenda é abandonado[220], e é formada uma nova Comissão para elaboração do Código Civil italiano. Dentre as causas para o insucesso do projeto, são apontadas as circunstâncias de que "um processo rápido arrisca atingir os interesses econômicos das profissões forenses" (pois eram remunerados pela prática dos atos e não por processo)[221], "o debate oral exige do advogado um tipo de prestação profissional [...] a que não está habituado, sendo igualmente remunerado em menor escala" e a redução da duração do processo não atendia aos interesses dos réus em processo judicial, eliminando "a posição de vantagem das grandes concentrações de interesses" que normalmente assumem essa posição[222].

220. A ruptura de paradigma proposta por Giuseppe Chiovenda encontra resistência dos juristas italianos, o que impõe a necessidade de adaptação do projeto. No entanto, o autor opta por se retirar do processo de construção do novo código em vez de alterar o seu projeto. Tal fato é descrito por Rafael Sirangelo de Abreu da seguinte forma: "O Chiovenda político era maniqueísta, mas coerente: as reformas não poderiam ser parciais. O sistema só funcionava se fosse aplicado como um todo. Assim, durante toda a primeira metade do século XX, ainda que por várias vezes tenha participado de projetos e comissões de reforma, do ponto de vista político-legislativo o intento do italiano não se concretiza" (ABREU, Rafael Sirangelo Belmonte de. Vertentes culturais do processo civil na passagem do século XIX ao século XX: as vertentes francesa e austríaca como marcos da passagem do estado liberal ao estado social e a atualidade de sua discussão. **Revista de Processo**, v. 229, p. 89-119, mar. 2014).

221. Veja-se, como exemplo, a afirmação feita por Giuseppe Chiovenda a respeito do tema: "Nel processo orale altra deve esser invece la base della rimunerazione; come la commisurazione del compenso all'entità della causa, calcolata in modo che nel complesso la somma dei compensi rimanda immutata e possibilmente migliorata" (CHIOVENDA, Giuseppe. **Principii di diritto processuale civile** [1906]. Napoli: Jovane, 1923, p. 691).

222. TARUFFO, Michele; MITIDIERO, Daniel. **A justiça civil**: da Itália ao Brasil, dos setecentos a hoje. São Paulo: Thomson Reuters Brasil, 2018, p. 420-421.

Mesmo diante do seu insucesso legislativo, a interpretação da oralidade de Giuseppe Chiovenda representou a consolidação de um modelo de oralidade processual que foi sendo pontualmente aperfeiçoado ao longo das décadas seguintes[223].

2.3.2. O contexto jurídico-cultural da formação do Código de Processo Civil de 1939

A primeira regulamentação processual civil unitária no Brasil[224] compartilhou com Portugal, além do ano de sua promulgação, uma evidente origem comum. Basta lembrar que, quanto às questões processuais civis, as Ordenações Filipinas do Reino de Portugal[225] somente deixaram de ser aplicadas, de maneira definitiva, com a edição do Regulamento nº 763, de 1890 - que determinava que fossem aplicadas às causas cíveis o Regulamento nº 737, de 1850, que regulava as causas comerciais. No entanto, mesmo que formalmente independente da lei portuguesa, culturalmente, o direito processual brasileiro permanecia atento à evolução daquele direito, e o direito processual português não ignorava o pensamento de Giuseppe Chio-

---

223. A grande lição de Chiovenda continua por toda a década de trinta dos novecentos a dominar a cena (TARUFFO, Michele; MITIDIERO, Daniel. **A justiça civil**: da Itália ao Brasil, dos setecentos a hoje. São Paulo: Thomson Reuters Brasil, 2018, p. 287).

224. Sinaliza Carlos Alberto Alvaro de Oliveira que, antes do Código de Processo Civil de 1939, o Brasil já tinha editado o Decreto n. 960, de 17 de dezembro de 1938, que modernizava o processo civil "sob o influxo das doutrinas modernas em voga na Europa" e trazia como evolução ao processo então vigente "o despacho saneador (arts. 19 e 20) e o princípio da oralidade processual - com concentração dos atos de instrução e debate oral da causa em audiência -, reconhecida ainda a necessidade da imediação do juiz com as provas e com as partes, privilegiando-se em consequência também o princípio da identidade física da pessoa do magistrado (arts. 22, 23 e 24)" (ALVARO DE OLIVEIRA, Carlos Alberto [1942-2013]. **Do formalismo no processo civil**: proposta de um formalismo-valorativo [1997]. 4. ed. São Paulo: Saraiva, 2010, p. 84).

225. Segundo Alfredo de Araújo Lopes da Costa, embora as Ordenações Filipinas fossem caracterizadas pela escritura, elas, "entretanto, já conheciam um processo oral, para as causas de valor não excedente a quatrocentos réis: 'os juízes ouvirão as partes verbalmente, recebendo-lhes as provas se necessário fôr, sem fazer processo algum (*escrito*). Sòmenteno protocolo, o tabelião fará assento de como os juízes condenaram ou absolveram'" (COSTA, Alfredo de Araújo Lopes da (1886-1966). **Direito processual civil brasileiro** [1957]. 2. ed., v. I. Rio de Janeiro: Forense, 1959, p. 219).

venda[226]. No Brasil[227], o impacto da obra de Giuseppe Chiovenda, no plano

226. Para José Aurélio de Araújo, "Em Portugal, as reformas de 1926 e 1927, redigidas por José Alberto dos Reis, são francamente inspiradas no Projeto Chiovenda de 1920, possuindo como princípios básicos: 1. a concentração de poderes nas mãos dos juízes, não mais vistos como sujeitos inertes; 2. a supressão de atos processuais inúteis; 3. a imediação do juiz com as partes e as provas; 4. a participação do juiz em todas as fases do processo, para que tome conhecimento de seus atos desde o início; 5. a restrição aos recursos contra as interlocutórias" (ARAÚJO, José Aurélio de. O código de processo civil de 2015 é um código josefino?: a oralidade e a preclusão no procedimento comum (parte II). **Revista de Processo**, v. 287, p. 145-175, jan. 2019). Analisando o Decreto nº 12.353, de 22 de setembro de 1926, José Alberto dos Reis apontou como as causas principais da demora dos processos: "a) O excesso de formalismo de que está impregnado o nosso sistema de processar, com termos, atos e formalidades inteiramente dispensáveis; b) O fato de as testemunhas serem inquiridas pelos advogados e de as partes terem o direito de formular, nos exames e vistorias, quantos quesitos lhes apeteça, por mais inúteis que sejam para a resolução da causa, sucedendo por exemplo, agora, numa comarca do norte do País, que um advogado está ditando quesitos há mais de dois meses, indo já no número seiscentos e tal, sem que o juiz tenha meio de pôr termo a cena tão escandalosa; c) A faculdade que as partes têm de requerer, sem restrições, cartas rogatórias e cartas precatórias para as localidades mais distantes; cartas destinadas a diligências que nunca se efetuam; d) Os contínuos incidentes e recursos que a cada passo vêm perturbar o andamento normal da causa; e) A retenção dos autos pelos advogados e pelos juizes além do prazo legal para as alegações e para a sentença" (REIS, José Alberto dos [1875-1955]. A oralidade no processo civil português. **Revista Forense**, v. 35, n. 74, p. 214-222, abr./jun., 1938).
227. Neste ponto, o foco fica sobre a influência de Giuseppe Chiovenda sobre o direito processual brasileiro, mas não se desconhece o impacto da sua doutrina na América Latina. Para Alvaro Pérez Ragone, "El maestro italiano significó un aporte que despertó el Derecho Procesal en Latinoamérica del aletargado procedimentalismo forense. [...] La impronta de Chiovenda es la de transición de momentos de cierre como el de Mortara y renacer con aportes posteriores en el tempo y ya cercanos a la segunda Guerra Mundial como los de Carnelutti, Calamandrei y Liebman" (PERÉZ RAGONE, Alvaro. Algunas reflexiones sobre Chiovenda y su legado para Latinoamérica: laudatio. **Revista ius et veritas**, n. 55, p. 161-175, dez. 2017, p. 172-173). Analisnado o direito processual argentino, Adolfo A. Rivas aponta que "a través de la obra de Tomás Jofré (Manual de procedimento civil y penal, 1919) se introdujo el pensamientode Chiovenda, asomándose así a una nueva concepción processal" em oposição a "influencia española derivada de las leyes de enjuciamiento y sus comentaristas, y de los trabajos de prácticos y procedimentalistas españoles y franceses" (RIVAS, Adolfo. A. **Teoría general del derecho procesal.** Buenos Aires: Lexis Nexis, 2005, p. 58). Sobre a influência espanhola na formação cultural do processo argentino, revela Eduardo Oteiza que "En Argentina el Código Procesal Civil de 1880 reprodujo trescientos noventa y dos artículos, sobre ochocientos, de la Ley de Enjuiciamiento Civil Española" (OTEIZA, Eduardo. América Latina: cultura y proceso civil. **Revista de Processo**, v. 227, p. 319 – 333, Jan / 2014).

doutrinário, pode ser medido no fato de ter sido elaborada, em 1940, uma coletânea de estudos com os principais processualistas da época (dentre os quais estava representada uma obra do próprio autor e do jurista responsável pela elaboração do Código de Processo Civil brasileiro de 1939)[228], por uma das principais editoras jurídicas à época (a Revista Forense), cujo título era *Processo oral*.

O esforço realizado no sentido de encontrar uma nova aplicação das normas processuais no Brasil gozou de um período de grande experimentalismo com a Constituição dos Estados Unidos do Brasil de 1891, que atribuiu aos Estados a competência para legislar sobre processo. Neste período, foram editados diversos códigos estaduais de processo civil promovendo uma grande variedade (embora com uma cultura comum típica na qual os legisladores estavam inseridos) de soluções processuais[229]. Entretanto, vislumbrando a necessidade de padronizar a lei no Brasil, a Constituição de 1934 instituiu a competência exclusiva da União para legislar sobre matéria processual, impondo a elaboração de um Código de Processo Civil com vigência em

---

228. Participaram da coletânea: Francisco Morato, Pedro Batista Martins, José Alberto dos Reis, Giuseppe Chiovenda, Francisco Campos, Piero Calamandrei, Bilac Pinto, Noé Azevedo, Eduardo Augusto Garcia, Guilherme Estelita, Eduardo J. Couture, Gabriel de Rezende Filho, Semon, Roberto Lyra, Wolfgang Bernhardt, G. Cristofolini, G. Maranini, Hermes Lima, Saboia de Medeiros, L. Machado Guimarães e Siegmund Hellmann.

229. Relata Eduardo Talamini que "Entre os Códigos processuais civis estaduais (pós-Constituição Federal de 1891), alguns traziam a previsão de que, havendo a confissão do réu (vale dizer, o atual "reconhecimento do pedido"), ocorrer julgamento "no estado em que se achar o processo" (art. 271 do Código de Pernambuco; semelhante norma havia nos Códigos do Rio Grande do Sul e São Paulo). Vários desses diplomas repetiram basicamente a previsão de eliminação de nulidades *noticiadas pela parte* (SP, RS, DF, MG, PE, BA, ES, RJ e SC). Permanecia afastado o exame *ex officio* de vícios processuais pelo julgador. Já para o Estado do Mato Grosso, em 1928, elaborou-se anteprojeto (jamais convertido em lei) que foi o primeiro a reproduzir o modelo português de "despacho saneador" (com direta e confessa inspiração no Decreto português 12.353, de 1926, e na doutrina de J. A. dos Reis). Ainda outra tentativa frustrada de consagração do "despacho saneador" no direito positivo brasileiro deu-se com o anteprojeto de 1934 (de autoria de Pereira Braga e Filadelfo Azevedo), relativo à Justiça Federal" (TALAMINI, Eduardo. Saneamento do processo. **Revista de Processo**, v. 86, p. 76-111, abr./jun. 1997).

todo o território nacional. Foi neste ambiente[230] que Pedro Batista Martins foi incumbido de elaborar o primeiro Código de Processo Civil brasileiro[231].

Com o Código de Processo Civil brasileiro de 1939, pretendeu-se "superar as mazelas de uma legislação extremamente ligada à tradição lusitana das Ordenações", que desconheciam "os ecos da profunda reforma científica operada na ciência processual e presente na produção de estudiosos italianos e alemães da segunda metade do século passado [XIX] e do início do deste [XX]"[232]. Saliente-se que a superação das Ordenações também foi

---

230. Valiosa a advertência de Carlos Alberto Alvaro de Oliveira sobre o tema: "É possível que a passagem dos Códigos estaduais para o Código de 39, editado em pleno Estado Novo, decora mais das premissas autoritárias do fascismo do que da corrosão do Estado liberal. Mas certamente serviram-lhe como fonte de inspiração a Ordenança Processual austríaca de 1895, o projeto do Código de Processo Civil português elaborado por José Alberto dos Reis, os projetos para o Código de Processo civil italiano e a renovação do processo civil em curso em terras europeias, principalmente a concepção de um juiz forte e ativo, em correspondência ao caráter de direito público do fenômeno processual" (ALVARO DE OLIVEIRA, Carlos Alberto [1942-2013]. **Do formalismo no processo civil**: proposta de um formalismo-valorativo [1997]. 4. ed. São Paulo: Saraiva, 2010, p. 84-85).

231. Em verdade, Pedro Batista Martins fazia parte de uma comissão designada para elaborar o Código, mas que foi dissolvida diante de divergências inconsiliáveis entre os participantes. Alfredo de Araújo Lopes da Costa narra este evento e o seu desfecho da seguinte forma: "Para constituírem a referida comissão foram nomeados os ministros Arthur Ribeiro de Oliveira e João Martins de Carvalho Mourão e o notável advogado Levi Carneiro. Em 1936, cada um dêles havia apresentado a parte do trabalho que lhe havia sido distribuída, achando-se concluído assim o projeto. Três anos passados, o ministro Franscico Campos nomeou, para o mesmo fim, outra comissão composta dos desembargadores Edgar Costa e Álvaro Goulart de Oliveira, da Côrte de Apelação do distrito Federal, e dos advogados Álvaro Mendes Pimentel, Pedro Batista Martins e Múcio Continentino. Logo na primeira reunião se verificou prounda divergência entre êles [...]. Deliberou-se então cada um organizar um projeto, para ser submetido a exame, em cotejo com os demais. O primeiro a concluir a sua tarefa foi Batista Martins. [...] O ministro Francisco Campos mandou então publicar êsse proejto, para que sôbre êle opinassem os competentes [...]. Ao Ministério foram enviadas poucas sugestões, examinadas pelo próprio ministro, auxiliadopelo autor do projeto e pelo juiz Guilherme Estelita, do Distrito Federal (COSTA, Alfredo Araújo Lopes da. [1886-1966]. **Direito processual civil brasileiro** [1957]. v. 1. 2ª ed., Rio de Janeiro: Forense, 1959, p. 28).

232. DINAMARCO, Cândido Rangel. **A reforma do código de processo civil** [1995]. 3. ed. São Paulo: Malheiros, 1996, p. 23.

consolidada em Portugal com a promulgação do Código de Processo Civil português no mesmo ano[233].

O Código, aderente à doutrina do seu tempo[234], proclamava o processo civil como direito público e rechaçava a adoção das soluções romanas antigas como modelo para os problemas então contemporâneos[235]. A visão de mundo

233. O mencionado código foi fruto, além da empresa do eminente jurista José Alberto dos Reis, da assimilação gradual de um conjunto de reformas promovidas no ordenamento jurídico português (MENDES, Armindo Ribeiro. As sucessivas reformas do processo civil português. **Julgar**, n. 16, p. 79-97, 2012, p. 79), da influência dos processualistas italianos típica do período e da necessidade de sistematização de um regulamento jurídico caótico (realizando uma autocrítica, o legislador, no preâmbulo do Código de Processo Civil português de 1961, assinala que "Quem confrontar desapaixonadamente os resultados da reforma do processo com a caótica situação, a que a nova legislação veio pôr termo, há-de forçosamente concluir que o Código de 1939 marca um avanço extraordinário no campo das instituições processuais"). O avanço obtido com o Código de 1939, desde uma perspectiva ampla do processo civil, reside na estruturação do processo em três fases distintas: na primeira fase (introdutória), as partes apresentam as peças em que formulam o seu pedido; na segunda fase (intermediária), há uma audiência preparatória com as partes, destinada à conciliação ou à discussão de exceções (Art. 508 do CPC português de 1939) seguida da prolação do despacho de condensação com a finalidade de preparar o julgamento (que constitui a terceira fase) (MENDES, Armindo Ribeiro. As sucessivas reformas do processo civil português. **Julgar**, n. 16, p. 79-97, 2012, p. 81).

234. Pedro Batista Martins proclamava a modernidade do tempo em apreço a partir do desenvolvimento (multiplicação e aperfeiçoamento) da tecnologia da comunicação ("de tal modo que as distâncias intercontinentais se eliminaram; em que o pensamento se transmite instantaneamente, pelo telégrafo, pelo telefônico e pelas ondas hertzianas") e do consequente aparelhamento do comercio internacional (MARTINS, Pedro Batista (1895-1950). Em defesa do Ante-projeto de código de processo civil. **Revista Forense,** v. 36, n. 78, p. 411–421, abr./jun., 1939).

235. Explicita essa posição, Pedro Batista Martins, ao asseverar que, "Enquanto se contemplam as XII Tábuas, as Novelas ou as institutas, a vida continua; a concepção ao Estado assume formas inteiramente novas; as indústrias desenvolvem-se; as riquezas circulam com crescente intensidade; as classes sociais lutam desesperadamente pelo predomínio ou pelo equilíbrio político e a humanidade, angustiada ante os riscos que se avolumam, procura um refúgio na solidariedade, que se tornou a lei dos povos evoluídos. O direito não é uma região inaccessível a êsses clamores. Acompanhando as transformações que se operam na sociedade, cujos interesses disciplina e ordena, êle se acha tão emancipado do absolutismo que dominava a concepção jurídica dos Romanos como a civilização atual distanciada dos seus costumes. Já não é mais o Direito Romano, nem será, certamente, o subjetivismo jurídico a fonte onde o legislador ou o magistrado moderno deve alimentar as suas convicções. Para escolher o critério que deve orientar a formação e a aplicação do direito, êles têm de volver as vistas para panoramas infinitamente mais largos, para atividades infinitamente mais complexas.

então existente no Brasil propunha que o direito deveria ser repensado a partir das ciências da observação e da experiência[236]. Ficava, clara, portanto, uma visão cientificista do direito processual.

Sob outra perspectiva, o papel desempenhado pelo juiz era ressignificado na visão do processualista da época. Buscando superar um modelo dispositivo de processo, típico do "processo liberal" [237], a reforma legislativa pretendia assegurar ao juiz um maior poder na condução do processo. Deste modo, afirmava categoricamente Pedro Batista Martins que "Ao princípio dispositivo, que é a expressão, no processo, do individualismo liberal, opõe-se hoje o princípio inquisitório, que se afirma como expressão do autoritarismo, que não pode deixar à mercê das iniciativas individuais a realização das finalidades da justiça"[238]. A lógica que amparava a alegação se fundava no argumento de que, se no processo escrito, baseado em uma concepção privatística, era reconhecido ao juiz "o máximo arbítrio, ao confiar-lhe o

---

O indivíduo, que ainda pretende ser o substrato da ordem jurídica, vai perdendo, dia a dia, a sua expressão, à medida que se funde na síntese social. A antítese, hoje, já não se manifesta entre indivíduo e sociedade, mas entre agrupamentos ou classes sociais, que lutam aflitivamente pela conquista do poder. E o legislador que procurar na restauração das noções romanas a solução dêsses problemas, terá estabelecido um divórcio irremediável entre a justiça e a realidade" (MARTINS, Pedro Batista (1895-1950). Em defesa do ante-projeto de código de processo civil. **Revista Forense,** v. 36, n. 78, p. 411–421, abr./jun., 1939).

236. Um ilustrativo relato dessa forma de pensar pode ser obtido nas seguintes palavras de Francisco Campos (então Ministro da Justiça) a respeito da necessidade de uma reforma processual: "O que se exige, em suma, é que o direito se beneficie dos mesmos métodos de apreciação e de estudo, que tornaram possíveis os rápidos progressos da medicina, as transformações dos processos industriais e o melhoramento ou a racionalização de todas as técnicas do trabalho humano. Para isto é necessário que os homens transportem para o domínio jurídico as mesmas perspectivas intelectuais em que se habituaram a situar os demais objetos do conhecimento humano e utilizem quanto ao direito os hábitos com que as ciências da observação e de experiência imprimiram uma nova orientação ao seu espírito" (CAMPOS, Francisco [1891-1968]. A reforma processual. **Revista Forense**, v. 67, 1936, p. 909).

237. Sobre o ponto proclama Luiz Machado Guimaraes que "Deve o legislador processual brasileiro ter bem em mente que está fazendo obra para o Estado Novo, para uma democracia autoritária. A concepção liberal e individualista do processo precisa ser banida. As leis processuais visam mais o interêsse público, o império do direito objetivo do que o interêsse privado das partes litigantes" (GUIMARAES, Luiz Machado [1895-1974]. O processo oral e o processo escrito. **Revista Forense**, v. 35, n. 74, p. 160-167, abr./jun., 1938).

238. MARTINS, Pedro Batista (1895-1950). Em defesa do ante-projeto de código de processo civil. **Revista Forense,** v. 36, n. 78, p. 411–421, abr./jun., 1939.

poder de julgar a lide", não existia razão para temer que ele cumprisse uma tarefa menos importante: dirigir o processo[239].

Diante desse cenário, que de um lado buscava racionalidade às técnicas processuais, mas de outro transportava (em contrabando com a visão do publicismo processual) ideais autoritários, o Código de Processo Civil brasileiro de 1939 veio à luz.

Do ponto de vista ideológico, o Código de Processo civil brasileiro de 1939 sofria diversas críticas. Possivelmente, uma das mais contundentes foi lançada por Moacyr Amaral Santos em artigo publicado em 1959 sob o título "Contra o processo autoritário". Na oportunidade do aniversário de 20 anos do Código, afirmou que ele havia nascido "numa época em que, amesquinhado, o homem se tornara instrumento do Estado, convertido, por sua vez, em instrumento da vontade do chefe do governo, nas mãos de quem se concentravam todos os poderes", que, tendo por desiderato "desmoralizar o regime deposto, qualificado de liberalismo econômico e demagógico, impunha não se reconhecessem quaisquer virtudes em todas as instituições que nele se formaram[240], por maiores que tivessem sido os serviços prestados"[241]. Sinalizava que, "procurou o legislador, na reforma processual, associar o fator científico, mas tudo fazendo, sem qualquer dissimulação, para deste extrair princípios consorciáveis com a orientação autoritária do regime instituído"[242].

---

239. MARTINS, Pedro Batista (1895-1950). Em defesa do ante-projeto de código de processo civil. **Revista Forense,** v. 36, n. 78, p. 411–421, abr./jun., 1939.

240. Sobre a relação entre as posições políticas do Estado e o processo e sobre a superação do direito romano-canônico pelo direito processual de matiz publicística, é ilustrativa a reflexão lançada pelo autor à guisa de conclusão: "sensores, que somos, da concepção publicística do processo, compreendemos a ingerência, dentro de certos limites, das linhas gerais da orientação política do Estado no fenômeno do processo, e não nos proporíamos a secundar aplausos a qualquer tentativa de restauração do velho sistema romano-canônico, conquanto sinceramente deploremos o premeditado esquecimento das suas benemerências na evolução e aperfeiçoamento do direito e da justiça brasileira e nos insurjamos contra as criticas menos respeitosas e menos honestas, que à miude se lhe fazem. Ainda é no velho que o novo processo muito tem que buscar e aprender, para atingir a sua verdadeira finalidade" (SANTOS, Moacyr Amaral [1902-1983]. Contra o processo autoritário. **Revista da Faculdade de Direito da Universidade De São Paulo**, v. 54, n. 2, p. 212-229, a. 1959, p. 228).

241. SANTOS, Moacyr Amaral [1902-1983]. Contra o processo autoritário. **Revista da Faculdade de Direito da Universidade de São Paulo**, v. 54, n. 2, p. 212-229, a. 1959, p. 212.

242. SANTOS, Moacyr Amaral [1902-1983]. Contra o processo autoritário. **Revista da Faculdade de Direito da Universidade de São Paulo**, v. 54, n. 2, p. 212-229, a. 1959, p. 214.

Ainda, para Amaral Santos, o efeito dessa mentalidade do legislador (materializada na exposição de motivos) sobre os princípios regentes do processo fez com que a concepção autoritária (na medida em que a concepção publicística e a concepção autoritária do processo eram tidas por expressões equivalentes no período) substituísse a concepção duelista do processo[243]. Todavia, as tendências autoritárias do legislador (campo político) sofreriam influência decisiva do ambiente científico do processo civil fazendo com que o texto do Código se apresentasse *com fisionomia dificilmente definível* diante da adoção dos princípios típicos do processo inquisitivo[244].

2.3.3. As soluções técnicas da oralidade do Código de Processo Civil de 1939: a concentração do trato da causa, a audiência de instrução e julgamento e a irrecorribilidade das decisões interlocutórias

Adentrando nos aspectos técnicos do Código de Processo Civil brasileiro de 1939, é visível a afirmação de uma adesão teórica[245] à oralidade processual[246]. A adoção da oralidade tinha a intenção de apresentar uma solução para um problema corrente: a demora do processo. Pedro Batista Martins relatava que "A média de duração dos processos contenciosos, tanto em São Paulo como no Distrito Federal ou em Minas, é sempre a mesma: quatro a cinco anos" e afirmava que "a lei, que não se achar aparelhada para

---

243. SANTOS, Moacyr Amaral [1902-1983]. Contra o processo autoritário. **Revista da Faculdade de Direito da Universidade de São Paulo**, v. 54, n. 2, p. 212-229, a. 1959, p. 216.

244. SANTOS, Moacyr Amaral [1902-1983]. Contra o processo autoritário. **Revista da Faculdade de Direito da Universidade de São Paulo**, v. 54, n. 2, p. 212-229, a. 1959, p. 223.

245. Quanto à adesão concreta da oralidade, é oportuna a crítica de Luiz Machado Guimaraes no sentido de que a oralidade corresponde a um sistema composto de diversos princípios interdependentes e coordenados e que o Anteprojeto do Código de 1939 os tratou de forma isolada de modo a conciliá-los artificialmente a um processo predominantemente escrito (GUIMARAES, Luiz Machado [1895-1974]. O processo oral e os seus críticos. **Revista Forense**, v. 36, n. 78, p. 422-433, abr./jun. 1939).

246. Louvando as opções do Código de 1939, relata Bilac Pinto que "Feliz foi o Govêrno optando pelo procedimento oral. Êsse procedimento, que tem como característicos principais a oralidade, a concentração, a atividade do juiz e o seu contacto direto com a prova e a irrecorribilidade das interlocutórias, vem sendo aplicado desde muitos anos na Áustria, Alemanha e em alguns Cantões suíços. Também na Argentina a mais prestigiosa corrente reformista vem realizando ultimamente ativa campanha doutrinária em pról da oralidade" (PINTO, Bilac (1908-1985). Aspectos da reforma processual brasileira. **Revista forense**, v. 35, n. 74, p. 152–159, abr./jun., 1938).

resolver definitivamente as contenções judiciárias no espaço de um ano, não poderá servir de paradigma ao legislador contemporâneo"[247]. Quanto às cidades do interior, relatava-se que o pequeno número de processos existentes sob a responsabilidade de cada juiz submetido a um modelo de processo oral permitiria que os julgamentos fossem feitos em espaço de tempo muito curto[248].

A solução proposta pelo legislador levou em conta, predominantemente, a adoção de duas técnicas processuais voltadas à celeridade processual: a concentração do trato da causa e a irrecorribilidade das interlocutórias.

Com relação à concentração do trato da causa, indicava Pedro Batista Martins que, antes da realização da audiência de instrução (que concentraria a produção da prova, os debates e a prolação da sentença), era necessário (1) que "o objeto da lide" já estivesse "rigorosamente delimitado" por meio da exposição "dos fundamentos de fato e de direito do pedido e da contestação", acompanhado dos respectivos documentos comprobatórios, sob pena de preclusão (ressalvados apenas os casos de força maior) e (2) que fossem expungidos do processo os "vícios originais e integradas as representações"[249], por meio do despacho saneador[250]. Tomadas essas medidas, "só um objetivo

247. MARTINS, Pedro Batista (1895-1950). Em defesa do ante-projeto de código de processo civil. **Revista Forense,** v. 36, n. 78, p. 411–421, abr./jun., 1939.

248. Relata Bilac Pinto, que "os juizes de quasi todas as cidades pouco populosas não trabalham mais de uma ou duas horas por dia" e consequentemente "o serviço forense é muito limitado e êsse reduzido período de trabalho lhes permite atender a todos os deveres do cargo". Refere ainda que "Tais juizes – e constituem seguramente a grande maioria dos juizes brasileiros – poderão, com o largo tempo de que dispõem, preparar magnificamente as suas decisões, no sistema oral. Em quasi todas essas circunscrições o número de causas contenciosas, iniciadas mensalmente, é inferior a cinco e daí a possibilidade de serem todas ultimadas no próprio curso do mês. Tudo isso indica que o interior brasileiro virá a conquistar os melhores records de rapidez nas ações judiciárias e tem realmente todas as condições para tal fim" (PINTO, Bilac (1908-1985). Aspectos da reforma processual brasileira. **Revista forense**, v. 35, n. 74, p. 152–159, abr./jun., 1938).

249. MARTINS, Pedro Batista (1895-1950). Em defesa do ante-projeto de código de processo civil. **Revista Forense,** v. 36, n. 78, p. 411–421, abr./jun. 1939.

250. A origem do despacho saneador é atribuída ao direito processual português. Em Portugal, as Ordenações Filipinas, vigentes de 1603 a 1868, possuíam raízes teóricas e ideológicas no romano justinianeu e no direito canônico decorrente das decretais papais, fazendo com que o processo fosse estruturalmente rígido (quanto às suas fases) e guiado pelo princípio dispositivo (no sentido formal e material) cabendo às partes não só a iniciativa da demanda, como também a sua movimentação e a formação do convencimento do juiz (ALVARO DE OLIVEIRA, Carlos Alberto [1942-2013]. **Do**

terão os advogados na audiência: a prova testemunhal e a discussão do mérito da causa, isto é, da procedência ou improcedência do pedido que tiver sido a razão determinante do processo"[251].

Daí que, embora materializado por meio de escritura, o despacho saneador trazia como efeito nítido a concentração processual. O Código de Processo Civil de 1939[252] dedicou quatro artigos (arts. 293 a 296) para tratar do "Despacho Saneador". A presença do despacho saneador no procedimento exigia que o juiz, após a contestação (ou reconvenção, se fosse o

---

formalismo no processo civil: proposta de um formalismo-valorativo [1997]. 4. ed. São Paulo: Saraiva, 2010, p. 55-56). Essas características fizeram com que, muitas vezes, o processo português fosse muito demorado, em razão da necessidade de que alguns atos sejam considerados nulos e refeitos. Essa morosidade era acentuada quando o reconhecimento da nulidade ocorria somente em grau de recurso. Frente a esses desafios, em 1840, a Procuradoria Régia de Lisboa editou a circular nº 152 prevendo a responsabilização do agente do ministério público que não identificasse a prática de um ato processual nulo e remetesse os autos à superior instância em grau de recurso (SILVA, Flávio Pâncaro da. Prólogo à 2ª edição. *In:* LACERDA, Galeno [1922-2012]. **Despacho saneador** [1953]. 3. ed. Porto Alegre: Fabris, 1990, p. VII-X). Essa Circular, de natureza aparentemente administrativo-funcional, produziu como efeito uma prática processual nova. Temendo a responsabilização, os agentes do Ministério Público passaram a promover audiências para aferir a correção dos atos praticados no processo após a fase postulatória. Estava lançada a ideia de que um ato processual, ao final da fase postulatória poderia antecipar o reconhecimento de defeitos (vícios) processuais, racionalizando o processo. Essa compreensão derivou para o reconhecimento de que, em determinados processos, inicialmente (art. 9º do Decreto nº 3, de 1907) relacionados a procedimentos sumários e só posteriormente (art. 24 do Decreto nº 12.353, de 1926, art. 10 do Decreto nº 18.552, de 1930, e, em especial, art. 102 do Decreto nº 21.287, de 1932) aos processos de procedimento ordinário, o juiz emitisse um "despacho regulador" da causa buscando identificar e corrigir eventuais nulidades que acometessem o processo. Este despacho (ato isolado do juiz), por força dos trabalhos de José Alberto dos Reis, (REIS, José Alberto dos [1875-1955]. **Breve estudo sôbre a reforma do processo civil e comercial** [1927]. 2. ed. Coimbra: Coimbra, 1929), veio a receber o nome de "despacho saneador" quando da elaboração do Código de Processo Civil Português de 1939 (art. 514).

251. MARTINS, Pedro Batista (1895-1950). Em defesa do ante-projeto de código de processo civil. **Revista Forense,** v. 36, n. 78, p. 411–421, abr./jun., 1939.

252. Saliente-se que o despacho saneador não foi uma inovação do Código de 1939. Antes mesmo de o Código ser promulgado, o Decreto-Lei nº 960, de 1938, passou a regular a cobrança judicial dos créditos da Fazenda Pública. Neste Decreto-Lei foi adotada (art. 19) uma forma típica de saneamento, sem que, contudo, fosse dado esse nome ao ato.

caso)[253], optasse por um dos dois caminhos a seguir. Ou (1) o juiz adotava providências decidindo sobre a legitimidade das partes e da sua representação – ordenando, quando fosse o caso, a citação dos litisconsortes necessários e do órgão do Ministério Público; ouvindo o autor e permitindo-lhe que juntasse prova contrária, quando, na contestação, reconhecido o fato em que se fundou, outro se lhe opuser, extintivo do pedido; pronunciando as nulidades insanáveis, ou mandando suprir as sanáveis bem como as irregularidades, e determinando exames, vistorias e quaisquer outras diligências. Ou, não sendo o caso de adotar nenhuma das providências anteriores, no próprio despacho saneador, (2) o juiz designaria a audiência de instrução, ordenando, quando fosse o caso, o comparecimento das partes, das testemunhas e do perito.

Do ponto de vista formal, como o nome sugere, o despacho saneador se constitui em ato único[254], privativo do juiz, tendencialmente produzido para eliminar defeitos processuais (incluindo a avaliação sobre a necessidade de desenvolvimento do contraditório oportunizando réplica à contestação) ou determinar o início da fase instrutória.

No procedimento de 1939, o saneamento era feito antes da réplica[255] (art. 294, II, CPC/1939[256]). Essa opção procedimental permitia que, após

---

253. De acordo com Araken de Assis, "o direito brasileiro se destacou por marcar momento específico para a decisão de saneamento do processo", na medida em que "o impropriamente chamado 'despacho saneador' [...], era decisão 'proferida logo após a fase postulatória, na qual o juiz, examinando a legitimidade da relação processual, nega ou admite a continuação do processo ou da ação, dispondo, se necessário, sobre a correção de vícios sanáveis'" (ASSIS, Araken de. **Processo Civil Brasileiro**. v. II, t. I. São Paulo: Revista dos Tribunais, 2015, p. 905).

254. Ainda que doutrina e jurisprudência aceitassem que o despacho saneador poderia ser proferido de forma implícita, reconhecendo que "o simples despacho do juiz designando a audiência de instrução e julgamento importa em declarar o processo implicitamente saneado des que tal designação faz parte integrante do despacho saneador. Êsse tem sido, também, o entendimento dos nossos tribunais" (MILHOMENS, Jonatas. **Teoria e prática do despacho saneador**. Rio de Janeiro: Forense, 1958, p. 208).

255. Buscando conceituar o instituto relacionando-o em perspectiva procedimental, afirmava Jonatas Milhomens que "despacho saneador é aquela decisão que o juiz profere logo após a contestação, ou reconvenção, se houver; decisão que profere entre a fase postulatória e a de instrução e julgamento" (MILHOMENS, Jonatas. **Teoria e prática do despacho saneador**. Rio de Janeiro: Forense, 1958, p. 33).

256. "Art. 294. No despacho saneador, o juiz: II - mandará ouvir o autor, dentro em três (3) dias, permitindo-lhe que junte prova contrária, quando na contestação, reconhecido o fato em que se fundou, outro se lhe opuser, extintivo do pedido".

expurgados os vícios ou nulidades por meio do saneador, poderia ser integrado o contraditório[257].

Um problema que preocupou os processualistas desse período em análise (desde o Código de Processo Civil de 1939 até, e inclusive, os processualistas do Código de 1973, ao menos até as reformas de 1994) tinha relação com os efeitos que a decisão ("despacho") de saneamento produzia.

Durante a vigência do Código de Processo Civil de 1939, uma vez proferido o despacho saneador o juiz não mais poderia apreciar as questões nele decididas[258] à exceção se fossem apresentados fatos novos (art. 289 do mencionado Código). Essa visão fazia sentido na medida em que o despacho saneador era uma ferramenta voltada para a racionalização do processo, corrigindo (ou extirpando) os vícios do passado, para, a partir daí permitir que o processo se veja livre para atingir o seu desiderato (exame do mérito).

No entanto, já na década de 50 do século passado, Galeno Lacerda[259] chamava a atenção que, em determinadas hipóteses, não era possível considerar como preclusa a matéria para o juiz após a prolação do despacho saneador. Apontava que não teria efeito preclusivo para o juiz da causa quando: tratar de nulidade absoluta ou relativa, exceto se extinguir o processo; julgar presentes as condições da ação e repelir defesa baseada em fato suspensivo indisponível para o réu.

Como reflexo do debate proposto sobre os efeitos do despacho saneador, em 1964, o Supremo Tribunal Federal editou a súmula nº 424 que estabelecia que "Transita em julgado o despacho saneador de que não houve recurso, excluídas as questões deixadas, explícita ou implicitamente, para a sentença". Na súmula, percebe-se nitidamente que, se de um lado é afirmado o *trânsito em julgado* do despacho saneador, de outro, abre uma enorme possibilidade para que o juiz, no caso concreto, deixe para apreciar questões que deveria/

---

257. MARTINS, Pedro Batista [1895-1950]. **Comentários ao código de processo civil**. V. III. Rio de Janeiro: Forense, 1942, p. 390. De tal sorte, fica claro que o juiz primeiro saneava, depois, permitia o contraditório acerca da contestação.

258. Houve quem dissesse que "O despacho saneador, não havendo recurso próprio, faz *coisa julgada*" na medida em que "As questões no despacho saneador decididas, qualquer que seja a natureza delas, constituem *preclusão* que impede ressuscitar a discussão sôbre elas no curso do mesmo processo" (FRANCO SOBRINHO, Manoel de Oliveira [1916-2002]. Reforma de despacho saneador inexistência de recurso especifico oportuno: inadmissibilidade daquela, através de reconsideração – preclusão. **Revista dos Tribunais**, RT 391/33, maio 1968).

259. LACERDA, Galeno [1922-2012]. **Despacho saneador** [1953]. 3. ed. Porto Alegre: Fabris, 1990, p. 158-178.

poderia ter analisado no momento do despacho saneador, mas não o fez (explicita ou implicitamente).

Se a primeira noção de concentração estava situada no trato da causa, a oralidade assumia sua forma mais nítida na audiência de instrução. Era na instrução que era provida a prática de atos formalmente orais, concentrados e, também, permitia a imediação entre o juiz da demanda e os fatos e provas do processo.

O código de 1939 dispunha que a audiência seria, de regra, pública (art. 263) e contínua (art. 270), admitindo-se o seu desdobramento em outra sessão por força maior, caso não seja possível praticar todos os atos em um só dia (hipótese em que seria agendada a continuação para o dia seguinte) ou se o juiz, após a coleta da prova e dos debates não se julgar habilitado a decidir a causa (hipótese em que designará, desde logo, outra audiência, que se realizará dentro de dez (10) dias, a fim de publicar a sentença, nos termos do parágrafo único do art. 272 do mencionado código).

Quanto à solenidade propriamente dita, havia três momentos típicos. Em um primeiro momento, a instrução, era produzida a prova de forma oral. Em havendo prova pericial, iniciava pelo resumo do laudo apresentado pelo perito sendo possível realizar pedido de esclarecimento[260] (art. 267). Após, a apresentação oral do resumo do laudo, os depoimentos ("do autor, do réu e das testemunhas") eram colhidos diretamente pelo juiz[261]. Produzida a prova, o juiz encerrava a instrução e fixava os pontos controvertidos para prosseguir com o segundo momento da audiência: os debates orais (art. 269). No Código de 1939, não havia a possibilidade de os debates orais serem substituídos por

---

260. Na redação original do Código de 1939, havia apenas a possibilidade de o juiz pedir esclarecimentos ao perito (art. 267). Em 1942, o Decreto-Lei nº 4.565/42 alterou a redação do art. 268 do aludido Código e passou a permitir que os assistentes técnicos das partes pudessem falar sobre o laudo após os esclarecimentos pedidos pelo juiz. A redação definitiva do artigo (revogado pelo Código de 1973) veio, por força do Decreto-Lei nº 8.570/46, deixar clara a possibilidade de discussão a respeito do laudo (entre perito e assistentes) não se limitando apenas ao "direito de falar a respeito".

261. A coleta da prova oral pelo juiz era apontada como um avanço significativo à época. Relata Alfredo de Araújo Lopes da Costa, que "No regime das codificações estaduais era comum juízes deixarem de assistir à inquirição, feita pelas partes, somente em presença do escrivão. O juiz só aparecia para deferir o compromisso ao depoente ou, depois disso, quando entre os advogados surgia algum incidente sobre a redação a dar às respostas" (COSTA, Alfredo de Araújo Lopes da [1886-1966]. **Direito processual civil**. V. 2. Rio de Janeiro: José Konfino, 1946, p. 409).

manifestação escrita[262], devendo os mesmos ser realizados imediatamente ao término da instrução. Encerrados os debates o juiz proferia sentença na própria audiência, salvo se, como já se disse, não se julgasse habilitado a decidir a causa. Na hipótese de não decidir imediatamente, deveria ser designada uma nova audiência para que a sentença produzida fosse publicada (art. 271, parágrafo único). Todos os atos realizados da audiência eram ditados pelo juiz e lavrados pelo escrivão (art. 272).

Diante dessa dinâmica procedimental, ainda que não fosse necessária a produção de prova pericial ou oral era obrigatória a realização da audiência. Isso se deve ao fato de que o debate sobre os pontos controvertidos e a publicação da sentença aconteciam no ambiente da audiência[263]. Para Enrico Tullio Liebman, a existência dessa audiência era essencial para a realização da ideia de oralidade no Código de 1939. De forma categórica e radical afirmava o autor que "Suprimir a audiência é o mesmo que suprimir a oralidade, ainda mais no sistema construído pelo legislador brasileiro, em que a única audiência é a de instrução e julgamento, destinada ao conhecimento do mérito"[264].

Percebe-se, portanto, uma preocupação bastante grande com a prática dos atos de forma oral, bem como com a imediação do juiz com os fatos deduzidos no processo. No tocante à imediação existia, ainda, outra regra que, à luz do ordenamento jurídico de hoje, causa estranheza. Isso porque estabelecia o art. 120 do Código de 1939 que "O juiz transferido, promovido ou aposentado concluirá o julgamento dos processos cuja instrução houver iniciado em audiência, salvo si o fundamento da aposentação houver sido

262. Relata Enrico Tullio Liebman, que, embora o Código não permitisse, "a prática adulterou em parte o caráter oral do processo, ao permitir que o verdadeiro debate oral seja muitas vêzes substituído pela apresentação de memoriais escritos". Ressalva, no entanto, que "esse fato, porém, em nada diminui a importância da audiência. Quer sejam os debates amplos ou resumidos ou mesmo reduzidos à simples confirmação dos pedidos formulados por escrito, quer sejam as alegações apresentadas oralmente ou expostas nos memoriais, é sempre na audiência que essas atividades se desenvolvem" (LIEBMAN, Enrico Tullio [1903-1986]. **Estudo sôbre o processo civil brasileiro**. São Paulo: Saraiva, 1947, p. 120-121).

263. Nas palavras e Athos Gusmão Carneiro, "O código de 39 havia intentado, sem êxito, colocar a tônica da oralidade e do contraditório no debate oral realizado em audiência, e, para tanto, tornou a audiência termo essencial do procedimento ordinário" (CARNEIRO, Athos Gusmão [1925-2014]. **Audiência de instrução e julgamento e audiências preliminares** [1978]. 15. ed. Brasília: Gazeta Jurídica, 2014, p. 11).

264. LIEBMAN, Enrico Tullio (1903-1986). **Estudo sôbre o processo civil brasileiro**. São Paulo: Saraiva, 1947, p. 120.

a absoluta incapacidade física ou moral para o exercício do cargo". Esse dispositivo vinculava o juiz que instruiu a causa (leia-se: tomou contato com a produção da prova) de modo quase absoluto. Em que pese o grande número de problemas derivados desse dispositivo na prática, fica evidente a intenção preconizada pelo princípio da oralidade quanto ao tema da imediação[265]. Reforça ainda essa ideia a viabilidade de, em não sendo possível o juiz que conduziu a instrução julgar o feito (na hipótese de morte, por exemplo), o juiz que assumir a incumbência de proferir a sentença poder repetir as provas já oralmente (art. 120, parágrafo único).

Por fim, no que tange à recorribilidade das decisões interlocutórias, o Código de 1939 adotava um sistema que previa o cabimento de três espécies distintas de agravos: de instrumento, de petição, ou no auto do processo (art. 841). Se de um lado, a presença de três espécies de recursos para manejar frente às interlocutórias gerava uma maior complexidade quanto ao cabimento dos mesmos, de outro, o modelo adotado limitava o cabimento do recurso a somente alguns casos. O cabimento do agravo de instrumento estava restrito às hipóteses descritas no art. 842 do Código de 1939[266] e a sua interposição, de regra, não suspendia o processo (art. 843). O agravo

---

265. Para Pedro Batista Martins, "O princípio da imediação supõe, assim, o da identidade da pessoa física do juiz durante todo o curso do processo" (MARTINS, Pedro Batista [1895-1950]. Em defesa do ante-projeto de código de processo civil. **Revista Forense,** v. 36, n. 78, p. 411–421, abr./jun., 1939).

266. Na redação original do Código de 1939, constava: "Art. 842. Além dos casos em que a lei expressamente o permite, dar-se-á agravo de instrumento das decisões; I – que não admitirem a intervenção de terceiro na causa; II – que julgarem a exceção de incompetência; III – que denegarem ou concederem medidas requeridas como preparatórias da ação; IV – que não concederem vista para embargos de terceiro, ou que os julgarem; V – que denegarem ou revogarem o benefício de gratuidade; VI – que ordenarem a prisão; VII – que nomearem, ou destituirem inventariante, tutor, curador, testamenteiro ou liquidante; VIII – que arbitrarem, ou deixarem de arbitrar a remuneração dos liquidantes ou a vintena dos testamenteiros; IX – que denegarem a apelação, inclusive a de terceiro prejudicado, a julgarem deserta, ou a relevarem da deserção; X – que decidirem a respeito de êrro de conta; XI – que concederem, ou não, a adjudicação ou a remissão de bens; XII – que anularem a arrematação, adjudicação ou remissão cujos efeitos legais já se tenham produzido; XIII – que admitirem, ou não, o concurso de credores, ou ordenarem a inclusão ou exclusão de créditos; XIV – que julgarem, ou não, prestadas as contas; XV – que julgarem os processos de que tratam os títulos XV a XXII do livro V, ou os respectivos incidentes, ressalvadas as exceções expressas; XVI – que negarem alimentos provisionais; XVII – que, sem caução idônea, ou independentemente de sentença anterior, autorizarem a entrega de dinheiro ou quaisquer outros bens, ou a alienação, hipoteca, permuta, sub-rogação ou arrendamento de bens.

de petição[267] era o recurso manejado contra as decisões terminativas do processo ("decisões que impliquem a terminação do processo principal, sem lhe resolverem o mérito"), sendo processado nos próprios autos (art. 846)[268]. Por fim, o agravo no auto do processo[269] era cabível contra as decisões que julgassem improcedentes as exceções de litispendência e coisa julgada; que não admitissem a prova requerida ou cerceassem, de qualquer forma, a defesa do interessado; que concedessem, na pendência da lide, medidas preventivas; que considerassem, ou não, saneado o processo (art. 851), sendo apreciado como preliminar, no julgamento da apelação (art. 852).

Assim, vislumbra-se que a irrecorribilidade era tida por regra, sendo possível o manejo de agravo (em especial, do agravo de instrumento se considerarmos a noção de decisão interlocutória existente hoje em dia) somente em situações especiais e, ainda sim, sem suspender (de regra) a tramitação do feito. Nas palavras de Pedro Martins Batista, a expectativa era a de que, com este modelo de processo "a irrecorribilidade dos despachos interlocutórios assegurará ao processo marcha tão regular que a decisão final poderá sobrevir em tempo igual ou inferior ao que se consome atualmente para o julgamento dos recursos dêles interpostos"[270].

Embora a oralidade fosse reconhecida como elemento importante do processo[271], a superação desse paradigma decorreu da ineficiência do

---

267. Sobre essa modalidade recursal, recomenda-se a leitura de: BUZAID, Alfredo [1914-1981]. **Do agravo de petição no sistema do código de processo civil**. 2ª ed., São Paulo: Saraiva, 1956.

268. Note-se que pelas regras processuais vigentes, a decisão seria apelável por se tratar de sentença e não interlocutória.

269. Sobre essa modalidade recursal, recomenda-se a leitura de: LIEBMAN, Enrico Tullio [1903-1986]. Agravo no auto do processo e apelação da parte contrária. *In:* LIEBMAN, Enrico Tullio. **Estudos sobre o processo civil brasileiro**. São Paulo: Saraiva, 1947.

270. MARTINS, Pedro Batista (1895-1950). Em defesa do Ante-projeto de código de processo civil. **Revista Forense,** v. 36, n. 78, p. 411–421, abr./jun., 1939.

271. Do ponto de vista conceitual, ao menos no Brasil, foi retomada a questão a respeito da natureza jurídica da oralidade. Em que pese existência de posições dissonantes acerca da natureza principiológica da oralidade, a doutrina em geral, quer em face da consagração do termo, que em razão da afirmação da sua natureza normativa, permaneceu atribuindo à oralidade processual a condição de princípio. Assim, por exemplo, Julio Cesar Goulart Lanes reconhece a predominância doutrinária acerca da indicação da oralidade como sendo um princípio embora compartilhe do entendimento de que a oralidade é uma regra técnica (LANES, Júlio Cesar Goulart. **Audiências**: conciliação, saneamento, prova e julgamento. Rio de Janeiro: Forense, 2009, p. 52-53). De outro lado, Mauro Cappelletti sempre tratou o tema da oralidade no contexto dos princípios jurídicos. Ilustrativa a esse respeito é a passagem da Conferência proferida em 1991,

instituto, nos moldes propostos pelo Código de 1939, em face dos seus propósitos originais e da consequente morosidade do processo. Relatava-se que nas grandes cidades (em razão do acentuado êxodo rural que a sociedade experimentava) as audiências estavam sendo marcadas para vários meses (ou até mesmo ano) adiante, mesmo sem que fossem identificadas provas a serem colhidas. Esse problema era ainda mais evidente nas causas que envolviam a Fazenda Pública, cujo objeto era tipicamente limitado a *questões de direito*. Além disso, foram apontadas como causas para o insucesso da implementação da oralidade no Brasil: a extensão territorial, o sistema de promoção dos juízes entre entrâncias, o *surto* do progresso industrial brasileiro e o aumento da densidade populacional[272].

Em razão desses fenômenos, e em face da ineficiência dos debates orais[273], emergiu uma grande pressão dos advogados e dos juízes para que fosse suprimida do procedimento a necessidade de realização de audiência antes de o juiz conhecer do mérito da causa[274].

---

em Curitiba: "Concluindo sobre o princípio da oralidade, cumpre certamente deixar registrado que ele não é a panaceia. Um processo em que, p. ex., faltassem às partes e ao juiz determinadas garantias fundamentais, seria talvez mais perigoso como processo oral que como processo escrito. Não por acaso o princípio da oralidade se afirmou justamente com a finalidade de proteger o *innocent litigator* do 'juiz iníquo'" (CAPPELLETTI, Mauro [1927-2004]. Problemas de reforma do processo civil nas sociedades contemporâneas. Trad. José Carlos Barbosa Moreira. **Revista de Processo**, v. 65, p. 127-143, jan./mar. 1992). Como se observa, ainda na década de 90 do século XX, Mauro Cappelletti atribuía à oralidade a condição de princípio e, em nosso sentir, também atribuía a condição de modelo do processo (cujo modelo antagônico era o processo escrito). No entanto, ao que parece, não se cogita a partir de Mauro Cappelletti a relação da oralidade com a figura da *regra técnica*.

272. LANES, Júlio Cesar Goulart. **Audiências**: conciliação, saneamento, prova e julgamento. Rio de Janeiro: Forense, 2009, p. 35.

273. Na década de 70 do século passado, Mauro Cappelletti, levando em consideração a prática jurídica italiana, relatava que "el 'debate oral' prácticamente no incluye la asunción de las pruebas, sino que se limita a las '*plaidoiries*' de los abogados, las cuales tienen lugar con la instructória ya sustancialmente cerrada. En Italia, en verdad, la práctica inutilidad de tal sustanciación final oral es sancionada por su frecuentísimo abandono; los abogados, las más de las veces, se limitan a referirse a sus anteriores escritos" (CAPPELLETTI, Mauro [1927-2004]. Proceso oral y escrito [*Procédure écrite et procédure orale* – 1970]. *In:* CAPPELLETTI, Mauro. **La oralidad y las pruebas en el proceso civil**. Trad. Santiago Sentís Melendo. Buenos Aires: EJEA, 1972, p. 21).

274. Nas palavras de Celso Agrícola Barbi, "Por todos êsses motivos, parece-nos que o assunto merece ser reexaminado pelos juízes e doutrinadores, com objetivo de conciliar os interêsses da prática processual com a sistemática do nosso Código. E, nessa orientação, pensamos que não existe nenhum impedimento legal para que seja

Foi neste ambiente cultural que, sem ter sido adotada de forma plena a ideia de oralidade na perspectiva de Giuseppe Chiovenda[275], formaram-se as condições para que a lei e a própria noção de oralidade necessitasse ser submetida a uma transformação.

julgado o mérito por ocasião do despacho saneador, quando a questão seja apenas de interpretação de leis, ou quando, por não haver necessidade de outras provas, a decisão deva enfrentar apenas a questão da aplicação da norma aos fatos já provados" (BARBI, Celso Agrícola. Despacho saneador e julgamento do mérito. **Revista dos Tribunais**, 391, 9 maio 1968).

275. Neste sentido, por exemplo: CARNEIRO, Athos Gusmão [1925-2014]. **Audiência de instrução e julgamento e audiências preliminares** [1978]. 15. ed. Brasília: Gazeta Jurídica, 2014, p. 3.

Capítulo 3

A TRANSFORMAÇÃO DO PROCESSO ORAL

O presente capítulo tem por objetivo, como o nome sugere, apresentar a transformação do processo oral. No entanto, antes de desenvolver este objetivo, é relevante tecer uma advertência prévia para somente após explicitar algumas questões metodológicas do capítulo.

A advertência reside na explicitação do que se trata a mencionada transformação. Partindo do pressuposto de que o direito e o processo são fenômenos culturais e de que a alteração do contexto cultural reflete na conformação do direito, o presente capítulo toma como ponto de partida o modelo de oralidade construída por Giuseppe Chiovenda e avança no sentido não de abandoná-la, mas de transformá-la, adaptando-a à realidade histórico-social do período em exame. Opta-se também pela expressão "transformação", pois o modelo de oralidade elaborado no período não apresenta ruptura com as linhas mestras da oralidade moderna, promovendo apenas alguns ajustes à nova realidade.

Feita esta advertência, passam-se a apresentar os aspectos metodológicos do capítulo. O capítulo está estruturado em três partes (tópicos).

A primeira parte cuida de apresentar o contexto geral em que a transformação da oralidade foi produzida. Para uma adequada compreensão do fenômeno analisado, parte-se do ambiente descrito no item 2.1 do presente livro para entender as modificações sociais que não fizeram parte do contexto cultural de Giuseppe Chiovenda. No período em análise, procura-se compreender, sem pretensão de aprofundamento teórico, o impacto da afirmação dos direitos sociais, a massificação das relações sociais e a proteção dos respectivos direitos no Estado democrático.

A segunda parte do capítulo tem por objetivo compreender como Mauro Cappelletti foi influenciado pelos fatores sociais e culturais da sua época e de que forma isso impactou sua concepção de processo. A opção por ter Mauro

Cappelletti como guia na construção histórica e cultural[1] da transformação do processo oral tem um duplo motivo. O primeiro motivo decorre do fato de que o autor é discípulo indireto da escola de pensamento de Giuseppe Chiovenda (Mauro Cappelletti foi discípulo de Piero Calamandrei, que, por sua vez, foi influenciado por Giuseppe Chiovenda). Essa proximidade difusa permite que o tema seja atualizado sem que haja uma ruptura drástica (como poderia ocorrer se fosse buscado um referencial teórico que apresentasse uma visão de confronto com a ideia de oralidade), valorizando a noção de transformação. O segundo motivo reside na influência exercida por Mauro Cappelletti na doutrina nacional, em face da grande circulação de suas ideias e do próprio autor no cenário internacional do processo civil. Neste ponto, será possível perceber os efeitos que o estudo do direito comparado processual trouxe para o tema da oralidade e como o autor transformou os elementos típicos da oralidade moderna.

Por fim, a terceira parte do capítulo irá investigar como e se o modelo de oralidade proposto por Mauro Cappelletti impactou no ordenamento jurídico brasileiro e quais foram os resultados da sua aplicação. Neste ponto será estudado o Código de Processo Civil brasileiro de 1973, as subsequentes reformas processuais (em especial as de 1994 e de 2002) e a origem e desenvolvimento dos juizados especiais cíveis, sempre procurando, quando adequado, contextualizar a aludida lei com sua formação histórica interna e, sem a pretensão de realizar um estudo de direito comparado, ilustrando alguns desenvolvimentos normativos em outros países.

3.1. CONTEXTO CULTURAL DA TRANSFORMAÇÃO DO PROCESSO ORAL

O processo oral idealizado a partir do modelo de Giuseppe Chiovenda estava conformado com um contexto social que, em grande medida, foi sendo modificado ao longo dos séculos XIX e XX. Se a origem da oralidade moderna se situa na construção de uma dinâmica social que buscava afirmar os direitos de liberdade e, assim, afastar-se de um modelo de Estado pautado pela concentração e abuso dos poderes, é possível afirmar que a transforma-

1. A opção por um recorte a partir dos traços culturais do processo busca alinhamento, neste aspecto, dentre outros, com Ovídio Baptista da Silva, cujo relato revela que "Sabemos, embora nem todos tenham a disposição de confessá-lo, que o direito é uma ciência da cultura, que labora com verdades contingentes, situando-se muito distante da matemática e muito próximo das ciências históricas; que o Direito, afinal, é uma ciência da compreensão, não uma ciência explicativa" (BAPTISTA DA SILVA, Ovídio [1929-2009]. **Processo e ideologia**. Forense: Rio de Janeiro, 2004, p. 28).

ção do processo oral encontra correspondência com a necessidade de que outros direitos fundamentais sejam alcançados aos integrantes da sociedade.

No presente tópico, será apresentado o ambiente cultural que circundava o autor que transformou a ideia de processo oral construída por Giuseppe Chiovenda: Mauro Cappelletti. Como se verá adiante, as principais distinções entre os pensamentos dos mencionados juristas residem mais na visão de mundo em que estão inseridos do que em alguma perspectiva de escola ou família jurídica. Mauro Cappelletti, nascido em 1927 e falecido em 2004, constrói seu pensamento ancorado em uma compreensão de que o direito está a serviço de um Estado social de direito. Diante desse fator, antes de enfrentar a oralidade desde a perspectiva de Mauro Cappelletti, partindo do pressuposto de que o direito processual se trata de um fenômeno cultural, passa-se a investigar, em linhas gerais, quais as circunstâncias que influenciaram na transformação do processo oral.

3.1.1. Breves considerações acerca do "estado social" e busca pela afirmação dos direitos de cunho social

De tal sorte, é possível dizer que, de uma forma geral, se o Estado de direito moderno tem sua origem na afirmação da liberdade individual e desenvolvimento na concretização de medidas direcionadas a garantir uma igualdade substancial entre os seus cidadãos, bebendo da fonte do racionalismo e individualismo construído, em especial no século XVIII, para apresentar sua formulação típica no século XIX; a busca de um modelo de tipo ideal do Estado social de direito tem sua origem, na Europa, em especial, na metade do século XIX[2].

2. Paulo Bonavides identifica a influência desses valores sociais no Brasil, sentidos na Constituição de 1934, na medida em que foi consagrada uma nova corrente de princípios que representavam "um pensamento diferente em matéria de direitos fundamentais da pessoa humana, a saber, faziam ressaltar o aspecto social, sem dúvida grandemente descurado pelas constituições precedentes. O social aí assinalava a presença e a influência do modelo de Weimar numa variação substancial de orientação e de rumos para o constitucionalismo brasileiro" (BONAVIDES, Paulo. **Curso de direito constitucional** [1982]. 13. ed. São Paulo: Malheiros, 2003, p. 366). Em mesmo sentido e correlacionando este aspecto com a realidade do processo civil, Rafael Sirangelo Abreu afirma que "O século XIX e o início do século XX passaram para a história como o período marcado pelo progressivo declínio da ideologia liberal (no campo político e econômico) e pela gradual ascensão das ideologias preocupadas com o campo social. Essa transformação, que do ponto de vista histórico marca a construção de um perfil socializante do Estado, também pode ser vista no processo civil, pela análise da mudança de postura frente ao problema da distribuição do trabalho

Com o desenvolvimento da sociedade industrializada[3], houve uma concentração de riqueza em alguns agentes sociais e em contrapartida o empobrecimento extremo de parcela significativa da população. Esse desequilíbrio de condições fez com que a ideia de uma liberdade individual como ponto de partida e, ao mesmo tempo, fim desejado pelo Estado não apresentasse uma resposta aceitável para a sociedade daquele contexto histórico. O "contrato social" idealizado na filosofia liberal havia sido rompido[4]. Não bastava mais que o Estado assegurasse a liberdade individual, era necessário que o Estado concretizasse a igualdade substancial entre os cidadãos[5].

---

entre o juiz e as partes" (ABREU, Rafael Sirangelo Belmonte de. Vertentes culturais do processo civil na passagem do século XIX ao século XX: as vertentes francesa e austríaca como marcos da passagem do estado liberal ao estado social e a atualidade de sua discussão. **Revista de Processo**, v. 229, mar. 2014, p. 89-119).

3. Importante referir que estes processos de transformação social não ocorrem de maneira abrupta a partir de um fato isolado, mas de uma densificação de acontecimentos que se apresentam ao longo de um expressivo lapso temporal e, por vezes, dentro de um grande espaço geográfico. Neste sentido, por exemplo, adverte Peter Burke que "os historiadores têm alimentado cada vez mais dúvidas sobre a existência de uma 'revolução científica' no século XVII ou de uma 'revolução industrial' na segunda metade do século XVIII. Em ambos os casos, a mudança tem sido entendida cada vez mais como um processo de médio prazo e não tanto como um acontecimento súbito" (BURKE, Peter. **Uma história social do conhecimento:** da enciclopédia à Wikipedia [*A social history of knowledge II: from the encyclopaedia to Wikipedia* – 2012]. V. II. Trad. Denise Bottmann. Rio de Janeiro: Zahar, 2012, p. 261 *et seq.*).

4. Mauro Cappelletti afirmava que "Aquellos derechos fundamentales – como la libertad de pensamiento, de expresión, de religión y de asociación, la libertad de movimiento, de comercio y en general, de iniciativa económica – eran considerados por los liberales del siglo pasado como la suprema garantía para todos los ciudadanos de poder participar en la vida política y económica de la comunidad. La nueva ideología considera en cambio, aquellos mismos derechos nada más que una fachada engañosa. Detrás de esta fachada la minoría denominante, que detenta el monopolio del poder económico, quería esconder el hecho de que, en realidad, ella solamente tiene fácil acceso a aquellos instrumentos que, como la educación la marcan y otros medios de presión, que son necesarios para hacer efectivos y no meramente ilusorios, aquellos derechos y aquella libertad" (CAPPELLETTI, Mauro. Apuntes para una fenomenología de la justicia en el siglo XX. **Revista de Processo**, v. 71, p. 84-120, jul./set. 1993).

5. Tratando do tema da igualdade, Cármen Lúcia indica que, em vez de uma igualdade meramente formal, "O que se quer é a igualdade jurídica que embase a realização de todas as desigualdades humanas e as faça suprimento ético de valores poéticos que o homem possa desenvolver. As desigualdades naturais são saudáveis, como são doentes aquelas sociais e econômicas, que não deixam alternativas de caminhos singulares a cada ser humano único" (ROCHA, Cármen Lúcia Antunes. **Princípio constitucional da igualdade**. Belo Horizonte: Jurídicos Lê, 1990, p. 118). Para uma visão mais apro-

É neste contexto que se apresenta a necessidade de formação de um ideal de Estado social de direito. Segundo Jaime Rodríguez-Arana Muños, "El Estado social, pues, tiene como objetivo y finalidad remediar la desigualdad material[6] de los ciudadanos de forma efectiva, removiendo los obstáculos que lo impidan" garantindo a efetividade mínima "de libertad e igualdad de los ciudadanos para desarrollarse libre y solidariamente en el ejercicio de sus libertades y derechos fundamentales"[7]. Tratando do tema desde uma perspectiva brasileira, Marcelo Schenk Duque afirma que, "em uma concepção básica, o Estado social significa um alinhamento para a humanidade, pela destruição da pobreza e dos privilégios culturais, por meio da eficiência", devendo a palavra social ser associada, em essência, "à distribuição de bens ou à produção de igualdade fática"[8].

---

fundada acerca da igualdade, recomenda-se: ÁVILA, Humberto. **Teoria da igualdade tributária** (2008). 3ª ed., São Paulo: Malheiros, 2015.

6. Referindo o Estado social como um avanço em relação ao Estado liberal clássico, Mauro Cappelletti afirma que "La concepción emergida de este importante avance histórico, el cual es común, con diferencias únicamente de grado, a todos los modernos estados democráticos del mundo occidental, es que el viejo ideal de la revolución burguesa, égalité, debe transformarse de una instancia en una igualdad real (v. p.e. expresamente en este sentido, el art. 3, inc. 2.º de la Constitución italiana). En otras palabras, la igualdad debe dejar de ser simplemente y estáticamente, 'un asunto jurídico' el igual status jurídico de todos los ciudadanos para transformar una finalidad económica social que debe promoverse y perseguirse constantemente: 'la igualdad deja de ser punto de partida del derecho, deviene del ordenamiento jurídico' (v. Radbruch, 1969, p. 218; Bobbio, 1969, pp. 189, 206). Y es precisamente la búsqueda de esa finalidad, lo que se han impuesto derechos sociales de libertad, cuya actuación implica una constante intervención del Estado. [...] Pero una vez aclarado que aún en ausencia de obstáculos jurídicos, otros obstáculos de carácter socioeconómico podían de hecho y no con menos potencia que los primeros, quitar barreras al acceso a la libertad y a la igualdad, un nuevo compromiso del Estado se demostró necesario: el compromiso de prevenir, por lo menos, atenuar las causas de la formación de privilegios en injusticias. Una intervención activa promocional del Estado ha sido requerida para garantizar un mínimo de seguridad social: alojamiento decente, educación y asistencia sanitaria. En resumen, las nuevas 'libertades' para el hombre, la necesidad, la ignorancia, la explotación, la desocupación y en general, por 'el miedo económico'. Es precisamente este adelanto el que marcó el nacimiento del moderno 'Estado social' o *welfare state*" (CAPPELLETTI, Mauro. Apuntes para una fenomenologia de la justicia en el siglo XX. **Revista de Processo**, v. 71, p. 84-120, jul./set. 1993).

7. RODRÍGUEZ-ARANA MUÑOS, Jaime. Dimensiones del estado social y derechos fundamentales sociales. **Revista de investigações constitucionais**, v. 2, n. 2, maio/ago. 2015, p. 42.

8. DUQUE, Marcelo Schenk. **Curso de direitos fundamentais:** teoria e prática. São Paulo: Revista dos Tribunais, 2014, p. 91.

Importante referir que a construção do Estado social não significa a adoção de um Estado socialista (embora seja inegável a influência ideológica exercida), na medida em que "conserva sua adesão à ordem capitalista, princípio cardeal a que não renuncia"[9]. Além disso, merece ser destacado que, evidentemente, esse Estado social não se constrói de forma imediata. Pelo contrário, vai sendo amalgamado ao longo do tempo e diante de ajustes de interesses contrapostos na sociedade.

De tal modo, diversos grupos de interesse foram se formando com a intenção de reivindicar melhores condições de vida. Um dos principais pontos, e o primeiro, de reivindicação de direitos sociais se deu no âmbito das relações de trabalho. De um lado, havia "os atores capitalistas privados que defendiam uma compreensão puramente individual da liberdade de contrato, segundo a qual estão sob completo arbítrio do proprietário do estabelecimento de produção as condições sob as quais se contrata a mão de obra", de outro, os trabalhadores industriais defendiam "a convicção de que o sistema dessas liberdades contratuais tornava normativamente necessário garantir os requisitos sociais que tornam possível sua realização"[10]. Importante ressaltar, do ponto de vista filosófico-ideológico, o desenvolvimento, neste período, da compreensão marxista da sociedade[11]. Desde uma compreensão marxista, tinha-se que, "no capitalismo, os trabalhadores são forçados a vender seu trabalho - que Marx vê como a essência da existência humana - aos capitalistas, que usam esse trabalho para acumular mais capital, que aumenta ainda mais o poder dos capitalistas sobre os trabalhadores"[12]. Não obstante a isso, é possível afirmar que, em geral, os interesses dos trabalhadores eram manifestados por meio de uma "radical socialização da liberdade contratual pressuposta pelo mercado de trabalho capitalista ao querer agregar-lhe as condições sociais do trabalho, da proteção e da adequada valorização das

---

9. BONAVIDES, Paulo. **Do estado liberal ao estado social** [1958]. 8. ed. São Paulo: Malheiros, 2007, p. 184. Como exemplo da adoção de um modelo de Estado social simultânea à ordem capitalista, Paulo Bonavides refere que "A Alemanha nazista, a Itália fascista, a Espanha franquista, o Portugal salazarista foram 'estados sociais'. Da mesma forma, Estado social foi a Inglaterra de Churchill e Attlee; os Estados Unidos, em parte, desde Roosevelt; a França, com a Quarta República, principalmente; e o Brasil, desde a Revolução de 1930" (BONAVIDES, Paulo. **Do estado liberal ao estado social** [1958]. 8. ed. São Paulo: Malheiros, 2007, p. 184).

10. HONNETH, Axel. **O direito da liberdade** [*Das Recht der Freiheit* - 2011]. Trad. Saulo Krieger. São Paulo: Martins Fontes, 2015, p. 433.

11. Para que se compreenda esse momento histórico-cultural, basta referir que Marx, juntamente com Engels, publicou o "Manifesto do Partido Comunista" em 1848.

12. SINGER, Peter. **Marx** [1980]. Trad. Paula Mattos. São Paulo: Edições Loyola, 2003, p. 69.

capacidades de trabalho humano"[13]. Com a organização e o aumento da pressão desses movimentos operários foi possível promover a sensibilização tanto "sobre a opinião pública que então se formava como sobre grupos de parlamentares"[14]. A partir desse novo cenário, começam a serem produzidas leis que assegurem uma maior proteção do trabalhador (como, por exemplo, a delimitação de horário de descanso), impondo restrições à liberdade contratual e a criação de mecanismos de sistemas de seguridade social (como é exemplo a *National Insurance Act* de 1911, na Inglaterra)[15]. Levando em consideração o cenário político internacional, esse movimento ideológico, valendo-se do contexto de desestruturação promovida pela Primeira Guerra Mundial, serviu de base para a queda do Império Russo em 1917 e a formação da União Soviética em 1922.

Em paralelo com a crescente insatisfação dos grupos sociais menos privilegiados na sociedade, o meio de representatividade democrática, por meio do sufrágio, passou a ser questionado. Este cenário impõe a superação da primeira fase do constitucionalismo liberal, na medida em que, "da liberdade do Homem perante o Estado, a saber, da idade do liberalismo, avança-se para a idéia mais democrática da participação total e indiscriminada desse mesmo Homem na formação da vontade estatal"[16]. O desdobramento natural dessa expansão do poder político pela sociedade faz com que a ferramenta do seu exercício, o voto, seja cada vez mais universal. Nesta direção aponta Paulo Bonavides: "Do princípio liberal chega-se ao princípio democrático. Do governo de uma classe, ao governo de todas as classes. E essa ideia se agita, sobretudo, com o invencível ímpeto, rumo ao sufrágio universal"[17].

Como decorrência desse processo, os valores sociais foram sendo incorporados, além das legislações, pelas Constituições promulgadas no

13. HONNETH, Axel. **O direito da liberdade** [*Das Recht der Freiheit* - 2011]. Trad. Saulo Krieger. São Paulo: Martins Fontes, 2015, p. 434.

14. HONNETH, Axel. **O direito da liberdade** [*Das Recht der Freiheit* - 2011]. Trad. Saulo Krieger. São Paulo: Martins Fontes, 2015, p. 434-435.

15. RODRÍGUEZ-ARANA MUÑOS, Jaime. Dimensiones del estado social y derechos fundamentales sociales. **Revista de investigações constitucionais**, v. 2, n. 2, maio/ago. 2015, p. 33-34.

16. BONAVIDES, Paulo. **Do estado liberal ao estado social** [1958]. 8. ed. São Paulo: Malheiros, 2007, p. 43.

17. BONAVIDES, Paulo. **Do estado liberal ao estado social** [1958]. 8. ed. São Paulo: Malheiros, 2007, p. 43.

período[18], cujos principais exemplos são a Constituição Mexicana de 1917 e a Constituição de Weimar de 1919[19].

Com o final da Primeira Guerra Mundial e a crise econômica de 1929, acelerou-se a necessidade de que o Estado abandonasse uma conduta passiva e assumisse uma atuação ativa para a concretização de direitos sociais. Isso se deve ao fato de que, de um lado o setor privado não estava em condições de ser "la locomotora del desarrollo económico y, por otra, las tímidas pero claras iniciativas normativas en diferentes países de Europa de cuño y signo social iban produciendo, con luces y sombras, sus frutos"[20].

Há uma mudança significativa a respeito das funções desempenhadas pelo Estado: se antes o Estado liberal estava preocupado com a manutenção dos direitos e garantias existentes (condições pré-políticas de existência, tais como, a vida, a liberdade, imunidade perante o poder), o Estado social assume a responsabilidade de promover direitos de cunho social (como, por exemplo, os direitos à subsistência, saúde, educação, trabalho, moradia) aos cidadãos[21]. A própria noção de liberdade recebe reconstrução. Deixa de ser compreendida como um direito passivo e passa a ser, nas palavras de Mauro Cappelletti, "effettiva e accessibile a tutti attraverso l'affermazione dei nuovi diritti sociali", atribuindo-se ao Estado e ao direito a função de "promotori

---

18. Importante referir que, por mais que Giuseppe Chiovenda fosse vivo durante esse período, a elaboração do seu pensamento sobre o tema (bem como a formação do seu pensamento jurídico em geral) representa um modelo liberal de processo civil. Embora tenha proposto o projeto de Código italiano, em 1919, a construção do seu pensamento não se deu na mesma data, mas na assimilação (crítica, evidentemente) da tradição jurídica existente na sua formação (ocorrida no final do século XIX e primeira década do século XX). Sujeito do seu tempo, Giuseppe Chiovenda não teve a oportunidade de ser influenciado, tanto quanto seu discípulo Piero Calamandrei, pela compreensão de direito processual inspirado por valores constitucionais.

19. Sobre o tema, Mauro Cappelletti apontava que "Los primeros importantes intentos de orientarse en esta dirección fueron los de la Constitución de Weimar en 1919, y antes, la Constitución Mexicana surgida en 1917 de la revolución de los campesinos. Entre ambos documentos se encuentra el intento de 'conseguir' a los derechos individuales tradicionales los nuevos 'derechos sociales' de libertad, más que todo abolidos los primeros en el intento tal vez vano, de glorificar mejor a los segundos (CAPPELLETTI, Mauro. Apuntes para una fenomenologia de la justicia en el siglo XX. **Revista de Processo**, v. 71, p. 84-120, jul.-set. 1993).

20. RODRÍGUEZ-ARANA MUÑOS, Jaime. Dimensiones del estado social y derechos fundamentales sociales. **Revista de investigações constitucionais**, v. 2, n. 2, maio/ago. 2015, p. 35.

21. CADERMATORI, Sérgio. **Estado de direito e legitimidade**: uma abordagem garantista [2006]. 2. ed. Campinas: Millennium, 2007, p. 210.

di eguaglianza, e quindi di uguale accessibilità della libertà" de modo a "eliminare quegli ostacoli economici, sociali, culturali che di fatto limitano la libertà dell'individuo, dei gruppi, delle classi social"[22].

Embora a atuação do Estado já se mostrasse mais afirmativa frente aos interesses dos seus cidadãos, parcela importante dos direitos a serem consagrados ainda era negligenciada. Foi somente após a Segunda Guerra Mundial que a sociedade ocidental passou a dedicar mais atenção a fenômenos sociais que, embora existissem anteriormente, não eram objeto de proteção efetiva[23]. Uma releitura dos direitos fundamentais e mesmo dos direitos humanos (aliada a um processo de constitucionalização do direito[24]), a partir dos eventos vivenciados na guerra, passou a demandar uma

---

22. CAPPELLETTI, Mauro [1927-2004]. La politica del diritto di Calamandrei: coerenza e attualità di un magistero. **Revista de Processo**, v. 70, p. 299-309, abr.-jun. 1993.
23. Nas palavras de Mauro Cappelletti, "Esta tendencia evolutiva se amplió y ha adquirido vigencia en la última posguerra. Ella se releja en documentos como la constitución de la cuarta República en Francia (1946), la constitución de la República italiana (en vigencia desde 1948) y la Constitución de Bonn (en vigencia desde 1949). Algunas frases del prólogo de la Constitución francesa de 1946 son particularmente iluminadas. Después de haber 'reafirmado solemnemente los derechos y las libertades del hombre y del ciudadano consagradas por la declaración de los derechos de 1789', del prólogo continua diciendo que: 'Por demás el pueblo proclama los siguientes principios sociales, económicos y políticos, como particularmente necesarios en nuestro tiempo', o sea, entre otros 'el derecho de obtener trabajo', 'el derecho garantizado a todos y, especialmente, a las madres, a los niños y a los trabajadores ancianos, a la protección de la salud, a la seguridad material, al reposo y a la distracción', así como el derecho de 'igual acceso' de todos los ciudadanos 'a la educación, a la capacitación profesional y a la cultura'" (CAPPELLETTI, Mauro [1927-2004]. Apuntes para una fenomenologia de la justicia en el siglo XX. **Revista de Processo**, v. 71, p. 84-120, jul.-set. 1993).
24. O processo de constitucionalização pode ser compreendido a partir de uma perspectiva meramente instrumental (ou formal) ou a partir de uma perspectiva sistêmica (ou substancial). A primeira materializa-se pela presença de um texto constitucional. A segunda pela atuação dos preceitos constitucionais de forma transversal em todo o ordenamento jurídico. Para Riccardo Guastini, a dimensão da constitucionalização do direito que se mostra relevante decorre da segunda perspectiva. Em suas palavras, "por 'constitucionalización del ordenamiento jurídico' propongo entender un proceso de transformación de un ordenamiento, al término del cual, el ordenamiento en cuestión resulta totalmente 'impregnado' por las normas constitucionales. Un ordenamiento jurídico constitucionalizado se caracteriza por una Constitución extremadamente invasora, entrometida, i capaz de condicionar tanto la legislación como la jurisprudencia y el estilo doctrinal, la acción de los actores políticos así como las relaciones sociales" (GUASTINI, Riccardo. La "constitucionalización" del ordenamiento jurídico: el caso italiano [1998]. Trad. José María Lujambio. *In:* GUASTINI, Riccardo. **Estudios de teoria constitucional**. México: DJC, 2001. p. 153).

nova postura dos Estados frente ao exercício do poder político em geral e da prestação da tutela jurisdicional em particular. No âmbito do processo, esta releitura causou especial repercussão no que diz respeito ao acesso à justiça[25].

Os desdobramentos do final da Segunda Guerra Mundial[26] desencadearam para o direito ao menos duas consequências claras: uma releitura do Estado a partir de uma perspectiva democrática e uma releitura da ideia de soberania e monopólio do direito pelo Estado nacional.

A transformação do Estado de direito sob uma perspectiva democrática nasce da reação aos efeitos da formação dos regimes totalitários baseados no paradigma do positivismo normativista, sentidos na Segunda Guerra Mundial[27], e tem como principal marco as "declarações de direitos humanos que, a partir da Declaração Universal de Direitos do Homem de 1948, proliferaram em número e abrangência das garantias oferecidas a todas as pessoas"[28].

---

25. Sobre o tema do acesso à justiça, ver: CAPPELLETTI, Mauro [1927-2004]; GARTH, Bryant. **Acesso à justiça** [*Acess to Justice: The worldwide movement to make rights effective* - 1978]. Trad. Ellen Gracie Northfleet. Porto Alegre: Fabris, 1988.

26. O término da Segunda Guerra Mundial é indicado por Daniel Mitidiero nos seguintes termos como marco para a construção de uma nova visão do direito constitucional: "Até meados do século XX, o direito constitucional poderia ser compreendido em geral como um *direito político* – o direito que cuida da *organização política* do Estado. A ideia de Constituição como elemento que *conforma a atuação do Estado* a partir dos *direitos individuais da pessoa humana* é mais recente e pode ser individualizada de maneira mais nítida somente desde o *constitucionalismo de valores* emergente do final da Segunda Guerra Mundial" (MITIDIERO, Daniel. As relações entre o processo civil e a constituição na primeira metade do século XX e sua breve evolução na doutrina processual civil brasileira. **Revista dos Tribunais**, v. 915, p. 50-60, jan. 2012).

27. Segundo Daniel Mitidiero: "A experiência do totalitarismo e do gravíssimo desrespeito à pessoa humana emergente da Segunda Guerra Mundial provou ser inviável ao direito uma abordagem puramente estatalista. Ao mesmo tempo, assinalou à Constituição e ao direito constitucional não só mais o papel de organização do Estado, mas de sua fundação a partir da pessoa humana. Vale dizer: a Constituição passou a se ocupar também com o reconhecimento de direitos e garantias ao cidadão, fundando o direito desde um *ponto de vista externo* ao próprio Estado" (MITIDIERO, Daniel. As relações entre o processo civil e a constituição na primeira metade do século XX e sua breve evolução na doutrina processual civil brasileira. **Revista dos Tribunais**, v. 915, p. 50-60, jan. 2012).

28. MORAES, Maria Celina Bodin de. Do juiz boca-da-lei à lei segundo a boca-do-juiz: notas sobre a aplicação-interpretação do direito no início do século XXI. **Revista de Direito Privado**, v. 14, n. 56, p. 11-30, out./dez., 2013.

Porém, é a partir do direito de participação que o Estado de direito assume sua verdadeira feição democrática[29].

Sob o ponto de vista da administração do Estado, Odete Medauar[30] aponta que, neste mesmo período, "começa a surgir a preocupação com uma democracia mais completa, com a democracia que transpõe o limiar da eleição de representantes políticos para expressar-se também no modo de tomada de decisão dos eleitos", mas, também, surge a "ideia de que o valor da democracia depende também do modo pelo qual as decisões são tomadas e executadas", na medida em que "havia, com frequência, grande distanciamento entre as concepções políticas de democracia vigentes num país e a maneira com que ocorriam as atuações da Administração". Assim, "a noção de Estado de Direito passa a exigir instituições legitimadas democraticamente, reconhecimento de pluralismo político e garantia de direitos políticos, bem como livre manifestação de orientação ideológica" realizada por meio da "participação nas decisões e, sobretudo, criando espaços de diálogo"[31]. O reflexo desse panorama também afeta o modo como Poder Judiciário atua. O judiciário deve representar o "território privilegiado da democracia participativa e garantido o acesso do cidadão e dos corpos da sociedade civil à prática democrática"[32].

Metodologicamente, Antonio Manuel Hespanha[33] afirma que "a busca da segurança, da estabilidade, da adesão do direito a consensos permanentes,

---

29. Daniel Mitidiero ensina que "O Estado Constitucional constitui Estado de Direito e Estado Democrático. São os seus dois corações – as suas "duas grandes qualidades". O Estado de Direito está alicerçado na igualdade, na segurança e na confiança. O Estado Democrático na liberdade e na participação. Várias exigências ressaem dessa base conceitual no que tange à organização do processo – que aí só pode ser encarado como um processo justo – e à organização do Poder Judiciário" (MITIDIERO, Daniel. Por uma reforma da justiça civil no Brasil: um diálogo entre Mauro Cappelletti, Vittorio Denti, Ovídio Baptista e Luiz Guilherme Marinoni. **Revista de Processo**, v. 199, p. 83, set. 2011).
30. MEDAUAR, Odete. **Direito administrativo moderno**. São Paulo: Revista dos Tribunais, 2016, s. p. [versão eletrônica].
31. PORTO, Éderson Garin. **A colaboração no direito tributário:** por um novo perfil de relação obrigacional tributária. Porto Alegre: Livraria do Advogado, 2016, p. 26-27 e 199.
32. ZANETI JÚNIOR, Hermes. **A constitucionalização do processo:** o modelo constitucional da justiça brasileira e as relações entre o processo e a constituição (2013). 2. ed. São Paulo: Atlas, 2014, p. 132.
33. HESPANHA, António Manuel (1945-2019). **Cultura jurídica europeia:** síntese de um milênio. Florianópolis: Fundação Boiteux, 2005, p. 371-372.

já não podia resultar da lei, nem mesmo do código", mas tinha que ser buscada ao nível da constituição "agora entendida, não apenas como o estatuto do Estado (*Konstitution*), mas antes como repositório de valores consensuais (*idem sentire*), colocados acima das próprias formalizações constitucionais concretas (constituição "material" vs. Constituição "formal")" na medida em que ela representa "as aquisições definitivas da vida política (*acquis constitutionnel*) ou os valores inderrogáveis pelo Estado e oponíveis à lei ordinária (ou mesmo constitucional)".

Entretanto, embora a lei seja reconhecida como um meio insuficiente, se considerada de forma isolada, para a materialização de um Estado constitucional de direito, sua existência é imprescindível na medida em que concretiza a vontade popular em face da representação política no parlamento[34].

Neste cenário, a função esperada do Estado passa a ser, além de assegurar as liberdades individuais e promover a igualdade substancial, assegurar a participação dos cidadãos e garantir a transparência da sua atuação quanto a resultados, processos, conteúdos e responsabilidades. Assim, o primeiro desafio de um Estado democrático de direito baseado na participação é garantir o acesso ao debate sobre os destinos da sociedade a todos. Axel Honneth[35] aponta como indicadores de aferição da vontade democrática a extensão dos direitos políticos; a existência de espaços de comunicação abrangendo mais de uma classe social; o estágio da tecnologia de meios de comunicação[36]; e o grau de participação das atividades civis, em especial, por meio do voto universal e com o direito de reunião e associação.

---

34. A relevância da lei na concretização da democracia pode ser reconhecida na seguinte definição de princípio democrático proposta por Humberto Ávila: "O princípio democrático determina que todo o poder emana do povo, sendo exercido por intermédio de seus representantes ou diretamente, e que ninguém é obrigado a fazer ou deixar de fazer alguma coisa senão em virtude de lei" (ÁVILA, Humberto. **Constituição, liberdade e interpretação**. São Paulo: Malheiro, 2019, p. 75).

35. HONNETH, Axel. **O direito da liberdade** [*Das Recht der Freiheit* – 2011]. Trad. Saulo Krieger. São Paulo: Martins Fontes, 2015, p. 535.

36. Segundo Peter Burke, um grande desafio no tocante ao tema da tecnologia reside no fato de que "A tecnologia, as instituições, as mentalidades e as práticas mudam em velocidades diferentes", sendo que, enquanto a tecnologia muda rapidamente, "a sociedade e suas instituições levam mais tempo para mudar, em virtude da chamada 'inércia' institucional", ressaltando que os elementos que mais demoram a assimilar as mudanças "são as mentalidades e as práticas, ilustrando a presença do passado no mundo do presente" (BURKE, Peter. **Uma história social do conhecimento:** da enciclopédia à Wikipedia [*A social history of knowledge II: from the encyclopaedia to*

3.1.2. Da afirmação do direito individual ao coletivo; do direito nacional ao direito transnacional e a afirmação do direito constitucional e a adaptação do processo a essa realidade

Como se observa dos capítulos anteriores, a oralidade processual preconizada por Giuseppe Chiovenda foi construída em um contexto político e social em que a afirmação das liberdades e a tutela dos direitos individuais representavam as principais preocupações de um ordenamento jurídico.

Da preocupação preponderante com os direitos e liberdades individuais, por meio da afirmação da igualdade, passa-se a buscar proteção para os direitos de um determinado grupo ou coletividade. A "nova" preocupação decorre do aumento da frequência[37] dos conflitos que afetam uma pluralidade de indivíduos. Surge a necessidade de ser assegurar a proteção dos direitos, não apenas em sua dimensão individual, mas também coletivamente considerados[38]. Essa necessidade deriva do fenômeno, bastante intenso, na

---

Wikipedia - 2012]. V. II. Trad. Denise Bottmann. Rio de Janeiro: Zahar, 2012, p. 261 e seguintes).

37. Diz-se "aumento da frequência", pois esse tipo de conflito antecede ao momento de formação do estado social (século XX) havendo relatos tanto no direito romano (como se vê, por exemplo, em MANCUSO, Rodolfo de Camargo. Ação popular. **Revista de Processo**, v. 27, pp. 175-185, jul.-set., 1982), quanto no direito medieval (como se observa de: YEAZELL, Stephen C. *From Medieval Group Litigation to the Modern Class Action*. New Haven; London: Yale University Press, 1987). Além disso, o fenômeno da massificação, do ponto de vista *moderno*, é "perceptível com mais vigor a partir da primeira Revolução Industrial, ocorrida na Inglaterra do século XVIII" que teve por característica a "revolução tecnológica consistente na substituição do trabalho artesanal pelo uso das máquinas, isto é, uma evolução do sistema doméstico para o sistema fabril. Esse processo culminou na multiplicação exponencial de pessoas, bens e serviços. Como consequência direta, a revolução fez surgir o consumo de massa e, a partir dele, a figura da massa no seio social". (BRASIL, Guilherme Mungo. **O conflito coletivo como produto da globalização**: consequências e reflexões. Revista de Processo, vol. 265, p. 257 - 275, Mar / 2017).

38. Acerca da preocupação de Mauro Cappelletti com o problema da prestação da tutela jurisdicional coletiva na década de 70 do século passado, é valiosa a trajetória compilada por Vincenzo Vigoriti: "All'inizio del 1973, Cappelletti viene incaricato di preparare una delle relazioni generali da svolgere al IX Convegno dell'Accademia Internazionale di Diritto Comparato previsto per il settembre 1974 a Teheran. Il titolo era di routine: *The Role of Ministére Public in Civil Proceedings*. Nel maggio, Cappelletti invia una lettera a 26 relatori nazionali, nella quale indica gli argomenti da trattare. Al punto 1, segnala subito che egli vorrebbe che la discussione si ampliasse fino a tener conto della *participation of any representatives of 'public', 'collective', or 'group' interests in civil proceedings*. [...] L'11-12 giugno 1974 si svolge a Pavia un Convegno, organizzato da Vittorio Denti, su le *Azioni a tutela di interessi collettivi*. [...] Il 14

segunda metade do século XX, da massificação das relações sociais. Diante disso, uma tutela que havia sido concebida para proteger direitos individuais se mostra ineficiente para os novos (ou, ao menos, ressignificados) conflitos e direitos emergentes no tecido social[39]. Assim, "de um modelo processual individualista a um modelo social, de esquemas abstratos a esquemas concretos, do plano estático ao plano dinâmico, o processo transformou-se de individual em coletivo"[40].

---

marzo 1975, Cappelletti offre una conferenza a Parigi, su invito dell' *Association de Législation Comparée*. L'argomento è la protection d'intérêts collectifs et de groupe dans le procès civil (Métamorphoses de la procédure civile), in Revue Internationale de Droit Comparé, 1975, p. 571: 'esso riprende la relazione di Teheran, accentuando il problema dell'iniziativa privata a tutela dei diritti, diffusi o collettivi'. Il 9-11 maggio 1975 si celebra il cinquantenario della Facoltà di Giurisprudenza dell'Università di Firenze, con un Convegno sul tema 'Libertà fondamentali e formazioni sociali'. Cappelletti svolge una relazione intitolata *Formazioni sociali e interessi di gruppo* davanti alla giustizia civile, in Riv. dir. proc., 1975, fasc. 3, pp. 361-402. [...] il 22-25 maggio 1975 si svolge a Salerno il terzo Convegno dell'Associazione Italiana di Diritto Comparato, su 'La *tutela degli interessi diffusi nel diritto comparato. Con particolare riguardo alla protezione dell'ambiente e dei consumatori*'" (VIGORITI, Vincenzo. Mauro Cappelletti e altri: davvero impossibile la class action in Italia? **Revista de Processo**, v. 131, p. 83-95, jan. 2006).

39. Eis o relato de José Carlos Barbosa Moreira: "Avanços nessa direção podem abrir (ou alargar) um dos canais utilizáveis para dar vazão às crescentes. Necessidades de tutela dos "interesses coletivos" ou "difusos", como tais designados, aqui, os interesses que se caracterizam, do ponto de vista subjetivo, por uma pluralidade de titulares em número indeterminado (e, ao menos para fins práticos, indetermináveis) e, ao ângulo objetivo, pela indivisibilidade do objeto: interesses relacionados com a defesa do meio ambiente, ligados a valores culturais ou espirituais - *v.g.*, à proteção dos bens de valor histórico ou artístico - orientados para a "proteção do consumidor", e assim por diante. Defrontamo-nos neste passo com outro fenômeno característico da irrupção do "social" na paisagem do processo: se o tratamento judicial dos interesses "difusos" postula o uso de novos instrumentos, ou pelo menos uma adaptação cuidadosa dos instrumentos conhecidos, é justamente porque os litígios a eles relativos ultrapassam a medida dos indivíduos, e até a dos grupos bem definidos de indivíduos, para envolver coletividades de contornos amplíssimos, e em todo caso imprecisos. Bem se compreende que, nesse campo, se hajam de pôr em termos peculiares, e reclamem soluções também peculiares, questões como - entre outras - a da legitimidade ativa e a da extensão subjetiva dos efeitos da sentença e da autoridade da coisa julgada". (BARBOSA MOREIRA, José Carlos. **Tendências contemporâneas do direito processual civil**. Revista de Processo, vol. 31, p. 199 - 209, Jul - Set / 1983).

40. GRINOVER, Ada Pellegrini. Relatório geral: civil law. Em: GRINOVER, Ada Pellegrini; WATANABE, Kazuo; MULLENIX, Linda. **Os processos coletivos nos países de *civil law* e *common law***: uma análise de direito comparado. 2ª ed., São Paulo: Revista dos Tribunais, 2011, p. 227.

Ricardo Luis Lorenzetti aponta que um os fenômenos sociais que conduziram à formação de um direito atento aos conflitos coletivos decorrem do" surgimiento de una sociedad de masas y una economía global, de la mano de una fuerte evolución de la tecnología aplicada" na medida em que introduziram riscos com potencial "de expandirse hacia grandes grupos, excediendo las fronteras de las jurisdicciones provinciales y nacionales"[41]. Percebe-se que, no mesmo período de formação do Estado democrático de direito, a noção a respeito ao direito deixa de encontrar limites nas fronteiras das nações[42]. De um lado, as guerras e o desenvolvimento das relações econômicas entre os Estados exigiram, a bem da segurança jurídica, um esforço conjunto para estabelecer um ambiente adequado de desenvolvimento econômico e social dos países e respectivas regiões[43]. Além disso, "com o reconhecimento dos sentidos de fraternidade e solidariedade especialmente no período pós-Segunda Guerra, a visão do operador do direito foi alargada – compreendendo que há interesses cuja titularidade não pode

41. LORENZETTI, Ricardo Luis. **Justicia Colectiva**. Santa Fé: Rubinzal-Culzoni, 2010, p. 13.

42. No discurso de encerramento das atividades do "VIII Congreso de Derecho Procesal Internacional", celebrado em Utrecht, Holanda, pronunciado no dia 27 de agosto de 1987, Mauro Cappelletti afirmou que "La crisis del 'estado nacional' y la declinación tanto del dogma de la soberanía nacional como de la idea del estado como el único creador de leyes, unido al establecimiento de mercados, comunidades y organizaciones multinacionales, como también el origen y el aumento de problemas tales como la polución transfrontera, solamente pueden ser tratados eficazmente a un nivel supranacional, es decir por un 'gobierno transnacional'; todos estos fenómenos nuevos han originado una cantidad de cuestiones que se han esparcido en la vida moderna. Y es así que también los procesalistas se hallan enfrentados a su mayor desafío 'transnacional'. Esto se ve reflejado en varios aspectos del litigio, tanto civil como de otro tipo" (CAPPELLETTI, Mauro [1927-2004]. Algunas reflexiones sobre el rol de los estudios procesales en la actualidad. **Revista de Processo**, v. 64, p. 145-157, out.-dez. 1991).

43. Segundo Mauro Cappelletti, "La dimensión internacional de la justicia implica en efecto, antes que cualquier otra cosa, abandono de la concepción exclusivista y monopolista de la soberanía del Estado; ello implica, cómo fue elocuentemente proclamada por la Constitución italiana de 1948, voluntad del Estado de consentir las 'limitaciones de soberanía necesarias para un ordenamiento que asegure la paz y la justicia entre las Naciones'. Claro está que los acontecimientos descritos en las anteriores sesiones de este capítulo, no son otra cosa que algunos ejemplos de numerosas manifestaciones del gradual abandono de una concepción que hoy día se considera anacrónica. Tal abandono es más que natural en un mundo caracterizado por una expansión sin precedentes de las relaciones económicas, personales y culturales de carácter transnacional" (CAPPELLETTI, Mauro. Apuntes para una fenomenologia de la justicia en el siglo XX. **Revista de Processo**, v. 71, p. 84-120, jul.-set. 1993).

ser individualmente expressa ou reduzida"[44]. De outro lado, a coletivização do direito, a exemplo do que ocorre com as relações econômicas, também não encontra barreiras aos limites do estado-nação. Contemporaneamente, Edilson Vitorelli adverte que "pretender que um direito difuso pertença apenas à população ou à sociedade brasileira soa como fundar o conceito em uma visão nacionalista do século XIX, desvinculada do mundo global, caracterizado fundamentalmente pela transnacionalização da regulação do Estado-nação e pela progressiva irrelevância das fronteiras políticas"[45].

Embora não seja o caso de, neste livro, esmiuçar a formação desse contexto social, é importante referir que o olhar "para além dos limites da fronteira" estimulou, dentre outros aspectos, o uso da metodologia do direito comparado, seja para encontrar uma forma de harmonização das relações internacionais, seja como meio de qualificar os ordenamentos jurídicos internos[46].

No mesmo período histórico, como já se disse no item anterior do presente livro, também houve a afirmação do direito constitucional como centro do ordenamento jurídico, estruturante da sociedade e de seus anseios exigindo que o direito, em geral, e o processo, em particular, o atendesse. A essa nova realidade social deve responder o processo[47]. Atribui-se a Eduardo

---

44. ARENHART, Sérgio Cruz; OSNA, Gustavo. **Curso de processo civil coletivo**. 2ª ed., São Paulo: Revista dos Tribunais, 2020, p. 57-58.

45. VITORELLI, Edilson. **O devido processo legal coletivo**: dos direitos aos litígios coletivos. 2ª ed., São Paulo: Revista dos Tribunais, 2019, p. 64.

46. Mauro Cappelletti refere exemplos da influência da dimensão internacional da justiça no âmbito normativo interno. Sinaliza que "Basta mencionar la enmienda aportada por los Estados Unidos en 1966, a la Federal Rules of Civil Procedure, con la que fue expresamente abandonada la tradición de considerar el derecho extranjero como mero hecho, antes que como verdadero derecho. En fin verdaderos aportes se dieron con esa misma tendencia, en tratados internacionales. Se pueden recordar en especial, la Convención de Nueva York dirigida a facilitar el reconocimiento y la ejecución de decisiones arbitrales extranjeras, concluida en 1958 bajo el auspicio de las Naciones Unidas y ratificada por casi todos los principales Estados del mundo (incluida la Unión Soviética); así como las convenciones de La Haya de 1964, 1966 y 1968, orientadas en general, a facilitar la cooperación judicial internacional en materia civil y comercial" (CAPPELLETTI, Mauro. Apuntes para una fenomenologia de la justicia en el siglo XX. **Revista de Processo**, v. 71, p. 84-120, jul.-set. 1993).

47. Na medida em que, como bem menciona Klaus Cohen Koplin, "a participação dos cidadãos não se esgota na chamada democracia representativa, mas implica também a consagração de espaços de concretização de elementos próprios da democracia participativa ou deliberativa" (KOPLIN, Klaus Cohen. **O contraditório como direito de influência e o dever de consulta no novo CPC**. Em: O processo civil entre a técnica

Juan Couture[48] (*Las garantías constitucionales del proceso civil*, publicado em 1946[49]), o protagonismo no âmbito do processo civil em correlacionar o processo civil com a constituição. Em diálogo direto com o processualista uruguaio, Piero Calamandrei foi o responsável por desenvolver na Itália o aludido tema[50]. Durante as décadas que se seguiram (até a década de 1990), as doutrinas brasileira e italiana passaram a estudar e desenvolver as relações

processual e a tutela dos direitos: estudos em homenagem a Luiz Guilherme Marinoni. São Paulo: Revista dos Tribunais, 2017 [p. 127-142], p. 129-130). Sobre o tema, Cláudio Ari Mello aponta que "a Constituição brasileira é republicana e assume uma concepção de democracia deliberativa porque estabelece um conjunto de bens que se materializam em valores e direitos fundamentais, os quais constituem o telos jurídico-político da vida comunitária, e porque a aplicação desses bens em circunstâncias concretas – na produção de leis, regulamentos e decisões judiciais, por exemplo – exige processos de deliberação coletiva através dos quais se faça uso da razão prática dirigida a obter, pelo diálogo entre os diferentes pontos de vista, o conceito mais adequado para preencher o conteúdo dos direitos fundamentais dos valores previstos na Constituição" (MELLO, Cláudio Ari. **Democracia constitucional e direitos fundamentais**. Porto Alegre: Livraria do Advogado, 2004, p. 81).

48. MITIDIERO, Daniel. As relações entre o processo civil e a constituição na primeira metade do século XX e sua breve evolução na doutrina processual civil brasileira. **Revista dos Tribunais**, v. 915, p. 50-60, jan. 2012. Sobre a importância da obra Eduardo J. Couture, Piero Calamandrei disse: "Su ensayo magistral, que es de 1946, sobre las garantias constitucionales del proceso civil, continúa siendo fundamental incluso para nosotros los italianos" (CALAMANDREI, Piero. Eduardo J. Couture [1957]. *In:* CALAMANDREI, Piero. **Chiovenda:** recuerdo de juristas. Trad. Santiago Sentís Melendo. Buenos Aires: EJEA, 1959. Para a obra de Eduardo J. Couture em geral, ver: SENTIS MELENDO, Santiago [1900-1979]. Couture y su obra procesal (1957). **Revista Brasileira de Direito processual**, n. 38, p. 181-216, abr./jun., 1983.

49. COUTURE, Eduardo J. [1904-1956] Las garantías constitucionales del proceso civil [1946]. **Estudios de derecho procesal civil:** la constitución y el proceso civil. V. 1, t. II. Buenos Aires: La Ley, 2010.

50. Nicolò Trocker relata que, em 1950, ocorreu, em Florença, o "Convegno Internazionale di Diritto Processuale" promovido pela "Associazione Italiana fra gli studiosi del processo civile". Coube a Piero Calamandrei o discurso de abertura, tendo sido escolhido o tema "Processo e giustizia". Na oportunidade, o conferencista colocou em evidência "gli stretti nessi che uniscono il diritto processuale al diritto costituzionale". "In quella parte proemiale che in tutte le costituzioni degli Stati liberi è dedicata a garantire il rispetto della persona umana e la libertà dei cittadini, il processo ha un'importanza preminente". Acrescentou que "La Costituzione ed i valori espressi nelle sue norme, dunque, come fonte per dare al diritto processuale un nuovo e più ampio respiro, come impegno per dare al processo una nuova legittimazione" (TROCKER, Nicolò. Processo e costituzione nell'opera di Mauro Cappelletti: elementi di una moderna "teoria" del processo. **Revista de Processo Comparado**, v. 2, p. 233-281, jul.-dez. 2015).

existentes entre processo e constituição[51]. De acordo com Mauro Cappelletti, neste ambiente (que enfrentava problemas advindos da opressão e da guerra entre as nações, da pobreza e da injusta distribuição de riqueza) é necessário um "sistema de 'justicia constitucional' que proteja contra la opresión; en concreto, un sistema de justicia internacional o supranacional que tienda a asegurar la paz, precisamente, un sistema de 'justicia social' que tienda a hacer accesible a todos el disfrute de la libertad"[52].

Todo esse movimento cultural demandou soluções práticas e, mais uma vez, a exemplo do que aconteceu na superação do direito comum, o processo civil buscou responder ao menos parte desses problemas (na medida em que o objeto do presente livro não tem foco nas tutelas coletivas do direito) por meio da transformação da noção de oralidade.

---

51. Nas palavras de Daniel Mitidiero, "A vereda aberta por Couture logo descortinou largos horizontes. Na Itália, para ficarmos apenas com um exemplo muito próximo, entre o início da década de 60 e a metade da década de 70 aparecem os clássicos ensaios de Mauro Cappelletti, bem como as monografias de Luigi Paolo Comoglio, Vincenzo Vigoriti e Nicolò Trocker, todos versando especificamente as relações entre processo civil e Constituição. A doutrina brasileira não ficou alheia à primeira constitucionalização do processo civil. São também da década de 70 as clássicas monografias de Ada Pellegrini Grinover sobre as relações entre processo civil e Constituição. Situam-se entre as décadas de 70 e de 80 os numerosos ensaios de José Carlos Barbosa Moreira sobre o assunto. No final da década de 80 e no início da de 90, aparecem igualmente as monografias de Rogério Lauria Tucci, José Rogério Cruz e Tucci e Nelson Nery Junior. É dessa mesma época a tese de cátedra de Cândido Rangel Dinamarco, que reserva ao "direito processual constitucional" a condição de pressuposto metodológico da instrumentalidade do processo. O denominador comum de todos esses trabalhos está na construção de uma *sólida ancoragem* do processo civil na Constituição. O intuito é o de salvaguardar um núcleo mínimo de garantias processuais da atuação do Estado, colocando-as fora do alcance do constituinte, do legislador infraconstitucional, do administrador da justiça e do órgão jurisdicional. A ideia é impor limites à atuação do Estado" (MITIDIERO, Daniel. As relações entre o processo civil e a constituição na primeira metade do século XX e sua breve evolução na doutrina processual civil brasileira. **Revista dos Tribunais**, v. 915, p. 50-60, jan. 2012).
52. CAPPELLETTI, Mauro [1927-2004]. Apuntes para una fenomenologia de la justicia en el siglo XX. **Revista de Processo**, v. 71, p. 84-120, jul.-set. 1993.

3.2. O MODELO DE ORALIDADE PROCESSUAL DE MAURO CAPPELLETTI

3.2.1. Por quê Mauro Cappelletti?

Antes de adentrar no modelo de oralidade proposto por Mauro Cappelletti, é imprescindível compreender quais foram os motivos que levaram à escolha do autor como continuador de Giuseppe Chiovenda quanto ao tema da oralidade processual. Em outras palavras, antes de entender a obra, procuraremos entender o sujeito responsável pela obra. Parte deste trabalho já está feito na medida em que o tópico anterior cuida da apresentação do contexto histórico e cultural que serviu de pano de fundo para o pensamento de Mauro Cappelletti[53].

Ao contrário de Giuseppe Chiovenda (que erigiu sua compreensão de oralidade como um meio de combater as mazelas legadas pelo direito comum, fundada no projeto de construção de um processo civil cientificista e idealmente neutro[54]), Mauro Cappelletti busca conciliar a ideia de processo

---

53. O autor nasceu em 14 de dezembro de 1927 na ciadade italiana de Folgaria, vindo a falecer em 2004. Portanto, enquanto Giuseppe Chiovenda veio a falecer antes da Segunda Guerra Mundial (em 1937), e os seus respectivos efeitos sociais (dentre eles a polarização do mundo em dois blocos antagônicos), Mauro Cappelletti tinha 17 anos quando a guerra teve fim. Nas suas palavras, com exceção da Organização das Nações Unidas, o período posterior à Segunda Guerra Mundial sofria de uma debilidade fundamental: "el profundo abismo y el amenazante enfrentamiento entre ideología comunista por un lado e ideología occidental por otro, y entre países en virtud de tales ideologías contrapuestas, se convierten en agentes armados" (CAPPELLETTI, Mauro [1927-2004]. Apuntes para una fenomenologia de la justicia en el siglo XX. **Revista de Processo**, v. 71, p. 84-120, jul.-set. 1993). Essa vivência em um mundo, ao mesmo tempo internacionalizado e polarizado, é tão marcante no período que, em geral, quando Mauro Cappelletti (assim como a maioria dos seus contemporâneos) apresenta estudos de direito comparado, o faz relacionando e comparando os sistemas processuais *tradicionais*, de *civil law* e de *common law*, com o sistema soviético (ou europeu oriental). Assim, por exemplo, ocorre nos seguintes escritos: CAPPELLETTI, Mauro [1927-2004]. **El proceso civil en el derecho comparado: las grandes tendencias evolutivas** [*Principi fondamentali e tendenze evolutive del processo civile nel diritto comparato* – 1968]. Trad. Santiago Sentís Melendo. Buenos Aires: EJEA, 1973; CAPPELLETTI, Mauro [1927-2004]. **La oralidad y las pruebas en el proceso civil**. Trad. Santiago Sentís Melendo. Buenos Aires: EJEA, 1972.
54. A superação desses ideais é revelada no relato de Nicolò Trocker por ocasião da publicação da necrologia de Mauro Cappelletti na *Rivista Trimestrale di Diritto e Procedura Civile*: "Egli sceglie nel gennaio del 1962 per la lezione inaugurale dell'anno accademico nella Università di Macerata: una sorta di manifesto programmatico di chi si accinge a percorrere un difficile ma affascinante cammino di metodi e di esperienze;

com a realização dos direitos sociais à de um processo civil influenciado pela constituição e pelo direito comparado. Essa circunstância evidentemente atribui ao pensamento do autor elementos distintos do pensamento de Giuseppe Chiovenda, o que o habilita a ser o "transformador" da ideia de oralidade e não apenas um seguidor ou propagador de um modelo previamente consolidado.

Estando evidente que os dois autores partem de perspectivas culturais diversas para resolver os problemas do processo por meio de um modelo de oralidade, resta identificar quais são os pontos de contato entre eles que permitem situá-los como uma espécie de linha de desenvolvimento do tema da oralidade, em vez de uma linha de ruptura. Para tanto, propõe-se reconstruir, ainda que de forma sintética (com o foco direcionado ao tema da oralidade), a *genealogia* acadêmica de Mauro Cappelletti[55].

O início deste percurso já revela um encontro com uma escola e um encontro com um modo de compreender o direito. Embora tenha iniciado a sua carreira como professor, no ano de 1957, na Università di Macerata, foi em 1963, quando passou a lecionar na Università di Firenzi, que sua trajetória acadêmica foi influenciada de forma decisiva[56]. Foi em Florença que Mauro Cappelletti conviveu com um jurista que lhe serviria de inspiração,

---

di chi refuta i paradigmi tradizionali della « neutralità » e della « avalutatività » della scienza giuridica che la cultura processualistica del dopoguerra continua a proporre, e si propone di indurre l'attenzione su quelli che sono i fondamenti pregiudichi o metagiuridici delle norme e degli istituti, sui significati, i valori, i fini umani, sociali, economici, ideologici nascosti (ma poi non tanto nascosti) nei verba delle leggi, consapevolmente o inconsapevolmente ispiratori di ogni interpretazione dottrinale e giudiziaria, costituenti infine il vero o proprio "spirito" di ogni sistema giuridico" (TROCKER, Nicolò. Mauro Cappelletti. **Rivista Trimestrale di Diritto e Procedura Civile**, a. LIX, n. 1, p. 159-178, mar. 2005, p. 164).

55. Sobre a sua biografia, recomenda-se, dentre outras obras: CAPPELLETTI, Mauro [1927-2004]. Il villaggio e il mondo: riflessioni di un trentino emigrato nel diritto comparato. **Rivista Trimestrale di Diritto e Procedura Civile**, a. 41, n. 3, p. 743-756, set. 1987.

56. TROCKER, Nicolò. Mauro Cappelletti. **Rivista Trimestrale di Diritto e Procedura Civile**, a. LIX, n. 1, p. 159-178, mar. 2005, p. 160.

Piero Calamandrei[57], e com um jurista que lhe poria em contato direto[58] com o direito constitucional, Paolo Barile[59].

O encontro acadêmico com Piero Calamandrei é essencial para caracterizar a linha de desenvolvimento da ideia de Giuseppe Chiovenda por Mauro Cappelletti. Piero Calamandrei representa (em certa medida) a transição entre a visão cultural típica de Giuseppe Chiovenda e a visão de Mauro Cappelletti[60]. No início da trajetória acadêmica de Piero Calamandrei,

---

57. Quando da morte de Piero Calamandrei, Mauro Cappelletti escreveu a seu respeito: "ele era nuestra seguridad, nuestra confianza em nosotros mismos y en el mundo. ¿Como no venerarlo?" (CAPPELLETTI, Mauro [1927-2004]. Recuerdo de Piero Calamandrei: escrito por el último de sus discípulos. *In:* CALAMANDREI, Piero. **Chiovenda:** recuerdo de juristas. Trad. Santiago Sentís Melendo. Buenos Aires: EJEA, 1959, p. 13-14). Em razão da proximidade intelectual (além da capacidade para a tarefa), Mauro Cappelletti foi o encarregado de compilar a obra de Piero Calamandrei em dez volumes, publicados pela Editora Morano sob o título de *Opere Giuridiche*, cujo primeiro volume veio a ser publicado em 1966. A proximidade de Mauro Cappelletti e Piero Calamandrei foi reconhecida, também, por José Carlos Barbosa Moreira, quando afirma que "Mauro Cappelletti foi discípulo, em Florença, de Piero Calamandrei, cuja influência sem dúvida lhe marcou a obra. Com o mestre partilhou, na substância, o gosto pelos temas processuais relacionados com o direito constitucional e, na forma, o requinte da exposição clara e elegante" (BARBOSA MOREIRA, José Carlos [1931-2017]. Mauro Cappelletti. **Revista de Processo**, v. 119, p. 299-300, jan. 2005).
58. A preocupação com a influência da constituição já era evidentemente sentida nas suas obras *La giurisdizione costituzionale delle libertá*, de 1955, e *La pregiudizialità costitucionale nel processo civile*, de 1957, ambas anteriores à docência em Florença.
59. CARPI, Federico. Mauro Cappelletti: una gioiosa curiosità oltre i recinti. **Rivista Trimestrale di Diritto e Procedura Civile**, a. LXI, n. 2, p. 381-393, jun. 2007, p. 384.
60. Essa posição ideológica, situada em uma transição de paradigmas, inquietou, em um dado momento, o próprio autor, como relata Paolo Grossi: "Dunque, occorre per i poveri cittadini nelle mani giudici omini potenti, ma soprattutto una ideologia giuridica post-illuministica che è calata nello *interior homo* fino a plasmarlo e a condizionarlo interamente. Ma Calamandrei ha gli occhi ben aperti sul mondo, e quegli occhi non possono lasciare a lungo impassibile un personaggio segnato da una probi attuale a tutta prova. E accanto alle conclamazioni legalistiche affiorano dubbi, trace di incrinature che si stanno generando negli strati più riposti dell'animo. Alcuni giorni dopo aver tenuto la sua conferenza legalistica presso la Fuci fiorentina, il 27 gennaio del 1940, egli non può fare a meno di annotare sul suo « Diario », strumento oggi per noi preziosissimo, alcune domande che non hanno una risposta pronta m'anche egli vuol proiettare nel profondo della sua coscienza: « Ma siamo poi nel vero a difendere la legalità? È proprio vero che per poter riprendere il cammino verso la 'giustizia sociale' occorre prima ricostruire lo strumento della legalità e della libertà? Siamo noi i precursori dell'avvenire o i conservatori di un passato in dissoluzione? » E ha fato benissimo la nipote Silvia a trascrivere il frammento di diario in esergo al libretto la-

a presença de Giuseppe Chiovenda[61] se fez sentir em grande intensidade, a tal ponto de ser considerado um dos seus principais discípulos[62]. De tal maneira, assim como Mauro Cappelletti recebe grande influência de Piero Calamandrei[63], este autor é instigado pela obra de Giuseppe Chiovenda. Esta

terziano. L'impassibilità sta cedendo ala disponibilità e all'ascolto, la certezza al dubbio; e sulla muraglia prima compatta comincia a serpeggiare una Incrinatura" (GROSSI, Paolo. Lungo l'itinerario di Piero Calamandrei. **Rivista di Diritto e Procedura Civile**, a. LXII, n. 3, p. 865-885, set. 2009, p. 874).

61. Esse contato entre os autores, inclusive, foi destacado no prefácio da obra *La Cassazione Civile,* de Piero Calamandrei, escrito em 1915. Na abertura do prefácio ao primeiro volume da obra, Piero Calamandrei faz questão de mencionar o apoio de Giuseppe Chiovenda: "Questo primo Volume, dedicato alle vicende storiche della Cassazione civile, è già quasi interamente scritto fino dal maggio 1915, grazie al prezioso aiuto di suggerimenti e di opere di non facile consultazione datomi in Roma dal Prof. Giuseppe Chiovenda, al quale non invano si rivolgono con fede i giovani che vogliono seriamente studiare; e se soltanto oggi questo Volume può uscire per le stampe, cià è derivato dal fatto che in questo frattempo per più di tre anni la migliore gioventù d'Italia non è stata vicina ai libri" (CALAMANDREI, Piero. La cassazione civile [1920]. V. I. *In:* CAPPELLETTI, Mauro. **Opere Giuridiche**. V. VI. Napoli: Morano, 1976, p. 5).

62. A intensidade da influência pode ser medida na recordação pessoal feita por Piero Calamandrei no Congresso Internacional de Processo Civil, ocorrido em Florença em 1950, em palestra intitulada "Giuseppe Chiovenda, maestro". Relembrando Giuseppe Chiovenda, então já falecido, narrou Piero Calamandrei: "Llegaba yo de Florencia, apenas doctorado, para presentarme por primera vez a aquel gran maestro: entre en aquellas salas austeras, cuyas paredes estaban totalmente cubiertas de estantes, en espera de ser recibido en su estudio: me sentía conmovido y tembloroso. [...] En aquella biblioteca se respiraba verdaderamente la presencia austera de la ciencia: algo de comprometedor, de religioso, de sagrado. No solamente doctrina de los libros, sino consciencia moral. Era verdaderamente una grande alma GIUSEPPE CHIOVENDA, un espíritu hecho de luz: uno de esos hombres que el haberles conocido le basta para dar sentido a la vida. En medio de tantas amarguras, de tantos errores, de tantas miserias, puede uno decir: 'En el mundo, hemos conocido a CHIOVENDA, y esto es bastante'" (CALAMANDREI, Piero [1889-1956]. Giuseppe Chiovenda, maestro. *In:* CALAMANDREI, Piero. **Chiovenda:** recuerdo de juristas. Trad. Santiago Sentís Melendo. Buenos Aires: EJEA, 1959, p. 124-125).

63. Refere Nicolò Trocker, que Mauro Cappelletti sofreu a influência da obra de Piero Calamandrei engajada "nella battaglia per la costituzione e per l'attuazione dei suoi istituti più significativi", ou seja, situava como "continuatore ideale di Calamandrei – soprattutto del Calamandrei di «Processo e giustizia» e di «Processo e democrazia»" (TROCKER, Nicolò. Mauro Cappelletti. **Rivista Trimestrale di Diritto e Procedura Civile**, a. LIX, n. 1, p. 159-178, mar. 2005, p. 160).

reconstrução histórica auxilia a perceber por que Mauro Cappelletti busca na oralidade (legado de Giuseppe Chiovenda) um meio para a solução dos problemas processuais e por que visualiza o problema do processo de seu tempo[64], não do ponto de vista racionalista, cientificista, neutro, mas desde

64. Eis a síntese do contexto dos problemas processuais no ambiente histórico de Mauro Cappelletti (e Vittorio Denti) proposta por Roberto Omar Berizonce: "Las propias instituciones del proceso común reverdecieron al conjuro y bajo la inspiración de las luces -en verdad, los potentes faros- que irradian aquellas grandes líneas tendenciales de vigencia universal, que magistralmente describieron, hace ya más de cuatro décadas, los insignes Maestros Mauro Cappelletti y Vittorio Denti. 1. En primer lugar, la creciente *constitucionalización de* los nuevos derechos y garantías que ha traído consigo la inusitada expansión del debido proceso, fenómeno entre nosotros operante especialmente desde las reformas introducidas a la Constitución Nacional en 1994 y, también, producto de las que contemporáneamente y bajo el mismo signo anclaran en las Cartas provinciales. 2. En paralelo, la profundización de la *tendencia social*, con sus mensajes anhelantes de un mayor y más efectivo acceso a la justicia para todos, la exigencia moral de una justicia de rostro más humano. Se trata, en verdad, del tránsito -como avizora MORELLO - desde el Estado de derecho hacia un naciente y esperanzador Estado de justicia. 3. Y, por último -aunque no menos trascendente- el fenómeno de la *transnacionalización de la Justicia*, por la cada vez más creciente entronización, como lex universalis, de un catálogo sucesivamente ampliado y cada vez más operativo de garantías de las personas" (OMAR BERIZONCE, Roberto. Luces y sombras del proceso civil contemporâneo. **Revista de Processo**, v. 126, p. 83 – 94, Ago / 2005).

uma perspectiva constitucional[65], social e comparada do fenômeno jurídico (legado de Piero Calamandrei[66]).

65. Procurando apresentar a evolução do pensamento político de Piero Calamandrei, Mauro Cappelletti se vale de dois momentos centrais para compreensão do seu pensamento: "Il primo passaggio è quello dallo Stato liberale di diritto allo Stato sociale di diritto basato sulla concezione dello Stato promozionale; il secondo passaggio, è quello dal principio di legalità, fondato sull'idea della certezza del diritto come garanzia de un'eguaglianza per lo meno formale, al principio di costituzionalità, inteso non come abbandono della legalità ma come affermazione di una legalità superiore, nella quale si aprono peraltro spazi maggiori alla creatività, e quindi alla responsabilità etico-politica, del giudice e in generale del giurista" (CAPPELLETTI, Mauro [1927-2004]. La "politica del diritto" di Calamandrei: coerenza e attualità di un magistero. **Revista de Processo,** v. 70, p. 299-309, abr.-jun. 1993). Paolo Grossi já havia discorrido acerca da transição do pensamento de Piero Calamandrei ao longo de sua vida. Eis as palavras de Paolo Grossi sobre o ponto: "Processualista sì Calamandrei per educazione e per mestiere, però mai rifugiato nelle sottigliezze formali del processo, ma attento a cogliere in esso lo specchio del mondo giuridico e, in un orizzonte sempre più vasto, umano circostante. II processo come specchio è un'immagine a lui cara, ed è il segreto della vivacità storica del discorso calamandreiano. Che è franco e disponibile, nella probità intellettuale che sempre lo ispira, ma che proprio a questa franchezza e disponibilità sacrifica la propria unitarietà e la propria coerenza: come quando l'illuminista, l'esponente della solida e colta borghesia italiana, soffre e registra il crollo di umma mitologia giuridica intessuta di legalità e di certezza del diritto, e l'emersione di un problema crudo di giustizia sociale che le erosive riflessioni marxista e cattolica avanzano nel secondo dopoguerra a incrinare costruzioni suadenti dell'ieri che si sarebbero potute pensare valevoli per sempre. E Calamandrei non disdegna di porsi come segno visibile di contraddizione, quando, ormai vecchio e al limite del proprio itinerario, accetta di discutere e forse anche di demolire molte convinzioni giovanili in cui aveva profondamente creduto e su cui aveva fondato buona parte del suo messaggio scientifico e politico" (GROSSI, Paolo. Presenza di Calamandrei. **Quaderni Fiorentini,** n. 15, p. 501-503, 1986, p. 502).

66. Adverte-se que o presente livro não tem a pretensão de enfrentar toda a vasta e profunda obra de Piero Calamandrei, mas apenas situar algumas de suas construções essenciais para compreender a origem e evolução do pensamento de Mauro Cappelletti. Isso porque, embora Piero Calamandrei trate do tema da oralidade ao longo de sua obra (CALAMANDREI, Piero [1889-1956]. Le controversie del lavoro e l oralità. **Il Foro Italiano,** v. 59, parte quarta, a. 1934, p. 129-138; CALAMANDREI, Piero [1889-1956]. Oralitá nel processo. **Nuovo digesto italiano**. V. IX. Torino: UTET, 1940, p. 178-180), entende-se que foi assumida por Mauro Cappelletti a tarefa de transformar o modelo proposto por Giuseppe Chiovenda. Em *Proceso y democracia*, Piero Calamandrei já proclamava a falência da oralidade no processo civil italiano. Apontava como causas dessa falência a cristalização burocrática do juiz instrutor em face do excessivo volume de trabalho e a desconfiança dos advogados quanto à necessidade de uma resposta oral e imediata em audiência. Afirma que "de esta manera el proceso se diluye en promociones escritas, en las que tanto juez como abogados se comportan como enamorados tímidos, que cuando se encuentran no saben qué decirse, pero apenas se separan,

3.2.2. Os pilares do pensamento de Mauro Cappelletti

Diante da influência de Piero Calamandrei[67] e do contexto histórico e social em que estava inserido, Mauro Cappelletti constrói sua visão de processo a partir de três pilares: um compromisso com a afirmação dos direitos sociais; a leitura do processo civil a partir da constituição; e a compreensão do processo valendo-se da metodologia do direito comparado.

O compromisso de Mauro Cappelletti com a ideologia do Estado social de direito era notório. Essa preocupação com aspectos sociais do processo pode ser percebida por meio do interesse de Mauro Cappelletti com os temas

---

escriben larguísimas cartas de amor, que se conservan por algunas semanas en espera de cambiárselas en silencio durante la próxima cita" (CALAMANDREI, Piero [1889-1956]. **Proceso y democracia**. Trad. Hector Fix Zamudio. Buenos Aires: EJEA, 1960, p. 170). No entanto, em que pese o vislumbre do problema atinente à oralidade no seu tempo, Piero Calamandrei não apresenta uma proposta de adequação do *princípio*. Pesaroso, observa e critica a sua não aplicação.

67. Segundo a leitura feita por Mauro Cappelletti, a obra de Piero Calamandrei é marcada por três correntes de pensamento. A primeira lastreada na dimensão constitucional do processo e do direito. A segunda, decorrente da primeira, baseada no "trasferimento cioè del centro d'interesse dello studioso moderno dai 'produttori' ai 'consumatori' di diritto e di giustizia, l'interesse nuovo o rinnovato per i concreti problemi sociali che le parti incontrano quando battono alle porte del sistema giuridico, e in particolare delle corti di giustizia: gli ostacoli economici, politici, culturali, sociali dell' 'accesso' al sistema, con tutti i temi connessi alla tematica dell'acesso, come quelli dei costi e delle durate dei processi, dell'adattamento, mediante forme 'differenziate' o 'alternative' di tutela, del processo a speciali necessità di flessibilità e di urgenza,https://www.revistadostribunais.com.br/maf/app/resultList/document?&src=rl&srguid=i0ad82d9a0000016d137ede406a94833d&docguid=I5ec06d70f25711dfab6f010000000000&hitguid=I5ec06d70f25711dfab6f010000000000&spos=3&epos=3&td=11&context=60&crumb-action=append&crumb-label=Documento&isDocFG=false&isFromMultiSumm=&startChunk=1&endChunk=1 - DTR.1993.207-n21 del superamento delle difficoltà economiche, culturali, sociali incontrate dalle parti, del patrocinio del povero, delle disfunzioni della macchina della giustizia". Por fim, a terceira pela compreensão uma dimensão transnacional do direito e da justiça que se vale de um uso "più frequente, più vasto e approfondito di quel potente strumento di analisi e di riforma che è la comparazione giuridica" (CAPPELLETTI, Mauro. La 'politica del diritto' di Calamandrei: coerenza e attualità di un magistero. **Revista de Processo**, v. 70, p. 299-309, abr.-jun. 1993).

do acesso à justiça em sentido amplo[68] e do acesso à justiça aos pobres[69]-[70]. O processo como forma de promoção da justiça[71] deveria estar alinhado

68. Dentre outros artigos, produziu a obra, possivelmente, de maior referência no tema para o direito de tradição de *civil law* em coautoria com Bryant Garth: CAPPELLETTI, Mauro [1927-2004]; GARTH, Bryant. **Acesso à justiça** [*Acess to Justice: The worldwide movement to make rights effective* – 1978]. Trad. Ellen Gracie Northfleet. Porto Alegre: Fabris, 1988.
69. Como podem servir de exemplo os seguintes escritos: CAPPELLETTI, Mauro. La giustizia dei poveri. **Il Foro Italiano**, v. 91, n. 10, out. 1968, p. 114-120; CAPPELLETTI, Mauro. Pobreza e justiça. *In:* CAPPELLETTI, Mauro. **Processo ideologias e sociedade** [*Processo e ideologie* – 1969]. V. 1. Trad. Elício de Cresci Sobrinho. Porto Alegre: Fabris, 2008, p. 189-220.
70. Ilustrativo, neste aspecto, é o relato de José Carlos Barbosa Moreira: "Atraíram Cappelletti, acima de tudo, os aspectos políticos do processo, no sentido mais alto da expressão. Particular atenção mereceu dele o magno problema do 'acesso à Justiça', como testemunha a realização do conhecido projeto florentino de pesquisa, cujos frutos se contêm principalmente nos volumes da obra *Access to Justice*, mas também em imenso acervo de artigos e conferências, publicados em revistas jurídicas de tantos países. Nesse plano, impossível deixar de ressaltar os numerosos trabalhos dedicados à assistência judiciária: preocupava-o a urgência de pôr o processo ao alcance dos menos favorecidos. O mesmo intuito básico de colocar o mecanismo processual a serviço das necessidades sociais levou-o a tratar com especial carinho da problemática dos chamados 'interesses difusos e coletivos', seara em que seu papel inovador assumiu notório relevo" (BARBOSA MOREIRA, José Carlos. Mauro Cappelletti. **Revista de Processo**, v. 119, p. 299-300, jan. 2005). Segundo Nicolò Trocker, "A partire dalla fine degli anni Sessanta il tema degli ostacoli che le *persone* possono incontrare sulla via della tutela dei loro diritti; ostacoli economici, culturali, sociali che spesso si frappongono fra il cittadino che domanda giustizia e il procedimento inteso a concederla, forma oggetto dell'opera appassionata di Cappelletti che, in una serie di scritti, critica l'ipocrita soluzione del 'obbligo onorifico' della professione forense di difendere la parte non abbiente, gratuitamente, e denuncia i formalismi imposti dalla legge sul gratuito patrocinio per l'ammissione al beneficio stesso come vere e proprie 'trappole' per i destinatari" (TROCKER, Nicolò. Processo e costituzione nell'opera di Mauro Cappelletti: elementi di una moderna "teoria" del processo. **Revista de Processo Comparado**, v. 2, p. 233-281, jul.-dez. 2015).
71. Tratando da sua visão de justiça, Mauro Cappelletti afirma: "El valor 'justicia' como cualquier otro valor – incluidos aquellos de libertad y de igualdad, que frecuentemente se relacionan o se identifican con el de justicia – no puede ser útilmente explorado en abstracto, sino más bien en realidades concretas. Nuestro estudio entonces se extraerá de hechos, eventos o institutos sociales, concretos y reales: extraídos más de la 'fenomenología' que de la 'teoría': Los eventos que más profundamente han caracterizado nuestro siglo – y las instituciones que los han acompañado – han impuesto al consorcio humano la solución de ciertos problemas fundamentales de orden práctico, solución que se traduce en nuevos hechos, eventos e instituciones. La 'justicia' entonces emergerá como el valor práctico o político que poco a poco y objetivamente, es atribuible a la

com a realidade concreta da sociedade e não como um conjunto abstrato de técnicas[72]. Outro aspecto relevante para a compreensão do pensamento de Mauro Cappelletti na perspectiva da realização dos direitos reside no tema da tutela dos interesses coletivos, na medida em que, ao seu tempo, a atuação jurisdicional estava formatada, em geral, para a solução de conflitos individuais[73]. Segundo Federico Carpi, Mauro Cappelletti busca a justificação

---

respuesta concreta dada a un problema de la sociedad: valor consistente en cuanto se trate de una 'respuesta capaz de resolver, de manera adecuada las exigencias generales de la época, aquel específico problema práctico'" (CAPPELLETTI, Mauro. Apuntes para una fenomenologia de la justicia en el siglo XX. **Revista de Processo**, v. 71, p. 84-120, jul.-set. 1993). Neste contexto o processo recebe a função "che nella sua configurazione normativa si deve far carico di rispondere all'esigenza della collettività, nelle sue varie articolazioni, di poter disporre di una giustizia accessibile, efficiente ed effettiva" (TROCKER, Nicolò. Processo e costituzione nell'opera di Mauro Cappelletti: elementi di una moderna "teoria" del processo. **Revista de Processo Comparado**, v. 2, p. 233-281, jul.-dez. 2015).

72. Tal afirmação se extrai de forma nítida da seguinte passagem: "L'epoca del diritto 'puro' è finita. La nostra è l'epoca del diritto responsabilizzato, del diritto non separato dalla società, ma intimamente legata ad essa, ai suoi bisagni, alle sue damande, al grido di speranza, ma spessa anche di giusta protesta e di dolare, che viene dalla sacietà" (CAPPELLETTI, Mauro. Costituzionalismo moderno e ruolo del potere giudiziario nelle società contemporanee. **Revista de Processo**, v. 68, p. 47-54, out.-dez. 1992).

73. Vincenzo Vigoriti, por exemplo, apresenta seu relato sobre a preocupação social de Cappelletti da seguinte forma: "Il problema sociale, non solo italiano, da cui prende le mosse è quello della presenza, e di conseguenza quello della tutela giuridica, di interessi che non sono esclusivamente individuali. Le parole che usa sono ancora attuali" (VIGORITI, Vincenzo. Mauro Cappelletti e altri: davvero impossibile la class action in Italia? **Revista de Processo**, v. 131, p. 83-95, jan. 2006). De uma maneira mais abrangente, aponta Nicolò Trocker, que: "Un tema di fondo che occupa Cappelletti dagli inizi degli anni Settanta non senza l'impulso delle sollecitazioni che provengono dalla Costituzionehttps://www.revistadostribunais.com.br/maf/app/resultList/document?&src=rl&srguid=i0ad82d9a0000016d137b3c2df381a5e4&docguid=Ib2823470c0fb11e5a4e2010000000000&hitguid=Ib2823470c0fb11e5a4e2010000000000&spos=2&epos=2&td=5&context=31&crumb-action=append&crumb-label=Documento&isDocFG=false&isFromMultiSumm=&startChunk=1&endChunk=1 - DTR.2016.49-n68 è quello di dare risposta alle nuove istanze che si affacciano alle porte del processo e di munire di strumenti protettivi situazioni giuridicamente rilevanti che hanno per oggetto beni – come la salute, l'ambiente e il patrimonio culturale – che per loro natura non ineriscono al singolo, atomisticamente considerato, ma sono riferibili ad una pluralità di soggetti, ad intere collettività o ad ampie parti di esse e la cui minaccia o lesione è simultaneamente avvertita o sofferta da tutti e da ognuno. Un tema questo che significa ripensare criticamente la visuale consegnata da una lunga tradizione secondo cui il processo civile è strumento di tutela di situazioni di vantaggio che differenziano e qualificano la posizione di un dato soggetto rispetto a singoli beni o

do Estado social de direito na Constituição, na medida em que "Afferma il valore dello « stato sociale di diritto », quale è sancito nell'art. 3, comma 2, della Costituzione italiana del 1948, che garantisce l'eguaglianza sostanziale"[74].

A aproximação do processo civil e do direito constitucional é outra marca do pensamento de Mauro Cappelletti[75]. Nicolò Trocker sinaliza que a relação proposta por Mauro Cappelletti entre processo civil e constituição não é meramente formal, mas é "una precisa opzione culturale, un atteggiamento ideologico che mira a consacrare stabilmente determinati principi (o idee-cardine) del processo che sono destinate a condizionare nel tempo la credibilità e l'accettabilità delle forme di tutela giudiziaria e delle strutture processuale" que tem por finalidade superar a ambiguidade conceitual de um processo que "in termini strettamente tecnici e strumentali dovrebbe sempre essere neutro, non potendosi qualificare a rigore, né come "giusto",

---

utilità, e ridisegnare il modello di una giustizia che ha al suo centro il singolo titolare di un diritto soggettivo, al quale soltanto quel diritto appartiene (come 'proprio' e 'personale') ed al quale soltanto è attribuito il potere di agire (la 'legittimazione ad agire') in via giudiziale per invocarne protezione (come bene evidenziano alcune norme chiave del vigente ordinamento processuale: artt. 61 e 89 c.p.c.)". Em outras palavras, o mesmo autor reforça a correlação entre uma visão social e constitucional do processo e os direitos coletivos construída por Mauro Cappelletti: "In uno scritto di poco successivo, volgendo lo sguardo alla realtà italiana, Cappelletti dirà che nel nuovo paesaggio giuridico, segnato dall'avvento di una Costituzione che afferma 'l'accessibilità a tutti della tutela giurisdizionale' e prescrive 'un concetto fattuale, e non meramente teorico, di eguaglianza al quale anche le parti nel processo civile si possono riferire', la 'concezione *sociale* della giustizia e la funzione *sociale-assistenziale* del giudice' trovano 'un più fermo supporto nella Costituzione'. Qualche precisazione per arginare le suggestioni fuorvianti che la formula della funzione 'sociale' del processo talvolta evoca. Il termine *sociale*, nel lessico di Cappelletti, ha innanzitutto carattere descrittivo ed allude al fatto che il processo è un fenomeno che non riguarda, in primo luogo, il singolo individuo, ma bensì la collettività tutta" (TROCKER, Nicolò. Processo e costituzione nell'opera di Mauro Cappelletti: elementi di una moderna 'teoria' del processo. **Revista de Processo Comparado**, v. 2, p. 233-281, jul.-dez. 2015).

74. CARPI, Federico. Mauro Cappelletti: una gioiosa curiosità oltre i recinti. **Rivista Trimestrale di Diritto e Procedura Civile**, a. LXI, n. 2, p. 381-393, giugno de 2007, p. 386.

75. Para uma aproximação acerca do pensamento de Mauro Cappelletti sobre o tema, recomenda-se, dentre outros escritos: CAPPELLETTI, Mauro [1927-2004]. Fundamental Guarantees of the Parties in Civil Litigation: Comparative Constitutional, International, and Social Trends. **Stanford Law Review**, v. 25, 1972-1973, p. 651-715; CAPPELLETTI, Mauro [1927-2004]. Constitucionalismo moderno e o papel do poder judiciário na sociedade contemporânea. **Revista de Processo**, v. 60, out.-dez. 1990, p. 110-117.

né come "ingiusto", perché tali aggettivazioni sembrano proprie non già del mezzo, ma del risultato decisorio cui esso conduce"[76].

O terceiro pilar para a compreensão do pensamento de Mauro Cappelletti é a sua preocupação com a transnacionalidade do direito e o uso da metodologia do direito comparado. Seu interesse pelo direito comparado[77] se revela no fato de que, no mesmo ano em que assume a condição de professor na Universidade de Florença (1963), Mauro Cappelletti funda o Instituto de Direito Comparado e, no ano seguinte (1964), o Centro de Estudos de Direitos Processuais Comparados, ambos naquela Universidade[78]. Seus esforços direcionados ao direito comparado lhe rendem, em 1970, o convite para lecionar na *Stanford Law School*, nos Estados Unidos, onde tem a oportunidade de amalgamar ainda mais sua condição de comparatista e construir ao longo de toda a sua vida uma posição de destaque dentre os estudiosos do direito comparado[79]. Outro dado significativo foi a sua eleição para presidente da *International Association or Procedural Law*

---

76. TROCKER, Nicolò. Processo e costituzione nell'opera di Mauro Cappelletti: elementi di una moderna "teoria" del processo. **Revista de Processo Comparado**, v. 2, p. 233-281, jul.-dez. 2015.

77. Importante referir que Giuseppe Chiovenda também era, em certa medida, um comparatista, pois se valeu dos estudos do direito francês e germânico em comparação horizontal e do direito romano em comparação vertical para construir sua obra. A comparação de Mauro Cappelletti, por outro lado, além de metodologicamente mais avançada, estabelecia uma comparação mais sistemática, ao pretender comparar modelos e sistemas em detrimento de soluções técnicas pontuais. Acerca da metodologia empregada na comparação, apontou José Carlos Barbosa Moreira que "Os passos enormes que deu nesse terreno arrancaram não só do vasto conhecimento que tinha de um sem número de sistemas jurídicos, senão também de um enfoque metodológico atualizado, que transcendia o mero cotejo de normas para penetrar o substrato histórico, social, cultural dos diversos ordenamentos. Interessavam-lhe sobretudo a identificação e a explicação das diferentes maneiras pelas quais esses ordenamentos respondiam a problemas comuns, bem como as conseqüências práticas das soluções adotadas" (BARBOSA MOREIRA, José Carlos [1931-2017]. Mauro Cappelletti. **Revista de Processo**, v. 119, p. 299-300, jan. 2005).

78. TROCKER, Nicolò. Mauro Cappelletti. **Rivista Trimestrale di Diritto e Procedura Civile**, a. LIX, n. 1, p. 159-178, mar. 2005, p. 160.

79. Para a trajetória acadêmica de Mauro Cappelletti em geral e como comparatista em particular, ver: ALVARO DE OLIVEIRA, Carlos Alberto. Mauro Cappelletti e o direito processual brasileiro. **Revista da Faculdade de Direito da Universidade Federal do Rio Grande do Sul**, Porto Alegre, v. 20, out. 2001, p. 45-50; CARPI, Federico. Mauro Cappelletti: una gioiosa curiosità oltre i recinti. **Rivista Trimestrale di Diritto e Procedura Civile**, a. LXI, n. 2, p. 381-393, jun. 2007; TROCKER, Nicolò. Mauro Cappelletti. **Rivista Trimestrale di Diritto e Procedura Civile**, a. LIX, n. 1, p. 159-178, mar. 2005.

(IAPL) no Congresso Mundial de Würzburg, que ocorreu de 12 a 17 de setembro de 1983. Sobre a sua atuação à frente da IAPL, escreveu José Carlos Barbosa Moreira: "Durante vários anos presidiu Cappelletti a Associação Internacional de Direito Processual, que, sob sua gestão, realizou diversos congressos de grande repercussão. Sua palavra fácil e brilhante encantava quantos tiveram o privilégio de ouvi-lo"[80]. Esta característica da trajetória de Mauro Cappelletti foi decisiva para a aproximação do seu pensamento ao debate processual em escala mundial[81] e, em especial, para consolidar a sua influência junto aos processualistas brasileiros[82].

3.2.3. A oralidade processual em Mauro Cappelleti: *livre* apreciação da prova, imediação e unicidade de audiência

Justificada a importância de Mauro Cappelletti para a reconstrução do modelo de oralidade proposto por Giuseppe Chiovenda e os contornos do seu pensamento (que estruturamos em três pilares), passa-se a analisar

---

80. BARBOSA MOREIRA, José Carlos. Mauro Cappelletti. **Revista de Processo**, v. 119, p. 299-300, jan. 2005.

81. Neste ponto, importante destacar, além da metodologia comparatista no exame dos temas sob análise, a preocupação em fazer circular conhecimentos acerca dos ordenamentos jurídicos entre países (fortalecendo um dos pressupostos para o estudo comparado). Tal afirmação se revela, por exemplo, na publicação do livro *Civil procedure in Italy*, em 1965. Neste livro, em coautoria com Joseph M. Perillo, Mauro Cappelletti se integra a um projeto da *Columbia University School of Law* que tem por objetivo desenvolver uma perspectiva internacional do processo civil. Extrai-se do prefácio (subscrito por Hans Smit) a intensão do projeto: "The Project's studies on foreign civil procedure have several objectives. First, they provide an opportunity to become familiar with the procedural systems of other countries; the differences between common law and foreign systems of procedure are pervasive, and proper understanding of foreign substantive law cannot be achieved without knowledge of foreign procedure. Second, they are designed to permit critical evaluation of domestic procedure in the light of foreign procedural institutions and rules. Third, they promote better understanding and easier acceptance of procedure in international tribunals which, in large measure, is patterned on foreign systems of procedure. Finally, they facilitate proper appreciation of the culture and institutions of foreign countries in general" (CAPPELLETTI, Mauro [1927-2004]; PERILLO, Joseph M [1933-2017]. **Civil procedure in Italy**. Dordrecht: Springer, 1965, p. VII).

82. Acerca do trânsito pessoal e das ideias de Mauro Cappelletti, relata José Carlos Barbosa Moreira, que "Pudemos desfrutá-lo, nós brasileiros, mais de uma vez, aqui mesmo, por ocasião de suas visitas ao Brasil, uma delas para valorizar, com famosa conferência, as Jornadas Ibero-americanas de 1988, no Rio de Janeiro" (BARBOSA MOREIRA, José Carlos [1931-2017]. Mauro Cappelletti. **Revista de Processo**, v. 119, p. 299-300, jan. 2005).

a sua obra no que diz respeito ao tema do presente livro. Ao longo da sua produção, Cappelletti buscou compreender (e, ao compreender, relacionar) temas fundamentais, tais como "o princípio da oralidade, as garantias constitucionais do processo e sua dimensão social, o acesso à justiça [...] as vias alternativas de tutela e a justiça coexistencial, baseada em formas de conciliação, o papel do juiz e sua responsabilização"[83].

A obra, em dois volumes, em que Mauro Cappelletti se dedica pela primeira vez com foco e profundidade ao tema da oralidade[84] é lançada, em 1962, sob o título *La testimonianza della parte nel sistema dell'oralità*[85]. *Na primeira parte da aludida obra*[86], *Mauro Cappelletti se ocupa de distinguir a oralidade processual de seu significado errôneo (oralidade como oratória e como simples contato do juiz com os defensores*[87]*), bem como identificar que a oralidade possui um significado primário e um significado secundário. O significado primário da oralidade estaria associado à prova*[88]. *O significado secundário da oralidade estaria relacionado à alegação dos fatos em juízo de modo a esclarecê-los diante do juízo*[89].

---

83. ALVARO DE OLIVEIRA, Carlos Alberto [1942-2013]. Mauro Cappelletti e o direito processual brasileiro. **Revista da Faculdade de Direito da Universidade Federal do Rio Grande do Sul.** Porto Alegre, v. 20, out. 2001, p. 45-50, p. 46-47.

84. Na apresentação do livro *La oralidad y las pruebas en el proceso civil* (conjunto de estudos de Mauro Cappelletti traduzidos para o espanhol), Santiago Sentís Melendo realiza, em 1972, a seguinte cogitação: "Posiblemente, entre toda su producción, la testimonianza sea el trabajo preferido del autor" (Proceso oral y processo escrito [*Procédure écrite et procédure orale* - 1970]. *In:* CAPPELLETTI, Mauro. **La oralidad y las pruebas en el proceso civil.** Trad. Santiago Sentís Melendo. Buenos Aires: EJEA, 1972, p. VII e VIII). Oportuno referir que possivelmente a obra mais célebre de Mauro Cappelletti ("Acesso à Justiça") veio a ser lançada somente em 1978.

85. CAPPELLETTI, Mauro [1927-2004]. **La testimonianza della parte nel sistema dell'oralità**. Milão: Guiffrè, 1962.

86. Na segunda parte da mencionada obra, Mauro Cappelletti se dedica a analisar, desde uma perspectiva histórica e comparada, o tema da *testimonianza della parte* à luz dos ordenamentos inglês, norte-americano, alemão, austríaco, italiano-canônico, da União Soviética, Japão, Dinamarca, Noruega, Turquia, Suíça, Finlândia, Vaticano, Bélgica e França.

87. CAPPELLETTI, Mauro [1927-2004]. **La testimonianza della parte nel sistema dell'oralità**. Milão: Guiffrè, 1962, p. 28-43.

88. CAPPELLETTI, Mauro [1927-2004]. **La testimonianza della parte nel sistema dell'oralità**. Milão: Guiffrè, 1962, p. 103-186.

89. CAPPELLETTI, Mauro [1927-2004]. **La testimonianza della parte nel sistema dell'oralità**. Milão: Guiffrè, 1962, p. 43-103. A alegação desses fatos se daria no interrogatório *di chiarificazione della fattispecie dedotta in giudizio.* Para Mauro Cappelletti, este in-

Reside no significado secundário da oralidade, no nosso sentir, a grande colaboração de Mauro Cappelletti para o tema. Segundo Nicolò Trocker, o poder-dever do juiz de chiarificazione representa sua visão de processo "social", na medida em que, ao discutir a controvérsia (de fato e de direito) com as partes, o juiz valoriza o caráter dialógico do processo[90]. Nicolò Trocker acrescenta que para Mauro Cappelletti "la utilizzazione del sapere delle parti deve costituire il fulcro di una concezione moderna del processo civile, di un processo libero dal retaggio di valutazioni aprioristiche e di regole di esclusione formali che restringono la ricostruzione dialettica dei fatti di causa e delimitano in modo irrazionale il libero apprezzamento del giudice[91].

Buscando atualizar o significado do princípio da oralidade ao seu tempo, Mauro Cappelletti afirma que, em seu sentido principal, "oralità significa precipuamente: immediatezza, libera valutazione, espansione e finalmente complessità strutturale della prova orale-rappresentativa assunta dal giudice nel processo"[92]. Propõe a existência de três direções fundamentais para a evolução da oralidade no ordenamento jurídico então vigente na Itália: a transformação do interrogatório formal em um interrogatório livre e simples[93]; a transformação do juramento da parte em um interrogatório livre

---

terrogatório (que possui função probatória somente de forma indireta) "pone le parti in contatto col giudice affinché precisino i fatti da esse allegati. Ma la allegazione dei fatti non è altro che una loro narrazione, e quindi in ultima analisi una informazione resa dalla parte: la parte viene interrogata appunto affinché informi il giudice dell'esatto svolgimento dei controversi; ossia, essa viene qui in considerazione come vera fonte di prova, e precisamente di prova storica («diretta»). Basta, come si vede, una semplice modificazione della premessa (l'allegazione come atto informativo, anziché come atto di volontà), per spostare tutte le conseguenze relative alla funzione quindi alla stessa natura dell'istituto: – ma seguiamo ancora, nelle sue più rigorose conseguenze ulteriori, il ragionamento ora iniziato" (CAPPELLETTI, Mauro [1927-2004]. **La testimonianza della parte nel sistema dell'oralità**. Milão: Guiffrè, 1962, p. 203).

90. TROCKER, Nicolò. Processo e costituzione nell'opera di Mauro Cappelletti: elementi di una moderna "teoria" del processo. **Revista de Processo Comparado**, v. 2, p. 233-281, jul.-dez. 2015.

91. TROCKER, Nicolò. Processo e costituzione nell'opera di Mauro Cappelletti: elementi di una moderna "teoria" del processo. **Revista de Processo Comparado**, v. 2, p. 233-281, jul.-dez. 2015.

92. CAPPELLETTI, Mauro [1927-2004]. **La testimonianza della parte nel sistema dell'oralità.** Milão: Guiffrè, 1962, p. 189.

93. CAPPELLETTI, Mauro [1927-2004]. **La testimonianza della parte nel sistema dell'oralità.** Milão: Guiffrè, 1962, p. 195- 207.

que pode ser jurado ou não[94]; e a abolição da pré-valoração abstrata legal (corolário do modelo de prova legal) das testemunhas, ainda quando possuam vínculo de parentesco, afinidade ou interesse, com as partes[95]. Percebe-se que, na concretização do princípio da oralidade em seu tempo, em que pese que reconheça a sua atuação a partir de dois significados distintos, Mauro Cappelletti propõe alterações predominantemente direcionadas à produção da prova (significado primário).

É importante referir que, como premissa contextual, Mauro Cappelletti tinha por entendimento que a maioria dos sistemas nacionais europeus havia adotado a ideia de um processo oral[96]. De tal sorte, o seu esforço não seria vocacionado a sensibilizar acerca da importância da oralidade (como foi feito por Giuseppe Chiovenda), mas a desenvolver o modelo existente. Tanto é verdade que o tema da oralidade já havia sido objeto de análise no III Congresso da Academia Internacional de Direito Comparado em 1950, na cidade de Londres, e voltou a ser tema principal do VIII Congresso Internacional da mesma instituição em 1970, na cidade de Pescara[97]. Aliás, no Congresso Internacional de 1970, coube a Mauro Cappelletti apresentar o relatório geral sobre o tema "procédure écrite et procédure orale"[98]. Neste relatório, Mauro Cappelletti apresentou algumas considerações relevantes para a compreensão da oralidade em sede comparada.

---

94. CAPPELLETTI, Mauro [1927-2004]. **La testimonianza della parte nel sistema dell'oralità**. Milão: Guiffrè, 1962, p. 208-228.

95. CAPPELLETTI, Mauro [1927-2004]. **La testimonianza della parte nel sistema dell'oralità**. Milão: Guiffrè, 1962, p. 229-232.

96. CAPPELLETTI, Mauro [1927-2004]. **El processo civil en el derecho comparado: las grandes tendencias evolutivas** (Principi fondamentali e tendenze evolutive del processo civile nel diritto comparato – 1968). Trad. Santiago Sentís Melendo. Buenos Aires: EJEA, 1973, p. 54.

97. Entre o Congresso internacional de 1950 e de 1970, foi realizado em 1960 o II Congreso Latinoamericano de Derecho Procesal na Cidade do México sobre o tema "Situación y perspectivas de la oralidad em America" (CAPPELLETTI, Mauro [1927-2004]. Proceso oral y processo escrito [*Procédure écrite et procédure orale* – 1970]). *In:* CAPPELLETTI, Mauro. **La oralidad y las pruebas en el proceso civil**. Trad. Santiago Sentís Melendo. Buenos Aires: EJEA, 1972, p. 76).

98. CAPPELLETTI, Mauro [1927-2004]. Proceso oral y processo escrito [*Procédure écrite et procédure orale* – 1970]. *In:* CAPPELLETTI, Mauro. **La oralidad y las pruebas en el proceso civil**. Trad. Santiago Sentís Melendo. Buenos Aires: EJEA, 1972, p. 3.

Consta do relatório a observação de que o interesse pela oralidade no processo é um fenômeno tipicamente *europeu-continental*[99], *e que em geral sua cogitação situa-se no âmbito do processo ordinário de cognição*[100], *e em particular ao procedimento de primeiro grau*[101]. *Observa, também, que em nenhum sistema processual existe oralidade em sua forma pura*[102], *representando o problema da oralidade e da escritura uma relação de predomínio ou de coordenação*[103]. *Percebia que, seja nos países que adotam um sistema processual de common law* (onde, no seu sentir, o estudo da oralidade era

---

99. Para Mauro Cappelletti, o interesse pela oralidade processual é típico dos países da família de *civil law*, sendo o tema estudado de forma isolada em determinados atos (produção da prova, por exemplo) nos países de *common law* (CAPPELLETTI, Mauro [1927-2004]. Proceso oral y escrito (*Procédure écrite et procédure orale* – 1970). *In:* CAPPELLETTI, Mauro. **La oralidad y las pruebas en el proceso civil.** Trad. Santiago Sentís Melendo. Buenos Aires: EJEA, 1972, p. 4-5). A falta de interesse na Inglaterra pelo tema da oralidade foi reconhecida no mesmo congresso por J. A. Jolowicz (ver: JOLOWICZ, J. A. Orality and inmediacy in English civil procedure. **Boletín Mexicano de Derecho Comparado**, a. 8, n 24, p. 595-608, set.-out. 1975). Na oportunidade apontou dois motivos para a falta de interesse: "the first general and related to the nature of the academic study of the law in England, and the second more immediately linked with the character of English procedural law" (p. 595). Com relação ao segundo motivo, explica que "In the common law the central feature of litigation is the trial or 'Day in Court' to which all other procedural stages are subsidiary, and at the trial under normal circumstances, everything is conducted viva voce and at a single session of the court. Orality and immediacy furnish the norm and there seems little to be said about either concept: such discussion as there is focusses upon the exceptions to the norm, which seem to the English lawyer to be genuinely exceptional, namely the circumstances in which documents may take the place of the spoken word at the trial" (p. 597).

100. O autor, no entanto, reconhece a importância da oralidade nos procedimentos "de mínima importância" (CAPPELLETTI, Mauro [1927-2004]. Proceso oral y processo escrito [*Procédure écrite et procédure orale* – 1970]. *In:* CAPPELLETTI, Mauro. **La oralidad y las pruebas en el proceso civil**. Trad. Santiago Sentís Melendo. Buenos Aires: EJEA, 1972, p. 8).

101. CAPPELLETTI, Mauro [1927-2004]. Proceso oral y processo escrito [*Procédure écrite et procédure orale* – 1970]. *In:* CAPPELLETTI, Mauro. **La oralidad y las pruebas en el proceso civil**. Trad. Santiago Sentís Melendo. Buenos Aires: EJEA, 1972, p. 7.

102. CAPPELLETTI, Mauro [1927-2004]. **El processo civil en el derecho comparado: las grandes tendencias evolutivas** [*Principi fondamentali e tendenze evolutive del processo civile nel diritto comparato* – 1968]. Trad. Santiago Sentís Melendo. Buenos Aires: EJEA, 1973, p. 56.

103. CAPPELLETTI, Mauro [1927-2004]. Proceso oral y processo escrito [*Procédure écrite et procédure orale* – 1970]. *In:* CAPPELLETTI, Mauro. **La oralidad y las pruebas en el proceso civil**. Trad. Santiago Sentís Melendo. Buenos Aires: EJEA, 1972, p. 9-10.

relegado ao tema da prova), seja nos países de *civil law*, a audiência oral na qual eram concentrados os atos orais do processo era precedida de uma fase de preparação, oportunidade em que a escritura marcava presença preponderante[104]. No tocante à mencionada relação, Mauro Cappelletti observa que os sistemas processuais em que predomina a escritura, em geral, apontam como vantagens as ideias de precisão e conservação, enquanto os sistemas pautados pela oralidade buscam concretizar os valores da espontaneidade, imediação e simplicidade[105]. Do ponto de vista da função normativa, Mauro Cappelletti afirma que o valor da ideia de oralidade[106] teria sido elevado à condição de princípio jurídico[107].

No mesmo relatório, Mauro Cappelletti identifica que os países que optam pelo princípio da oralidade estruturam (em geral, por meio de reformas legislativas) o processo a partir de três pontos centrais: a substituição do modelo de valoração da prova legal pelo modelo de apreciação crítica da prova pelo juiz; a imediação das relações entre o órgão decisor (seja ele juiz único ou colegiado) e os elementos de convicção; e a realização de audiência única (ou poucas em pequeno espaço de tempo) para discussão oral da prova (que poderia ser antecedida por uma fase de troca de escritos)[108]. Ao eleger estes

104. Nas suas palavras: "Oralidad significa solamente, como vengo repitiendo, que el proceso culmina en una audiencia oral, en la cual el juez oye oralmente a los testigos y eventualmente también a las partes. Pero esta audiencia oral, lo mismo en los Países europeos que en los Estados Unidos de América o en Inglaterra, debe ir precedida normalmente y preparada por una fase pre-trial, y en esta fase es absolutamente normal que el instrumento principal de comunicación no sea la palabra pronunciada de viva voz, sino la escritura" (CAPPELLETTI, Mauro [1927-2004]. **El processo civil en el derecho comparado: las grandes tendencias evolutivas** [*Principi fondamentali e tendenze evolutive del processo civile nel diritto comparato* - 1968]. Trad. Santiago Sentís Melendo. Buenos Aires: EJEA, 1973, p. 56).

105. CAPPELLETTI, Mauro [1927-2004]. Proceso oral y processo escrito [*Procédure écrite et procédure orale* - 1970]. *In:* CAPPELLETTI, Mauro. **La oralidad y las pruebas en el proceso civil**. Trad. Santiago Sentís Melendo. Buenos Aires: EJEA, 1972, p. 10-11.

106. Por vezes, Mauro Cappelletti refere a oralidade como "ideia-símbolo" e não como princípio. Assim, por exemplo, ocorre em: CAPPELLETTI, Mauro [1927-2004]. Proceso oral y processo escrito [*Procédure écrite et procédure orale* - 1970]. *In:* CAPPELLETTI, Mauro. **La oralidad y las pruebas en el proceso civil**. Trad. Santiago Sentís Melendo. Buenos Aires: EJEA, 1972, p. 75.

107. CAPPELLETTI, Mauro [1927-2004]. Proceso oral y processo escrito [*Procédure écrite et procédure orale* - 1970]. *In:* CAPPELLETTI, Mauro. **La oralidad y las pruebas en el proceso civil**. Trad. Santiago Sentís Melendo. Buenos Aires: EJEA, 1972, p. 32.

108. CAPPELLETTI, Mauro [1927-2004]. Proceso oral y processo escrito [*Procédure écrite et procédure orale* - 1970]. *In:* CAPPELLETTI, Mauro. **La oralidad y las pruebas en**

preceitos, Mauro Cappelletti propõe uma dupla função para o processo oral, na medida em que se trata "de proceso más rápido, concentrado y eficiente, y de proceso más fiel a una metodología concreta y empírico-inductiva en la busqueda de los hechos y en valoración de las pruebas"[109].

Importante notar, em comparação com a construção de Giuseppe Chiovenda, que a oralidade deixa de se ocupar de um problema: a irrecorribilidade das decisões interlocutórias. Isso porque, já no Código de Processo Civil italiano de 1940, "o velho regime das sentenças interlocutórias, que – com o mecanismo da impugnabilidade imediata e da consequente suspensão do processo – constituía uma das razões fundamentais da crise do processo civil sob o Códice de 1865, é radicalmente abolido"[110]. Daí por que o tema da irrecorribilidade das decisões interlocutórias é abandonado à luz da oralidade processual a tal ponto que o próprio Piero Calamandrei, discípulo direto de Giuseppe Chiovenda, quando vai apresentar o significado de oralidade, elimina a irrecorribilidade em separado das decisões interlocutórias ao apontar como elementos: a prevalência do discurso falado; o diálogo direto entre o órgão judiciante e as pessoas com quem este deve produzir e valorar as declarações; a identidade da pessoa física que constituiu o órgão judicante[111]

---

el proceso civil. Trad. Santiago Sentís Melendo. Buenos Aires: EJEA, 1972, p. 77.

109. CAPPELLETTI, Mauro [1927-2004]. Proceso oral y processo escrito [*Procédure écrite et procédure orale* – 1970]. *In:* CAPPELLETTI, Mauro. **La oralidad y las pruebas en el proceso civil**. Trad. Santiago Sentís Melendo. Buenos Aires: EJEA, 1972, p. 78.

110. TARUFFO, Michele; MITIDIERO, Daniel. **A justiça civil:** da Itália ao Brasil, dos setecentos a hoje. São Paulo: Thomson Reuters Brasil, 2018, p. 317.

111. Importante referir que à época em que Piero Calamandrei escreveu o texto referido, na Itália vigia o Código de Processo Civil de 1940-1942, que contava com as figuras do juiz instrutor e o órgão colegiado. Andrea Proto Pisani afirma que o Código italiano de 1940-1942 não era inspirado pela oralidade chiovendiana "soprattutto perché, a livello di scelta di ordinamento giudiziario, esso ripartisce la competenza dei giudici togati di primo grado tra pretore (giudice monocratico) e tribunale (giudice collegiale) e detta il modello base del processo a cognizione piena (art. 163 a 310) con riferimento a quest'ultimo. Il tribunale, pur essendo a composizione collegiale, non tratta collegialmente tutta la controversia, ma solo la sua fase finale, quella decisoria. Le fasi preparatoria e istruttoria si svolgono davanti a un giudice singolo, il quale per definizione è privo di potere decisorio" (PROTO PISANI, Andrea. I processi a cognizione piena in Italia dal 1940 al 2012. **Revista de Processo**, v. 218, p. 221-257, 2013). Segundo Mauro Cappelletti, o juiz instrutor se trata "di uno dei membri del collegio giudicante; egli è incaricato di preparare e istruire la causa, e – punto fondamentale, che lo differenzia da istituti stranieri apparentemente simili – di assumere le prove. Ciò significa che uno soltanto dei membri dell'organo decidente entra in contato personale e immediato con le fonti di informazione (parti, testi, ecc.): gli altri giudici del collegio si limiteranno

durante a *trattazione* da causa; e a concentração da *trattazione* da causa em um único período (audiência única ou poucas audiências sucessivas) para debate da causa e prolação de sentença imediata[112].

A indicação dos três pontos centrais ao problema da oralidade (*livre* apreciação da prova, imediação e unicidade de audiência), na perspectiva de Mauro Cappelletti, também permite inferir a preocupação acerca do papel do juiz na condução do processo e a respeito da produção e da valoração da prova.

O papel exigido do juiz em um processo justo demandava necessariamente para levar a bom resultado a oralidade processual que ele fosse um grande juiz ou, ao menos, que fosse hábil, inteligente e acima de tudo honesto[113]. Neste ponto, percebe-se o desenvolvimento da oralidade chiovendiana. Enquanto Giuseppe Chiovenda combatia as mazelas do direito comum e a submissão do juiz à vontade das partes, Mauro Cappelletti parte do pressuposto de haver um juiz empoderado na condução do processo (legado construído, em especial, a partir da segunda metade dos 1800)[114] e põe foco nas características pessoais do agente público necessárias à realização do processo oral. Em outras palavras, o sucesso do modelo do processo oral

---

a decidere sulla base dei materiali raccolti dal giudice istruttore" (CAPPELLETTI, Mauro [1927-2004]. L'oralità nel processo civile italiano: ideale contro realtà. **Revista Brasileira de Direito Processual**, v. 3, 3ª trim., p. 155-167, 1975, p. 160-161). Para um maior aprofundamento sobre o tema, recomenda-se a leitura de TARUFFO, Michele; MITIDIERO, Daniel. **A justiça civil**: da Itália ao Brasil, dos setecentos a hoje. São Paulo: Thomson Reuters Brasil, 2018, p. 305-338.

112. CALAMANDREI, Piero [1889-1956]. Oralitá nel processo. **Nuovo digesto italiano**. V. IX. Torino: UTET, 1940, p. 178-180.

113. CAPPELLETTI, Mauro [1927-2004]. **El processo civil en el derecho comparado: las grandes tendencias evolutivas** (Principi fondamentali e tendenze evolutive del processo civile nel diritto comparato – 1968). Trad. Santiago Sentís Melendo. Buenos Aires: EJEA, 1973, p. 51.

114. Sobre o papel esperado do juiz no Estado democrático de direito pautado pela participação, afirma Roberto Omar Berizonce que "La participación protagónica del juez junto con la que, con igual rango, se adjudica a las partes colocadas en posición de recíproca paridad, confluyen en un debate bajo reglas de transparencia, para desembocar en la justa decisión del conflicto. Con lo que la actividad del juez, y aún el activismo procesal creativo, vienen a contribuir no solo a la legitimación democrática de aquellas decisiones, sino también a la del propio poder jurisdicional" (OMAR BERIZONCE, Roberto. Ideologías y processo. **Revista Iberoamericana de Derecho Procesal**. v. 4, p. 251 – 288, Jul - Dez / 2016).

depende não apenas da perfeição da sua construção racional e abstrata, mas dos sujeitos, em especial[115] do juiz, que o fazem atuar na prática.

A preocupação de Mauro Cappelletti com a atuação do juiz no processo oral estava ligada, por um lado, à necessidade de que o juiz tomasse contato direito com as partes e as testemunhas a fim de formar sua convicção a respeito da verdade dos fatos (valorizando a imediação), mas, por outro lado, ao risco de que este contato afetasse a necessária imparcialidade e objetividade com que o juiz deveria julgar a demanda[116].

Entretanto, o papel do juiz não fica relegado somente à produção e valoração da prova[117]. Propondo uma oralidade adequada a uma socialização da justiça, Mauro Cappelletti recomenda que, já na fase preparatória do procedimento, o juiz assuma uma postura ativa e assistencial a respeito das partes "discutiendo con ellas la mejor formulación de las demandas y excepciones, colaborando con ellas en la búsqueda de la verdade" de modo que atue "a fin de que la victoria sea de la parte que efectivamente tenga razón y no de aquella que sepa prevalecer en virtud de la propia mayor fuerza económica o por la mayor habilidad propia o del propio defensor"[118].

---

115. Embora tenha sua preocupação precipuamente voltada para o exercício do papel do juiz, Mauro Cappelletti não ignora a importância de todas as pessoas que lidam com o direito. Pelo contrário, afirma que o constitucionalismo moderno "richiede giudici capaci di elevarsi all'altezza del nuovo compito e della nuova sfida; ma qui va detto chiaro che la grande sfida e la responsabilità non sono soltanto dei giudici, ma di noi tutti, giuristi studiosi e pratici, docenti e avvocati" (CAPPELLETTI, Mauro. Costituzionalismo moderno e ruolo del potere giudiziario nelle società contemporanee. **Revista de Processo**, v. 68, p. 47-54, out.-dez. 1992).

116. CAPPELLETTI, Mauro [1927-2004]. **El processo civil en el derecho comparado: las grandes tendencias evolutivas** [*Principi fondamentali e tendenze evolutive del processo civile nel diritto comparato* – 1968]. Trad. Santiago Sentís Melendo. Buenos Aires: EJEA, 1973, p. 50.

117. Frise-se que a relação entre oralidade e prova está, na visão de Mauro Cappelletti, predominantemente orientada a atuar diante da produção e valoração da prova testemunhal, sendo menos importante em processos em que a prova documental se mostra exclusivamente necessária (CAPPELLETTI, Mauro [1927-2004]. Proceso oral y processo escrito [*Procédure écrite et procédure orale* – 1970]. *In:* CAPPELLETTI, Mauro. **La oralidad y las pruebas en el proceso civil**. Trad. Santiago Sentís Melendo. Buenos Aires: EJEA, 1972, p. 9 e 56).

118. CAPPELLETTI, Mauro [1927-2004]. Proceso oral y processo escrito [*Procédure écrite et procédure orale* – 1970]. *In:* CAPPELLETTI, Mauro. **La oralidad y las pruebas en el proceso civil**. Trad. Santiago Sentís Melendo. Buenos Aires: EJEA, 1972, p. 79.

Para tanto, recomenda a realização da audiência preliminar[119], de modo a preparar a demanda para a fase instrutória. Quanto às características dessas audiências, o autor ressalta a importância de que as mesmas sejam públicas[120].

Por fim, relevante dizer que, em 1991, em conferência pronunciada em Curitiba, Mauro Cappelletti ainda manifestava sua confiança na oralidade como forma de superação do problema da duração excessiva do processo e da qualidade da prestação da tutela jurisdicional[121]. Nas palavras de Carlos Alberto Alvaro de Oliveira, Mauro Cappelletti pregava que a oralidade constitua "um instrumento importante não só para resolver o problema da excessiva demora dos processos, mas também para melhorar a qualidade da Justiça civil"[122].

3.3. A APLICAÇÃO DO MODELO PROPOSTO NO BRASIL

3.3.1. O contexto social e jurídico brasileiro do Código de Processo Civil de 1939 ao Código de Processo Civil de 1973

Se é correto afirmar que os efeitos da obra de Giuseppe Chiovenda puderam ser sentidos na legislação processual brasileira da primeira metade do século XX, certo é que, seja por insuficiência de técnica legislativa, seja em face da modificação do contexto social experimentado na segunda metade do aludido século, os resultados práticos esperados quanto à prestação da tutela jurisdicional não foram satisfatórios.

---

119. Sobre a origem da audiência preliminar, aponta Buzaid que, "Ao que parece, a audiência preliminar surge no Regolamento Legislativo e Giudiziario per gli Affari Civili, baixado a 10 de novembro de 1834 pelo Papa Gregório XVI. O § 551 assim dispõe: 'Tutte le controversie relative alla índole qualità del giudizio introdotto, alle qualità che vengono attribuite alle parti nell'atto di citazione, alla legitimazione delle persone, saranno proposte e decise nella prima udienza'" (BUZAID, Alfredo [1914-1981]. Do despacho saneador. **Revista de direito processual civil**, v. 1, a. 1, jan./jun. 1960, p. 45/58, p. 53-54).

120. CAPPELLETTI, Mauro [1927-2004]. **El processo civil en el derecho comparado**: las grandes tendencias evolutivas [*Principi fondamentali e tendenze evolutive del processo civile nel diritto comparato* – 1968]. Trad. Santiago Sentís Melendo. Buenos Aires: EJEA, 1973, p. 51.

121. CAPPELLETTI, Mauro [1927-2004]. Problemas de reforma do processo civil nas sociedades contemporâneas. Trad. José Carlos Barbosa Moreira. **Revista de Processo**, v. 65, p. 127-143, jan.-mar. 1992.

122. ALVARO DE OLIVEIRA, Carlos Alberto [1942-2013]. Mauro Cappelletti e o direito processual brasileiro. **Revista da Faculdade de Direito da Universidade Federal do Rio Grande do Sul**, Porto Alegre, v. 20, out. p. 45-50, 2001, p. 46-47.

Entre as décadas de 1950 e 70, no Ocidente, houve um grande processo de industrialização e uma forte corrente migratória do ambiente rural para o espaço urbano[123]. A ampliação do espectro de direitos dos indivíduos[124] foi acrescida de um maior potencial de conflitos existentes no ambiente urbano. Esses fatores foram gradualmente congestionando o Poder Judiciário de processos e exigindo do modelo processual existente (baseado na oralidade) uma nova resposta frente aos novos desafios. Embora tenha sido um fenômeno histórico-social bastante abrangente nos países ocidentais[125], por

---

123. Na década de 50 do século XIX, do total de 51.944.397 pessoas morando no Brasil, 33.161.506 (63,84%) tinham domicílio em região rural e 18.782.891 possuiam domicílio em áreas urbanas. Na década seguinte, a população domiciliada em área rural passou a contar com 38.987.526 indivíduos (54,91% do total), enquanto a população urbana passou a contar com 32.004.817 pessoas. Na década de 70, a predominância da população rural deixou de existir, pois das 94.508.583 pessoas morando no Brasil, 52.904.744 (55,98%) viviam nas cidades e 41.603.839 (44,02%) viviam no campo. Como se observa, a população urbana, nas décadas de 50, 60 e 70, representou respectivamente 36,16%, 45,08% e 55,98%. Neste espaço de tempo, portanto, houve a mudança de perfil da ocupação do espaço brasileiro, a modificação das relações sociais e, consequentemente, dos conflitos existentes na sociedade. Saliente-se, por fim, que o processo de urbanização da população brasileira permanece de forma acentuada desde a década de 70 do século passado. Em 2010 a população total no Brasil era de 190.755.799 habitantes, sendo 160.925.792 (84,36%) domiciliados em áreas urbanas (IBGE. **IBGE – Censo Demográfico – 2010**. Disponível em: https://www.ibge.gov.br/estatisticas/multidominio/condicoes-de-vida-desigualdade-e-pobreza/9662-censo-demografico-2010.html?=&t=series-historicas).

124. Nas palavras de Mauro Cappelletti, "Há, pois, um elemento novo ou uma nova razão de ser no movimento pela oralidade: o propósito de tornar mais acessível o processo. O que há de novo na emergente importância das garantias fundamentais do processo é a consciência de que, em demasiados casos, por antigas que sejam, tais garantias foram esquecidas e espezinhadas; mas aqui há também dois fatores de absoluta novidade. O primeiro é a consciência adquirida de que, para tornarem-se mais seguras, semelhantes garantias devem integrar as modernas Constituições, e portanto fazer parte da *lex* superior dos vários países, ou até de *Bills of Rights* transnacionais, como a Convenção Européia dos Direitos do Homem e a análoga Convenção Americana, de modo que à respectiva proteção agora também provê um juiz transnacional. O segundo fator de absoluta novidade está na importância nova das garantias sociais, e por conseguinte na manifestação poderosa, irrompente, do movimento pelo acesso à justiça" (CAPPELLETTI, Mauro [1927-2004]. Problemas de reforma do processo civil nas sociedades contemporâneas. **Revista de Processo**, v. 65, p. 127-143, jan.-mar. 1992).

125. Não foi apenas no Brasil que as décadas de 60 e 70 do século passado exigiram do legislador reformas profundas no âmbito do direito processual civil. O mesmo fenômeno ocorreu, também, por exemplo, no direito francês. Segundo aponta Loïc Cadiet, a busca pela modernização da justiça na França tem suas origens em 1958 com a criação da Escola Nacional da Judicatura (CADIET, Loïc. **Perspectivas sobre o sistema da justiça**

uma questão de delimitação do objeto de análise, o presente trabalho terá por foco demonstrar como se deu a evolução do direito processual (a partir de uma perspectiva predominantemente legislativa) no Brasil.

O direito positivo brasileiro, que havia unificado as regras de processo civil em 1939 (como se viu anteriormente), recebeu novo diploma processual somente em 1973. No entanto, o Código de Processo Civil brasileiro de 1973, antes de representar uma verdadeira novidade em relação ao Código

---

civil francesa: seis lições brasileiras. Trad. Daniel Mitidiero e outros. São Paulo: Revista dos Tribunais, 2017, p. 27). No entanto, foi somente na década de 1970 que foi realizada uma reforma mais ampla do Código de Processo Civil napoleônico de 1806 (nesse sentido, ver: MOREIRA, José Carlos [1931-2017]. Notas sobre as recentes reformas do processo civil francês. **Revista da Academia Brasileira de Letras Jurídicas**, v. 23, n. 30, p. 133-145, jan./jun., 2007, p. 133). Esse movimento de reforma, que culminou com o *nouveau code de procédure civile* francês, estava animado "pelo desejo de simplificação e racionalização do processo, pensadas dentro de um molde que não leva à violação das garantias de boa justiça" (CADIET, Loïc. **Perspectivas sobre o sistema da justiça civil francesa:** seis lições brasileiras. Trad. Daniel Mitidiero e outros. São Paulo: Revista dos Tribunais, 2017, p. 21-22). No âmbito do direito português, o direito processual civil recebeu nova disciplina em 1961 (Decreto-Lei nº 44.129). Quanto à organização do processo, o Código de 1961 procurava corrigir uma distorção prática que decorria da necessidade de uma audiência de discussão antes da prolação de despacho saneador que conhecesse de pedido ou de qualquer exceção suscitada pelas partes que não redundassem na nulidade do processo. A distorção residia no fato de que, na linguagem do legislador, "a audiência preparatória do saneador converteu-se, na quase totalidade dos casos, numa simples tentativa de conciliação, possível em qualquer estado da causa, mas obrigatória sempre que a audiência se realizasse", havendo alegações somente em raríssimos casos (Preâmbulo do Decreto-Lei n.º 44 129, de 28 de Dezembro de 1961). A alteração se deu em duas frentes. Em primeiro lugar, a obrigatoriedade da audiência preparatória foi reduzida (só no caso de se pretender conhecer, no saneador, de algum pedido ou de qualquer excepção peremptória, sendo facultativa quando da apreciação de outras exceções então possíveis). Em segundo lugar, houve a unificação do ponto de vista formal (praticados em um mesmo ato) do saneador e do questionário, medida que tinha por propósito "garantir uma perfeita harmonia entre saneador e questionário, através da análise conjunta ou simultânea das questões de direito e das questões de facto que interessam a um e a outro" (Preâmbulo do Decreto-Lei nº 44.129, de 28 de dezembro de 1961). O despacho saneador, por sua vez, era proferido após a apresentação dos articulas ou da audiência preparatória (quando ocorresse). Nele, a teor do que dispunha o art. 510 do CPC de 1961, eram enfrentadas as seguintes questões: "a) Conhecer, pela ordem designada no artigo 288.°, das excepções que podem conduzir à absolvição da instância, assim como das nulidades, ainda que não tenham por efeito anular todo o processo; b) Decidir se procede alguma excepção peremptória; c) Conhecer directamente do pedido, se a questão de mérito for unicamente de direito e puder já ser decidida com a necessária segurança ou se, sendo a questão de direito e de facto, ou só de facto, o processo contiver todos os elementos para uma decisão conscienciosa".

anterior, optou por apenas realizar ajustes ao modelo existente[126]. Com isso, perdeu aderência à realidade social que lhe era contemporânea[127].

No que tange ao tema deste livro, importante referir que, em que pese a evidente influência de Enrico Tullio Liebman[128] na formação do Código de Processo Civil brasileiro de 1973[129], o Código reconhecia o princípio da

---

126. Para Cândido Rangel Dinamarco, "O segundo Código de Processo Civil nacional, promulgado no ano de 1973 e vigente desde janeiro de 1974, foi uma réplica do anterior (o de 1939), com expressivos aperfeiçoamentos formais e algumas relevantes inovações substanciais, mas muito pouco para que nele se pudesse identificar um novo estilo de processo civil. [...] Foi só na década dos anos setenta, quando o então novo Código já estava em vigor, que começaram a se avolumar as investigações mais profundas acerca da tutela constitucional do processo, representada pelos princípios e garantias estabelecidos na Constituição Federal" (DINAMARCO, Cândido Rangel. O novo código de processo civil brasileiro e a ordem processual civil vigente. **Revista de Processo**, v. 247, p. 63-103, set. 2015).
127. Acerca da falta de adequação social do Código de Processo Civil, veja-se a crítica de Heitor Vitor Mendonça Sica: "el CPC de1973 era sustancialmente igual al que lo *precedió (el CPC de 1939)*: ambos todavia fuertemente arraigados en las tradiciones heredadas del derecho portugués medieval y diagramados con el objetivo principal de solucionar conflictos intersubjetivos ocorridos en una sociedad todavía mayoritariamente rural (SICA, Heitor Vitor Mendonça. Brevísimas reflexiones sobre la evolución del tratamiento de los litigios repetitivos en el ordenamiento brasileño: del CPC de 1973 al CPC de 2015. **Revista de Derecho Procesal,** Rubinzal Culzoni, 2019-I, p. 615-628).
128. A inclinação de Enrico Tullio Liebman a favor da oralidade é reconhecida. Um dado que revela essa afirmação é o fato de que o mencionado processualista presidiu comissão de reforma (nomeada em 1973) do Código de Processo Civil italiano tendo por resultado a apresentação de projeto de reforma parcial em 1977 que valorizava o tema da oralidade. Michele Taruffo refere que a inspiração do Projeto Liebman (como ficou conhecido o projeto) "remonta à concepção chiovendiana encarnada nos princípios da oralidade, da imediação e da concentração" (TARUFFO, Michele; MITIDIERO, Daniel. **A justiça civil:** da Itália ao Brasil, dos setecentos a hoje. São Paulo: Thomson Reuters Brasil, 2018, p. 393-394).
129. Sobre a influência de Enrico Tullio Liebman no Código de Processo Civil brasileiro de 1973, ver: BUZAID, Alfredo [1914-1991]. A influência de Liebman no direito processual civil brasileiro. **Revista de Processo**, v. 27, p. 12-26, jul.-set. 1982.

oralidade[130] como fundamental, mas o mitigava na sua aplicação[131]. O próprio responsável pelo código, Alfredo Buzaid[132], admitia que o Código de

130. Do ponto de vista conceitual, ao menos no Brasil, foi retomada a questão a respeito da natureza jurídica da oralidade. Em que pese existência de posições dissonantes acerca da natureza principiológica da oralidade, a doutrina, em geral, quer, em face da consagração do termo, que, em razão da afirmação da sua natureza normativa, permaneceu atribuindo à oralidade processual a condição de princípio. Assim, por exemplo, Julio Cesar Goulart Lanes reconhece a predominância doutrinária acerca da indicação da oralidade como sendo um princípio, embora compartilhe do entendimento de que a oralidade é uma regra técnica (LANES, Júlio Cesar Goulart. **Audiências:** conciliação, saneamento, prova e julgamento. Rio de Janeiro: Forense, 2009, p. 52-53). De outro lado, Mauro Cappelletti sempre tratou o tema da oralidade no contexto dos princípios jurídicos. Ilustrativa a esse respeito é a passagem da Conferência proferida em 1991, em Curitiba: "Concluindo sobre o princípio da oralidade, cumpre certamente deixar registrado que ele não é a panacéia. Um processo em que, p. ex., faltassem às partes e ao juiz determinadas garantias fundamentais, seria talvez mais perigoso como processo oral que como processo escrito. Não por acaso o princípio da oralidade se afirmou justamente com a finalidade de proteger o *innocent litigator* do 'juiz iníquo'" (CAPPELLETTI, Mauro [1927-2004]. Problemas de reforma do processo civil nas sociedades contemporâneas. Trad. José Carlos Barbosa Moreira. **Revista de Processo**, v. 65, p. 127-143, jan.-mar. 1992). Como se observa, ainda na década de 90 do século passado, Mauro Cappelletti atribuía à oralidade a condição de princípio e também atribuía a condição de modelo do processo (cujo modelo antagônico era o processo escrito). No entanto, ao que parece, não se cogita a partir de Mauro Cappelletti a relação da oralidade com a figura da *regra técnica*.

131. Assim, por exemplo, afirmava José Manoel de Arruda Alvim Netto, que "O princípio da oralidade, como sabemos, renasceu em fins do século passado, e, por assim dizer, nasceu inflacionadamente, tendo hoje, sido reduzido aos seus devidos termos". A redução da oralidade no Código de Processo Civil brasileiro de 1973 se deu por dispensar a obrigatoriedade dos debates orais limitando a atuação do princípio da oralidade "àquilo que lhe é essencial, que é habilitar o juiz a sentir a testemunha. Nada mais. Ora, com esta nova noção, ou com esta redução da oralidade às suas verdadeiras dimensões, possibilitou-se ao legislador criar uma estrutura do procedimento ordinário aí inserindo um instituto como o do julgamento antecipado da lide" (ALVIM NETTO, José Manoel de Arruda. Sentença no processo civil: as diversas formas de terminação do processo em primeiro grau. **Revista de Processo**, v. 2, p. 13-94, 1976).

132. Sobre a influência de Alfredo Buzaid no Código de Processo Civil brasileiro de 1973, Daniel Mitidiero descreve que, "Em 1964, entrega Alfredo Buzaid o Anteprojeto do Código de Processo Civil, atendendo a convite do Ministro da Justiça, Oscar Pedroso Horta, que lhe incumbiu da tarefa como Professor Catedrático de Direito Processual Civil da Faculdade de Direito da Universidade de São Paulo. Este Anteprojeto foi, anos mais tarde, revisto e discutido por uma Comissão de eminentes juristas, constituída por José Carlos Moreira Alves, Luís Antônio de Andrade, José Frederico Marques e Cândido Rangel Dinamarco, em reuniões que contavam ainda com a presença assídua do não menos eminente jurista José Carlos Barbosa Moreira. Em 1972, o Projeto de

Processo Civil brasileiro acolheu a maior parte dos elementos da oralidade propostos por Giuseppe Chiovenda, "mas mitigou o rigor [de] princípios para atender, de um lado, à extensão territorial do país e, de outro lado, a peculiaridades do novo sistema"[133]. A mitigação promovida pelo Código de 1973 materializava-se na medida em que o procedimento "é sempre escrito na fase dos articulados e dos recursos; e oral na instrução probatória, que se realiza, salvo a perícia, em audiência una e contínua; não sendo possível concluir, num só dia, a instrução e o julgamento, cabe ao juiz marcar o seu prosseguimento para dia próximo"[134].

Além disso, o Código de Processo Civil brasileiro de 1973 relativizou a obrigatoriedade de audiência de instrução para o conhecimento do mérito da causa (autorizando, portanto, a realização do *julgamento antecipado da lide*), permitindo a tomada de decisões definitivas sem a prática do aludido ato[135].

Sem pretender esmiuçar questões dogmáticas e pontuais a respeito do sistema de audiências na vigência do Código de Processo Civil brasileiro de 1973, é relevante perceber, do ponto de vista estrutural, que o legislador optou pela cisão entre *ritos* procedimentais (no âmbito do processo de conhecimento[136]), cada qual com características próprias quanto a adoção da

---

Código de Processo Civil foi encaminhado ao Congresso Nacional, por mensagem do Presidente da República. Discutido e aprovado, foi sancionado o Código de Processo Civil em 1973 por Emílio Médici, devidamente coadjuvado pelo seu então Ministro da Justiça, Alfredo Buzaid" (MITIDIERO, Daniel. O processualismo e a formação do código Buzaid. **Revista de Processo**, v. 183, p. 165-194, maio 2010).

133. BUZAID, Alfredo (1914-1991). **Estudos e pareceres de direito processual civil**. São Paulo: Revista dos Tribunais, 2002, p. 35.

134. BUZAID, Alfredo (1914-1991). **Estudos e pareceres de direito processual civil**. São Paulo: Revista dos Tribunais, 2002, p. 36.

135. Nas palavras de Buzaid, "Exigir, em obséquio ao princípio da oralidade, que os autos permaneçam em cartório aguardando a realização da audiência de debate oral, quando no processo há todos os elementos para a sentença pronta e imediata, é perfilhar uma solução praticamente inútil e altamente danosa à rapidez da justiça" (BUZAID, Alfredo [1914-1991]. **Estudos e pareceres de direito processual civil**. São Paulo: Revista dos Tribunais, 2002, p. 42).

136. Oportuno lembrar que o Código de Processo Civil de 1973 era dividido em livros que contemplavam procedimentos distintos a partir de funções processuais. Assim, dividia seus livros em processo de conhecimento, processo de execução, processo cautelar e procedimentos especiais. Na exposição de motivos do Código, Alfredo Buzaid esclarece que "O projeto está dividido em cinco livros: o primeiro se ocupa com o processo de conhecimento; o segundo, com o processo de execução; o terceiro, com o processo cautelar; o quarto, com os procedimentos especiais; e o quinto, com as disposições gerais e transitórias. A matéria dos três primeiros livros corresponde à

oralidade processual. Assim, para as causas de menor complexidade e/ou de menor valor (previstas no seu art. 275[137]), o Código de Processo Civil de 1973 indicou o procedimento sumaríssimo[138], enquanto dedicou o procedimento ordinário às demais causas não sujeitas aos procedimentos especiais.

O procedimento sumaríssimo apresentava uma grande preocupação com a ideia de celeridade – o Código de Processo Civil de 1973 previa no seu art. 281 que "todos os atos, desde a propositura da ação até a sentença, deverão realizar-se dentro de noventa (90) dias". Buscava levar a efeito a pronta prestação da tutela jurisdicional por meio da adoção de técnicas típi-

---

função jurisdicional de conhecimento, de execução e cautelar. A dogmática do processo civil moderno sanciona esta classificação. O processo cautelar foi regulado no Livro III, porque é um *tertium genus*, que contém a um tempo as funções do processo de conhecimento e de execução. O seu elemento específico é a prevenção. O quarto livro abrange procedimentos especiais, distribuídos em dois títulos: os de jurisdição contenciosa e os de jurisdição voluntária" (BUZAID, Alfredo. Exposição de motivos [1972]. SENADO FEDERAL. **Código de processo civil**: histórico da lei. V. I, t. I. Brasília: Senado Federal, 1974, p. 16-17).

137. Redação original da Lei nº 5.869/1973: "Art. 275. Observar-se-á o procedimento sumaríssimo: l - nas causas, cujo valor não exceder vinte (20) vezes o maior salário-mínimo vigente no país; II - nas causas, qualquer que seja o valor: a) de reivindicação de coisas móveis e de semoventes; b) de arrendamento rural e de parceria agrícola; c) de responsabilidade pelo pagamento de impostos, taxas, contribuições, despesas e administração de prédio em condomínio; d) de ressarcimento por danos em prédio urbano ou rústico; e) de reparação de dano causado em acidente de veículo; f) de eleição de cabecel; g) que tiverem por objeto o cumprimento de leis e posturas municipais quanto à distância entre prédios, plantio de árvores, construção e conservação de tapumes e paredes divisórias; h) oriundas de comissão mercantil, condução e transporte, depósito de mercadorias, gestão de negócios, comodato, mandato e edição; i) de cobrança da quantia devida, a título de retribuição ou indenização, a depositário e leiloeiro; j) do proprietário ou inquilino de um prédio para impedir, sob cominação de multa, que o dono ou inquilino do prédio vizinho faça dele uso nocivo à segurança, sossego ou saúde dos que naquele habitam; l) do proprietário do prédio encravado para lhe ser permitida a passagem pelo prédio vizinho, ou para restabelecimento da servidão de caminho, perdida por culpa sua; m) para a cobrança dos honorários dos profissionais liberais, ressalvado o disposto em legislação especial. Parágrafo único. Esse procedimento não será observado nas ações relativas ao estado e à capacidade das pessoas".

138. Segundo relato de Candido Rangel Dinamarco, a adoção da terminologia "procedimento sumaríssimo" pelo Código de 1973 pretendia atender ao preceito constitucional então vigente que "autorizava a instituição de processo e julgamento de rito sumaríssimo" (DINAMARCO, Cândido Rangel. **A reforma do código de processo civil** [1995]. 3. ed. São Paulo: Malheiros, 1996, p. 51-52). A expressão foi substituída por "procedimento sumário" pela Lei nº 8.952/94.

cas do processo oral. Esse fato é percebido desde a propositura da demanda. Se, por um lado, a propositura da demanda era feita pela forma escrita, por outro lado, o rito impunha a obrigatoriedade de, no mesmo ato, o autor indicar as provas e oferecer o rol de testemunhas e documentos (art. 276). Essa orientação legal reforçava a ideia de concentração dos atos processuais, corolário tradicional do processo oral. Além disso, proposta a demanda, o procedimento determinava a designação de audiência de instrução e julgamento (art. 277). Ajustada a pauta de audiência, o réu era citado para comparecer na audiência para oferecer, caso não fosse obtido acordo, defesa oral ou escrita e produzir a prova que entendesse necessária (art. 278). Mais uma vez percebe-se a influência da oralidade. Isso porque o procedimento concentrava os atos processuais em audiência única, oportunidade em que, além da prova, a demanda na perspectiva do réu seria apresentada de forma oral ou escrita. Note-se que, ainda que o réu opte pela contestação escrita, sua oferta em audiência oportuniza que as partes e o juiz tenham contato com a defesa e imediatamente possam colher a prova de forma extremamente concentrada. Por fim, o procedimento previa que o juiz deveria proferir sentença na própria audiência ao final da instrução ou no prazo máximo de cinco dias (art. 280), garantindo uma maior imediação entre a produção da prova e a sua apreciação por meio da decisão[139].

No entanto, se a oralidade parecia ser contemplada no procedimento sumaríssimo, vinha a ser limitada no procedimento ordinário. A fase inicial (postulatória) era praticamente toda baseada na troca de manifestações escritas acompanhadas pelos respectivos documentos. Superada esta fase, ao juiz cumpria seguir uma das técnicas existentes sob o nome de *julgamento*

---

139. Quanto aos resultados práticos obtidos com a adoção do procedimento, Athos Gusmão Carneiro relata que, embora em tese o procedimento se revela excelente, "Na prática, o sistema não atingiu, na maioria das comarcas, a desejada celeridade, e isso por razões várias. O acúmulo de serviço, as pautas dos juízes já ocupadas por meses, fazem com que freqüentemente a audiência já se realize fora do prazo de 90 dias. A necessidade de sempre realizar a audiência torna inaplicável a melhor inovação do vigente CPC brasileiro, por todos louvada: o "julgamento antecipado da lide". Em audiência, surgem no procedimento sumaríssimo causas muitas de pedidos de adiamento: solicitação de perícias, requerimentos visando a intervenção de terceiros (máxime de denunciação da lide), apresentação de documentos pelo demandado, argüição de fatos extintivos etc., sem falar no exíguo prazo de até 48 horas antes da audiência para a apresentação do rol de testemunhas do réu. Em suma: com freqüência seria preferível, a bem da celeridade processual, ajuizar um processo sob o rito ordinário do que sob o rito dito sumaríssimo" (CARNEIRO, Athos Gusmão [1925-2014]. Considerações sobre o processo e o juizado de pequenas causas. **Revista de Processo**, v. 51, p. 23-31, Jul.--Set./1988).

conforme o estado do processo (extinção do processo, julgamento antecipado da lide ou despacho saneador).

No regime processual anterior (Código de Processo Civil de 1939), a fase inicial já era concretizada pela troca de escritos, e já existiam mecanismos similares à extinção do processo (absolvição e cessação da instância) e ao despacho saneador. O que representou de fato uma modificação[140] que atinge a oralidade do processo (ao menos se considerada uma compreensão tradicional de oralidade) foi a possibilidade de o juiz proferir julgamento antecipado da lide (art. 330). Contemporaneamente à elaboração do Código de 1973, havia um debate acerca da necessidade prática da audiência para o conhecimento do mérito da causa. Celso Agrícola Barbi[141] relatava que, nas grandes cidades (em razão do acentuado êxodo rural que a sociedade experimentava), as audiências estavam sendo marcadas para vários meses (ou até mesmo anos) adiante, mesmo sem que fossem identificadas provas a serem colhidas. Esse problema era ainda mais evidente nas causas que envolviam a Fazenda Pública, cujo objeto era tipicamente limitado a *questões de direito*. Em razão desse fenômeno e em face da ineficiência dos debates orais, emergiu uma grande pressão dos advogados e dos juízes para que fosse suprimida do procedimento a necessidade de realização de audiência antes de o juiz conhecer o mérito da causa[142].

---

140. Saliente-se que Galeno Lacerda já antevia a possibilidade de que a realização da audiência fosse dispensada, ainda na vigência do Código de Processo Civil brasileiro de 1939, se o réu confessasse integralmente o pedido em matéria disponível. Também previa a dispensa da audiência quando, diante da impugnação do fato constitutivo, houvesse a aquiescência dos interessados. Do contrário, cogitava Galeno Lacerda que "pode acontecer que as partes queiram discutir mais a fundo a matéria controvertida ou que a supressão da audiência prejudicque prova eventual" (LACERDA, Galeno [1922-2012]. **Despacho saneador** [1953]. 3. ed. Porto Alegre: Fabris, 1990, p. 151).

141. BARBI, Celso Agrícola. Despacho saneador e julgamento do mérito. **Revista dos Tribunais**, RT 391/9, maio 1968.

142. A conclusão de Celso Agrícola Barbi sobre o problema era de a de que "Por todos êsses motivos, parece-nos que o assunto merece ser reexaminado pelos juízes e doutrinadores, com objetivo de conciliar os interêsses da prática processual com a sistemática do nosso Código. E, nessa orientação, pensamos que não existe nenhum impedimento legal para que seja julgado o mérito por ocasião do despacho saneador, quando a questão seja apenas de interpretação de leis, ou quando, por não haver necessidade de outras provas, a decisão deva enfrentar apenas a questão da aplicação da norma aos fatos já provados" (BARBI, Celso Agrícola. Despacho saneador e julgamento do mérito. **Revista dos Tribunais**, RT 391/9, maio 1968).

A motivação jurídica da limitação dos debates orais no caso de julgamento antecipado da lide pode ser sintetizada no comentário de José Joaquim Calmon de Passos à redação original do Código de Processo Civil brasileiro de 1973. Para o autor, partindo da premissa de que, "sendo a verdade buscada no processo uma verdade formal[143], subordinada à preocupação política da pacificação social atribuída ao processo", a instrução deve servir à convicção do juiz de tal modo que o julgamento antecipado da lide se mostra adequado quando o juiz já imediatamente após a fase postulatória tem seu convencimento formado, passando a ser a audiência uma mera formalidade processual[144].

---

143. Sobre a classificação da verdade em verdade formal e em verdade material, Jordi Ferrer Beltrán ensina que "a doutrina alemã do final do século XIX (cf., por exemplo, Von Canstein, 1899, p. 306 e ss.) – e com ela boa parte da doutrina e da jurisprudência europeia até os nossos dias – buscou escapar do dilema anterior postulando a distinção entre dois tipos de verdade, material e processual. A primeira também foi denominada pelos qualificativos "objetiva", "real" etc. A segunda, de seu turno, também recebeu denominações de "formal", "judicial", "forense" etc. A verdade material é aquela de que se fala fora do processo judicial. Por isso, também é possível referir-se a essa pela denominação de verdade *tout court*, sem outros qualificativos. Não está claro quais seriam as condições de verdade, nesse sentido, em que os teóricos que propuseram tal distinção estavam pensando, mas é plausível sustentar que a verdade (material) de um enunciado dependa de sua correspondência com o mundo: da ocorrência dos fatos cuja existência é afirmada, ou da não ocorrência dos fatos cuja existência é negada. Essa é, precisamente, a verdade que se crê inalcançável, pelo menos em muitas ocasiões, no processo judicial. A verdade formal, por outro lado, é aquela que se obtém no processo, como resultado da atividade probatória. Tal verdade formal pode coincidir ou não com a material (mesmo que, frequentemente, admita-se ser desejável que o faça), mas seria aquela que gozaria de autoridade jurídica. Independentemente da coincidência com os fatos realmente ocorridos, à declaração de fatos provados realizada pelo juiz ou tribunal na sentença é atribuída a qualificação de verdadeira formalmente. Essa declaração pode ser revogada e substituída por outra por um tribunal superior, mas, uma vez transitada em julgado, a sentença é 'a única verdade' que interessa para o direito. Dessa forma, a declaração de fatos provados realizada pelo julgador torna-se verdadeira (em sentido formal) pelo mero fato de ser emitida pelo órgão judicial. Ainda que nada seja dito a tal respeito pelos defensores da distinção, parece claro, desse modo, que a declaração de fatos provados adquire força constitutiva" (FERRER BELTRÁN, Jordi. **Prova e verdade no direito** [*Prueba y verdad en el derecho* – 2003]. Trad. Vitor de Paula Ramos. São Paulo: Revista dos Tribunais, 2017, p. 65-66).
144. PASSOS, José Joaquim Calmon de [1920-2008]. **Comentários ao código de processo civil**. V. III. São Paulo: Forense, 1974, p. 420-421.

Fruto, em boa medida, desse e de outros debates[145], o Código de Processo Civil de 1973 consagrou a possibilidade de que o mérito da causa pudesse ser apreciado antes da fase de instrução, por meio da técnica do *julgamento antecipado da lide*[146] *(art. 330 do mencionado Código). A partir de então*[147], *pôde o juiz conhecer diretamente do pedido, proferindo sentença em três situações: (a) quando a questão de mérito fosse unicamente de direito; (b) quando a questão de mérito fosse de direito e de fato, mas não houvesse necessidade de produzir prova em audiência; ou (c) quando ocorresse à revelia.*

Como demonstrado, a superveniência da fase postulatória do processo deixou de oferecer somente como alternativa ou o saneamento escrito[148] (declarado por inexistir vício ou realizado por promover a correção do vício) ou a extinção do processo (caso em que o vício se mostrasse insuperável), passando a comportar a possibilidade de o juiz, desde logo, enfrentar o mérito proferindo sentença.

---

145. Sobre a origem histórica do julgamento antecipado da lide, ver: MONIZ DE ARAGÃO, Egas Dirceu. Julgamento conforme o estado do processo. **Revista de Processo**, v. 5, p. 197-212, jan.-mar. 1977.

146. Em verdade, se o processo se encontra pronto para julgamento (sendo desnecessária à instrução), não se está antecipando julgamento, mas proferindo-o no seu tempo adequado (ainda mais se considerarmos a necessidade de concretização dos princípios da celeridade e economia processual). Essa crítica continua atual, na medida em que o Código de Processo Civil de 2015 passou a chamar a técnica de *julgamento antecipado do mérito* (art. 355 do CPC de 2015), substituindo, portanto, a ideia de julgamento pela ideia de julgamento do mérito, mas mantendo a ideia de se tratar de um julgamento antecipado.

147. O Código de Processo Civil de 2015, na essência, para o que se preocupa o presente estudo, não altera a técnica do julgamento antecipado. Limita-se (além de alternar a nomenclatura, como exposto na nota anterior) a simplificar as duas hipóteses indicadas ("a" e "b") cogitando da desnecessidade de produção de prova (sendo questão de direito ou questão de direito ou de fato) e limitar o julgamento antecipado do mérito às hipóteses de revelia onde se produza o efeito da confissão (art. 344 do CPC de 2015), e o réu não requerer a produção de prova (art. 349 do CPC de 2015). Note-se que essa limitação do emprego do julgamento antecipado do mérito no tocante à revelia vai ao encontro da exigência da concepção atual de contraditório forte.

148. Dispunha o art. 331 do Código de 1973 que, "Se não se verificar nenhuma das hipóteses previstas nas seções precedentes, o juiz, ao declarar saneado o processo: I – deferirá a realização de exame pericial, nomeado o perito e facultando às partes a indicaçao dos respectivos assistentes técnicos; II – designará a audiência de instrução e julgamento, determinando o comparecimento das partes, perito, assistentes técnicos e testemunhas".

Outro aspecto que costuma ser relacionado à ideia de oralidade diz respeito à identidade física do juiz. No Código de 1939[149] havia uma vinculação do juiz à causa de forma muito mais rígida do que a proposta pelo Código de 1973[150]. Isso porque o Código de 1939 previa que o juiz, ainda que transferido, promovido ou aposentado, permaneceria vinculado à causa que instruiu em audiência, salvo situação excepcional. O Código de 1973 manteve a ideia de que o juiz que iniciasse a audiência de instrução deveria julgar o feito, mas mitigou essa necessidade nas hipóteses de transferência, promoção ou aposentadoria, situação em que o seu sucessor tinha a opção de repetir a prova se entendesse oportuno. Como se vê, sem adentrar no mérito da opção legislativa, é evidente o enfraquecimento da imediação entre o juiz encarregado da instrução e o juiz prolator da decisão.

Acerca da recorribilidade das decisões interlocutórias, o Código de Processo Civil brasileiro de 1973 optou por unificar o regime do agravo indicando que todas as decisões, exceto as suscetíveis de apelação e os despachos de mero expediente, seriam recorríveis por agravo de instrumento. Importante referir que o § 1º do art. 522 do Código de 1973 franqueava ao agravante a possibilidade de o agravo interposto, em vez de imediatamente ser submetido a julgamento pela superior instância (art. 522, § 2º), ficasse retido nos autos "a fim de que dele conheça o tribunal, preliminarmente, por ocasião do julgamento da apelação"[151]. Se, por um lado, representa medida

---

149. O Código de Processo Civil brasileiro de 1939 no seu art. 120 estabelecia que: "O juiz transferido, promovido ou aposentado concluirá o julgamento dos processos cuja instrução houver iniciado em audiência, salvo si o fundamento da aposentação houver sido a absoluta incapacidade física ou moral para o exercício do cargo. O juiz substituto, que houver funcionado na instrução do processo em audiência, será o competente para julgá-lo, ainda quando o efetivo tenha reassumido o exercício. Parágrafo único. Si, iniciada a instrução, o juiz falecer ou ficar, por moléstia, impossibilitado de julgar a causa, o substituto mandará repetir as provas produzidas oralmente, quando necessário".

150. Conforme o art. 132 do Código de Processo Civil brasileiro de 1973: "O juiz, titular ou substituto, que iniciar a audiência, concluirá a instrução, julgando a lide, salvo se for transferido, promovido ou aposentado; casos em que passará os autos ao seu sucessor. Ao recebê-los, o sucessor prosseguirá na audiência, mandando repetir, se entender necessário, as provas já produzidas".

151. Essa possibilidade de que o agravo ficasse retido, não fazia parte da Redação do Código proposta por Alfredo Buzaid. Segundo Relata José Carlos Barbosa Moreira, decorreu de alteração durante a tramitação do projeto do Código de 1973 no Congresso Nacional, quando "reintroduziu-se, posto que sem o velho nome, a figura do agravo no auto do processo, através de emenda aditiva, de que resultaram os §§ 1º e 2º do art. 522, tem-se aí, como bem se percebem recurso de traços próprios, bastando assinalar

de simplificação louvável (o Código de 1939 possuía três modalidades de agravo distintas), por outro, permite manejo de recurso de forma irrestrita contra as decisões interlocutórias. Esta técnica recursal atentaria contra a ideia de oralidade proposta por Giuseppe Chiovenda (no que diz respeito ao elemento associado à irrecorribilidade das interlocutórias). Contudo, essa violação à oralidade mitigada em face de que a interposição do agravo de instrumento não obstava, de regra[152], o andamento do processo (tal como ocorria ao tempo do autor italiano e que gerava a *desconcentração* e a morosidade do processo). Contudo, como o agravo de instrumento era, na redação original do código, interposto junto ao órgão prolator da decisão (e não diretamente no Tribunal competente para julgá-lo) e como eram prevista a prática de atos procedimentais (intimações e atos vocacionados à formação do instrumento do agravo), invariavelmente, a marcha do processo era afetada[153]. Daí que, se a irrecorribilidade das decisões interlocutórias no contexto da oralidade processual se justifica em face da promoção da celeridade da prestação da tutela jurisdicional, é evidente que a técnica adotada pelo Código de 1973 possui, ao menos, dois problemas evidentes: a interposição do recurso no juízo de origem e a procedimentalização da formação do instrumento de agravo.

---

que nele não se forma instrumento" (BARBOSA MOREIRA, José Carlos (1931-2017). **Comentários ao código de processo civil**. Volume V. Rio de Janeiro: Forense, 1974, p. 372-373).

152. As exceções ficam por conta da possibilidade, a pedido do agravante de atribuição pelo relator, de efeito suspensivo nos casos de prisão de depositário infiel, adjudicação, remição de bens ou de levantamento de dinheiro sem caução idônea que suspenda a execução da medida até o pronunciamento definitivo da turma ou câmara, prevista no art. 558 do Código de 1973.

153. Tal procedimento era narrado por José Carlos Barbosa Moreira da seguinte forma: "Há, primeiro, a formação do instrumento, mediante traslado de peças (artigo 523, parágrafo único), com intimação do agravado para indicar as que pretende sejam trasladadas e juntar documentos novos (art. 524); segue-se prazo de 15 dias para a extração, a conferência e o concerto do traslado, prorrogável por mais dez, a requerimento do escrivão (art. 525); se o agravado juntar documento novo, mais cinco dias para que o agravante se pronuncie (art. 525, parágrafo único); outro qüinqüídio, ainda para a resposta do agravado (art. 526); dez dias para o preparo, contados da publicação da conta, que nem sempre se faz com rapidez (art. 527); ao juiz é lícito "ordenar a extração e a juntada de peças não indicadas pelas partes" (art. 527, § 3º); se a decisão for reformada, o escrivão terá de trasladar o inteiro teor do novo pronunciamento para os autos principais" (BARBOSA MOREIRA, José Carlos [1931-2017]. **Comentários ao código de processo civil**. Volume V. Rio de Janeiro: Forense, 1974, p. 376).

Por fim, à guisa de ilustração do contexto tecnológico em que o Código estava inserido, é interessante perceber que a regra a respeito da escrituração dos atos processuais recomendava que eles fossem "datilografados ou escritos com tinta escura e indelével, assinando-os as pessoas que neles intervieram" (art. 169), mas permitia que também o fossem registrados pelo "uso da taquigrafia em qualquer juízo ou tribunal" (art. 170).

O Código de Processo Civil brasileiro, que em grande parte permanecia ligado ao Código de 1939, logo começou a mostrar sua obsolescência. Suas soluções técnicas não alcançaram os efeitos práticos desejados em razão de, ao menos[154], dois fatores: a massificação das relações sociais (nas décadas

---

154. Vittorio Denti, comparando a realidade italiana a outros fatores, aponta quatro fatores para o aumento da litigiosidade na Itália a partir da década de 1950. Nas suas palavras: "Se si cerca di comprendere cosa sia all'origine dell'aumento della litigiosità civile (aumento che smentisce le previsioni formulate da Ascarelli nel noto scritto su « Litigiosità e ricchezza » del 1955), credo si debba concentrare l'attenzione su un complesso di fattori che tenterò di sintetizzare: (a) In primo luogo, lo stato perenne di incertezza del diritto che si è determinato a seguito non tanto del diffondersi di settori di legislazione speciale (quel fenomeno che con una definizione sin troppo fortunata è stato descritto come « decodificazione » del diritto privato), quanto piuttosto del carattere di questa legislazione, destinata a mutamenti ciclici (basti pensare alla disciplina delle locazioni urbane ed agrarie), nonché a ritocchi a tempi ravvicinati, sotto la spinta delle pressioni corporative; e, inoltre, frutto di una tecnica legislativa che, per ragioni ben note, produce norme ambigue, oscure, di difficile interpretazione, la cui applicazione sembra talvolta deliberatamente lasciata alla incerta sorte delle vicende giurisprudenziali. [...] (b) Una seconda e non trascurabile causa di incertezza normativa, che ha per risultato la moltiplicazione delle liti, è data dal controllo di costituzionalità delle leggi. In ultima analisi, laddove esistono corti che giudicano della legittimità costituzionale delle leggi, per sapere quale sia la norma applicabile al caso occorre attendere la pronuncia di tali organi, con tutte le complicazioni che derivano sul piano interpretativo, data la tendenza, affermatasi nelle corti analoghe a quella italiana, a manipolare il testo delle norme di legge ordinaria, anziché limitarsi ad una mera operazione abrogativa [...] Terzo elemento da considerare è l'accentuato garantismo che un'interpretazione talvolta esasperata dei precetti costituzionali ha prodotto e che ha avuto per inevitabile conseguenza l'allungamento dei tempi del processo. [...] A mio avviso, siamo in presenza di un eccesso di garantismo, che è andato al di là dei motivi ispiratori della norma costituzionale; ma non è questa la sede per esprimere valutazioni al riguardo, bastando rilevare il dato di fatto delle conseguenze che ne sono derivate sull'aumento della litigiosità civile. (d) Infine, e senza pretendere di esaurire il quadro delle cause dell'overload della giustizia civile, è pur necessario riconoscere che l'evoluzione tecnologica e la diffusa aspirazione all'equal protection nei rapporti sociali hanno notevolmente complicato i problemi che il giudice si trova quotidianamente ad affrontare. Non intendo qui riferirmi a problemi che solitamente si citano come tipici delle società di capitalismo maturo, come quelli della tutela

de 70 a 90 do século passado[155]) em escala nunca antes vista e a revolução tecnológica da comunicação[156] da década de 90 do século passado até hoje. Diante do novo contexto, o processo, em geral, e a oralidade (concebida na virada do século XIX), em especial, tiveram que ser revistos.

---

dell'ambiente e del consumatore. Penso invece a questioni forse minori, ma che sul piano della individuazione della corretta soluzione in diritto sono anche di più difficile soluzione" (DENTI, Vittorio [1919-2001]. Riflessioni sulla crisi della giustizia civile. **Il Foro Italiano**, v. 108, n. 11, nov. 1985, p. 341-352, p. 342-344).

155. Relata Cândido Rangel Dinamarco, em meados da década de 1990, que "O estilo de vida contemporâneo, solidário por excelência e por imposição das necessidades e aspirações comuns na sociedade de massa deste fim de século, impõe o trato coletivo de interesses que se somam e se confundem, quase que destacando-se dos indivíduos a que tradicionalmente se reportavam com exclusividade. É o direito de massa, resultante dessa nova realidade social, e que por sua vez impõe rumos novos ao processo civil, o qual também se vai então modelando como um processo civil de massa" (DINAMARCO, Cândido Rangel. **A reforma do código de processo civil** [1995]. 3. ed. São Paulo: Malheiros, 1996, p. 30). O reflexo no Poder Judiciário desse cenário social fazia com que, segundo relato de um magistrado da realidade paulista, "As Varas apresentam-se congestionadas, as pautas indicam audiências marcadas para mais de um ano e os Tribunais de Alçada têm represados, aguardando distribuição, mais de 20.000 processos, cada um" (SALVADOR, Antonio Raphael Silva. O juizado de pequenas causas: obrigatória sua criação e absoluta sua competência. **Revista dos Tribunais**, v. 660, p. 251-253, Out. 1990).

156. Bastante ilustrativa é a relação trazida por Peter Burke contemplando os avanços científicos alcançados da década de 1950 até a década de 1990: "A tecnologização do conhecimento continuou no mesmo passo da guerra, levada pela quarta onda de Kondratiev, a da 'era eletrônica', com marcos como os seguintes: 1951 computador Univac; 1956 aviões de espionagem U-2; 1957 Sputnik; 1958 fotocopiadora; 1959 primeiro satélite meteorológico, Vanguard II; 1961 projetor de slides em carrossel; 1961 microfichas; 1969 Arpanet; 1970 satélites do Programa Americano de Apoio à Defesa; 1971 microprocessador; 1977 Voyager 1 e 2; 1978 Seasat; 1981 computador pessoal; 1984 disquetes; 1987 tecnologia de reconhecimento da íris; 1987 PowerPoint. [...] A tecnologização do conhecimento continua a se acelerar. Algumas datas marcantes são 1990 [o Telescópio Espacial], 1994 (Netscape), 1995 (Java) e 1998 (Google). A fotografia por satélite ajuda nos levantamentos e na vigilância. O Mars Global Suveyor entrou em órbita em 1997, enquanto o Google Earth se tornou acessível ao público em 2005" (BURKE, Peter. **Uma história social do conhecimento:** da enciclopédia à Wikipedia [A social history of knowledge II: from the encyclopaedia to Wikipedia – 2012]. V. II. Trad. Denise Bottmann. Rio de Janeiro: Zahar, 2012, p. 309-344).

3.3.2. A massificação das relações sociais, a busca pela democratização do processo civil brasileiro e as reformas do CPC/73: contexto e soluções técnicas

Se a formação do processo oral tradicional se deve à necessidade de superação de um modelo haurido do processo comum a fim de atender a uma sociedade moderna e liberal, repensar o modelo de processo oral era imperioso para atender às necessidades de uma sociedade democrática, pautada pela constituição, massificada e tecnológica. Em face dessa transição paradigmática, do ponto de vista social, a lição de Giuseppe Chiovenda necessitou ser reinterpretada[157].

Em uma perspectiva eminentemente voltada para o direito italiano, Vittorio Denti[158] identificava três pontos em que o modelo de Giuseppe Chiovenda se mostrava defasado em razão da modificação dos níveis de litigância na década de 1980: (a) a limitação da função da fase preliminar (que não pode estar adstrita simplesmente a uma função preparatória para a instrução e para a decisão, mas estar apta a permitir a adoção de diversas medidas necessárias à demanda); e (b) o modelo de *dibattimento* na tomada de decisão a todas as causas (na medida em que se tratava de um conjunto de atos complexos, difíceis e com custos desproporcionais com relação a determinadas causas). Uma das causas apontadas para o que Vittorio Denti[159] chamou de *overload* da justiça civil foram a evolução tecnológica e a ampliação da aspiração social à *equal protection*.

Considerando uma realidade mais abrangente ("alguns ordenamentos processuais centro-europeus"), ainda na década de 1980, Hans Walter Fas-

---

157. Sobre a obsolescência do processo oral proposto por Giuseppe Chiovenda, escreveu Vittorio Denti, que: "Prendere posizione contro l'oralità ha significato, quindi, contrastare la prevalenza delle difese orali sulle difese scritte; vantare la superiorità del principio di elasticità, o di adattabilità del procedimento alle esigenze della causa; restringere gli spazi della libera valutazione a favore del mantenimento di un sistema di prove legali; affermare l'esigenza della distinzione non soltanto concettuale tra l'instruere e il construere, e quindi legittimare la dicotomia giudice istruttore-collegio. Tutto ciò ha portato ad una progressiva svalutazione del modello chiovendiano, che talvolta si è sfaccettato come un prisma, sino a farne smarrire le linee fondamentali, e in altri casi si è ridotto a slogans, benevolmente ironizzati" (DENTI, Vittorio [1919-2001]. Chiovenda e le riforme del processo civile. **Il Foro Italiano**, v. 111, parte quinta, 1988, p. 347-356, p. 354).

158. DENTI, Vittorio [1919-2001]. Chiovenda e le riforme del processo civile. **Il Foro Italiano**, v. 111, parte quinta, 1988, p. 347-356, p. 354-355.

159. DENTI, Vittorio [1919-2001]. Riflessioni sulla crisi della giustizia civile. **Il Foro Italiano**, v. 108, n. 11, nov. 1985, p. 341-352, p. 344.

ching[160] relata que "As instituições tradicionais da Justiça e as formas processuais assimiladas do passado são somente condicionalmente adequadas para superar a nova situação de maneira rápida, econômica e satisfatória para aqueles que buscam a Justiça", pois "o processo transformou-se num fenômeno de massas". Neste novo contexto, sinaliza que tanto a oralidade quanto a imediação não devem ser "um óbice a uma realização rápida e econômica do processo", devendo ser ponderado no caso concreto "se as vantagens inerentes à manutenção destes princípios são maiores que as desvantagens de ordem econômico-processual", mostrando-se "aconselhável uma limitação racional destes princípios e – em casos de ações em massa – de dar-se a preferência à forma escrita e à possibilidade de se limitar a imediatidade (através de resultados probatórios de outros processos judiciais)".

A situação em meados da década de 1990 fazia da Itália "il paese con la durata complessiva più lunga: oltre 9 anni e mezzo per tutti e tre gradi di giudizio, circa il 70% in più della media EU e più di due volte le durate medie calcolate per paesi come la Germania e il Regno Unito"[161].

Trazendo o fenômeno para uma realidade brasileira, mas não muito diversa da narrada pelos outros autores, Araken de Assis refere que não foi a Constituição Federal de 1988 que deu causa à alteração na litigância, mas a própria transformação social associada "à impessoalidade nas relações pessoais; ao individualismo; ao alheamento das práticas comunitárias; ao distanciamento dos mecanismos de representação política; à complexidade

---

160. FASCHING, Hans Walter. A posição dos princípios da oralidade e da imediação no processo civil moderno: descrita à luz de alguns ordenamentos processuais centro-europeus. **Revista de Processo**, v. 39, p. 27-34, jul.-set. 1985.

161. MARCHESI, Daniela. **Litiganti, avvocati e magistrati**: diritto ed economia del processo civile. Bologna: Il Mulino, 2003, p. 21. Analisando as causas do problema, afirma Remo Caponi que "Particolarmente negli ultimi anni del XX secolo, si è diffusa in Italia l'opinione che l'effettività e l'efficienza della giustizia civile non dipendano prevalentemente dalla disciplina legislativa del processo, cioè dal diritto processuale civile e dal pensiero che ne sorregge l'elaborazione, bensì da fattori di ordine materiale, in particolare dalla disponibilità di risorse e dalla organizzazione degli uffici giudiziari. Fra le cause dell'abnorme durata dei processi di cognizione piena si segnalano l'inadeguatezza del numero dei giudici professionali rispetto al numero di controversie da risolvere, l'insufficienza dei ruoli del personale ausiliario, l'incompleta informatizzazione degli uffici giudiziari, la stentata realizzazione dell'ufficio per il processo, che consenta al giudice di concentrare le sue energie sull'attività di ius dicere e di non disperderle in attività secondarie" (CAPONI, Remo. Il processo civile telematico tra scrittura e oralità. **Revista Eletrônica de Direito Processual**, a. 10, v. 17, n. 1, p. 193-204, Jan./Jun., 2016, p. 198).

e diversidade dos interesses de indivíduos, grupos e classes; dentre outras infindáveis causas"[162]. Luiz Fux acrescenta que, no período, o "acesso às camadas menos privilegiadas da população, trouxe consigo uma variedade de conflitos até então desconhecidos pelo Poder Judiciário" tais como "conflitos entre consumidores e empresas produtoras, entre vizinhos em um edifício de apartamentos, do trânsito, enfim pequenas controvérsias que, por suas peculiaridades, o atual sistema de administração da Justiça não conseguiu absorver"[163].

Como é possível perceber a partir dos relatos acerca das causas da morosidade, o problema não se revela em um determinado espaço geográfico em razão de um determinado ordenamento jurídico ineficiente, mas, pelo contrário, é consequência de alteração nas relações humanas em escala global[164] e do respectivo impacto nas estruturas sociais (em geral, ligadas aos Estados) [165].

---

162. ASSIS, Araken de. **Processo civil brasileiro**. V. I. São Paulo: Revista dos Tribunais, 2015, p. 87.
163. FUX, Luiz. A ideologia dos juizados especiais. **Revista de Processo**, v. 86, p. 204-2014, Abr. – jun. /1997.
164. No mesmo sentido, ASSIS, Araken de. **Processo civil brasileiro**. V. I. São Paulo: Revista dos Tribunais, 2015, p. 86.
165. Acerca dos movimentos de reforma na décade de 1990 e nos primeiros anos dos 2000, relata Roberto Omar Berizonce que "En la vieja Europa, todo parece ser *fulgor y luminosidad.* Desde los sistemas continentales románicos hasta el common law insular inglés, la renovación de los ordenamientos procesales civiles es el común denominador de estos tiempos. Italia, en continuidad hasta hoy ininterrumpida desde 1990; Portugal, con las reformas de 1995-96; España, con su flamante Ley de Enjuiciamiento Civil n. 1/2000, Alemania mediante las reformas a la ZPO en vigor desde 2002, Austria a partir de la Novela de 2002. La convocatoria actual es todavía más desafiante: pasa por la armonización de las normativas procesales de los países de la Comunidad Europea, complejo objetivo hacia el que progresivamente se va avanzando. Y aún más ambiciosamente, la elaboración en curso de un proyecto de normas transnacionales del proceso civil" (OMAR BERIZONCE, Roberto. Luces y sombras del proceso civil contemporâneo. **Revista de Processo**, v. 126, p. 83 – 94, Ago / 2005). Na America Latina, o mesmo autor afirma que "en los años 90 se asistió en Iberoamérica al desembarco de un amplio y ambicioso "paquete" de reformas con pretensiones de erigirse en verdaderas políticas públicas, imaginadas para la transformación de las estructuras y los procedimientos civiles. Ello en el marco de la búsqueda de transformaciones estructurales del Estado que, según sus inspiradores, encontraban obstáculo en el sistema de justicia" (OMAR BERIZONCE, Roberto. Ideologías y processo. **Revista Iberoamericana de Derecho Procesal**, v. 4, p. 251 – 288, Jul - Dez / 2016).

Foi diante desse contexto que a obra de Mauro Cappelletti, concebida ainda na década de 1960 e desenvolvida nas décadas seguintes, assumiu o protagonismo, em sede de oralidade, aos olhos da doutrina brasileira[166].

No Brasil, o Código de Processo Civil de 1973, que havia sido promulgado durante o regime militar[167], necessitava ser interpretado de modo a se conformar com os preceitos e ideais propostos pela Constituição Federal de 1988 de cunho amplamente democrático e com a realidade social existente. A solução encontrada foi materializada por meio de diversas alterações em seu texto[168]. O sentimento existente à época, portanto, era de que o modelo

---

166. Já no contexto brasileiro a importância de Mauro Cappelletti pode ser identificada nas palavras de Carlos Alberto Alvaro de Oliveira: "O esboço das diretrizes públicas e sociais que de longa data informam o processo civil brasileiro mostra-se importante pois permite aquilatar a verdadeira dimensão da grande influência exercida no Brasil pela obra de Mauro Cappelletti, cuja elaboração doutrinária exibe como ponto de consistência uma concepção fenomenológica, inspirada por uma visão crítica da situação concreta e voltada a um projeto de solução e assim de reforma, com reflexo no plano prático" (ALVARO DE OLIVEIRA, Carlos Alberto [1942-2013]. Mauro Cappelletti e o direito processual brasileiro. **Revista da Faculdade de Direito da Universidade Federal do Rio Grande do Sul**, Porto Alegre, v. 20, p. 45-50, out. 2001, p. 46). Sua influência nas reformas da legislação brasileira na década de 1990 está intimamente associada com a presença no procedimento da audiência preliminar, como se verá no decorrer do texto. Cândido Rangerl Dinamarco, em relato da época, destaca, também, a importância de Vittorio Denti (DINAMARCO, Cândido Rangel. **A reforma do código de processo civil** [1995]. 3. ed. São Paulo: Malheiros, 1996, p. 21).

167. Curiosamente, tanto o Código de 1973 quanto o Código de 1939 foram promulgados em regimes políticos de baixa representação democrática e de grande autoritarismo do Estado. Metodologicamente, sinaliza Leonardo Carneiro da Cunha que, tanto o Código de Processo Civil de 1939 quanto o Código de Processo Civil de 1973, "estavam inseridos numa época constitucional bem diversa, quando o padrão do direito era o legislador. Os elementos componentes do direito cingiam-se à lei, impondo uma postura metodológica em que a atividade judicial era meramente declaratória dos enunciados normativos" (CUNHA, Leonardo Carneiro da. O processo civil no estado constitucional e os fundamentos do projeto do novo código de processo civil brasileiro. **Revista de Processo**, v. 209, p. 349-374, jul. 2012).

168. Do ponto de vista metodológico, as reformas foram guiadas pelos seguintes preceitos: "a) localizar os pontos de estrangulamento da prestação jurisdicional; b) deixando de lado divergências de ordem doutrinária ou meramente acadêmicas, assim como outros pontos merecedores de modificação, apresentar sugestões somente de simplificação, agilização e efetividade; c) encaminhar as sugestões não em um único anteprojeto, mas através de vários, setoriais, inclusive para viabilizar a aprovação no Congresso Nacional, considerando que um único pedido de vista poderia comprometer todo o trabalho; d) aproveitar a própria disposição dos artigos existentes, abrindo espaço para novos se necessário (v. g. arts. 272-273, 478-479), mas sem alterar a fisionomia

processual vigente não deveria ser abandonado ou modificado drasticamente, mas adaptado[169]. Essa adaptação levava em conta a evolução doutrinária do processo que, segundo Cândido Rangel Dinamarco, impunha ao legislador três premissas fundamentais para facilitar a obtenção dos resultados justos que dele é licito esperar: "a abertura do processo aos influxos meta-jurídicos que a ele chegam pela via do direito material, a transmigração do individual para o coletivo (Barbosa Moreira) e a necessidade de operacionalizar o sistema, desburocratizá-lo ou desformalizá-lo tanto quanto possível"[170].

Dentre as reformas realizadas[171], duas foram essenciais para o tema do presente trabalho: a reforma de 1994 (pela Lei nº 8.952/94) e, posterior-

---

do Código; e) buscar o consenso nas alterações propostas, democratizando o debate, fazendo da reforma não uma manifestação isolada da magistratura, mas uma reivindicação uníssona de todos os segmentos interessados, nela integrando foro e universidade, professores e profissionais, juízes, advogados, defensores e representantes do Ministério Público" (TEIXEIRA, Sálvio de Figueiredo [1939-2013]. A efetividade do processo e a reforma processual. **Revista de Informação Legislativa**, Brasília, a. 31, n. 122, p. 205-214, maio/jul. 1994, p. 208). Quanto ao alcance em 2003, assinalou José Carlos Barbosa Moreira que, "Ao longo dos últimos dez anos, vem sofrendo o Código de Processo Civil uma série de modificações, que de início visavam a simplificar, a desburocratizar o procedimento, eliminando formalidades inúteis, e a dissipar dúvidas suscitadas por textos obscuros, mas, pouco a pouco, assumiram iniludivelmente proporções mais vultosas" (MOREIRA, José Carlos Barbosa [1931-2017]. Reformas processuais e poderes do juiz. **Revista da EMERJ**, v. 6, n. 22, p. 58-72, 2003, p. 63).

169. No início da década de 1990, José Carlos Barbosa Moreira indicava que a modificação da sociedade demandava que a Justiça fosse reformada. Apontava que a sobrecarga de trabalho decorria do aumento da população, da disseminação do conhecimento dos direitos, da consciência da cidadania, da percepção de carências e da formulação de aspirações, somados esses fatores da crescente complexidade da vida econômica e social, do incremento dos contatos e das relações internacionais, da multiplicação de litígios com feição nova e desafiadora. No entanto, advertia que "Seria profundamente lamentável que a vontade, tão legítima, de mudar nos induzisse a uma rejeição indiscriminada e irracional dos princípios e valores legados pela tradição, como se a causa das mazelas atuais se devesse enxergar neles mesmos, e não, ao contrário – segundo vem acontecendo, com certeza, em mais de um caso – na compreensão deturpada, ou na insuficiente atuação, de uns e de outros" (MOREIRA, José Carlos Barbosa [1931-2017]. A justiça no limiar do novo século. **Revista de Processo**, v. 71, p. 189-199, jul.-set. 1993).

170. DINAMARCO, Cândido Rangel. **A reforma do código de processo civil** [1995]. 3. ed. São Paulo: Malheiros, 1996, p. 22.

171. Para um levantamento das reformas do Código de 1973 até o ano de 2002, ver: DINAMARCO, Cândido Rangel. **A reforma da reforma** [2002]. 2. ed. São Paulo: Malheiros, 2002, p. 25-29.

mente, a reforma de 2002 (pela Lei nº 10.444/02). Passa-se a explorar as duas reformas.

A Lei nº 8.952/94 decorreu do Projeto de Lei nº 3.803/93, submetido à apreciação do Congresso Nacional pelo Poder Executivo Executivo em 11 de maio de 1993. Na exposição de motivos do aludido Projeto de Lei[172], subscrita pelo então Ministro da Justiça Maurício Corrêa, foram destacadas a forma como foi concebido o texto do projeto e as principais alterações propostas.

No que tange à forma como foi concebido o texto legal, foi ressaltada a participação democrática em sua construção (diante da atuação conjunta do Instituto Brasileiro de Direito Processual, da Escola Nacional de Magistratura e do Ministério da Justiça e por meio da promoção de encontros e simpósios realizados sobre o tema, nos quais foi possível ser realizada a análise por advogados, magistrados, representantes do Ministério Público e professores). Esse fator, ao que parece, demonstra (ou ao menos externaliza) a preocupação em superar os modelos de construção dos Códigos de Processo Civil brasileiros, na medida em que, como já se disse, tanto o Código de 1939 quanto o Código de 1973 foram concebidos em ambientes sociais de baixa representatividade democrática. Esse fato, portanto, exprime o ambiente cultural vigente após, apenas, aproximadamente cinco anos da vigência da Constituição Federal de 1988.

Quanto aos aspectos técnicos processuais, segundo a exposição de motivos da lei, a redação final do projeto ficou sob a responsabilidade de um grupo de juristas ligados ao poder judiciário e à academia[173]. As alterações propostas propunham "profundas repercussões na simplificação e eficácia do processo civil brasileiro" por meio de doze diretrizes[174]. Chama a atenção

---

172. CORRÊA, Maurício [1935-2012]. **Exposição de Motivos nº 158/MJ**. 13 abr. 1993. Disponível em: www.camara.gov.br.

173. A chamada comissão de especialistas na matéria atuava sob a coordenação dos então ministros Sálvio de Figueiredo Teixeira (presidente) e Athos Gusmão Carneiro, secretariada pela Desembargadora Fátima Nancy Andrighí, e conta com a participação dos professores Ada Pellegrini Grinover, Celso Agrícola Barbi, Humberto Theodoro Júnior, José Carlos Barbosa Moreira, José Eduardo Carreira Alvim, Kazuo Watanabe e Sérgio Shaione Fadel.

174. São elencadas as seguintes diretrizes: "a) o incentivo à conciliação como forma alternativa de solução do conflito, inclusive com a previsão da audiência preliminar de conciliação quando a lide versar direitos disponíveis (arts. 125, V e 331); b) o estímulo nos modernos métodos de documentação recomendados pela atual tecnologia (art. 170); c) a solução à tormentosa e antiga polêmica sobre a necessidade ou não da participação do cônjuge, como autor e réu, nas ações possessórias (art. 10); d) a dispensa do reconhecimento de firma na procuração outorgada ao advogado (art.

o fato de que, dentre as diretrizes, a primeira trate de tema relacionado à oralidade. Já na primeira diretriz ("o incentivo à conciliação como forma alternativa de solução do conflito, inclusive com a previsão da audiência preliminar de conciliação quando a lide versar direitos disponíveis") o reformador encampa uma das ideias centrais de Mauro Cappelletti: a audiência preliminar.

A ideia da audiência preliminar foi amplamente disseminada na América Latina[175] a ponto de ser incluída nas "Bases generales comunes para códigos latinoamericanos de Procedimiento Civil". Essas bases fazem parte de um movimento promovido pelo *Instituto Iberoamericano de Dere-*

---

38); e) a adoção do litisconsórcio facultativo recusável, recomendada pela doutrina por força de situações práticas típicas de conflitos hoje verificados na sociedade de massa em que vivemos (art. 46); f) a dispensa de despacho judicial de atos meramente ordinários (art. 162, § 4º); g) a realização de atos processuais até às 20:00 horas (art. 172); h) a introdução do instituto da antecipação da tutela, cercado das necessárias cautelas (art. 273), na linha do que se adotou na Lei nº 8.245/91; h) a sistemática para tornar mais eficaz o cumprimento de obrigações de fazer ou não fazer, determinando ao juiz a observância da tutela específica e de providências que assegurem o resultado prático equivalente ao do adimplemento, com possibilidade de liminar fundamentada e de imposição de multa ao réu (art. 461); j) a definição da competência do tribunal para o conhecimento da medida cautelar, após a interposição do recurso (art. 800, parágrafo único); l) a substituição da medida cautelar peia prestação de caução ou de outra garantia menos gravosa, desde que eficaz (art. 805); m) a melhor disciplina do instituto da litigância de má-fé (art. 18), dos honorários advocatícios na execução (art. 20), dos honorários do perito (art. 33), da renúncia do mandato (art. 45), da interrupção da prescrição (art. 219), da intimação das testemunhas por mandado (art. 239, parágrafo único, III), do procedimento relativo ao indeferimento da petição inicial e atos subseqüentes (art. 296) e da documentação para a prova pericial (art. 417)" (CORRÊA, Maurício [1935-2012]. **Exposição de Motivos nº 158/MJ**. 13 abr. 1993. Disponível em: www.camara.gov.br).

175. Depõe Cândido Rangel Dinamarco, que "os processualistas da América do Sul vêm insistentemente alvitrando a inserção de uma audiência preliminar no procedimento de seus países, com o tríplice escopo de incentivar a conciliação sanear o processo e delimitar a instrução a ser feita" (DINAMARCO, Cândido Rangel. **A reforma do código de processo civil** [1995]. 3. ed. São Paulo: Malheiros, 1996, p. 116). Na exposição de motivos do *Codigo Procesal Civil Modelo para Iberoamerica*, está disposto que: "La oralidad, por la cual se han inclinado la mayoría de los procesalistas iberoamericanos, no sin alguna discrepancia, es entendida en el sentido general, aunque, en puridad, se plantea un proceso mixto, porque no se trata de perder los beneficios y virtudes de la escritura" (Instituto Iberoamericano de Derecho Procesal. **El codigo procesal civil modelo para iberoamerica:** historia, antecedentes, exposición de motivos, texto del anteproyecto. Montevideo, 1988. Disponível em: http://www.iibdp.org/images/codigos_modelo/IIDP_Codigo_Procesal_Civil_Modelo_ Iberoamerica.pdf).

cho Procesal no sentido de criar códigos modelos para os processos civis e penais na América Latina. A elaboração do anteprojeto de código modelo para o processo civil teve seu embrião nas quartas Jornadas do Instituto que foram celebradas em Caracas e Valência (Venezuela), em março e abril de 1967. Nesta jornada "fueron encargados de la preparación de dichas BASES para el proceso penal los profesores argentinos Alfredo Vélez y Jorge Ciaria Olmedo y para el proceso civil los profesores uruguayos Adolfo Gelsi Bidart y Enrique Vescovi"[176]. Depois da promoção de amplo debate nas jornadas sucessivas, na jornada realizada no Rio de Janeiro, em 1988, foi apresentada a redação final do anteprojeto[177].

No item 14 das aludidas *bases gerais*, propõe-se que "Es aconsejable consagrar una audiencia preliminar en la cual se intente la conciliación de las partes, se precisen los hechos en que haya desacuerdo o thema decidendum, y se depure el proceso de defectos mediante el despacho saneador u otras medidas procesales similares"[178].

Sinaliza Enrique Vescovi que, na audiência preliminar, são cumpridas quatro funções: "intentar la conciliación por el Juez de la causa"; sanear o processo "resolviendo las excepciones previas (procesales)"; evitar eventuais nulidades; e fixar o "objeto del proceso"[179]. Com relação à última das funções, aponta que ela permite identificar, além do objeto em sentido amplo, as questões de fato controvertidas, fixando-se, portanto, o objeto da prova[180].

---

176. GELSI BIDART, Adolfo [1918-1998]; TORELLO, Luís [1928-2017]; VESCOVI, Enrique [1919-2003]. La integración americana, hacia la integración institucional, tratados, organismos, tribunales, códigos modelos. **Revista de Processo**, v. 51, p. 109-154, jul.-set. 1988.

177. Instituto Iberoamericano de Derecho Procesal. **El codigo procesal civil modelo para iberoamerica:** historia, antecedentes, exposicion de motivos, texto del anteproyecto. Montevideo, 1988. Disponível em: http://www.iibdp.org/images/codigos_modelo/IIDP_Codigo_Procesal_Civil_Modelo_Iberoamerica.pdf.

178. Instituto Iberoamericano de Derecho Procesal. **El codigo procesal civil modelo para iberoamerica:** historia, antecedentes, exposicion de motivos, texto del anteproyecto. Montevideo, 1988. Disponível em: http://www.iibdp.org/images/codigos_modelo/IIDP_Codigo_Procesal_Civil_Modelo_Iberoamerica.pdf.

179. VESCOVI, Enrique [1919-2003]. Hacia un proceso civil universal. Confrontación entre el código procesal civil modelo iberoamericano y el proyecto de código europeo: las tendencias del código modelo van plasmando en la realidad. **Revista de Processo**, v. 93, p. 179-190, jan.-mar. 1999.

180. Nas palavras do mencionado autor, exercer essa função na audiência preliminar permite que se faça "un programa probatorio para terminar el proceso en la segunda audiencia, complementaria, en la que se desahoga la prueba que falta (testigos, peritos,

Aliás, importante referir que a ideia de oralidade não estava presente no Código Modelo apenas na indicação da audiência preliminar como técnica processual, na medida em que figurava como um elemento central do processo. Na exposição de motivos do Código Processual Civil modelo ibero-americano, os proponentes apresentam como diretrizes do processo a oralidade e o processo por audiências. Na oportunidade, afirmou-se que, superada a fase inicial ("etapa de proposición") do processo marcado pela escritura (inicial, contestação, reconvenção, etc.), "La audiencia aparece, entonces, como elemento central del proceso"[181].

Saliente-se que, no ambiente da América Latina, havia um clamor por um processo que superasse a exagerada escritura que pautava os procedimentos processuais nacionais[182]. Vislumbrava-se, no processo oral, um

---

declaración de partes), un breve alegato de cada parte y el dictado de la sentencia" (VESCOVI, Enrique [1919-2003]. Hacia un proceso civil universal. confrontación entre el código procesal civil modelo iberoamericano y el proyecto de código europeo: las tendencias del código modelo van plasmando en la realidad. **Revista de Processo**, v. 93, p. 179-190, jan.-mar. 1999).

181. Instituto Iberoamericano de Derecho Procesal. **El codigo procesal civil modelo para iberoamerica:** historia, antecedentes, exposicion de motivos, texto del anteproyecto. Montevideo, 1988. Disponível em: http://www.iibdp.org/images/codigos_modelo/IIDP_Codigo_Procesal_Civil_Modelo_Iberoamerica.pdf.

182. O relato feito por Mauro Cappelletti, em 1970, acerca dos sistemas processuais da América Latina (hispánica), não deixa dúvidas quanto ao cenário: "Generalizando, parece poderse decir que la solución hispano-latinoamericana es cuanto a vários aspectos, la más vinculada a los viejos esquemas del proceso común. Predominan verdaderamente en ella, como lamentan los relatores profs. De Miguel, Devis Echandía, Medina y Rodriguez Urraca, los elementos escritos, a menudo acompanhados ya por el rígido sistema de la divisíon del proceso en una serie taxativa de 'fases preclusivas', lo que produce una excesiva segmentación del proceso, ya de la imediata apelabilidad de las decisiones interlocutórias que oferece a la parte *chicanera* poderes paralisantes de la marcha del proceso, aumenta considerablemente el carácter fragmentario del procedimiento, y hace crucial, todavia más que en otros Países, el problema de la duración de los procedimientos" (CAPPELLETTI, Mauro [1927-2004]. Proceso oral y escrito [*Procédure écrite et procédure orale* – 1970]. *In:* CAPPELLETTI, Mauro. **La oralidade y las pruebas en el proceso civil**. Trad. Santiago Sentís Melendo. Buenos Aires: EJEA, 1972, p. 20). Ainda em 2005, relata Roberto Omar Berizonce, desde uma perspectiva argentina, que "Nos hemos contentado con el mantenimiento del *status quo* procedimental. La gran sombra que enneblina el horizonte es la que tozudamente refleja y mantiene -a contrapelo de la doctrina más actual, de espaldas a los avances que en la segunda mitad del siglo anterior se produjeron en las legislaciones del mundo entero- la vigencia de un sistema "desesperantemente escrito", tributario del apotegma "lo que no está en el expediente no está en el mundo". En ese aferrarse a modelos ya ampliamente superados que, cuanto menos, nos remiten a las vetuztas Leyes de En-

meio que permitia "el acceso de aquellos que por su condición económica y cultural no están en condiciones de afrontar los costos, los formalismos, y la duración excesiva de un proceso "escrito"" de modo a cumprir os fins sociais do processo[183].

Enrique Vescovi[184] ampliava ainda mais o escopo do código modelo. Cogitava da criação de um código modelo universal que buscasse a harmonização entre o Código Processual Civil modelo ibero-americano e o projeto de código europeu[185]. Para tanto propunha um processo cujo procedimento fosse marcado pela oralidade ("entendida como el único sistema que permite la inmediación, principal objetivo, así como la concentración y publicidade"), pela realização de audiências que reunissem o juiz e as partes com os seus advogados, pela eventualidade ("Ese sistema requiere la *eventualidad* reuniendo todas las pretensiones en la demanda y todas las defensas en la contestación, reclamando la imposición de las reglas de lealtad y buena fe en todo el desarrollo del proceso") e pela atribuição de um papel do juiz, outorgando-lhe "*amplios poderes, inclusive para la búsqueda de la verdad*, pero dentro de los límites del régimen dispositivo".

---

juiciamiento Civil españolas del siglo XIX, se encuentra el motivo y causa eficiente de la nunca declinante ineficiencia del sistema judicial" (OMAR BERIZONCE, Roberto. Luces y sombras del proceso civil contemporâneo. **Revista de Processo**, v. 126, p. 83 - 94, Ago / 2005).

183. Instituto Iberoamericano de Derecho Procesal. **El codigo procesal civil modelo para iberoamerica:** historia, antecedentes, exposicion de motivos, texto del anteproyecto. Montevideo, 1988. Disponível em: http://www.iibdp.org/images/codigos_modelo/IIDP_Codigo_Procesal_Civil_Modelo_Iberoamerica.pdf.

184. VESCOVI, Enrique [1919-2003]. Hacia un proceso civil universal. Confrontación entre el código procesal civil modelo iberoamericano y el proyecto de código europeo: las tendencias del código modelo van plasmando en la realidad. **Revista de Processo**, v. 93, p. 179-190, jan.-mar. 1999.

185. Sobre o projeto europeu, o autor menciona que "El Proyecto ha sido publicado (en inglés y francés) por la labor del Secretario, Marcel Storme, en Gantes: 'Draft Directive Approximation Judiciary Law. Rapprochement Droit Judiciaire. Proyect de Directive', Ghent, 18.02.1993, Bélgica" (VESCOVI, Enrique [1919-2003]. Hacia un proceso civil universal. Confrontación entre el código procesal civil modelo iberoamericano y el proyecto de código europeo: las tendencias del código modelo van plasmando en la realidad. **Revista de Processo**, v. 93, p. 179-190, jan.-mar. 1999). Para uma maior contextualização da tentativa de harmonização processual europeia pela obra de Marcel Storme, ver: STORME, Marcel [1930-2018]. A single civil procedure for Europe: a cathedral builders' dream. **Ritsumeikan Law Review**, n. 22, p. 87-100, 2005.

O direito processual brasileiro, embora não tenha aderido em sua plenitude aos ditames do Código Modelo para a América Latina[186], não ignorou o debate proposto quando da reforma promovida em 1994 no seu Código de Processo Civil.

Mesmo não tendo adotado idêntica nomenclatura (optando-se pelo termo "audiência de conciliação" em detrimento de "audiência preliminar"), a redação do art. 331 e dos seus parágrafos[187], proposta pelo legislador reformista, afirma as funções típicas da audiência preliminar: conciliação ou, caso não obtida, fixação dos pontos controvertidos; decisão das questões processuais pendentes; determinação das provas a serem produzidas; e designação de audiência de instrução e julgamento, se necessário.

Tratava-se de aplicação nítida da ideia de oralidade nos moldes propostos por Mauro Cappelletti, na medida em que permitia o debate a respeito da causa em audiência, não limitando apenas a audiência à produção, à valoração da prova e ao debate final antes da tomada imediata da decisão.

A exigência de realização de audiência de conciliação (que tinha por objetivo promover a autocomposição dos litígios) permitiu, também, que o *saneamento* fosse feito pelo juiz na própria audiência (sistema oral de saneamento). Assim, um importante movimento tendente à quebra do paradigma do saneamento escrito por ato único do juízo (sistema escrito e concentrado[188]

---

186. O mesmo não ocorre no Uruguai, onde o Código interno teve inspiração direta, como se depreende do relato de Santiago Pereira Campos: "El sistema procesal civil uruguayo sigue el modelo diseñado por la más calificada doctrina procesal iberoamericana que, en el marco del Instituto Iberoamericano de Derecho Procesal, elaboró luego de décadas de estudios y debates, el Anteproyecto de Código Procesal Civil Modelo para Iberoamérica (Código Modelo), del cual el Código General del Proceso (CGP) uruguayo toma los aspectos medulares" (CAMPOS, Santiago Pereira. La reforma de la justicia civil en Uruguay: los procesos ordinarios civiles por audiencias [parte I]. **Revista de Processo**, v. 181, p. 91-136, mar. 2010).

187. O texto era o seguinte: "Art. 331. Se não se verificar qualquer das hipóteses previstas nas seções precedentes e a causa versar sobre direitos disponíveis, o juiz designará audiência de conciliação, a realizar-se no prazo máximo de trinta dias, à qual deverão comparecer as partes ou seus procuradores, habilitados a transigir. § 1º Obtida a conciliação, será reduzida a termo e homologada por sentença. § 2º Se, por qualquer motivo, não for obtida a conciliação, o juiz fixará os pontos controvertidos, decidirá as questões processuais pendentes e determinará as provas a serem produzidas, designando audiência de instrução e julgamento, se necessário".

188. Sobre a conciliação da ideia de que o saneamento ocorre ao longo de todo o processo e que, mesmo assim, no Brasil, adota-se um sistema concentrado, esclarece a doutrina que "O dever do magistrado de praticar atos saneadores deve ser exercido durante

de saneamento) foi realizado pela alteração da redação do *caput* do art. 331 do Código de Processo Civil de 1973 e pela inserção do seu § 2º pela Lei nº 8.952/94[189]. No *caput* do mencionado dispositivo, ficou estabelecido que, em não havendo hipótese de extinção do processo ou julgamento antecipado da lide, o juiz, em vez de promover a declaração do saneamento do processo (atuação sugerida pela redação original do artigo), quando a causa tratar de direito disponível, designará audiência de conciliação. Entretanto, não foi apenas do saneamento, em uma perspectiva tradicional ("o juiz [...] decidirá as questões processuais pendentes"), de que tratou o inserido § 2º do art. 331 do CPC de 73. Nele foi determinado que o juiz fixaria os pontos controvertidos e determinaria as provas a serem produzidas.

Em primeiro plano, a possibilidade de as partes, juntamente com o juiz, em audiência, debaterem sobre os pontos controvertidos da demanda, bem como acerca das provas necessárias à respectiva demonstração, revela uma nítida valorização da oralidade dos atos processuais. Percebe-se, também, que a atuação do juiz passa a ser comprometida não apenas (ou predominantemente) com os defeitos processuais, mas também engaja o magistrado na prática de atos tendentes à organização dos atos futuros do processo. Essa expectativa fica clara com a exigência de que o juiz fixe os pontos controvertidos da demanda promovendo uma maior racionalidade à fase instrutória.

No entanto, a reforma de 1994 produziu seus principais efeitos de forma limitada na medida em que só era possível a realização oral de saneamento e organização do processo quando o processo versasse sobre direito dispo-

---

todo o processo, porém, no período que precede a fase instrutória do procedimento, a atuação saneadora ocorre de forma mais concentrada, conduzindo ao denominado saneamento do processo, que terá como objetivo sanar vícios eventualmente existentes e organizar o processo em relação aos atos probatórios subsequentes, que serão relevantes para nortear a sentença" (LIMA, Marcellus Polastri; DIAS, Luciano Souto. Reflexões e proposições sobre a audiência de saneamento compartilhado no código de processo civil de 2015. **Revista de Processo**, v. 268, p. 71-97, jun. 2017).

189. "Art. 331. Se não se verificar qualquer das hipóteses previstas nas seções precedentes e a causa versar sobre direitos disponíveis, o juiz designará audiência de conciliação, a realizar-se no prazo máximo de 30 (trinta) dias, à qual deverão comparecer as partes ou seus procuradores, habilitados a transigir. § 1º Obtida a conciliação, será reduzida a termo e homologada por sentença. § 2º Se, por qualquer motivo, não for obtida a conciliação, o juiz fixará os pontos controvertidos, decidirá as questões processuais pendentes e determinará as provas a serem produzidas, designando audiência de instrução e julgamento, se necessário."

nível[190]. Em não se tratando de direito dessa natureza, não seria realizada a audiência de conciliação, oportunidade em que, frustradas as tentativas de acordo, a presença dos sujeitos da relação processual permitia a identificação, de forma oral, das providências necessárias para o desenvolvimento do processo (art. 331, § 2º).

Além disso, na prática, em razão do grande volume de processos, o modelo proposto ocasionava, de um lado, a ineficiência da medida decorrente de "o magistrado não possui tempo para preparar o processo antes da audiência preliminar, resumindo-se a ler o processo no início da sessão, o que prejudica totalmente o saneamento e a fixação dos pontos controvertidos"[191] e, de outro lado, uma maior duração do processo e, como consequência, uma maior demora na prestação da tutela jurisdicional em razão da dificuldade decorrente do ajuste da pauta de audiências dos processos[192]. Esse efeito colateral da necessidade da audiência, ainda que limitada às demandas em que fosse possível realizar acordo, produziu grande insatisfação nos operadores do direito[193].

---

190. Darci Guimarães Ribeiro pregava a obrigatoriedade da realização da audiência preliminar "na medida em que a tentativa de conciliação, o saneamento do processo, a fixação dos pontos controvertidos e a determinação das provas a serem produzidas, nessa fase, são requisitos do procedimento, qualquer que seja, v.g., nos procedimentos especiais, nos embargos, tanto de devedor quanto de terceiro etc. Omitir essa audiência é omitir um ato indispensável do procedimento e da adequada prestação jurisdicional" (RIBEIRO, Darci Guimarães. Audiência preliminar e oralidade. **Revista dos Tribunais**, v. 759, p. 767 - 791, Jan / 1999).

191. RIBEIRO, Darci Guimarães. Audiência preliminar e oralidade. **Revista dos Tribunais**, v. 759, p. 767 - 791, Jan / 1999.

192. Sobre o tema, refere Klaus Cohen Koplin que "A Lei no 10.444/2002, curvando-se ao peso avassalador da realidade, acrescentou ao artigo em questão o § 3º, dispondo que 'se o direito em litígio não admitir transação, ou se as circunstâncias da causa evidenciarem ser improvável sua obtenção, o juiz poderá, desde logo, sanear o processo e ordenar a produção da prova, nos termos do § 2º', ou seja, por meio de uma decisão ('despacho') escrita. Assim, a designação dessa audiência passou a ser exceção, dando novamente lugar ao velho despacho saneador" (KOPLIN, Klaus Cohen. **Um panorama geral das audiências no novo código de processo civil brasileiro**. Disponível em: https://www.academia.edu/15496903/Um_panorama_geral_sobre_as_audi%C3%AAncias_no_novo_CPC_brasileiro).

193. Fenômeno similar ocorreu na Espanha com a exigência de uma *audiencia previa*. Relata Jordi Nieva Fenoll que "podrá deducirse fácilmente de lo anterior que una audiencia previa, con esos contenidos, requiere una debida preparación por parte del Juez. Sucede en la práctica que esa preparación, en ocasiones, lamentablemente no se realiza. No se intenta la conciliación, porque llegados a ese punto del proceso las partes no suelen desear conciliar. No se fijan hechos controvertidos, puesto que

Por outro lado, reconhecendo a natureza "híbrida"[194] do Código de Processo Civil brasileiro quanto ao tema da oralidade, ocupou-se a reforma de instrumentalizar e modernizar o princípio da escritura ("o estímulo nos modernos métodos de documentação recomendados pela atual tecnologia"). Assim, se a redação original do Código buscava na taquigrafia modernizar a escrituração dos atos processuais, a proposta de alteração da redação do art. 170 do Código de Processo Civil de 1973 permitia o uso da estenotipia "ou de outro método idôneo" em qualquer juízo ou tribunal (art. 417).

Outra diretriz atinente à oralidade, ainda que indiretamente, diz respeito à "dispensa de despacho judicial de atos meramente ordinários" (inserido no § 4º, art. 162 do Código de Processo Civil de 1973). Voltada nitidamente à eficiência da prestação da tutela jurisdicional, por meio da divisão de tarefas entre o juízo e os auxiliares da justiça, se levada no seu extremo rigor, estaria limitando a atuação do juiz na condução do processo. Entretanto, como a limitação da atuação, *a priori*, já está restrita por regras legais de procedimentos, em geral, a hipótese de que o juiz seria o único ator possível para a prática desses atos sequer é cogitada, tampouco causa contrariedade a delegação dessas tarefas a outros agentes do Estado.

No que se refere à recorribilidade das decisões interlocutórias, a reforma legislativa que alcançou o agravo de instrumento original do Código de 1973 foi promovida pela Lei nº 9.139/95, portanto, em uma lei posterior à de que se vem tratando. Nesta reforma, que tratava exclusivamente do agravo, tornou-se mais claro o fato de que, ao contrário do que a redação original do Código propunha, existiam dois agravos e não um, ou seja, o agravo

---

es posible el Juez no los conozca bien todavía – si ha leído sólo superficialmente los escritos dispositivos – y además las partes no suelen mostrarse dispuestas a colaborar en ese punto, ante el temor de admitir involuntariamente un hecho que les perjudique. Ello dificulta muchísimo la debida apreciación judicial en la admisión de medios de prueba" (NIEVA FENOLL, Jordi. Los problemas de la oralidade. **Revista do Ministério Público do RS**, n. 67, set. / dez., 2010, p. 243).

194. Parte da doutrina entende ser inviável uma "hibridização" da oralidade partindo da premissa de que, ou são adotados todos os elementos da oralidade (ainda que de forma mais ou menos intensa, pois não existe processo oral puro, inclusive na lição de Giuseppe Chiovenda), ou o processo não pode ser considerado oral. Neste sentido, por exemplo, é construído o pensamento de Zulmar Duarte de Oliveira Júnior: "O processo oral necessita da presença dos cinco elementos do quinteto da oralidade, não se compraz com um dueto ou terceto. Processo oral é aquele em que os cinco elementos estão juntos e afinados, haja vista a interdependência dos seus elementos" (OLIVEIRA JUNIOR, Zulmar Duarte de. **O princípio da oralidade no processo civil**. Porto Alegre: Núria Fabris, 2011, p. 209).

de instrumento e o agravo retido. A partir dessa compreensão, os agravos passaram a ter regramento procedimental próprio para cada modalidade de recurso. Outra novidade da Lei sob análise foi a exclusão da possibilidade de interposição de agravo de instrumento nos processos de procedimento sumário, nos quais "as decisões interlocutórias só poderão ser atacadas por agravo retido"[195].

Quanto à oralidade[196], a mencionada reforma impactou na recorribilidade das decisões interlocutórias proferidas em audiência na medida em que passou a ser admitida[197] a interposição do agravo retido (art. 523, § 3º). Além disso, nos casos de agravo retido em audiência, sua interposição deveria ser oral, expostas sucintamente as razões que justificassem o pedido de nova decisão, sendo tudo reduzido a termo na ata da audiência. No entanto, a alteração que apresentou maior alcance prático quanto à celeridade processual (objetivo evidente do processo oral) diz respeito a aspectos formais da interposição do agravo de instrumento. Isso porque, em que pese já existisse a regra de que a interposição do agravo de instrumento não possuísse o condão de interromper o processo, como já se disse, a sua interposição na origem e a prática de atos destinados à formação do instrumento acabavam por atravancar a marcha processual da demanda.

Daí que a reforma, ao determinar a interposição do agravo de instrumento diretamente ao tribunal competente (art. 524), e ao deixar sob a responsabilidade do recorrente a formação do instrumento (sem necessitar praticar atos processuais para tanto), corrigiu uma grande distorção. O único traço procedimental no juízo de origem quanto à interposição do recurso era a juntada, aos autos do processo, por parte do recorrente, de cópia da petição do agravo de instrumento e do comprovante de sua interposição, assim como da relação dos documentos que instruíram o recurso (art. 526) para que o juiz pudesse se retratar da decisão agravada (art. 529).

O movimento de reforma do Código de Processo Civil brasileiro de 1973, no entanto, ainda estava longe do fim.

---

195. DINAMARCO, Cândido Rangel. **A reforma do código de processo civil** [1995]. 3. ed. São Paulo: Malheiros, 1996, p. 182.

196. Diversas alterações do regime do agravo (em especial, o de instrumento) estavam associadas à racionalização do seu procedimento, não sendo objeto de análise do presente livro.

197. Era obrigatória a interposição do agravo retido em face das decisões posteriores à sentença, salvo caso de inadmissão da apelação (art. 523, § 4º).

Por meio do Projeto de Lei nº 3.476/2000 (que veio a se tornar a Lei n° 10.444/2002), o Poder Executivo propôs, mais uma vez, a alteração do Código de Processo Civil de 1973. Curioso observar que esta segunda reforma, em grande parte, alterou os dispositivos da primeira, embora ambas tivessem como principal escopo promover a celeridade do processo[198]. Justifica-se esse fato na medida em que essas alterações se deram, em grande medida, para acentuar efeitos pretendidos pelo legislador de 1994, mas que foram insuficientemente regulamentados na reforma[199]. Assim é possível afirmar que, passados oito anos, a reforma de 2002 veio a complementar alguns propósitos atingidos parcialmente pela reforma anterior[200]. Mais uma vez foi constituída uma comissão de juristas[201] para colaborar com a redação do projeto.

Quanto especificamente ao tema da oralidade, a reforma de 2002 se ocupou da alteração da audiência preliminar (chamada pela reforma de 1994 de audiência de conciliação). Segundo revela a exposição de motivos da Lei, a inspiração para a reforma da audiência preliminar foi oriunda "do Código-Modelo de Processo Civil para América Latina [...]e na esteira, vale

---

198. Nas palavras de Cândido Rangel Dinamarco, "O mais visível fio condutor dessas reformas [a partir de 1994] foi o empenho em acelerar a tutela jurisdicional a partir de uma série de diagnósticos nos quais se evidenciava que o principal dos males da ordem processual então vigente consistia na morosidade do sistema" (DINAMARCO, Cândido Rangel. O novo código de processo civil brasileiro e a ordem processual civil vigente. **Revista de Processo**, v. 247, p. 63-103, set. 2015).

199. Sobre a necessidade de os movimentos de reformas levarem em conta as causas dos problemas da justiça civil é preciosa a observação de Ovídio Baptista da Silva: "Devemos buscar alternativas, sem, no entanto, perder de vista o problema fundamental enfrentado pela jurisdição estatal. Como dissemos, o pensamento dogmático é incapaz de fornecer esse diagnóstico. Assim como se mostrará sempre disposto a realizar reformas sem antes investigar as causas que a tornem indispensáveis, também não terá remorso em sepultar o moribundo, mesmo que ele ainda tenha cura." (BAPTISTA DA SILVA, Ovídio [1929-2009]. **Processo e ideologia**. Forense: Rio de Janeiro, 2004, p. 319).

200. Assim, por exemplo, a Lei nº 10.444/02 estendeu às obrigações de entregar coisa a possibilidade da tutela específica que a reforma de 1994 tinha concedido às obrigações de fazer e não fazer (respectivamente, artigos 461-A e 461 do CPC de 1973).

201. A chamada "Comissão de alto nível" tinha a seguinte composição: "coordenada pelos Drs. Sálvio de Figueiredo Teixeira, Diretor da Escola Nacional de Magistratura, e Athos Gusmão Carneiro, Ministro aposentado do Superior Tribunal de Justiça, representante do Instituto Brasileiro de Direito Processual, presidido pela profa. Ada Pellegrini Grinover, constituída em 1991 para estudar o problema da morosidade processual e propor soluções com vistas à simplificação do Código de Processo Civil, busca complementar a iniciada reforma desse ordenamento codificado" (**GREGORI, José. Exposição de motivos da Lei nº 10.444/2002. Disponível em: www.camara.gov.br**).

lembrar, da audiência preliminar do direito alemão e do direito austríaco; da audiência prévia das *sumnious directions* do direito inglês; do *pre-trial* norte americano, etc."[202].

No que diz respeito à nomenclatura, não há dúvidas sobre a assimilação da audiência preliminar. A reforma de 2002 do Código de 1973 promoveu, no *caput* do seu artigo 331, duas alterações de nomenclatura: a *audiência de conciliação* proposta pela reforma de 1994 passou a se chamar de *audiência preliminar*; e os *direitos disponíveis* exigidos para a realização da audiência passaram a serem os *direitos que admitam transação.*

Contudo, no que se refere à adoção funcional da audiência preliminar, seja nos moldes propostos pelo Código Modelo para a América Latina, seja segundo a construção doutrinária de Mauro Cappelletti, a reforma não valorizou a oralidade processual. A modificação que causou maior impacto quanto ao tema da oralidade foi a inserção do § 3º[203] ao artigo 331 do Código de Processo Civil de 1973. Dispunha o mencionado parágrafo que "Se o direito em litígio não admitir transação, ou se as circunstâncias da causa evidenciarem ser improvável sua obtenção, o juiz poderá, desde logo, sanear o processo e ordenar a produção da prova". Para Barbosa Moreira, "o texto contém duas prescrições distintas: a primeira afasta categoricamente o cabimento da audiência preliminar, sempre que indisponível o direito controverso; a segunda deixa ao órgão judicial uma alternativa entre realizar ou não a audiência - mudança que nos interessa particularmente, como sinal de ampliação do poder de dirigir o processo"[204].

Entretanto, a concretização prática da segunda prescrição de Barbosa Moreira não ocorreu. Refletindo sobre o exercício dos poderes atribuídos aos juízes, Ovídio Baptista da Silva pondera que, "os juízes, com o beneplácito dos advogados, limitam-se a dar à audiência preliminar o sentido de uma "audiência de conciliação", além disso, puramente protocolar, esquecendo a importante função saneadora, prevista no art. 331, § 2º, do CPC"[205].

---

202. **GREGORI, José. Exposição de motivos da Lei nº 10.444/2002. Disponível em: www.camara.gov.br.**

203. A exposição de motivos da Lei atribui a criação do texto normativo à "orientação preconizada por José Carlos Barbosa Moreira" (**GREGORI, José. Exposição de motivos da Lei nº 10.444/2002. Disponível em: www.camara.gov.br**).

204. MOREIRA, José Carlos Barbosa [1931-2017]. Reformas processuais e poderes do juiz. **Revista da EMERJ**, v. 6, n. 22, p. 58-72, 2003, p. 65.

205. BAPTISTA DA SILVA, Ovídio [1929-2009]. Da função à estrutura. **Revista de Processo**, v. 158, p. 9-19, abr. 2008.

Assim, outorgou-se ao juiz o poder de definir (de forma bastante ampla em face da indeterminação[206] do texto normativo: "improvável obtenção de transação") quando a audiência iria ocorrer, por um lado, atendendo os anseios de celeridade, mas, por outro, limitando, ainda mais, a implementação de um processo tendente à oralidade e a prática de atos direcionados à organização do processo[207]. A audiência preliminar, embora tenha abandonado

---

206. Acerca da indeterminação do direito, Riccardo Guastini indica que ela decorre da equivocidade dos textos normativos (decorrente, por exemplo, da ambiguidade, da complexidade, da implicação, da defectibilidade e da taxatividade/exemplificatividade) e da vagueza da norma (GUASTINI, Riccardo. **Interpretare e argomentare**. Milano: Giuffrè, 2011, p. 39-62). O problema da equivocidade está associado ao fato de que a interpretação no Direito demanda a análise de dispositivos que possuem mais de um significado decorrente dessas características indicadas anteriormente, enquanto o problema da vagueza decorre da circunstância de que, "embora saiba o conteúdo da norma, o intérprete pode não saber exatamente quais fatos recaem no seu âmbito de aplicação, dado não existirem apenas casos fáceis, mas também casos difíceis", fruto da incapacidade linguística de "confinar o futuro em modelos concebidos no passado", bem como em razão de que a equivocidade "pode ser provocada ou aumentada, intencional ou gratuitamente, pelo Poder Legislativo, por meio da instituição de normas com diferentes tipos de indeterminação, como princípios jurídicos ou regras contendo cláusulas gerais" (ÁVILA, Humberto. Função da ciência do direito tributário: do formalismo epistemológico ao estruturalismo argumentativo. **Revista Direito Tributário Atual**, n. 29, p. 181-204, 2013, p. 191).

207. Curioso observar que fenômeno similar ocorreu na França. Segundo Loïc Cadiet, "Do mesmo modo, consagrou-se a prática do oferecimento da defesa, o que permite economizar-se a audiência preliminar ('audience de plaidoiries'), apresentando-a na secretaria judicial em vez de na audiência pública. A preocupação com a efetiva adequação do processo ao caso concreto conduziu, inclusive, ao desenvolvimento de técnicas contratuais de gestão do processo, como demonstram, além da prática que acabo de citar da apresentação da defesa sem audiência, a consagração da possibilidade de suspensão do processo ('le retrait du rôle') por mútuo acordo das partes que buscam uma solução amigável e, acima de tudo, a consagração do contrato de procedimento ('contrat de procédure'), com calendário de preparação ('calendrier de mise em état') diante do tribunal de grande instância. É importante recordar que esse calendário, que se funda no acordo entre os advogados, implica « le nombre prévisible et la date des échanges de conclusions, la date de clôture, celle des débats et [...] celle du prononcé de la décision » ("o número previsível e a data de intercâmbio dos memoriais conclusivos sobre a causa, a data de encerramento do debate e a da pronúncia da decisão") (artigo 764, al. 3-5, CPC)" (CADIET, Loïc. **Perspectivas sobre o sistema da justiça civil francesa:** seis lições brasileiras. Trad. Daniel Mitidiero e outros. São Paulo: Revista dos Tribunais, 2017, p. 30).

o nome "de conciliação", passou a ser vocacionada, mais do que nunca, à busca pela autocomposição[208].

No que respeita à recorribilidade das decisões interlocutórias e ao manejo dos agravos (de instrumento e retido), um ano antes da reforma anteriormente analisada, veio à luz a Lei nº 10.352/2001. Ao contrário da reforma anterior do agravo, esta Lei cuidou de diversos temas relacionados a recursos e ao reexame necessário[209]. Especificamente quanto ao agravo, dois foram os principais pontos da reforma.

Em primeiro lugar, houve alteração quanto ao cabimento do agravo retido. A reforma tornou obrigatória interposição de agravo retido em face das decisões proferidas na audiência de instrução ou dos julgamentos posteriores à sentença. Excepcionou, no entanto, esta obrigatoriedade nos casos de dano de difícil e de incerta reparação, nos de inadmissão da apelação e nos relativos aos efeitos em que a apelação é recebida, ainda que as decisões

---

208. Cândido Rangel Dinamarco direciona dura crítica, tanto ao legislador da reforma de 2002, quanto aos magistrados: "O legislador tratou a audiência preliminar como se fora mera audiência de conciliação, esquecendo-se o utilíssimo conteúdo dado a ela por ele próprio, na primeira das Reformas – conteúdo que envolve a fixação dos pontos de fato a provar, a determinação dos meios de prova a produzir e sobretudo o diálogo entre juiz e partes, com o envolvimento daquele na causa, em preparação do julgamento final a proferir. Venceram os que não compreenderam o significado da Reforma, incluindo-se entre eles alguns juízes que jamais se dispuseram a cumprir o disposto no novo art. 331 do Código de Processo Civil" (DINAMARCO, Cândido Rangel. **A reforma da reforma** [2002]. 2. ed. São Paulo: Malheiros, 2002, p. 20). Klaus Koplin amplia a crítica estendendo-a à cultura arraigada junto aos advogados. Nas suas palavras, "A verdade é que a audiência preliminar prevista no art. 331 do CPC de 1973 jamais funcionou em nosso País, pois nunca conseguiu se enraizar na mentalidade dos juízes (assoberbados pelo número excessivo de processos e tradicionalmente destituídos das habilidades técnicas necessárias à realização eficaz da conciliação) e dos advogados (acostumados com um modelo demasiadamente antagonista de atuação)" (KOPLIN, Klaus Cohen. **Um panorama geral das audiências no novo código de processo civil brasileiro**. Disponível em: https://www.academia.edu/15496903/Um_panorama_geral_sobre_as_audi%C3%AAncias_no_novo_CPC_brasileiro. Acesso em: 1º mar. 2019.

209. A doutrina não demonstrava à época entusiasmo com a reforma. Afirmava José Rogério Cruz e Tucci que, "Além de alterações de natureza simplesmente formal, parece-nos que a atual reforma não se destina a obter qualquer resultado profícuo, visto que, de um lado, mantido o sistema rígido de preclusões, e, de outro, instituída mais uma etapa recursal, contra a decisão do relator para o órgão colegiado" (TUCCI, José Rogério Cruz e. **Lineamento da nova reforma do CPC** [2002]. 2. ed. São Paulo: Revista dos Tribunais, 2002, p. 113).

sejam proferidas na audiência de instrução ou posteriores à sentença, hipóteses em que passou a ser cabível o agravo de instrumento (art. 523, § 4º).

Em segundo lugar, em consequência da obrigatoriedade do agravo retido em determinadas hipóteses, foi prevista a possibilidade de, uma vez interposto o agravo de instrumento de forma equivocada, o Relator do recurso realizar a sua conversão em agravo retido (art. 527, II). Percebe-se que a presente reforma busca limitar o manejo da interposição do agravo de instrumento depositando suas esperanças na forma retida do agravo[210]. Contudo, tal medida mostrou-se insuficiente. Produziu-se uma nova reforma, pontual, no regime dos agravos: a Lei nº 11.187/2005. A principal alteração residia no fato de que o agravo retido, que era limitado a determinadas hipóteses, passou a ser a regra, somente não sendo cabível, "quando se tratar de decisão suscetível de causar à parte lesão grave e de difícil reparação, bem como nos casos de inadmissão da apelação e nos relativos aos efeitos em que a apelação é recebida, quando será admitida a sua interposição por instrumento" (art. 522). Contudo, o modelo não se mostrou adequado na prática, pois, como refere Araken de Assis, embora impusesse o agravo retido como regra, permitia que o agravo de instrumento interposto fosse convertido em retido. Daí que "nada custava à parte, nem sequer a mais leve censura, alegar o dano irreparável e interpor o agravo de instrumento, confiando iludir o relator menos avisado", desse modo, "a realidade transformou a exceção em regra"[211].

Por fim, mais uma vez, à guisa de ilustração do contexto tecnológico em que a reforma estava inserida, menciona-se a Lei nº 9.800/99 (conhecida popularmente como Lei do Fax), que permitia às partes a utilização de sistema de transmissão de dados para a prática de atos processuais. Nela (conforme o art. 1º) era "permitida às partes a utilização de sistema de transmissão de dados e imagens tipo fac-símile ou outro similar, para a prática de atos pro-

---

210. Informa Cândido Rangel Dinamarco, que o principal motivo dessa medida "consistia nas dificuldades operacionais decorrentes da apresentação do primeiro deles [agravo de instrumento] ao tribunal, diretamente (art. 524), enquanto que o segundo [agravo retido] se processa nos autos da causa e só vai ao tribunal com a apelação que venha a ser imposta (art. 523). O legislador de 2001, compreendendo bem que maiores benefícios traz à Justiça a conversão do que a extinção do agravo de instrumento nos casos em que somente o retido seja admissível (art. 523, § 4º), incluiu entre os poderes do relator o de converter" (DINAMARCO, Cândido Rangel. **A reforma da reforma** [2002]. 2. ed. São Paulo: Malheiros, 2002, p. 189).

211. ASSIS, Araken de. **Manual dos recursos** [2007]. 9. ed. São Paulo: Revista dos Tribunais, 2017, p. 613.

cessuais que dependam de petição escrita". O fax (fac-símile) representava um marco tecnológico não na forma de escrituração propriamente dita, mas no meio pelo qual o ato escriturado era transmitido (e ficava à disposição das partes e do juízo) para o processo.

Em síntese, embora reiteradamente seja reconhecida a importância da oralidade (e de seus "subprincípios"), o direito processual brasileiro oscilou em sua aplicação. Se o Código de 1973, ocupado de elevar a técnica processual, relegou a oralidade processual a segundo plano, a reforma de 1994 representou o resgate da ideia de oralidade por meio da celebração de audiência vocacionada ao debate de questões para além da conciliação e da produção da prova oral. Ocorre que, diante das dificuldades enfrentadas (culturais e estruturais), o processo civil retrocedeu (na reforma de 2002), limitando, na prática, a audiência "inicial" à tentativa de conciliação. A oralidade ficou predominantemente restrita ao procedimento sumário (em franco desuso pelos mesmos motivos que impediram a adesão à audiência preliminar) e ao procedimento do Juizado Especial Cível.

3.3.3. Das pequenas causas aos juizados especiais: contexto e soluções técnicas

Um dos grandes impactos da obra de Mauro Cappelletti sentidos no Brasil foi a implementação dos juizados especiais[212]. Em 1978, Mauro

---

212. Nas palavras de Carlos Alberto Alvaro de Oliveira: "Com grande força, as idéias de Cappelletti foram decisivas para a introdução dos juizados especiais de pequenas causas (Lei n° 7.244, de 7.11.1984), que depois passaram a se denominar tão somente juizados especiais (Lei no 9.099, de 26.9.1995), pois todo o sistema é baseado pela facilitação do acesso à justiça, deformalização e simplificação do processo, incremento da oralidade e da paridade de armas, com a efetividade daí decorrente. A isso vem se somar a participação da comunidade, por meio de conciliadores e juízes leigos". (ALVARO DE OLIVEIRA, Carlos Alberto [1942-2013]. Mauro Cappelletti e o direito processual brasileiro. **Revista da Faculdade de Direito da Universidade Federal do Rio Grande do Sul**, Porto Alegre, v. 20, p. 45-50, out. 2001, p. 49). No mesmo sentido, indica Adroaldo Furtado Fabrício (em Conferência proferida na Faculdade de Direito da Universidade de Coimbra, a convite de seu Conselho Directivo, em 10 de novembro de 1999, posteriormente publicada na Revista de Processo) que "Paralelamente, outro tema que vêm insistentemente chamando a atenção dos processualistas contemporâneos é o do acesso à jurisdição, sobretudo no que diz respeito às populações de baixa renda e de escasso nível de conhecimento dos próprios direitos e de familiaridade com os serviços públicos teoricamente postos à disposição de todos. Sobretudo os estudos de Mauro Cappelletti chamaram a atenção sobre a vasta gama de fatores econômicos, culturais e sociológicos que dificultam esse acesso aos menos favorecidos, até mesmo porque a estrutura tradicional do Poder Judiciário, do custo à arquitetura, do hermetismo ao

Cappelletti, juntamente com Bryant Garth, publicou ensaio que possuía a pretensão de servir de introdução geral aos quatro volumes do Projeto Florença[213], intitulado de "Acess to Justice: The worldwide movement to make rights effective"[214]. Na mencionada obra foram apresentadas soluções

---

distanciamento geográfico, dificulta por todos os motivos esse acesso" (FABRÍCIO, Adroaldo Furtado. A experiência brasileira dos juizados e pequenas causas. **Revista de Processo**, v. 101, p. 175-189, Jan.-mar./2001).

213. Relatam Dierle Nunes e Ludmila Teixeira que o "projeto Florença" tratou-se de um "projeto de pesquisa patrocinado pela Fundação Ford, conjuntamente com o Conselho Nacional de Pesquisa da Itália, (...) levado a cabo a partir de 1973 - cujos resultados foram publicados em 1978, em 4 volumes -, sob a direção de Mauro Cappelletti. Envolveu 23 países, que, representados por grandes juristas nacionais, responderam a um questionário e prepararam um relatório, que apontou as chagas e possíveis soluções técnicas para os problemas de seus sistemas jurídicos". (NUNES, Dierle; TEIXEIRA, Ludmila. Por um acesso à justiça democrático: primeiros apontamentos. **Revista de Processo**, vol. 217, p. 75 – 120, Mar / 2013). Investigando especificamente o projeto de Florença em sua dissertação de mestrado, Júlia Pinto Ferreira Porto, elucida que "Nos tomos constavam os estudos e as contribuições de vários juristas, sociólogos, economistas, cientistas políticos, antropólogos e psicólogos de todos os continentes" sendo que "A obra que fora traduzida para idiomas diversos e que obteve significativo sucesso mundo afora é um relatório resumido. Esta edição resumida, que é também a publicada no Brasil, pode ser chamada de Relatório Geral, para diferenciá-la dos diversos tomos publicados a respeito do resultado das pesquisas de campo." (PORTO, Júlia Pinto Ferreira. Acesso à Justiça: Projeto Florença e Banco Mundial. **Dissertação de mestrado**, Universidade Presbiteriana Mackenzie, 2009, 176f, p. 30). Analisando os impactos em perspectiva retrospectiva (durante a Conferência de Seoul de 2014), Ada Pellegrini Grinover, Kazuo Watanabe, Carlos Alberto de Salles, Daniela Monteiro Gabbay, Valeria Ferioli Lagrasta e Masahiko Omura afirmaram que "No momento do projeto Florença, vivia-se a realidade pós-segunda guerra mundial, tendo os diversos países que foram objeto do estudo passado por intensas transformações sociais, econômicas e políticas que impactaram no efetivo acesso à justiça. O Brasil não estava dentre os países latino-americanos analisados no Projeto Florença (Chile, Colômbia, México e Uruguai), mas o livro "Acesso à justiça" escrito por Cappelletti e Bryant Garth representou um marco significativo para o estudo do tema no país. A publicação da tradução brasileira, coincidentemente, ocorreu no ano da promulgação da Constituição Federal de 1988, que marcou um importante momento de transição para democracia após longo período de regime militar, prevendo o acesso à justiça como garantia e direito de todos os cidadãos brasileiros". (GRINOVER, Ada Pellegrini (1933 – 2017); WATANABE, Kazuo; SALLES, Carlos Alberto de; GABBAY, Daniela Monteiro; LUCHIARI, Valeria Ferioli Lagrasta; OMURA, Masahiko. Constituição e processo - acesso efetivo à justiça: o direito de acesso à justiça e responsabilidades públicas. **Revista de Processo**, vol. 250, p. 17 – 31, Dez / 2015).

214. CAPPELLETTI, Mauro [1927-2004]; GARTH, Bryant. **Acess to Justice**: The worldwide movement to make rights effective. Milan: Giuffrè, 1978.

práticas para a superação dos problemas de acesso à justiça (custas judiciais, possibilidades econômicas das partes, interesses difusos) a partir da identificação de três ondas. A primeira onda estava associada à assistência judiciária para os pobres, a segunda onda, relacionada à representação dos interesses difusos e, por fim, a terceira onda propunha a superação dos problemas a partir de uma concepção mais ampla de acesso à justiça. Sinalizam Mauro Cappelletti e Bryan Garth que essa nova forma de acesso à justiça "pode ser compreendida através de uma breve discussão de algumas das vantagens que podem ser obtidas através dela" encorajando "a exploração de uma ampla variedade de reformas, incluindo alterações nas formas de procedimento, mudanças na estrutura dos tribunais ou a criação de novos tribunais, o uso de pessoas leigas ou paraprofissionais, tanto como juízes quanto como defensores"[215]. Neste contexto de reformas de procedimento e de estrutura dos tribunais, Mauro Cappelletti e Bryan Garth imaginam *métodos alternativos* para decidir causas judiciais (juízo arbitral, conciliação e incentivos econômicos), propõem a criação de procedimentos especiais para determinados tipos de causas (procedimentos especiais para pequenas causas, tribunais de *vizinhança* para solucionar divergências na comunidade, tribunais especiais para demandas consumeristas e mecanismos especializados para garantir *novos direitos* em outras áreas do Direito) e identificam a mudança nos métodos utilizados para a prestação dos serviços jurídicos (com o uso de agentes parajurídicos e com o desenvolvimento de planos de assistência jurídica mediante *convênio* ou em *grupo*)[216].

O ponto de maior contato com o objeto do presente livro reside na proposta de juizados especiais para as *pequenas* causas como meio de acesso

---

215. CAPPELLETTI, Mauro [1927-2004]; GARTH, Bryant. **Acesso à justiça** [*Acess to Justice: The worldwide movement to make rights effective* - 1978]. Trad. Ellen Gracie Northfleet. Porto Alegre: Fabris, 1988, p. 70-71.

216. Saliente-se que a proposta se tratava de uma inovação propriamente dita, mas uma sitematização e atualização de soluções previamente existentes. Pode ser mencionado o exemplo do Juizado de Pequenas Causas (*Small Claims Court*) de Nova Iorque que, segundo relato de João Geraldo Piquet Carneiro, foi fundado em 1934, mas representava uma evolução do sistema judicial organizado em cidades do Kansas, Oregon, Ohio e Illinois concebido entre os anos de1912-1916. (CARNEIRO, João Geraldo Piquet. Análise da estruturação e do funcionamento do juizado de pequenas causas da cidade de Nova Iorque. Em WATANABE, Kazuo (coord.). **Juizado especial de pequenas causas**. São Paulo: Revista dos Tribunais, 1985, pp. 23-36, p. 34). Para um exame comparado mais amplo, ver: LAGRASTA NETO, Caetano. Juizado Especial de Pequenas Causas e direito processual civil comparado. Em WATANABE, Kazuo (coord.). **Juizado especial de pequenas causas**. São Paulo: Revista dos Tribunais, 1985.

à justiça. Segundo Mauro Cappelletti e Bryant Garth, o desafio na instituição de juizados de pequenas causas efetivos é "criar foros que sejam atraentes para os indivíduos, não apenas do ponto de vista econômico, mas também físico e psicológico, de modo que eles se sintam à vontade e confiantes para utilizá-los, apesar dos recursos de que disponham aqueles a quem eles se opõem"[217]. Para tanto, propõem a promoção da acessibilidade em geral com a redução dos custos da litigância (inclusive com o desencorajamento ou a proibição do uso de advogados para afastar despesas decorrentes dos ônus sucumbenciais[218] [219]), a equalização das partes (a partir de uma atuação mais ativa dos julgadores)[220], a mudança de estilo dos árbitros (por meio da adoção de iniciativas de natureza particular voltadas para a obtenção de conciliação)[221], a simplificação das normas substantivas para a tomada de

217. CAPPELLETTI, Mauro [1927-2004]; GARTH, Bryant. **Acesso à justiça** [*Acess to Justice: The worldwide movement to make rights effective* - 1978]. Trad. Ellen Gracie Northfleet. Porto Alegre: Fabris, 1988, p. 97.

218. CAPPELLETTI, Mauro [1927-2004]; GARTH, Bryant. **Acesso à justiça** [*Acess to Justice: The worldwide movement to make rights effective* - 1978]. Trad. Ellen Gracie Northfleet. Porto Alegre: Fabris, 1988, p. 100-103.

219. Foram lançadas diversas críticas na adoção desse preceito pela Lei nº 7.244/84, tal como relata Kazuo Watanabe: "As críticas que foram tecidas à proposta de criação do JEPC giravam, fundamentalmente, em torno desse ponto. Alguns críticos tinham em mente a deterioração do mercado de trabalho do advogado, enfoque que, sobre não ser o mais relevante, conforme ficou acentuado linhas atrás (a perspectiva que se sobrepõe é a do destinatário do serviço jurídico), não encontrará confirmação nos fatos, pois certamente o que ocorrerá será, ao revés, a ampliação do mercado de trabalho do advogado. Outros, com razão, estavam preocupados com a efetividade da defesa do direito e com a qualidade da justiça a ser prestada no JEPC. Acentuavam que todas as causas são igualmente importantes, sendo inaceitável sua divisão em grandes e pequenas. Ponderavam, também, que a atribuição da capacidade postulatória às partes, longe de facilitar o acesso à Justiça, irá somente criar, à semelhança do que ocorre na Justiça do Trabalho, amplo campo para a atuação dos chamados "paqueiros" ("Paqueiro - diz-se de, ou aquele que angaria serviços para outrem": Aurélio Buarque de Holanda Ferreira, Novo Dicionário da Língua Portuguesa). As preocupações por último mencionadas eram procedentes, e, por isso, os membros da Comissão Elaboradora do anteprojeto buscaram conceber um sistema que removesse todos esses perigos apontados" (WATANABE, Kazuo. Assistência judiciária e o juizado especial de pequenas causas. **Revista dos Tribunais**, v. 617, p. 250/253, mar./1987).

220. CAPPELLETTI, Mauro [1927-2004]; GARTH, Bryant. **Acesso à justiça** [*Acess to Justice: The worldwide movement to make rights effective* - 1978]. Trad. Ellen Gracie Northfleet. Porto Alegre: Fabris, 1988, p. 103-108.

221. CAPPELLETTI, Mauro [1927-2004]; GARTH, Bryant. **Acesso à justiça** [*Acess to Justice: The worldwide movement to make rights effective* - 1978]. Trad. Ellen Gracie Northfleet. Porto Alegre: Fabris, 1988, p. 108-111.

decisão (permitindo um juízo baseado em senso de justiça em detrimento de um juízo pautado pela *letra fria da lei*)[222]. Foi neste ambiente de evolução da compreensão de acesso à justiça que, em 07 de novembro de 1984[223], foram criados[224] os Juizados Especiais de Pequenas Causas pela Lei nº 7.244/1984[225].

---

222. CAPPELLETTI, Mauro [1927-2004]; GARTH, Bryant. **Acesso à justiça** [*Acess to Justice: The worldwide movement to make rights effective* – 1978]. Trad. Ellen Gracie Northfleet. Porto Alegre: Fabris, 1988, p. 111-113.

223. Tal Lei foi fruto do Projeto de Lei nº 1.950, proposto em 26 de agosto de 1983.

224. Importante sinalizar que antes da promulgação da Lei federal que criou os Juizados Especiais de Pequenas causas, já existiam ações adotadas no âmbito estadual. Segundo relata Adroaldo Furtado Fabrício, "No início da década de 1980, no Estado do Rio Grande do Sul, a Associação dos Juízes desse Estado-membro de Federação brasileira tomou a iniciativa da criação dos então chamados "Conselhos de Conciliação e Arbitramento"" (FABRÍCIO, Adroaldo Furtado. A experiência brasileira dos juizados e pequenas causas. **Revista de Processo**, v. 101, p. 175-189, Jan.-mar./2001). Athos Gusmão Carneiro aponta que "A iniciativa consistiu na criação de "Conselhos de Conciliação e Arbitramento", que logo se popularizaram sob a denominação de "Tribunais de Pequenas Causas". O primeiro surgiu na cidade de Rio Grande, o porto marítimo do Estado do RS. Logo após, o localizado junto ao Foro Regional de Sarandi (bairro periférico de Porto Alegre). Posteriormente, no Rio Grande do Sul, tanto na capital como em várias comarcas do interior, com pleno êxito, passaram a funcionar tais conselhos, e assim, também no Estado do Paraná, em Curitiba e em muitas comarcas, e em outros Estados" (CARNEIRO, Athos Gusmão [1925-2014]. Considerações sobre o processo e o juizado de pequenas causas. **Revista de Processo**, v. 51, p. 23-31, Jul.-Set./1988). Analisando os resultados práticos da medida, Adroaldo Furtado Fabrício afirma que os Tribunais de Pequenas Causas não possuíam "qualquer autoridade ou poder formal de impor suas decisões aos desavindos, eis que nenhuma lei ou ato normativo oficial os respaldava. Mas a intuição e o descortino desse grupo de magistrados visionários revelaram-se absolutamente afinadas com as necessidades e os anseios das comunidades a que inicialmente serviam os Conselhos. A repercussão foi excelente e logo se haveria de verificar um alto índice de solução das controvérsias a eles submetidas". Prossegue refletindo que "Na verdade, o que realmente produziu frutos foi a conciliação. Surpreendeu, de resto, o baixo número de recusas ao comparecimento ou de simples desatenção ao convite. Apoiada pela imprensa e pela opinião pública, a iniciativa se impôs ao respeito da população, cuja pressão social teve papel decisivo no sucesso do projeto. Este registro é também um preito de reconhecimento e de justiça aos pioneiros abnegados - juízes, advogados e servidores - que deram uma exemplar demonstração de espírito público e disposição para o sacrifício, a par de uma invulgar capacidade de percepção das necessidades do jurisdicionado." (FABRÍCIO, Adroaldo Furtado. A experiência brasileira dos juizados e pequenas causas. **Revista de Processo**, v. 101, p. 175-189, Jan.-mar./2001).

225. Foi formada uma comissão de juristas para colaborar com a elaboração do anteprojeto de Lei. Essa comissão era coordenada pelo secretário executivo do Ministério de Desburocratização e integrada por "Nilson Vital Naves, do Gabinete Civil da Presi-

A finalidade da Lei[226], segundo sua exposição de motivos, era regular "o processo a ser adotado para o julgamento dos litígios de natureza patrimonial e de reduzido valor levados à sua apreciação"[227]. As demandas em que a parte tinha a faculdade[228] de propor perante os Juizados Especiais de Pequenas Causas[229] eram as que não excedessem o equivalente a 20 (vinte) vezes o

dência da República; Kazuo Watanabe e Cândido Dinamarco, da Associação Paulista de Magistrados; Luiz Melíbio Machado, da Associação dos Juízes do Rio Grande do Sul; Paulo Salvador Frontini e Mauro José Ferraz Lopes, do Ministério Público de São Paulo e Rio de Janeiro, respectivamente; e Ruy Carlos de Barros Monteiro, do Ministério da Desburocratização". (DIÁRIO DO CONGRESSO NACIONAL - Seção I – 26/08/1983, p. 8.015, coluna 2).

226. Oportuna a ressalva feita por Ovídio Baptista da Silva a respeito da vontade do legislador. Especulando a respeito da vontade do legislados na criação da Lei nº 7.244/84, afirma que "Poder-se-ia objetar que seus autores, ou ao menos o Governo que os criou, em verdade estavam a imaginar neles uma solução elitista e discriminatória, introduzindo em nosso sistema uma "Justiça de segunda classe" para o cidadão comum. Se tal for verdade, pouco importa. As "intenções do legislador" – sabemo-lo todos – não têm o menor significado perante o Direito que ele produza. O que importa, segundo nosso ponto-de-vista, é a profunda fecundidade da idéia de aproximação do Poder Judiciário da vida social e da fonte legítima de qualquer poder democrático, que é o povo, não simplesmente "representado", mas praticando e produzindo o próprio Direito". (BAPTISTA DA SILVA, Ovídio [1929-2009]. **Juizado de pequenas causas**. Porto Alegre: Letras Jurídicas, 1985, p. 36)

227. DIÁRIO DO CONGRESSO NACIONAL - Seção I – 26/08/1983, p. 8.015, coluna 2.

228. Era vedada a propositura de demanda de natureza alimentar, falimentar, fiscal e de interesse da Fazenda Pública, nem às relativas a acidentes do trabalho, a resíduos e ao estado e capacidade das pessoas, ainda que de cunho patrimonial (art. 3º, § 1º, da Lei nº 7.244/1984).

229. Quanto aos critérios para que uma causa deva receber tratamento diferenciado por meio de um juizado especial, Mauro Cappelletti e Bryant Garth afirmam que "Existem muitas características que podem distinguir um litígio do outro. Conforme o caso, diferentes barreiras ao acesso podem ser mais evidentes, e diferentes soluções, eficientes. Os litígios por exemplo diferem em sua complexidade. (...) Os litígios também diferem muito em relação ao montante da controvérsia, o que frequentemente determina quanto os indivíduos (ou a sociedade) despenderão para solucioná-los" (CAPPELLETTI, Mauro [1927-2004]; GARTH, Bryant. **Acesso à justiça** [*Acess to Justice: The worldwide movement to make rights effective* – 1978]. Trad. Ellen Gracie Northfleet. Porto Alegre: Fabris, 1988, p. 71). Analisando a Lei nº 7.244/84, Athos Gusmão Carneiro correlaciona ambas as características apontadas por Mauro Cappelletti e Bryant Garth ao afirmar que "de um ponto de vista pragmático, geralmente as causas de pequeno valor traduzem conflitos de interesses mais singelos, quer nos aspectos de fato como nas "quaestiones juris", e, portanto, possíveis de ser apreciados e bem julgados sem necessidade de maiores formalidades e com predominância dos princípios da oralidade e da concentração" (CARNEIRO, Athos Gusmão [1925-2014].

salário mínimo vigente no País[230] e que tenham por objeto a condenação em dinheiro; a condenação à entrega de coisa certa móvel ou ao cumprimento de obrigação de fazer, a cargo de fabricante ou fornecedor de bens e serviços para consumo; a desconstituição e a declaração de nulidade de contrato relativo a coisas móveis e semoventes[231]. A opção do legislador pelos de litígios dessa natureza decorre de dois fatores. De um lado, apontava-se que "A ausência de tratamento judicial adequado para as pequenas causas (...) afeta, em regra, gente humilde, desprovida de capacidade econômica para enfrentar os custos e a demora de uma demanda judicial"[232] [233] sendo-lhe tolhida de

---

Considerações sobre o processo e o juizado de pequenas causas. **Revista de Processo**, v. 51, p. 23-31, Jul.-Set./1988).

230. A adoção do critério econômico para a definição do que seriam as (pequenas) causas alcançadas pela Lei foi tema de controvérsia. Segundo Ovídio Baptista da Silva, a irresignação quanto ao critério foi apresentada, predominantemente, por duas razões. Nas suas palavras "Uma delas é a de que o critério do valor econômico de modo algum pode nivelar os componentes das faixas inferiores que aufiram rendimentos econômicos modestos, com renda de dois ou três salários mínimos, com os estratos sociais superiores, para os quais, realmente, estas causas – correspondentes a 20 salários mínimos – poderão ser considerados 'causas de pequeno valor'. Para um operário, ou um pequeno empregado no comércio ou na indústria, certamente, uma demanda equivalente a 20 vezes o salário mínimo não será pequena, ou não o será com o mesmo sentido que dela faria uma grande empresa ou uma pessoa economicamente abastada. A outra é a de que nem só as causas de grande expressão econômica são "grandes causas". Demandas há – e freqüentes – em que os interesses em jogo, de natureza não econômica, fazem-nas causas de profundo sentido moral ou social, não obstante seu inexpressivo valor pecuniário. Contudo, não cremos que tal objeção seja decisiva para invalidar o projeto" (BAPTISTA DA SILVA, Ovídio [1929-2009]. **Juizado de pequenas causas.** Porto Alegre: Letras Jurídicas, 1985, p. 14-15). No mesmo sentido, menciona Athos Gusmão Carneiro que "Surge logo o argumento de que os limites entre "pequeno valor", "valor mediano" e "grande valor" são rigorosamente arbitrários, e principalmente de que uma demanda pela lei considerada como de "pequeno valor" pode representar, para o litigante pobre, a totalidade de seu patrimônio, e para ele valer muito mais do que, para o litigante abastado, uma demanda de valor muito superior". (CARNEIRO, Athos Gusmão [1925-2014]. Considerações sobre o processo e o juizado de pequenas causas. **Revista de Processo**, v. 51, p. 23-31, Jul.-Set./1988).

231. Art. 3º da Lei nº 7.244/1984.

232. DIÁRIO DO CONGRESSO NACIONAL - Seção I – 26/08/1983, p. 8.015, coluna 2.

233. No mesmo sentido, Ovídio Baptista da Silva denunciava que "a um observador atento, por certo, não escapará a constatação alarmante de que, na sociedade moderna, que se pretende democrática e participativa, ou as imensas camadas populacionais, menos afortunadas, não possuem qualquer direito ou seus supostos "direitos subjetivos", ao contrário dos direitos da aristocracia que gravita em torno ao poder, são invariavelmente respeitados e tornados efetivos sem o amparo estatal." (BAPTISTA DA SILVA,

uma garantia substancial de acesso à justiça[234]. De outro lado, do ponto de vista social, "A elevada concentração populacional nas áreas urbanas, aliada ao desenvolvimento acelerado das formas de produção e consumo de bens e serviços, atua como fator de intensificação e multiplicação de conflitos, principalmente no plano das relações econômicas"[235].

Os objetivos da Lei que criou os Juizados Especiais de Pequenas Causas estavam ancorados nos princípios *básicos e específicos*[236]: da facultatividade,

---

Ovídio [1929-2009]. **Juizado de pequenas causas**. Porto Alegre: Letras Jurídicas, 1985, p. 28) Acrescentava ainda parecer "de uma evidência cristalina que a filosofia que sustenta todos os nossos instrumentos de jurisdição tradicionais, longe de tratar adequadamente os imensos e profundos conflitos sociais de uma sociedade cujos sintomas neuróticos a cada dia mais se acentuam, procura escorraçá-los e escondê-los, elitizando-se num castelo conceitual, cada vez mais distanciado e alheio à realidade social." (BAPTISTA DA SILVA, Ovídio [1929-2009]. **Juizado de pequenas causas**. Porto Alegre: Letras Jurídicas, 1985, p. 30)

234. A limitação das pessoas que podem figurar no polo ativo de demanda proposta perante o Juizado Especial de Pequenas Causas à somente pessoas físicas (art. 8º, § 1º, da Lei nº 7.244/1984) parecia estar atenta às críticas reportadas por Mauro Cappelletti e Bryant Garth quanto aos juizados especiais. Informavam que, a respeito do acesso irrestrito (quanto aos autores de demandas) aos juizados especiais, "procedimentos mais rápidos e informais e modernos facilitam principalmente a lesão em larga escala dos direitos de devedores individuais" (CAPPELLETTI, Mauro [1927-2004]; GARTH, Bryant. **Acesso à justiça** [*Acess to Justice: The worldwide movement to make rights effective* - 1978]. Trad. Ellen Gracie Northfleet. Porto Alegre: Fabris, 1988, p. 97). A preocupação em limitar a utilização do procedimento dos juizados especiais àqueles que, sem eles, não teria acesso substancial à justiça, afastava, na visão do legislador da década de 80 do século passado, as pessoas não naturais, pressupondo que as mesmas não teriam limitações financeiras de acesso ao Poder Judiciário. Ao contrário, permitir o acesso ao sistema poderia servir de meio de promoção de demandas em larga escala por grandes credores (pessoas jurídicas) contra pequenos devedores acentuando a disparidade social. No Brasil, tal impossibilidade durou até a promulgação da Lei nº 9.841/99 (Estatuto da Microempresa e da Empresa de Pequeno Porte) que permitiu que as microempresas figurassem como autoras nos Juizados Especiais Cíveis (art. 38). A aludida lei foi revogada pela Lei Complementar nº 123/2006 que, em seu art. 74, ampliou o acesso ao polo ativo das demandas do Juizado Especial Cível às empresas de pequeno porte.

235. DIÁRIO DO CONGRESSO NACIONAL - Seção I – 26/08/1983, p. 8.015, coluna 2.

236. DIÁRIO DO CONGRESSO NACIONAL - Seção I – 26/08/1983, P. 8.015, coluna 3.

da busca permanente de conciliação[237], da simplicidade[238], da celeridade, da economia[239] e da amplitude dos poderes do juiz[240].

---

237. Segundo Ovídio Baptista da Silva, "O que há de positivo na concepção geral dos Juizados de Pequenas Causas é a tentativa de reunir a atividade judicial contenciosa a uma fase destacada e vital de conciliação, conduzida, segundo a lei o permite, por um conciliador, o qual, preferentemente, será bacharel em Direito, mas não terá função judicante. Esta separação entre as duas funções, a jurisdicional e a conciliadora, entre duas pessoas diferentes, não obstante justapostas no mesmo órgão, parece ser uma tentativa válida de superar os conhecidos fracassos de todos os institutos de conciliação, tanto no Brasil quanto em outros países, quando confiados à mesma pessoa, ou ao mesmo órgão colegiado que irá decidir a causa em juízo contencioso". (BAPTISTA DA SILVA, Ovídio [1929-2009]. **Juizado de pequenas causas**. Porto Alegre: Letras Jurídicas, 1985, p. 24)
238. A redação definitiva da Lei nº 7.244/1984 valoriza a simplicidade, por exemplo no seu artigo 14 que dispõe: "Art. 14 - Os atos processuais serão válidos sempre que preencherem as finalidades para as quais forem realizados, atendidos os critérios indicados no art. 2º desta Lei. § 1º - Não se pronunciará qualquer nulidade sem que tenha havido prejuízo. § 2º - A prática de atos processuais em outras comarcas poderá ser solicitada por qualquer meio idôneo de comunicação. § 3º - Serão objeto de registro escrito exclusivamente os atos havidos por essenciais. Os atos realizados em audiência de instrução e julgamento deverão ser gravados em fita magnética ou equivalente, que será inutilizada após o trânsito em julgado da decisão. § 4º - As normas locais disporão sobre a conservação das peças do processo e demais documentos que o instruem".
239. Compreendida como barateamento dos custos do processo e não no sentido de economia processual.
240. Segunda a exposição de motivos ao juiz "se reservou posição de extrema relevância, através da atribuição de dirigir o processo com ampla liberdade: (a) para determinar as provas a serem produzidas; (b) para apreciar aquelas que, efetivamente, o forem; e (c) para dar especial valor às regras de experiência comum ou técnica, ainda que não expressas em qualquer ato material do processo (art. 4º). Além disso, desde que atendidos os fins sociais da lei e as exigências do bem comum, ao juiz foram conferidos poderes para dar a cada caso a solução que reputar mais justa e equânime (art. 5º)" (DIÁRIO DO CONGRESSO NACIONAL - Seção I – 26/08/1983, P. 8.016, coluna 3). Cumpre salientar, quanto ao ponto do julgamento por equidade, sinaliza Ovídio Baptista da Silva que "a Lei 7.244 não faculta ao juiz o julgamento baseado na eqüidade, não obstante a aparente sugestão que poderia emanar da redação do art. 5.º, quando aí se prescreve que o juiz "adotará em cada caso a decisão que reputar mais justa e equânime". Ora, evidentemente, o preceito que ordene que o juiz decida segundo o que lhe pareça mais "justo e equânime" seria até dispensável, pois a busca da justiça mais efetiva é tarefa normal do julgador, que, evidentemente, não cumpriria com sua função precípua se, ante duas ou mais alternativas, optasse pela menos justa e equânime. Tanto é verdade que nesse dispositivo não se cuida de permitir o julgamento de pura eqüidade, que o legislador, quando verdadeiramente o quis inserido na lei, teve de fazê-lo expressamente". (BAPTISTA DA SILVA, Ovídio [1929-2009]. **Juizado de pequenas causas**. Porto Alegre: Letras Jurídicas, 1985, p. 16-17). Em sentido contrário,

Os princípios que tocam de forma direta a ideia de oralidade são os da simplicidade, da celeridade e da amplitude dos poderes do juiz. Quanto ao princípio da simplicidade, indicava o legislador que ela (a simplicidade) "foi obtida através da adoção dos critérios de informalidade e oralidade", na medida em que os atos serão considerados válidos independentemente de sua forma quando atingirem a sua finalidade e que eles serão produzidos preferencialmente de forma oral, "não se materializando em registros escritos e não se formarão autos, bastando o uso de fichas ou formulários especiais"[241]. Percebe-se que a oralidade, indicada expressamente na afirmação do princípio da simplicidade, não está associada à compreensão de um modelo de processo oral (tal como propunha Giuseppe Chiovenda), mas simplesmente da prática oral de atos processuais. No entanto, os *subprincípios tradicionais* da oralidade processual se faziam presentes nos princípios da celeridade e da amplitude dos poderes do juiz. Isso porque, quanto ao princípio da celeridade, o legislador concentrava quase todos os atos do processo[242] em evento único: na sessão de conciliação e julgamento[243], valorizando, portanto a ideia de concentração típica dos processos orais. De outro lado, quanto ao princípio da amplitude dos poderes do juiz, aliado com a concentração dos atos processuais em audiência oral, permitia-se uma grande imediação do juiz com a causa.

Da exposição de motivos do Projeto de Lei para o texto legal definitivo, alguns ajustes foram feitos. O art. 2º da Lei nº 7.244/1984, preferiu, ao invés de denominar de princípios básicos e específicos, indicar como *critérios a*

---

propondo que a Lei permitia uma aplicação mais ampla da equidade, veja-se: SOUZA, Carlos Aurélio Mota. Juizados de pequenas causas: escolas de equidade. **Revista de Processo**, v. 58, p. 114-117, abr.-jun./1990).

241. DIÁRIO DO CONGRESSO NACIONAL - Seção I – 26/08/1983, P. 8.016, coluna 1.

242. Nos termos da exposição de motivos: "Praticamente, só se realizam fora desta sessão os atos concernentes à apresentação da petição inicial e à citação do réu ou intimação de testemunhas, os quais se- passam perante a Secretaria do Juizado, sem necessidade de intervenção do juiz" (DIÁRIO DO CONGRESSO NACIONAL - Seção I – 26/08/1983, p. 8.016, coluna 1).

243. Nos termos da exposição de motivos: "Nesta sessão única as partes são ouvidas e é tentada a sua conciliação; são colhidas todas as provas e, enfim, é proferida a sentença". (DIÁRIO DO CONGRESSO NACIONAL - Seção I – 26/08/1983, p. 8.016, coluna 1). A redação definitiva da Lei nº 7.244/1984 dispunha que: "Art. 29. Na audiência de instrução e julgamento serão ouvidas as partes, colhida a prova e, em seguida, proferida a sentença § 1º - Serão decididos de plano todos os incidentes que possam interferir no regular prosseguimento da audiência. As demais questões serão decididas na sentença. § 2º - Sobre os documentos apresentados por uma das partes, manifestar-se-á imediatamente a parte contrária, sem interrupção da audiência".

serem observados nos juizados especiais de pequenas causas: a oralidade, a simplicidade, a informalidade, a economia processual e a celeridade[244]. No entanto, a supressão dos princípios da conciliação e dos poderes do juiz[245] do catálogo anteriormente mencionado, não afastou os seus efeitos práticos na medida em que a conciliação permanecia sendo buscada sempre que

---

244. A doutrina ampliava o catálogo a partir de analise não limitada ao art. 2º da mencionada Lei, levando em consideração todo o seu texto. Para Athos Gusmão Carneiro, por exemplo, a Lei nº 7.244/84 tinha por princípios: "1. oralidade e concentração, com todos os atos processuais desenvolvendo-se numa única audiência, com registro escrito apenas dos atos essenciais; 2. facultatividade de acesso, podendo o autor (não o réu) optar pelo juízo comum; 3. gratuidade em primeiro grau de jurisdição; 4. acesso somente a pessoas físicas capazes, comparecendo as pessoas jurídicas apenas na qualidade de rés; 5. assistência por advogado em caráter apenas facultativo, no primeiro grau de jurisdição; 6. conciliação, como objetivo primacial a ser perseguido; 7. não-admissão da intervenção de terceiros, e substituição da prova pericial pela inquirição de testemunha técnica; 8. alargamento dos poderes do juiz; 9. possibilidade de funcionamento em horário noturno; 10. colaboração de advogados, como conciliadores e árbitros; 11. limitação do pedido a direitos patrimoniais, de valor não excedente a vinte vezes o valor do salário mínimo; 12. recurso para um colegiado composto por três juízes de direito". (CARNEIRO, Athos Gusmão [1925-2014]. Considerações sobre o processo e o juizado de pequenas causas. **Revista de Processo**, v. 51, p. 23-31, Jul.-Set./1988) Sem adentrar na adequação do rol proposto (se, por exemplo, de fato se tratam de princípios os itens indicados), é oportuno chamar a atenção para a circunstância de que a oralidade é apontada como sendo o primeiro princípio inspirador do sistema dos juizados de pequenas causas.

245. A facultatividade também foi mantida, ainda que não indicada expressamente no catálogo, na medida em que o art. 1º da Lei nº 7.244/84 previa expressamente que os juizados eram criados para processar e julgar as causas de reduzido valor econômico por opção do autor. Em sentido contrário, pregando a obrigatoriedade dos Juizados de Pequenas Causas, Antonio Raphael Silva Salvador afirmava que "Não pode o Juizado Especial de Pequenas Causas ficar entregue à opção do autor, pois trata-se de competência de juízo, que não é relativa, mas absoluta. Indiscutível que aqui se trata de competência de juízo: a lei diz qual o juízo que é competente para aquelas causas que especifica, adotando o critério econômico a ainda um critério material, para estabelecer quais os objetos visados na ação que autorizam essa competência" (SALVADOR, Antonio Raphael Silva. O juizado de pequenas causas: obrigatória sua criação e absoluta sua competência. **Revista dos Tribunais**, v. 660, p. 251-253, Out. 1990).

possível (art. 2º, *in fine*, da Lei nº 7.244/1984)[246] e os poderes do juiz permaneciam amplos[247].

---

246. Como reflexo da Lei sob exame, foram criados no âmbito estadual alguns juizados voltados exclusivamente para a conciliação. No estado de São Paulo, por força de Lei Estadual nº 5.143/1986, foram criados os Juizados Informais de Conciliação. Alvaro Lazzarini descreve este fato: "O Tribunal de Justiça do Estado de São Paulo, pelo seu órgão especial, através da Resolução 12, de 28 de agosto e 1985, considerando que o art. 56, I, da Lei Federal 7.244, de 7 de novembro de 1984, autoriza a criação de Juizados de conciliação, como também, entre outros considerandos, que a eventual implantação do Juizado Especial de Pequenas Causas deve ser precedida de experiência no campo da conciliação que permita melhor conhecimento dos problemas funcionais estruturais a ela ligados, resolveu instituir, em caráter experimental, o juizado Informal de Conciliação, funcionando o pioneiro deles no Foro Regional da Lapa, no horário de 18:00 horas às 21:00 horas. Foi o sucesso dessa experiência que levou o Conselho Superior da Magistratura à edição do Provimento 282, 11 de abril de 1986, autorizando a instalação de Juizados Informais de Conciliação junto aos Foros Regionais de Santo Amaro, Santana e Penha, acrescentando, após, com o seu Provimento 287, de 22 de maio de 1986, a extensão da experiência ao Foro Regional do Tatuapé, bem como à Comarca de Campinas, a primeira do interior do Estado a contar com uma unidade do Juizado Informal de Conciliação. Em fevereiro de 1990, o Estado de São Paulo contava com (vinte e uma) unidades de Juizado Informal de Conciliação no interior do estado e 4 (quatro) na Capital, totalizando 25 (vinte e cinco) unidades. Contava, também, com 8 (oito) unidades de Juizado Especial de Pequenas Causas no interior e 4 (quatro) na Capital, o que totalizam 12 (doze) unidades" (LAZZARINI, Alvaro. A constituição federal de 1988, os juizados especiais e os juizados de pequenas causas. **Revista de Processo**, v. 58, p. 110-113, Abr. – Jun. /1990). Para um relato dos possíveis motivos do sucesso dos Juizados Informais de Conciliação, veja-se: RODRIGUES, Francisco César Pinheiro. Perspectivas do juizado especial de pequenas causas. **Revista dos Tribunais**, v. 618, p. 250-253, Abr./1987. Para um relato dos possíveis motivos do sucesso dos Juizados Informais de Conciliação, veja-se: RODRIGUES, Francisco César Pinheiro. Perspectivas do juizado especial de pequenas causas. **Revista dos Tribunais**, v. 618, p. 250-253, Abr./1987. Diante dessas narrativas, percebe-se de forma clara uma grande expectativa e confiança na adoção de técnicas e procedimentos vocacionados à conciliação no período em apreço.

247. A Lei nº 7.244/1984, em seu Art. 4º, indicava quanto a condução do processo e sua instrução que "O Juiz dirigirá o processo com ampla liberdade para determinar as provas a serem produzidas, para apreciá-las e para dar especial valor às regras de experiência comum ou técnica". Especificamente quanto a produção da prova o seu Art. 34 dispunha que "Todas as provas serão produzidas na audiência de instrução e julgamento, ainda que não requeridas previamente, podendo o Juiz limitar ou excluir as que considerar excessivas, impertinentes ou protelatórias". Quanto ao poder relacionado ao julgamento da causa, o art. 5º, da aludida lei estabelecia que "O Juiz adotará em cada caso a decisão que reputar mais justa e equânime, atendendo aos fins sociais da lei e às exigências do bem comum". Para a doutrina, "A Lei deu grande ênfase à conciliação, nitidamente posta como objetivo preferencial a ser perseguido.

Ainda chama a atenção, no que toca à oralidade proposta pela Lei nº 7.244/1984, a possibilidade de o processo poder ser proposto (art. 15) e contestado (art. 31) com a apresentação de manifestação escrita ou oral[248] à Secretaria do Juizado, bem como, a resposta do autor ser apresentada na própria audiência (salvo se requerida a designação de nova data, que será desde logo fixada, cientes todos os presentes) (art. 32, parágrafo único). Por fim, quando da produção da prova oral sequer havia a sua escrituração, cumprindo ao juiz, fazendo uso dos seus amplos poderes, apenas referir em sua sentença, no essencial, os informes trazidos nos depoimentos (art. 37).

Em que pese as boas intenções da Lei, ela suscitou críticas quanto à sua compatibilidade com a Constituição então vigente (de 1967)[249]. De outro lado, depois da entrada vigor da Constituição de 1988, foi exigida a ampliação dos juizados especiais, quanto a extensão de seus efeitos, aos processos criminais[250]. Neste contexto, em 1989 iniciou a tramitação de Projeto de Lei

---

Por isso, além do juiz (estatal e singular, podendo ser um integrante do quadro ordinário ou ocupante de cargo especificamente criado para o efeito), integrariam o órgão, obrigatoriamente, os conciliadores, preferencialmente recrutados entre bacharéis em Direito, e os árbitros, escolhidos dentre advogados" (FABRÍCIO, Adroaldo Furtado. A experiência brasileira dos juizados e pequenas causas. **Revista de Processo**, v. 101, p. 175-189, Jan.-mar./2001). Com relação aos árbitros, a lei facultava às partes optar, de comum acordo, pelo juízo arbitral (Art. 25). O árbitro eleito conduzia o processo da mesma forma que o juiz do Juizado, podendo, inclusive, decidir por equidade (art. 26), salientando que o laudo (*rectius*: decisão) do árbitro seria apresentado ao juiz para homologação em sentença irrecorrível (art. 27).

248. Sendo formulado o pedido de oral ele era reduzido a escrito pela Secretaria do Juizado, podendo ser utilizado o sistema de fichas ou formulários impressos (art. 15, § 3º).

249. As críticas são sintetizadas por Ovídio Baptista da Silva da seguinte forma: "a) a criação de juízos não togados, por meio de lei ordinária, violaria o art. 144, § 1.º, "b", da CF [acrescido pela E.C. nº 07/1977]; b) haveria, também, vulneração do princípio constitucional da isonomia, segundo o qual todos são iguais perante a lei (art. 153, § 1.º), não se podendo sujeitar o demandado a uma jurisdição especial, de menor garantia; c) a criação de um órgão colegiado recursal implicaria a instituição de um tribunal de 2.ª instância, igualmente infringente do texto constitucional, que estabelece – em numerus clausus – os tribunais integrantes do Poder Judiciário nacional (art. 112, c/c o art. 144, da CF); d) finalmente, haveria também violação do preceito contido no art. 153, § 4.º [acrescido pela E.C. nº 07/1977], do texto constitucional, uma vez que os demandados – sujeitos a tais juizados especiais – seriam privados do "devido processo legal", sujeitando-se a uma tutela jurisdicional inferior e de menores garantias." (BAPTISTA DA SILVA, Ovídio [1929-2009]. **Juizado de pequenas causas**. Porto Alegre: Letras Jurídicas, 1985, p. 09).

250. Dispõe a Constituição que "Art. 98. A União, no Distrito Federal e nos Territórios, e os Estados criarão: I - juizados especiais, providos por juízes togados, ou togados

(nº 1.480/1989) que regulamentava o art. 98, I, da Constituição Federal[251]. Na sua exposição de motivos[252], o proponente do Projeto de Lei (Michel Temer[253]), justificou a implementação dos juizados especiais, limitados às causas penais[254], dentre outros argumentos o fato de que "o procedimento oral tem demonstrado todas as vantagens onde aplicado em sua verdadeira essência. A concentração, a imediação, a identidade física do juiz conduzem à melhor apreciação das provas e à formação de um convencimento que realmente leve em conta todo o material probatório e argumentativo produzido pelas partes". A expectativa com a adoção da oralidade era a promoção da celeridade decorrente da "desburocratização e simplificação da justiça". No título I do mencionado projeto (Disposições Gerais), constou que "os Juizados Especiais, providos por Juízes togados ou togados e leigos, serão criados nos Estados, no Distrito Federal e Territórios para a conciliação, o julgamento e a execução das infrações penais de menor potencial ofensivo" (art. 1º) e que "o processo perante o Juizado Especial orientar-se-á pelos critérios da oralidade, informalidade, economia processual e celeridade, objetivando,

---

e leigos, competentes para a conciliação, o julgamento e a execução de causas cíveis de menor complexidade e infrações penais de menor potencial ofensivo, mediante os procedimentos oral e sumaríssimo, permitidos, nas hipóteses previstas em lei, a transação e o julgamento de recursos por turmas de juízes de primeiro grau".

251. Dispunha o mencionado artigo que: "Art. 98. A União, no Distrito Federal e nos Territórios, e os Estados criarão: I - juizados especiais, providos por juízes togados, ou togados e leigos, competentes para a conciliação, o julgamento e a execução de causas cíveis de menor complexidade e infrações penais de menor potencial ofensivo, mediante os procedimentos oral e sumaríssimo, permitidos, nas hipóteses previstas em lei, a transação e o julgamento de recursos por turmas de juízes de primeiro grau".

252. Diário do Congresso Nacional - Seção 1 - 24/2/1989, p. 329 - 330 (Exposição de Motivos).

253. Que teria se valido dos estudos e da minuta de Anteprojeto de Lei federal feitos pela Associação Paulista de Magistrados e dos esforços empreendidos do Grupo de Trabalho formado por juízes (Antonio Carlos Viana Santos, Manoel Carlos Vieira de Moraes, Paulo Costa Manso, Ricardo Antunes Andrecci e Rubens Gonçalves) e acadêmicos (Ada Pellegrine Grinover, Antonio Magalhães Gomes Filho e Antonio Scarance Fernandes). (Diário do Congresso Nacional - Seção 1 - 24/2/1989, p. 329 - 330 (Exposição de Motivos).

254. Na exposição de motivos da Lei, a grande maioria da fundamentação reside nos princípios e nas vantagens que a mesma traz na esfera penal, elucidando as conclusões a partir do procedimento penal adotado. Pouca atenção se dá ao juízo e ao procedimento cível, possivelmente pelo mesmo já possuir tratamento diferenciado na Lei nº 7.244/1984 (Juizados Especiais de Pequenas Causas).

sempre que possível, a reparação dos danos sofridos pela vítima e a aplicação de pena não privativa de liberdade" (art. 3º)[255].

Se o destino dos juizados parecia estar confinado às causas criminais, em 26 de outubro de 1990 com a publicação da aprovação do substitutivo ao projeto de Lei nº 1.480/89, proposto pela Comissão de Constituição e Justiça e de Redação (cujo identificação passou a ser PL nº 1.480-A[256]), houve uma mudança decisiva de curso. Na nova redação do projeto, os juizados especiais passaram também a contemplar as causas cíveis[257].

Após tramitação de mais de cinco anos, o projeto de Lei foi transformado na Lei nº 9.099/95[258], sancionada em 26 de setembro de 1995, pelo então presidente da República Fernando Henrique Cardoso e vigente, salvo pequenas alterações, até hoje.

Em que pese a existência de um novo marco normativo, os princípios informativos dos processos dos Juizados Especiais, em essência, permaneceram os mesmos[259] (oralidade, simplicidade, informalidade, economia processual e celeridade[260]), adequando-se à sua finalidade à busca, sempre

---

255. Diário do Congresso Nacional - Seção 1 - 24/2/1989, p. 327-329.

256. Ao longo da tramitação do projeto ainda foram apresentados mais quatro substitutivos com alterações pontuais (PL. 1480-B/89 [Diário do Congresso Nacional- Seção 1 - 26/10/90, p. 11279, col. 03], PL. 1480-C/89 [Diário do Congresso Nacional - Seção 1 - 06/08/93, p. 15582, col. 01], PL. 1480-D/89 [Diário do Congresso Nacional - Seção 1 - 04/08/95, p. 15853, col. 02], PL. 1480-E/89 [Diário do Congresso Nacional - Seção 1 - 31/08/95, p. 20602, col. 01]). Tais alterações não serão exploradas na medida em que não impactam a essência do projeto no que tange à oralidade processual no juízo cível.

257. "Art. 1º - Os Juizados Especiais Cíveis e Criminais, órgãos da Justiça Ordinária, serão criados pela União, no Distrito Federal e nos Territórios, e pelos estados para conciliação, processo, julgamento e execução, nas causas de sua competência".

258. Diário Oficial de 27/09/1995, p. 15033.

259. Menciona Adroaldo Fabrício que "Somente em 1995, a 26 de setembro, veio a ser editada a nova Lei, de n. 9.099, adequando o sistema às inovações constitucionais. No pertinente aos Juizados cíveis, reproduziram-se quase integralmente as disposições pertinentes à estrutura e funcionamento dos Juizados de pequenas causas, mas certas regras novas foram introduzidas e dentre elas algumas merecem destaque. Aquela antiga denominação, de resto, continua a parecer-nos preferível, seja por já consagrada pelo uso, seja por expressar em si mesma as finalidades e inspirações do instituto" (FABRÍCIO, Adroaldo Furtado. A experiência brasileira dos juizados e pequenas causas. **Revista de Processo**, v. 101, p. 175-189, Jan.-mar./2001).

260. "Art. 2º - O processo orientar-se-á pelos critérios da oralidade, simplicidade, informalidade, economia processual e celeridade, buscando, sempre que possível, a conciliação ou a transação."

que possível, da conciliação ou da transação (não se limitando, portanto, aos efeitos penais anteriormente propostos).

Uma das principais alterações promovidas pela Lei nº 9.099/95, em comparação com o sistema do Juizado Especial de Pequenas Causas[261], foi a ampliação do seu alcance. Isso se deve ao fato de que o acesso ao procedimento do Juizado Especial Cível deixou de levar em consideração fatores eminentemente econômicos (valor da causa), passando a adotar parâmetros pautados pela ideia de menor complexidade da causa (tomando os fatores econômicos como um dos seus indicativos)[262].

Do ponto de vista procedimental, no que toca especialmente à oralidade, os processos no Juizado Especial Cível continuaram admitindo a propositura da demanda (art. 14) e a contestação (art. 30) de forma oral, bem como a produção da prova permanecia sendo realizada em audiência (art. 33), não sendo a prova oral "reduzida a escrito, devendo a sentença referir, no essencial, os informes trazidos nos depoimentos" (art. 36).

A Lei nº 9.099/95 não alterou os amplos poderes conferidos ao magistrado na condução do processo e no julgamento da demanda. O juiz nos processos perante o Juizado Especial Cível continua atuando de forma ativa na condução do processo de modo a promover o reequilíbrio entre partes vulneráveis que procuram tutela jurisdicional junto a esta justiça especializada[263]. Quando da tomada de decisão, os juízes nos Juizados Especiais Cíveis

---

261. Não no respeita a questões pontuais, pois no detalhe, a Lei nº 9.099/1995 promoveu inúmeras alterações se comparada com o regime da Lei nº 7.244/1984. Entretanto, como o presente trabalho não ocupa de realizar uma comparação pontual entre os diplomas, mas situá-los no contexto evolutivo da ideia de processo oral, não será realizada um aprofundamento sobre as distinções de forma pormenorizada.

262. Dispõe o *caput* do art. 3º da Lei nº9.099/95 que "O Juizado Especial Cível tem competência para conciliação, processo e julgamento das causas cíveis de menor complexidade" e em seus incisos indica quais causas podem ser consideradas de menor complexidade ("I - as causas cujo valor não exceda a quarenta vezes o salário mínimo; II - as enumeradas no art. 275, inciso II, do Código de Processo Civil [correspondente às causas de rito sumário do Código de Processo Civil de 1973]; III - a ação de despejo para uso próprio; IV - as ações possessórias sobre bens imóveis de valor não excedente ao fixado no inciso I deste artigo).

263. Segundo Luiz Fux: "A debilidade técnica do litigante nos parece caracterizar-se numa incapacidade processual sui generis, denominável "incapacidade judiciária" e que mereceria esse tratamento especial, tal como se confere aos que não têm aptidão para discernir quanto aos seus interesses processuais por vontade imatura ou deficiente. Minimizando esse grave problema erigido em barreira de acesso à justiça, a Lei dos Juizados Especiais permite que o juiz, despindo-se da condição de mero espectador

também estão orientados à promoção da justiça do caso concreto tendo por diretriz a busca da "decisão que reputar mais justa e equânime, atendendo aos fins sociais da lei e às exigências do bem comum." (art. 5.º). As decisões proferidas no âmbito dos juizados são irrecorríveis quando interlocutórias e, quando finais, são passíveis de revisão por um sistema recursal simplificado[264] e específico (Turmas Recursais[265]), sendo o recurso interposto contra elas recebido, de regra, somente no efeito devolutivo (art. 43).

Se a ampliação dos poderes do juiz importa na intensificação de um fenômeno já existente nos regimes anteriores, foi sobre a figura do juiz leigo que recaiu o maior fator de inovação. Em verdade, a figura do juiz leigo já encontrava previsão no inciso I, do artigo 98, da Constituição da República Federativa do Brasil de 1988[266]. Entretanto, não existia clareza a respeito da

---

do "duelo entre as partes" engendre notável "ativismo judicial" na busca das provas da verossimilhança daquilo que se alega. E, nesse mister, inúmeras vezes, sem perder a sua imparcialidade, sem deixar de se manter eqüidistante - como se lhe exige o fundamento do monopólio jurisdicional nas mãos do judiciário-, o magistrado supre as carências probatórias a pretexto de julgar segundo a maior coincidência possível entre o que se passou na vida dos fenômenos e na vida do processo. Ademais, a lei permite ao juiz proceder ao aconselhamento das partes sobre as conseqüências do litígio, oportunidade em que alerta dos riscos da demanda e da defesa, sugerindo conciliações que otimizam o relacionamento social". (FUX, Luiz. Juizados especiais: um sonho de justiça. **Revista de Processo**, v. 90, p. 151-158, Abr. - jun. /1998).

264. Refere Luiz Fux que "A temática do ônus do tempo recebe, ainda, como tratamento a unificação dos meios de impugnação, reservando para a sentença, salvo raríssimas exceções, toda a matéria impugnável em face da unicidade da audiência de instrução a que segue o julgamento. A prodigalidade recursal não tem sede nos Juizados, propiciando a definitividade das decisões no mais breve espaço de tempo possível" (FUX, Luiz. Juizados especiais: um sonho de justiça. **Revista de Processo**, v. 90, p. 151-158, abr. - jun. /1998).

265. Eis os termos da Lei: "Art. 41. Da sentença, excetuada a homologatória de conciliação ou laudo arbitral, caberá recurso para o próprio Juizado. § 1º O recurso será julgado por uma turma composta por três Juízes togados, em exercício no primeiro grau de jurisdição, reunidos na sede do Juizado. § 2º No recurso, as partes serão obrigatoriamente representadas por advogado".

266. Mauro Cappelletti indicava que a figura de um juiz não profissional representava "uma forma de participação popular na administração da justiça". Nas suas palavras, "Deve mencionar-se antes de tudo uma razão de educação cívica: a utilização de juízes leigos faz da função judiciária uma atividade da qual participam não apenas um grupo de profissionais, os juízes de carreira, mas também pessoas do povo". Além disso, o mesmo autor também reconhecia como efeito da adoção do juiz leigo a promoção de economia e de eficiência, porque subtraídas à justiça ordinária as causas que, para serem resolvidas, não necessitam de juiz profissional e, portanto, mais caro

função desempenhada por este auxiliar da justiça. A Constituição se limitava a dispor que os juizados especiais eram "providos por juízes togados, ou togados e leigos, competentes para a conciliação, o julgamento e a execução de causas cíveis de menor complexidade e infrações penais de menor potencial ofensivo, mediante os procedimentos oral e sumaríssimo, permitidos, nas hipóteses previstas em lei, a transação e o julgamento de recursos por turmas de juízes de primeiro grau". Foi somente a partir da promulgação da Lei nº 9.099/95 que houve definição de como seriam recrutados os juízes leigos[267] e qual o papel desempenhado pelos mesmos. No que toca à oralidade, foco do presente estudo, é relevante investigar de forma mais detida a função desempenhada pelos juízes leigos no Juizado Especial Cível na condução e na tomada de decisão no procedimento.

Os juízes leigos, recrutados entre advogados com mais de cinco anos de experiência (art. 7º), são autorizados a atuar na sessão de conciliação (art. 22), dirigir a instrução (art. 37) e proferir a decisão (art. 40). Durante a sua atuação, o juiz leigo será orientado (na conciliação) e supervisionado (na instrução) pelo juiz togado que homologará (ou não) a decisão proferida. Ocorre que, como a conciliação e a instrução são atos processuais realizados em sessão de audiência, a orientação e a supervisão do juiz togado passam a ser viáveis, ou antes, ou depois, do ato praticado. Do contrário, seria necessário ao juiz togado se fazer presente em todos os atos orais (predominantes no procedimento) o que afastaria qualquer ganho de eficiência para a estrutura judiciária eliminando a utilidade do juiz leigo. Na prática, nos estados em

---

e mais formal" (CAPPELLETTI, Mauro. Problemas de reforma do processo civil nas sociedades contemporâneas. **Revista de Processo**, vol. 65, p. 127 – 143, Jan - Mar / 1992). Esse aspecto do "excesso de profissionalismo" do Poder Judiciário também é destacado, no cenário brasileiro, por Kazuo Watanabe ao sinalizar que a conciliação "é uma alternativa inovadora que procura reverter a excessiva profissionalização da Justiça, o que certamente permitirá reduzir a burocratização acentuada de toda a máquina judiciária" (WATANABE, Kazuo. Filosofia e características básicas do Juizado Especial de Pequenas Causas. Em WATANABE, Kazuo (coord.). **Juizado especial de pequenas causas**. São Paulo: Revista dos Tribunais, 1985, pp. 01-07, p. 7).

267. Dispõe o art. 7º da Lei nº 9.099/95 que "Os conciliadores e Juízes leigos são auxiliares da Justiça, recrutados, os primeiros, preferentemente, entre os bacharéis em Direito, e os segundos, entre advogados com mais de cinco anos de experiência". Quanto a este ponto, sinaliza Fernando da Fonseca Gajardoni que "Os tribunais vêm lançando atos normativos específicos para regulamentar a atividade dos juízes leigos, recrutados por meio de seleção pública". (GAJARDONI, Fernando da Fonseca. Gestão de conflitos nos Estados Unidos e no Brasil. **Revista de Processo Comparado**, vol. 4, p. 43 – 63, Jul - Dez / 2016).

que existe a atuação de juízes leigos[268], essa circunstância faz com que, ou o juiz togado conduz todo o processo, ou delega-o ao juiz leigo assumindo uma função, por vezes, meramente homologatória[269]. Outro aspecto que chama a atenção quanto aos poderes atribuídos aos juízes leigos e se relaciona intimamente com a ideia de oralidade na sua perspectiva tradicional é a irrecorribilidade das decisões interlocutórias[270]. Esse tema é significativo na medida em que o juiz leigo, no curso do processo é chamado a prestar tutela provisória aos direitos postulados em decisão irrecorrível (tampouco

---

268. Aponta Fernandoda Fonseca Gajardoni: "Conforme dados do CNJ, este profissional já atua em estados como Espírito Santo, Rio Grande do Sul e Rio de Janeiro e, segundo magistrados togados, têm desempenhado importante papel na solução rápida dos litígios de menor complexidade. Todavia, na Justiça de Estados importantes como São Paulo – responsável por considerável volume do movimento judiciário brasileiro –, não foram criados estes cargos". (GAJARDONI, Fernando da Fonseca. Gestão de conflitos nos Estados Unidos e no Brasil. **Revista de Processo Comparado**, vol. 4, p. 43 – 63, Jul - Dez / 2016).

269. Essa função meramente homologatória do juiz togado é apontada por Felipe Camilo Dall'alba como um dos fundamentos para a desconfiança que se tem com o sistema do Juizados Especiais. Para o autor, "Fato que vem sendo apontado como uma das principais causas de desconfiança relativamente aos Juizados Especiais é o de que, na prática diária dos juizados, os juízes togados têm se limitado a homologar as decisões proferidas pelos juízes leigos, sem exercer efetiva fiscalização da condução processual e mesmo da decisão. Várias razões são apontadas para que isso ocorra, entre elas a do reduzido número de magistrados em atividade nos juizados, o que gera um volume tal de processos que não é viável maior controle, sendo as decisões homologadas de forma meramente burocrática, como forma de validação." (DALL'ALBA. Felipe Camilo. **Curso de juizados especiais**. Belo Horizonte: Forum, 2011, p. 45).

270. Analisando o tema em Recurso Especial dotado de repercussão geral o Tribunal Pleno do Supremo Tribunal Federal formou precedente no sentido de que: "1. Não cabe mandado de segurança das decisões interlocutórias exaradas em processos submetidos ao rito da Lei n. 9.099/95. 2. A Lei n. 9.099/95 está voltada à promoção de celeridade no processamento e julgamento de causas cíveis de complexidade menor. Daí ter consagrado a regra da irrecorribilidade das decisões interlocutórias, inarredável. 3. Não cabe, nos casos por ela abrangidos, aplicação subsidiária do Código de Processo Civil, sob a forma do agravo de instrumento, ou o uso do instituto do mandado de segurança. 4. Não há afronta ao princípio constitucional da ampla defesa (art. 5º, LV da CB), vez que decisões interlocutórias podem ser impugnadas quando da interposição de recurso inominado" (SUPREMO TRIBUNAL FEDERAL, Recurso Extraordinário nº 576847, Relator Ministro Eros Grau, Tribunal Pleno, julgado em 20/05/2009, REPERCUSSÃO GERAL – MÉRITO, DJe-148 divulgado em 06/08/2009 e publicado em 07/08/2009, RTJ vol. nº 00211-01, pp. 558). Desse julgamento foi firmada a tese do tema nº 77 no seguinte sentido: Não cabe mandado de segurança das decisões interlocutórias exaradas em processos submetidos ao rito da Lei 9.099/1995.

suscetíveis de objeção por meio de Mandado de Segurança[271]). Assim, neste aspecto é concedido poder maior ao juiz leigo do Juizado Especial Cível do que a um juiz "de carreira" em um processo que tramita perante a justiça comum (cuja decisão poderá ser recorrível, em alguns casos, pela via do agravo de instrumento – art. 1.015 do CPC).

A implementação dos Juizados Especiais Cíveis, embora não livre de críticas[272], trouxe diversos benefícios para a prestação da tutela jurisdicional. O reconhecimento dos resultados[273] pode ser dimensionado na medida em que, em 1999, foi emendada a Constituição da República Federativa do Brasil

---

271. Tema do STF nº 77 - Cabimento do mandado de segurança contra decisões interlocutórias exaradas em processos submetidos ao rito da Lei nº 9.099/95.

272. Crítica muito importante é a formulada por J. J. Calmon de Passos formulada no sentido de que frente a sobrecarga do Poder Judiciário, que decorre da alta litigiosidade sem que nenhuma medida tenha sido adotada para reduzi-la, "Com flagrante inconstitucionalidade, até hoje não reconhecida por artimanhas políticas, criamos os juizados especiais, uma arena gratuita para brigas de galos jurídicas, custeada a diversão com os recursos arrecadados do pagamento de impostos pelos contribuintes. Agora, com a Emenda recente, ousamos ir adiante. Vamos ter a justiça itinerante. Como a montanha não veio até Maomé, Maomé irá até a montanha. Ao invés de juizados especiais com alçada escandalosa (40 salários mínimos num país em que 75% de sua população não desfrutam dessa renda anual) cumpria introduzirmos a exigência da tentativa prévia de conciliação, criando juizados compostos por técnicos sem poder de julgar, mas juridicamente aptos para deferir ao contencioso, já definidos, os pontos controvertidos da causa". (PASSOS, J. J. Calmon. Reforma do poder judiciário. **Revista Brasileira de Ciências Criminais**, vol. 71, p. 344 - 363, Mar - Abr / 2008).

273. Reconhecimento também sentido na exposição de motivos da Lei nº 10.259/2001 que indicava que "lei federal disponha sobre a criação dos juizados especiais no âmbito da Justiça Federal, de modo que as lides de menos potencial econômico ou ofensivo possam ser resolvidas rapidamente com maior agilidade e baixo custo, fazendo com que a primeira instância federal siga o exemplo da bem sucedida experiência dos Juizados Especiais Estaduais, criados pela Lei nº 9.099, de 26 de setembro de 1995, que dispõe sobre os Juizados Especiais Cíveis e Criminais e dê outras providências" (EXPOSIÇÃO DE MOTIVOS - Diário da Câmara dos Deputados - 2/2/2001, Página 358). No âmbito doutrinário, reconheceu-se que "a instituição de juizados especiais demonstrou ser possível ter resultados mais ágeis para questões mais simples ou de menor expressão econômica. Inspirada no princípio da efetividade e da facilitação do acesso à justiça, a criação dos juizados especiais cíveis vem causando uma gradativa eliminação da chamada litigiosidade contida: quem não se socorria da atividade jurisdicional passou a fazê-lo, o que acarretou uma maior conscientização de muitos pela busca do reconhecimento judicial de direitos. Isso tudo, aliado à constatação de um crescente número de demandas na Justiça Federal, inspirou a criação dos Juizados Especiais Federais, destinados ao processamento, conciliação e julgamento de pequenas causas propostas em face da União, de autarquias e empresas públicas federais".

de 1988[274] para que fosse inserido, ao seu art. 98, o parágrafo único[275] com a indicação de que "Lei federal disporá sobre a criação de juizados especiais no âmbito da Justiça Federal". A fim de atender a esse ditame constitucional, passou a tramitar o Projeto de Lei nº 3999/2001 dispondo sobre a instituição dos Juizados Especiais Cíveis e Criminais no âmbito da Justiça Federal[276]. Depois de rápida tramitação o aludido projeto foi transformado em Lei que levou o nº 10.259/01.

A necessidade de um juizado no âmbito federal decorre de dois fatores importantes. O primeiro fator tem relação com a falta de abrangência dos juizados especiais cíveis para as causas que envolvam interesse do poder público, tendo em vista sua limitação às causas de natureza cível de menor complexidade (Art. 3º da Lei nº 9.099/95) que os situavam no âmbito da Justiça Estadual. Percebeu-se que, mesmo em conflitos que envolvam o poder público, existem causas cujo interesse econômico não justifica a adoção de um moroso *procedimento ordinário* para perquirir acerca dos direitos envolvidos[277]. O segundo fator explica, em certa medida, o motivo

---

(CUNHA, Leonardo José Carneiro da. anotações sobre a competência dos juizados especiais cíveis federais. **Revista de Processo**, vol. 173, p. 33 – 53, Jul / 2009)

274. Emenda Constitucional nº 22/1999.

275. Posteriormente renumerado como parágrafo primeiro pela Emenda Constitucional nº 45/2004.

276. DIÁRIO DA CÂMARA DOS DEPUTADOS - 02/02/2001 – p. 350- 353.

277. Tema interessante reside na competência dos Juizados Especiais Federais diante do critério "complexidade da causa", que é típico os Juizados Especiais Estaduais. Segundo Felipe Camilo Dall'alba: "Indispensável, entretanto, pontuar que as razões que orientaram a criação dos Juizados Federais não são idênticas àquelas que deram origem aos Juizados Estaduais. Enquanto os Juizados Estaduais tiveram por escopo primordial a pacificação de interesses privados, em causas de menor complexidade, excluído as demandas que envolvessem os entes públicos, nos Juizados Federais ocorreu justamente o contrário. Têm eles a finalidade de agilizar o julgamento de questões de menor valor – independentemente de sua complexidade, tratando preferencialmente de questões de direito público, outorgando ampla legitimidade às pessoas de direito público na esfera federal." (DALL'ALBA. Felipe Camilo. **Curso de juizados especiais.** Belo Horizonte: Forum, 2011, p. 82). Tal conclusão encontra respaldo na exposição de motivos na Lei que criou os Juizados Especiais Federais indicava como causa a possibilidade de que "as lides de menos potencial econômico ou ofensivo possam ser resolvidas rapidamente com maior agilidade e baixo custo, fazendo com que a primeira instância federal siga o exemplo da bem sucedida experiência dos Juizados Especiais Estaduais, criados pela Lei nº 9.099, de 26 de setembro de 1995, que dispõe sobre os Juizados Especiais Cíveis e Criminais e dê outras providências". (EXPOSIÇÃO DE MOTIVOS. Diário da Câmara dos Deputados - 2/2/2001, Página 358. Percebe-se que a preocupação era centrada na ideia de eficiência, tomando por parâmetro o baixo

pelo qual a emenda constitucional refere à criação do juizado no âmbito da Justiça Federal, ao invés de sugerir genericamente um juizado frente a conflitos que envolvam a união e os entes da federação. A indicação de criação de juizado no âmbito da Justiça Federal, do ponto de vista da eficiência da prestação da tutela jurisdicional (e não do ponto de vista do acesso à justiça do jurisdicionado), encontra justificativa no grande volume de causas de baixa complexidade e valor existentes naquela justiça criando embaraço a uma resposta célere a estes conflitos, de um lado, e atravancando o fluxo dos processos de alta complexidade, de outro lado[278]. Outro elemento indicativo dessa opção pela celeridade em detrimento do acesso substancial à justiça é a opção legal em definir como absoluta a competência da Vara do Juizado Especial no foro onde estiver instalada (art. 3, §3º)[279].

Situado o contexto da criação dos Juizados Especiais Cíveis Federais é importante referir que, quantos aos seus princípios gerais e procedimento (salvo algumas adequações nas causas que envolvem interesse público típico

---

potencial econômico (na perspectiva cível) da demanda, sem referir complexidade, e a maior agilidade e menos custo para a resposta jurisdicional. Os precedentes do Superior Tribunal de Justiça corroboram este entendimento, no sentido de que "Se o valor da ação ordinária é inferior ao limite de sessenta salários mínimos previstos no artigo 3º, da Lei 10.259/2001, aliado à circunstância de a demanda não se encontrar no rol das exceções a essa regra, deve ser reconhecida a competência absoluta do Juizado Especial Federal, sendo desinfluente o grau de complexidade da demanda ou o fato de ser necessária a realização de perícia técnica" (SUPERIOR TRIBUNAL DE JUSTIÇA. AgRg no CC 103.089/SC, Rel. Ministro Castro Meira, Primeira Seção, julgado em 25/03/2009, DJe 20/04/2009), destacando que "A necessidade de produção de prova pericial, além de não ser o critério próprio para definir a competência, não é sequer incompatível com o rito dos Juizados Federais, que prevê expressamente a produção dessa espécie de prova (art. 12 da Lei 10.259/01)" (SUPERIOR TRIBUNAL DE JUSTIÇA, CC 96.353/SC, Rel. Min. Teori Albino Zavascki, DJe de 09.09.08).

278. E acordo com Felipe Camilo Dall'alba, "Mais do que nos Juizados Estaduais, foi determinante a questão da administração da justiça. Reduzir a carga da Justiça Federal comum que poderia assim dedicar-se a causas de maior impacto econômico, ensejando solução mais expedita a demandas de menor valor pela estruturação de via menos formalizada e cara, foi o mote principal" (DALL'ALBA. Felipe Camilo. **Curso de juizados especiais**. Belo Horizonte: Forum, 2011, p. 82).

279. Prevaleceu na Lei nº 9.099/95 a facultatividade da submissão das causas aos Juizados Especiais Cíveis embora houve controvérsia a esse respeito. Sobre os argumentos de quem defendia a obrigatoriedade (competência absoluta), ver: NOGUEIRA, Antonio de Pádua Ferraz. A competência dos juizados especiais cíveis em face das normas constitucionais e infraconstitucionais. **Revista do Advogado**, Associação dos Advogados de São Paulo, n. 50, pp. 07-16, agosto de 1997.

da Justiça Federal[280]) foram adotados, no geral, os contornos dos Juizados Especiais Cíveis da Justiça Comum (art. 1ª da Lei nº 10.259/2001). Pretendem atender com celeridade as demandas em que União, autarquias, fundações e empresas públicas federais sejam rés[281] até o limite de 60 (sessenta) salários mínimos[282].

A relação entre procedimento e oralidade no Juizado Especial Federal é antes um problema de ordem prática do que de ordem conceitual. O procedimento nos Juizados Especiais Federais, por seguir subsidiariamente os ditames dos Juizados Especiais Cíveis, em tese, são pautados pela oralidade. Entretanto, determinadas características dos direitos discutidos em juízo aliadas à determinadas técnicas processuais acarretaram a inviabilidade prática de um processo por audiências. As causas de competência do Juizado Especial Federal, na maioria das vezes tratam de questões cujos fatos dispensam a prova oral. Diante da possibilidade de julgamento imediato do feito (art. 355, I, do CPC) nessas hipóteses, a fase postulatória, levada a efeito por meio de troca de escritos, é sucedida imediatamente pela decisão final do feito sem a realização de audiência. Assim, em face da ausência de atos orais no processo, a atuação do juiz togado, que possui toda uma infraestrutura e pessoal habilitado para dar conta dos processos, se revela mais eficiente do que o exercício da orientação, da supervisão e da homologação da decisão do juiz leigo. A Lei nº 10.259/2001 (art. 18) atribui ao juiz togado todos os poderes e deveres inerentes ao processo autorizando-o a designar conciliadores. Na prática, o juiz leigo, que na compreensão de Mauro Cappelletti seria um meio de participação popular na justiça[283], cede lugar a eficiência de um

---

280. Aponta Vilian Bollmann que "A cláusula "no que não conflitar com esta lei" deve ser interpretada como uma espécie de "filtragem" das normas existentes na Lei 9.099/1995, que só poderão ser aplicadas nos juizados federais se forem compatíveis com as peculiaridades destes, tais como o fato de versarem sobre causas envolvendo a Fazenda Pública (o que era vedado nos juizados estaduais até a edição da Lei 12.153/2009), dentre outros". (BOLLMANN, Vilian. O novo código de processo civil e os juizados especiais federais. **Revista de Processo**, vol. 248, p. 289 – 308, Out / 2015)

281. Excetuadas as hipóteses previstas no art. 3º, § 1º, da Lei nº 10.259/2001. Sobre a competência nos Juizados Especiais Federais, Ver: CUNHA, Leonardo José Carneiro da. Anotações sobre a competência dos juizados especiais cíveis federais. **Revista de Processo**, vol. 173, p. 33 – 53, Jul / 2009.

282. Importante frisar que, em comparação com a Lei nº 9.099/95, houve a ampliação do alcance econômico de 40 salários mínimos para 60 salários mínimos.

283. Segundo Mauro Cappelletti a atuação do juiz leigo consistia em uma vantagem à prestação da tutela jurisdicional, na medida em que "a importância de utilizar juízes leigos - mas não qualquer tipo de juízes leigos, senão precisamente aqueles que sejam

juízo profissional. Outro aspecto peculiar aos Juizados Especiais Federais no que tocam os atos processuais orais é a previsão expressa da possibilidade de realização de reunião de juízes domiciliados em cidades diversas por meio eletrônico a fim de viabilizar julgamento de pedido de uniformização de interpretação de lei federal quando houver divergência entre decisões sobre questões de direito material proferidas por Turmas Recursais (art. 14, § 3º). Observa-se que em 2001, embora os atos orais processuais do Juizado não tivessem previsão na sua própria lei para ocorrerem de forma remota, existia a possibilidade, em um universo de aplicação restrito, de que isso ocorresse.

Superado o desafio de criar uma "Justiça" especial para demandas de interesse do Estado (em sentido amplo), não fazia sentido prático que as vantagens dos juizados especiais ficassem restritas às causas de interesse da União. Também no âmbito estadual as demandas de interesse do respectivo ente da federação reclamavam um processo adequado ao valor econômico perseguido[284]. Nesta esteira, surgiram, em 2009, os Juizados Especiais da

---

sensíveis de modo particular ao fenômeno social em questão e estejam conscientes das respectivas exigências(...), desde que escolhidos em função da pertinência à comunidade no âmbito da qual devem operar, pode revelar-se elemento de estímulo, além de aproximação da justiça à própria comunidade" (Mauro Cappelletti. Problemas de reforma do processo civil nas sociedades contemporâneas. **Revista de Processo**, vol. 65, p. 127 – 143, Jan - Mar / 1992).

284. No de motivos do Projeto de Lei do Senado nº 118/2005 (tramitando na Câmara dos deputados como o Projeto de Lei nº 7087/2006) que se transformou na lei nº 12.153/2009, o legislador sinalizou que "Transcorridos quase dez anos da promulgação da Lei dos Juizados Especiais Cíveis e Criminais (Lei nº 9.099, de 26 de setembro de 1995), são inegáveis os avanços obtidos na seara da justiça por este diploma legal, como a viabilização, de forma rápida e gratuita, de obtenção da prestação jurisdicional, facilitando, sobremaneira, o exercício da cidadania, pela sociedade em geral, sobretudo pela parcela mais carente da população. Seis anos depois, o Congresso Nacional entregou à sociedade brasileira outro diploma legal de semelhante envergadura: a Lei dos Juizados Especiais Federais (Lei nº 10.259, de 12 de julho de 2001), que estendeu as facilidades já propiciadas pela Lei nº 9.099, de 1995, a determinadas causas contra o Poder Público Federal, valendo destacar as lides de natureza previdenciária. Diante desse cenário, propomos a instituição dos Juizados Especiais da Fazenda Pública, com competência para apreciar causas em que sejam rés as pessoas jurídicas vinculadas aos Poderes Públicos Estadual, Municipal e do Distrito Federal e Territórios. Para tanto, adaptamos os dispositivos pertinentes das Leis nº 9.099, de 1995, e nº 10.259, de 2001, com o intuito de estender às lides contra as pessoas jurídicas vinculadas aos Poderes Públicos Estadual, Municipal e do Distrito Federal e Territórios a bem-sucedida experiência dos Juizados Especiais Federais. Dessa forma, será possível, por exemplo, impugnar lançamentos fiscais, como ICMS e IPTU, anular multas de trânsito indevidamente aplicadas, anular atos de postura municipal, entre outros. Em síntese:

Fazenda Pública, por força da Lei 12.153/2009, com a competência para conciliar e julgar causas de até 60 salários mínimos dos Estados, Municípios, Territórios e Distrito Federal (excetuadas as exceções previstas no art. 2.º, § 1.º da mencionada Lei). A inspiração nas Leis que antecederam a sua criação produziu um texto muito similar ao da Lei nº 10.259/2001. Dentre os principais pontos da Lei, destaca-se a natureza absoluta (art. 2º, § 4º) para julgar as causas definidas como de sua competência (descritas no seu art. 2º e levando em consideração uma combinação de critérios: valor, descrito no *caput*, e matéria, descritas nos incisos do § 1ª); a exigência de 2 (dois) anos de experiência advocatícia para atuação como juiz leigo (art. 15, §1º). Contudo, a exemplo do que ocorre com os Juizados Especiais Federais, na prática, dada a natureza das questões envolvidas em juízo o espaço para a concretização de um processo de feição oral cede lugar à atuação de um juízo profissional em gabinete organizado para uma atuação levada a efeito por meio de troca de documentos/atos escritos.

Em síntese, é possível afirmar que a trajetória dos juizados especiais no Brasil da década de oitenta até hoje em dia, revela uma tendência de migração do problema do acesso à justiça (formal) às pessoas e às causas que não recebiam tutela jurisdicional (Juizado de Pequenas Causas e Juizado Especial Cível) para o problema da prestação da tutela jurisdicional em tempo adequado (acesso à justiça substancial) (Juizado Especial Federal e

---

as Leis dos Juizados Especiais Cíveis, tanto no âmbito estadual e do Distrito Federal, quanto no âmbito Federal, fixam um limite de alçada com base no salário mínimo, sendo de até quarenta vezes para aquela e de até sessenta para esta. A par disso, excluem da competência daqueles juizados cíveis, dentre outras, as causas de natureza fiscal e de interesse da Fazenda Pública – no âmbito dos Estados e do Distrito Federal -, e as causas para anulação ou cancelamento de ato administrativo federal, salvo o de natureza previdenciária e o de lançamento fiscal – no âmbito Federal. Todavia, não se justifica que, justamente esses casos, de grande interesse para aqueles que se sentem lesados pela Administração Pública, fiquem excluídos do rito célere e econômico dos juizados especiais. São as situações, por exemplo, das multas por infrações de trânsito ou de pequenos litígios fiscais, ou ainda sobre postura municipal ocorrido não junto as médias e grandes empresas – que podem pagar advogados – mas em pequenas e simples residências, mercearias e padarias localizadas nas periferias das grandes cidades. Acreditamos que as alterações propostas possam vir a aperfeiçoar significativamente as relações entre o administrado e a Administração Pública, sobretudo tendo em vista as facilidades de acesso à Justiça que se pretende alcançar com as medidas ora propostas. Assim, por entender que a matéria contida neste projeto é da maior relevância para toda sociedade, conclamamos os nobres Pares para discuti-lo e aprová-lo, com a urgência possível. Sala das Sessões, 14 de abril de 2005. – Senador Antonio Carlos Valadares – PSB/SE (Publicado no Diário do Senado Federal de 15 - 04 – 2005).

Juizado Especial da Fazenda Pública). Essa migração que em si é compatível com a oralidade não buscou nela a sua concretização. Naqueles juizados mais "modernos" (posteriores ao ano 2000), o processo oral e por audiências foi substituído por um processo predominantemente (para não dizer exclusivamente) escrito e pautado pela sumarização do procedimento (com a redução inerente do debate que essa prática promove).

Neste microcosmo (mas não tão micro assim) do sistema da justiça (no qual a oralidade tradicional e transformada, em tese, encontraria terreno fértil para servir de meio para prestação da tutela jurisdicional justa e tempestiva) a escritura, repudiada conceitualmente, com o passar do tempo, na legislação brasileira, se mostrou preponderante em termo de solução prática para a promoção dos ideais da oralidade tradicional (como uma resposta à ineficiência do processo – vide item 2.2.). Importante que se diga, em reforço a esta constatação, que a Lei nº 9.099/95 continua vigente no âmbito estadual promovendo e aplicando um processo de feição tipicamente oral às causas de sua competência. Os seus resultados, quanto a qualidade da prestação da tutela jurisdicional, no entanto são largamente criticados no ambiente forense e acadêmico.

Capítulo 4

A RECONSTRUÇÃO DO PROCESSO ORAL

O presente capítulo tem por objetivo, como o nome sugere, apresentar a reconstrução do processo oral. No entanto, antes de perseguir este objetivo, é relevante tecer uma advertência prévia e explicitar algumas questões metodológicas do capítulo.

A advertência reside na explicitação do que se trata a mencionada reconstrução. Ao contrário do que ocorreu no capítulo 3 do presente livro, neste capítulo não se procurará descrever a transformação do processo oral adaptando a sua estrutura. Busca-se reconstruir a sua estrutura para adaptar o processo oral à realidade contemporânea. O processo oral, tal como será exposto neste capítulo, não receberá apenas *retoques* procedimentais, mas será reconfigurado tanto em estrutura (incluídos os sujeitos do processo e as relações existentes entre os princípios associados à ideia de oralidade) quanto em ressignificação de conceitos. Além disso, é importante referir que a reconstrução perseguida não depende, necessariamente, de reforma na legislação processual para ser implementada. Feita esta advertência, passa-se a apresentar os aspectos metodológicos do capítulo.

O capítulo está estruturado em três partes (abordando diferentes tópicos).

A primeira parte cuida de apresentar o contexto geral em que a reconstrução da oralidade foi produzida. Para uma adequada compreensão do fenômeno analisado, parte-se do ambiente descrito no item 3.1 do presente livro para entender as modificações sociais que não fizeram parte do ambiente cultural de Mauro Cappelletti. No período em análise, procura-se entender, sem pretensão de aprofundamento teórico, o impacto dos processos sociais que induzem à hibridização cultural e à formação de uma sociedade baseada em interações em rede e o impacto da tecnologia na prestação da tutela jurisdicional.

A segunda parte do capítulo tem por objetivo compreender como a oralidade é adotada contemporaneamente. A ausência de um autor de referência que tenha construído um modelo de oralidade contemporânea (a exemplo do que ocorreu nos itens 2.2 e 3.2) é reflexo do próprio contexto sociocultural que o período experimenta. Se é marca da contemporaneidade a ideia de participação e colaboração nas atividades humanas, é coerente que não exista uma pessoa como catalizadora da formação de um modelo de processo. Pelo contrário, trata-se de um modelo construído pela associação de vários autores à luz de diversos ordenamentos jurídicos. Diante disso, opta-se por apresentar, além da legislação processual civil brasileira pertinente ao tema da oralidade, a tentativa de harmonização de regras e princípios processuais no âmbito do direito transnacional promovida pela associação do *American Law Institute* com o *International Institute for the Unification of Private Law* (ALI-UNIDROIT). A partir desse referencial de comparação, serão estudados os movimentos de reforma processual brasileiro e o atual código, bem como, de que forma a noção de eficiência impacta contemporaneamente na oralidade processual e como a crise sanitária da COVID-19 exigiu esforços acelerando processos de mudanças no que toca à oralidade tradicional.

Por fim, a terceira parte do capítulo irá apresentar uma proposta de reconstrução do processo oral baseada em módulos procedimentais, na redefinição do espaço institucional de atuação do foro, na divisão funcional de tarefas entre juízes e auxiliares da justiça, na ressignificação da prática oral dos atos processuais.

4.1. CONTEXTO CULTURAL DA RECONSTRUÇÃO DO PROCESSO ORAL

O momento atual da sociedade tem no elevado nível de complexidade uma das suas grandes características. Durante a trajetória da sociedade contemporânea também houve complexidade. No entanto, a acumulação dessas circunstâncias sociais ao longo do tempo e o processo de ampliação do espaço social em que elas ocorrem potencializaram este fenômeno a ponto de servir de característica da sociedade atual.

Não se pretende realizar uma profunda digressão a respeito do tema da complexidade do nosso tempo[1], mas apenas destacar que a complexidade

1. Para um estudo amplo sobre o tema recomenda-se a leitura de: FOLLONI, André. **Introdução à teoria da complexidade**. Curitiba: Juruá, 2016.

enquanto soma de fatores combinados[2] cria o novo ambiente cultural que, por consequência, exige uma nova interpretação dos fenômenos jurídicos[3]. Serão explorados, portanto, os fatores que nas últimas décadas impactaram no pensamento jurídico a ponto de formar um Estado de direito que, tal como um mosaico, é composto de múltiplos elementos que, combinados, criam uma forma nova. Parte das peças desse mosaico não passou despercebida por Giuseppe Chiovenda[4] e por Mauro Cappelletti[5], na medida em que forjados nos respectivos contextos. Novos elementos foram agregados à sociedade e reclamam ser coordenados com os anteriores de forma harmônica e funcional. Ainda no campo da delimitação da abrangência da análise, importante referir que, dentre os múltiplos elementos sociais novos, serão cogitados no presente tópico apenas aqueles relacionados com o direito e que auxiliem a compreensão do tema em estudo. Daí que fatores relacionados à política[6], à antropologia, à sociologia possam ser desconsiderados no texto, mas, sem sombra de dúvidas, podem ter contribuído para a formação do momento atual da sociedade. Em outras palavras, sabe-se da importância desses fenômenos, mas dada a limitação do trabalho são eleitos os aspectos

---

2. Tal como faz André Folloni ao afirmar: "Assim, no Direito, podemos dizer que a norma não está separada do ordenamento e não pode ser adequadamente compreendida sem a consideração desse nível superior, mas o próprio ordenamento também não pode ser compreendido em separado da realidade social na qual se integra. Os níveis de complexidade são as camadas verticais de integração de sistemas complexos em sistemas complexos maiores que os contêm e com os quais interagem – isto é, trocam energia, matéria ou informação, influenciando-se mutuamente" (FOLLONI, André. **Introdução à teoria da complexidade**. Curitiba: Juruá, 2016, p. 69).
3. No âmbito do processo civil, é valiosa a contribuição sobre o tema de Remo Caponi em: CAPONI, Remo. Processo civil e complexidade [*Processo civile e complessità*]. Trad. Michele Pedrosa Paumgartten. **Revista Eletrônica de Direito Processual – REDP**, a. 11, v. 18, n. 3, p. 280-296, set.-dez. 2017.
4. Tais como: racionalismo, direitos individuais e prestação negativa do Estado.
5. Tais como: direitos sociais, tutela coletiva, constitucionalização e internacionalização do direito e prestação afirmativa do Estado.
6. Sobre o tema, pode-se citar, por exemplo, o debate acerca dos reflexos no processo democrático em tempos de comunicação digital direta e massificada, tal como propõe, dentre outros, Eduardo Magrani. O mencionado autor refere a existência de uma e-democracia não institucional (a partir das categorias: mobilização eleitoral, ativismo social, jornalismo cidadão e transparência) e de uma e-democracia institucional, decorrente das "experiências organizadas e providas pelo Estado ao viabilizar formas diversas de colaboração entre o cidadão e o sistema político, principalmente através de processos de coprodução na formulação e implementação de políticas públicas" (MAGRANI, Eduardo. **Democracia conectada:** a internet como ferramenta de engajamento político-democrático. Curitiba: Juruá, 2014, p. 65-70).

mais relevantes para a compreensão do problema da pesquisa. Existe também uma dificuldade adicional em eleger os fatores preponderantes para a formação do Estado de direito contemporâneo: a falta de distanciamento histórico por parte do investigador. Perceber causa e consequência dos fatores sociais enquanto eles são construídos se mostra uma tarefa muito mais difícil do que coletá-los em perspectiva histórica quando os efeitos sociais (positivos ou negativos) já foram sentidos.

Feitas estas considerações, indicam-se como objetos de análise da sociedade contemporânea fatores essenciais desta diante do seu processo de globalização, que envolvem uma comunicação em rede (do ponto de vista estrutural) instrumentalizada pelo avanço da tecnologia da informação (do ponto de vista instrumental).

4.1.1. Reflexões sobre globalização, hibridismo cultural e papel do Estado

No que diz respeito aos efeitos da globalização, ao menos dois resultados podem ser percebidos. Um, do ponto de vista antropológico, representa a transformação dos processos culturais em face da aproximação de elementos que antes não tinham contato. Outro, do ponto de vista político-social, decorre da ressignificação do papel do Estado na medida em que os processos de transnacionalização afetam a noção de Estado nacional.

O primeiro traço que se propõe explorar no âmbito da sociedade contemporânea deriva das consequências da globalização da cultura. Neste ponto se toma por referência a obra de Peter Burke. Em *Hibridismo cultural*[7]*, o autor oferta uma visão panorâmica sobre o Estado atual dos debates em torno da globalização da cultura desde uma perspectiva histórica. Após assentar algumas premissas teóricas e conceituais*[8]*, Peter Burke analisa as reações e os resultados possíveis diante desse encontro cultural promovido pela globalização. No que tange às reações, sinaliza a possibilidade de que os*

---

7. BURKE, Peter. **Hibridismo cultural** [*Cultural hybridity, cultural exchange, cultural translation: reflexions on history and theory* - 2003]. Trad. Leila Souza Mendes. São Leopoldo: Unisinos, 2010.

8. No primeiro capítulo trata da diversidade de objetos que podem conduzir à hibridização cultural (artefatos, os textos, as práticas e os povos híbridos); no segundo capítulo trata da diversidade terminológica que é relacionada com o hibridismo cultural (imitação e apropriação, acomodação e negociação, mistura, sincretismo e hibridismo, tradução cultural) e, no terceiro capítulo, trata da diversidade de situação que pode influenciar os processos de hibridização cultural. Nesta oportunidade, explora as relações entre iguais e desiguais, as tradições de apropriação e a relação entre a metrópole e a fronteira.

encontros culturais[9] *causem: a moda de que tudo o que é estrangeiro é bom*[10], *a resistência*[11], *a tentativa de purificação cultural, a segregação cultural, a*

9. Relacionado ao tema Direito, Thomas Duve adverte sobre a "Falta de métodos adequados para a reconstrução de encontros culturais ou a criação de um conhecimento global no campo da normatividade: Os historiadores do direito têm aqui um rico campo de pesquisa, e também uma importante tarefa de contribuir para a pesquisa básica em direito, se tiverem a intenção de se dedicar à pesquisa que privilegie essas perspectivas, trabalhando na direção de uma epistemologia do direito no processo de tradução cultural global. Novamente: para fazer isso precisamos abrir o campo de observação e, obviamente, buscar uma abordagem interdisciplinar balanceada que não considere o 'direito' como algo categoricamente diferente de outros campos de produção cultural, mas como um *modus* de normatividade" (DUVE, Thomas. História do direito europeu: perspectivas globais [*European legal history: global perspectives*]. Trad. Walter Guandalini Junior. **Revista da Faculdade de Direito – UFPR**, Curitiba, v. 60, n. 3, p. 383-412, set./dez. 2015, p. 405).
10. O fenômeno da aceitação cultural é exemplificado a partir da "londonização" da cultura no século XIX no Rio de Janeiro a partir da vestimenta das pessoas. Nas palavras do autor, "Os ternos europeus usados pelos membros da classe alta do Rio de Janeiro no século XIX são um exemplo vívido dessa moda. Os homens suavam em roupas de lã a temperaturas de quarenta graus para mostrar que faziam parte de uma classe abastada que não precisava fazer trabalho braçal, para se distinguir das pessoas comuns, ou para demonstrar seu comprometimento com os valores 'civilizados' da zona temperada" (BURKE, Peter. **Hibridismo cultural** [*Cultural hybridity, cultural exchange, cultural translation: reflexions on history and theory* – 2003]. Trad. Leila Souza Mendes. São Leopoldo: Unisinos, 2010, p. 78).
11. Em uma realidade brasileira, e analisando as críticas dirigidas aos juizados de pequenas causas no Brasil, na década de 1980 (pela Lei nº 7.244/84), Ovídio Baptista da Silva afirma que "É certo que a tentativa de transplante de qualquer instituição social corre um sério risco de "rejeição" pelo organismo que o recebe. Todavia, os mesmos que atiram pedras nesse tipo de projeto, em geral, não se incomodam – e freqüentemente até auferem vantagens p. ex., com a escandalosa invasão cultural que se faz no Brasil por meio da música e de outras manifestações técnicas e artísticas que nos são impostas por uma cadeia de meios de comunicação social, de duvidosa autenticidade nacional" (BAPTISTA DA SILVA, Ovídio [1929-2009]. Juizado de pequenas causas. **Revista dos Tribunais**, 598/9, Ago./1985). Este relato mostra a reação diante de um contato (ou transplante, aqui não vem ao caso buscar essa distinção) cultural entre experiências estrangeiras e a realidade brasileira. Interessante observar que o rechaço, ao invés de produzir o afastamento da aplicação da Lei, ocasionou uma adapatação (ou harmonização) da mesma quando da elaboração (mais de dez anos depois) de nova Lei (a Lei nº 9.099/95). Relata Adroaldo Furtado Fabrício que "Quanto à dispensa da assistência de advogado, a lei vigente estabeleceu regra mais flexível que a de sua equivalente anterior. Aparentemente, o legislador buscou uma solução de transigência, diante da hostilidade dos advogados à solução da lei antiga, que em certa medida tomou visos de oposição à própria instituição dos Juizados" (FABRÍCIO, Adroaldo Furtado. A experiência brasileira dos juizados e pequenas causas. **Revista de Processo**, v. 101, p. 175-189, Jan.-mar./2001).

adaptação, o processo de circularidade e a figura dos tradutores culturais. No que diz respeito à diversidade de resultados esperados com os encontros culturais, ponto que mais interessa ao presente livro (na medida em que se propõe estudar as condições contemporâneas da sociedade e não a sua trajetória histórica), Peter Burke cogita a possibilidade de homogeneização cultural, de processos de antiglobalização, de diglossia cultural[12] *e de hibridização cultural. Burke sugere que "estamos vendo a emergência de uma nova forma de ordem cultural, uma ordem cultural global" e que esta cultura global será capaz de "rapidamente se diversificar, adaptando-se a diferentes ambientes locais"*[13].

No que tange à formação de uma possível formação de cultura global, é relevante a preocupação externada por Thomas Duve. Para o autor, a existência de culturas regionais contribui, no campo da pesquisa, para a pluralidade epistêmica, servindo como elemento de abertura frente a "uma certa tendência de imposição e adoção de práticas acadêmicas anglo-americanas"[14]. Diante dessa preocupação com a homogeneização por imposição cultural, conclui que "Uma boa 'História Global' não é, de modo algum, história total, mas a combinação de histórias locais, abertas a perspectivas globais"[15].

Cogitando a transformação do espaço histórico europeu (local/transnacional) para uma história global do direito, Thomas Duve propõe que "devemos buscar desenvolver uma história do direito orientada na direção (no sentido mais amplo) de espaços transnacionais, que também podem resultar na determinação de áreas jurídicas respectivas flexíveis, até mesmo fluidas" de modo que "a área potencial de uma história do direito como essa será e

12. Entendida como a adoção de uma dupla cultura. Uma, associada a uma cultura global (funcionalizada por meio de uma língua comum). Outra, decorrente da circunstância de que, embora seja adotada uma cultura global durante algum tempo, permaneça existindo uma cultura tipicamente local (BURKE, Peter. **Hibridismo cultural** [*Cultural hybridity, cultural exchange, cultural translation: reflexions on history and theory* – 2003]. Trad. Leila Souza Mendes. São Leopoldo: Unisinos, 2010, p. 106-107).
13. BURKE, Peter. **Hibridismo cultural** [*Cultural hybridity, cultural exchange, cultural translation: reflexions on history and theory* – 2003]. Trad. Leila Souza Mendes. São Leopoldo: Unisinos, 2010, p. 115.
14. DUVE, Thomas. História do direito europeu: perspectivas globais [*European legal history: global perspectives*]. Trad. Walter Guandalini Junior. **Revista da Faculdade de Direito – UFPR**, Curitiba, v. 60, n. 3, p. 383-412, set./dez. 2015, p. 407.
15. DUVE, Thomas. História do direito europeu: perspectivas globais [*European legal history: global perspectives*]. Trad. Walter Guandalini Junior. **Revista da Faculdade de Direito – UFPR**, Curitiba, v. 60, n. 3, p. 383-412, set./dez. 2015, p. 411.

deverá ser, em última análise, global"[16]. Sinaliza, no entanto, que "escrever a história do direito em uma perspectiva global implica uma certa mudança de hábitos, em uma reflexão sobre método e teoria, e em um trabalho sólido sobre as fontes com as habilidades e o conhecimento correspondentes a diferentes áreas"[17].

Outro tema que é objeto de debate contemporâneo frente ao processo de globalização é o papel do Estado diante das características da sociedade. Diante do avanço das relações transnacionais, o Estado-Nação fica em cheque quanto a ser a única fonte de iniciativa política efetiva[18]. Segundo Zygmunt Bauman, a tarefa atribuída ao Estado (um aparelho burocrático hierárquico) demanda o domínio soberano no campo militar, econômico e cultural[19]. Ocorre que, com a globalização, os assuntos de interesse dos Estados-Nação ganham dimensões mundiais e passam a ter um caráter indeterminado, indisciplinado e de autopropulsão decorrente da "ausência de um centro, de um painel de controle, de uma comissão diretora, de um gabinete administrativo"[20]. O autor, no final da década de 1990, já deixava a provocação: qual o papel do Estado-Nação neste contexto?

4.1.2. Reflexões acerca da sociedade em rede e o papel do Estado

Dez anos depois, uma possível resposta a essa pergunta pôde ser obtida a partir da leitura de Manuel Castells. Na visão do mencionado autor, ainda que o Estado tenha exercido um papel de estabilizador, por meio do controle de funcionamento e da fiscalização, das relações sociais ("interações entre redes"), "sob as condições da globalização e de múltiplas camadas, o Estado se

---

16. DUVE, Thomas. História do direito europeu: perspectivas globais [*European legal history: global perspectives*]. Trad. Walter Guandalini Junior. **Revista da Faculdade de Direito – UFPR**, Curitiba, v. 60, n. 3, p. 383-412, set./dez. 2015, p. 406.
17. DUVE, Thomas. História do direito europeu: perspectivas globais [*European legal history: global perspectives*]. Trad. Walter Guandalini Junior. **Revista da Faculdade de Direito – UFPR**, Curitiba, v. 60, n. 3, p. 383-412, set./dez. 2015, p. 411.
18. BAUMAN, Zygmunt [1925-2017]. **Globalização:** as consequências humanas [*Globalization: the human consequences* – 1998]. Trad. Marcus Penchel. Rio de Janeiro: Zahar, 1999, p. 64.
19. BAUMAN, Zygmunt [1925-2017]. **Globalização:** as consequências humanas [*Globalization: the human consequences* – 1998]. Trad. Marcus Penchel. Rio de Janeiro: Zahar, 1999, p. 69.
20. BAUMAN, Zygmunt [1925-2017]. **Globalização:** as consequências humanas [*Globalization: the human consequences* – 1998]. Trad. Marcus Penchel. Rio de Janeiro: Zahar, 1999, p. 67.

torna apenas um nó (por mais importante que ele seja) de uma rede específica, a rede política, institucional e militar que se sobrepõe a outras redes importantes na construção da prática social". É em razão desse reposicionamento do papel do Estado (de garantia da estabilidade das redes para um dos nós pertencentes às redes) que "a dinâmica social construída ao redor das redes parece dissolver a sociedade como uma forma de organização social estável"[21]. Essa dissolução ocorre porque as relações de poder existiam em estruturas sociais específicas constituídas com base em formações espaçotemporais[22], "e essas formações espaçotemporais já não estão primordialmente localizadas no nível nacional, mas são globais e locais ao mesmo tempo, as fronteiras da sociedade se alteram, assim como o quadro de referência das relações de poder que transcendem o nacional"[23].

Antes de seguir na argumentação sobre a reestruturação das relações sociais na contemporaneidade, é necessário ter mais clareza sobre como se compreendem os elementos que integram a ideia de sociedade de rede. Como uma primeira aproximação deste tema, é útil mencionar a definição proposta por André Folloni a respeito de rede.

---

21. CASTELLS, Manuel. **O poder da comunicação** [*Communication power* – 2009]. Trad. Vera Lúcia Mello Joscelyne. 3. ed. Rio de Janeiro: Paz e Terra, 2019, p. 65.
22. Jan Van Dijk apresenta uma distinção nas relações sociais da sociedade em rede quando comparadas as sociedades ocidentais com as orientais. Para o autor, "In western societies, the individual linked by networks is becoming the basic unit of the network society. In eastern societies, this might still be the group (family, community, work team) linked by networks" (VAN DIJK, Jan. **The network society**: social aspects of new media (1999). 2ª ed., Londres: SAGE Publications, 2006, p. 20).
23. CASTELLS, Manuel. **O poder da comunicação** [*Communication power* – 2009]. Trad. Vera Lúcia Mello Joscelyne. 3. ed. Rio de Janeiro: Paz e Terra, 2019, p. 64.

Didaticamente, Folloni afirma que "Uma rede é um conjunto de nós ou vértices (*nodes*) conectados por ligações ou arestas (*links*). [...] os nós apresentam graus (*degress*), correspondentes ao número de arestas que chegam ou saem de um determinado vértice. Nós de alto grau são denominados *hubs*"[24]. A compreensão de rede como a soma de elementos (nós) interconectados já se fazia presente na definição de Manuel Castells[25]. Igualmente, Castells já reconhecia a existência de níveis de relevância (graus) em determinados nós, os quais chama de "centros".

Aprofundando o tema, Castells afirma que a obtenção de uma condição de centro (hubs) em uma rede pode ser obtida a partir da capacidade que um determinado nó tem de "absorver informações mais relevantes e de processá-las de maneira mais eficiente", de tal sorte que "A importância relativa de um nó não está em suas características específicas, mas em sua capacidade de contribuir para a eficácia da rede na concretização de suas metas definidas pelos valores e interesses programados nas redes"[26]. De outro lado, se um nó perde a capacidade de absorver e processar as informações ele tende a ser reconfigurado ou substituído pela rede[27]. Esse efeito decorre da natureza *aberta* da rede, na medida em que se mostra capaz de "expandir de forma ilimitada, integrando novos nós desde que consigam comunicar-se dentro da rede, ou seja, desde que compartilhem os mesmos códigos de comunicação (por exemplo, valores ou objetivos de desempenho)"[28].

---

24. FOLLONI, André. **Introdução à teoria da complexidade**. Curitiba: Juruá, 2016, p. 62.
25. Sinteticamente, o mencionado autor define rede como "um conjunto de nós interconectados", sendo os nós "o ponto no qual uma curva se entrecorta" (CASTELLS, Manuel. **A sociedade em rede** [*The rise of the network society* - 1996]. Trad. Roneide Venancio Majer. 20. ed. Rio de Janeiro: Paz e Terra, 2019, p. 553-554).
26. CASTELLS, Manuel. **O poder da comunicação** [*Communication power* - 2009]. Trad. Vera Lúcia Mello Joscelyne. 3. ed. Rio de Janeiro: Paz e Terra, 2019, p. 66.
27. CASTELLS, Manuel. **O poder da comunicação** [*Communication power* - 2009]. Trad. Vera Lúcia Mello Joscelyne. 3. ed. Rio de Janeiro: Paz e Terra, 2019, p. 66.
28. CASTELLS, Manuel. **A sociedade em rede** [*The rise of the network society* - 1996]. Trad. Roneide Venancio Majer. 20. ed. Rio de Janeiro: Paz e Terra, 2019, p. 554. Em sentido similar, Luciana Santaella e Renata Lemos, ao indicar que a palavra "redes" é importante para representar que os recursos estão concentrados em algum lugar (os nós e os conectores ligados uns aos outros), apontam que "essas ligações transformam recursos dispersos em uma rede que pode se expandir para todos os lados" (SANTAELLA, Luciana; LEMOS, Renata. **Redes sociais digitais**: a cognição conectiva do Twitter. São Paulo: Paulus, 2010, p. 39).

A metodologia das relações em rede, embora possa parecer não fazer parte da realidade social e estar situada em um ambiente técnico (geralmente associado com a ciência computacional), sempre esteve presente na sociedade[29]. Jan Van Dijk define a sociedade em rede como "a social formation with an infrastructure of social and media networks enabling its prime mode of organization at all levels (individual, group/organizational and societal), considerando que cada vez mais "these networks link all units or parts of this formation (individuals, groups and organizations)"[30].

Dito de outra forma, as redes sociais sempre existiram e estiveram associadas com o desenvolvimento de estruturas tecnológicas[31]. Atualmente o avanço da tecnologia (em particular no campo da comunicação) produz como efeito uma maior atração das relações sociais para as interações em

---

29. Neste sentido, Niall Ferguson aponta que as interações em redes "são encontradas em quase toda a história humana e que são muito mais importantes do que a maioria dos livros de história leva os seus leitores a acreditar. (FERGUSON, Niall. **A praça e a torre**: redes hierarquias e a luta pelo poder global [the square and the tower – 2017]. Tradução de Angela Tesheiner e Gavin Adams. São Paulo: Planeta do Brasil, 2018, p. 16).

30. VAN DIJK, Jan. **The network society**: social aspects of new media (1999). 2ª ed., Londres: SAGE Publications, 2006, p. 20.

31. Indica Alessandro Mancio de Camargo que "O que atualmente se concebe como sociedade m rede é fruto de um processo evolutivo que já dura cerca de 200 anos, iniciado com a chamada sociedade de massas e ampliado com o advento das Tecnologias de Comunicação e Informação (TICs)" (CAMARGO, Alessandro Mancio de. **Sociedade em rede**: Comunicação científica na nova mídia. Curitiba: Appris, 2016, p.104). Descreve Manuel Castells, que "A capacidade das redes de introduzir novos atores e novos conteúdos no processo de organização social, com uma relativa autonomia diante dos centros de poder, aumentou com o passar do tempo com as mudanças tecnológicas e, mais precisamente, com a evolução das tecnologias de comunicação. [...] as primeiras tecnologias de comunicação baseadas na eletricidade não eram poderosas o suficiente para equipar redes com autonomia em todos os seus nós, já que essa autonomia exigiria multidirecionalidade e um fluxo contínuo de processamento interativo de informação. Mas isso também significa que a disponibilidade de uma tecnologia adequada é uma condição necessária, mas não suficiente, para a transformação da estrutura social. Foi só sob as condições de uma sociedade industrial madura que projetos autônomos de formação organizacional em redes puderam surgir. Quando isso aconteceu, esses projetos puderam usar o potencial das tecnologias de comunicação digitais com base na microeletrônica" (CASTELLS, Manuel. **O poder da comunicação** [*Communication power* – 2009]. Trad. Vera Lúcia Mello Joscelyne. 3. ed. Rio de Janeiro: Paz e Terra, 2019, p. 68-69).

rede[32]. Deste modo, as redes "constituem a nova morfologia social de nossas sociedades e a difusão da lógica de redes modifica de forma substancial a operação e os resultados dos processos produtivos e de experiência, poder e cultura"[33]. O resultado deste fenômeno é que "As experiências culturais são retiradas da história e da geografia e tornam-se predominantemente mediadas pelas redes de comunicação eletrônica que interagem com o público

---

32. A influência da informática na configuração do espaço e do tempo na sociedade já era sugerida na década de 1990. Pierre Lévy afirma que "O computador e as telecomunicações correspondem ao nomadismo das megalópoles e das redes internacionais. Ao contrário da escrita, a informática não reduplica a inscrição sobre o território; ela serve à mobilização permanente dos homens e das coisas que talvez tenha começado com a revolução industrial. A escrita era o eco, sobre um plano cognitivo, da invenção sociotécnica do tempo delimitado e do estoque. A informática, ao contrário, faz parte do trabalho de reabsorção de um espaço-tempo social viscoso, de forte inércia, em proveito de uma reorganização permanente e em tempo real dos agenciamentos sociotécnicos: flexibilidade, fluxo tensionado, estoque zero, prazo zero" (LÉVY, Pierre. **As tecnologias da inteligência:** o futuro do pensamento na era da informática [*Les technologies de l'intelligence* – 1993]. 2. ed. Trad. Carlos Irineu da Costa. São Paulo: Editora 34, 2010, p. 115). Atualizando o tema, afirma Manuel Castells que "Embora a forma de organização social em redes tenha existido em outros tempos e espaços, o novo paradigma da tecnologia da informação fornece base material para sua expansão penetrante em toda a estrutura social" (CASTELLS, Manuel. **A sociedade em rede** [*The rise of the network society* – 1996]. Trad. Roneide Venancio Majer. 20. ed. Rio de Janeiro: Paz e Terra, 2019, p. 553). Segundo Ronaldo Lemos e Massimo di Felice, isso se deve ao fato de que "agora, são diversos atores que passam a produzir conteúdos, distribuí-los e, ao mesmo tempo, ter acesso a todos eles. Não me refiro apenas a conteúdo informativo, mas prodemos falar propriamente de um ecossistema de contrução de informações. Trata-se, portanto, de uma lógica muito mais imersiva – eu diria "habitativa" – de transmisscao de informação. Isto significa que toda a sociedade- em qualquer setor: governo, economia, universidade, sociedade civil etc. – está sendo profundamente alterada e transformada pelo advento dessa nova arquitetura de informação, que ao modificar a geometria de suas dimensões interativas e torná-la plural e interativa, acaba, inevitavelmente, alterando sua forma e sua essência" (LEMOS, Ronaldo; FELICE, Massimo di. **A vida em rede**. Campinas: Papirus 7 Mares, 2014, p. 8).
33. CASTELLS, Manuel. **A sociedade em rede** [*The rise of the network society* – 1996]. Trad. Roneide Venancio Majer. 20. ed. Rio de Janeiro: Paz e Terra, 2019, p. 553.

e por meio dele em uma diversidade de códigos e valores, por fim incluídos em um hipertexto audiovisual digitalizado"[34].

Este hipertexto audiovisual digitalizado pode ser materializado pelo cenário de midiático contemporâneo, nos quais o protagonismo de redes sociais é evidente. Segundo Alessandro Mancio de Camargo, a sociedade em rede, que se configura em um sistema dinâmico e complexo e se organiza cooperativamente ou competitivamente, tira o máximo proveito dos ambientes midiáticos, pois é por meio deles que "consegue estender a autonomia individual das pessoas, ao mesmo tempo em que garante maior integralidade temporal entre os indivíduos que compõem a estrutura do sistema do sistema, cuja dimensão é global"[35].

Retomando a ideia de que o Estado não está mais no centro das relações sociais e de que a tecnologia permitiu a reconfiguração da sociedade a partir de redes, resta saber como passam a se dar as interações no ambiente da sociedade em rede e em qual espaço essas interações vão produzir seus efeitos e consequências. Segundo Manuel Castells, a resposta para este problema está na noção de espaço de fluxos. Os espaços de fluxo são uma "nova forma espacial característica das práticas sociais que dominam e moldam

---

34. CASTELLS, Manuel. **A sociedade em rede** [*The rise of the network society* – 1996]. Trad. Roneide Venancio Majer. 20. ed. Rio de Janeiro: Paz e Terra, 2019, p. 559. Em sentido análogo, retratando a sociedade de 2014, Ronaldo Lemos e Massimo di Felice afirmam que "O que está acontecendo agora é que o processo de criação cultural se descentralizou em todas as áreas. Essas culturas esão emergindo pela internet. As conexões são diretas entre elas, sem passar pelo centro, sem ter filtro, sem ter mediação" (LEMOS, Ronaldo; FELICE, Massimo di. **A vida em rede**. Campinas: Papirus 7 Mares, 2014, p. 106).

35. CAMARGO, Alessandro Mancio de. **Sociedade em rede**: Comunicação científica na nova mídia. Curitiba: Appris, 2016, p. 106-107.

a sociedade em rede" que consiste na "organização material[36] das práticas sociais de tempo compartilhado[37] que funcionam por meio de fluxos"[38-39].

Diante desse novo cenário, a noção de espaço no ambiente social resta modificada em sua estrutura de modo significativo[40], refletindo-se, como consequência natural, na necessidade de reformulação da atuação (espaço)

---

36. Elucida Manuel Castells, que a forma material de suporte dos processos e das funções dominantes nos espaços de fluxo pode ser descrita "pela combinação de, pelo menos, três camadas de suportes materiais que, juntas, constituem o espaço de fluxos. A primeira camada, o primeiro suporte material do espaço de fluxos é realmente constituído por um circuito de impulsos eletrônicos (microeletrônica, telecomunicações, processamento computacional, sistemas de transmissão e transporte em alta velocidade também com base em tecnologias da informação, formando, em conjunto, a base material dos processos que verificamos serem estrategicamente cruciais na rede da sociedade. [...] A segunda camada do espaço de fluxos é constituída por seus nós (centros de importantes funções estratégicas) e centros de comunicação. O espaço de fluxos não é desprovido de lugar, embora sua estrutura lógica o seja. Está localizado em uma rede eletrônica, mas essa rede conecta lugares específicos com características sociais, culturais, físicas e funcionais bem definidas. [...] A terceira camada importante do espaço de fluxos refere-se à organização espacial das elites geracionais dominantes (e não das classes) que exercem as funções direcionais em torno das quais esse espaço é articulado" (CASTELLS, Manuel. **A sociedade em rede** [*The rise of the network society* – 1996]. Trad. Roneide Venancio Majer. 20. ed. Rio de Janeiro: Paz e Terra, 2019, p. 494-496).
37. Esclarece o autor que, "Por práticas sociais de tempo compartilhado, refiro-me ao fato de que o espaço reúne essas práticas que são simultâneas no tempo. É a articulação material dessa simultaneidade que dá sentido ao espaço *vis-a-vis* da sociedade. Tradicionalmente, essa ideia foi assimilada à contiguidade. Mas é essencial que separemos o conceito básico de suporte material de práticas simultâneas da noção de contiguidade, a fim de justificar a possível existência de suportes materiais de simultaneidade que não dependam de contiguidade física, visto que é exatamente este o caso das práticas sociais predominantes na era da informação" (CASTELLS, Manuel. **A sociedade em rede** [*The rise of the network society* – 1996]. Trad. Roneide Venancio Majer. 20. ed. Rio de Janeiro: Paz e Terra, 2019, p. 494).
38. Decompondo analiticamente a definição, o autor elucida que, "Por fluxos, entendo as sequências intencionais, repetitivas e programáveis de intercâmbio e interação entre posições fisicamente desarticuladas, mantidas por atores sociais nas estruturas econômica, política e simbólica da sociedade" (CASTELLS, Manuel. **A sociedade em rede** [*The rise of the network society* – 1996]. Trad. Roneide Venancio Majer. 20. ed. Rio de Janeiro: Paz e Terra, 2019, p. 494).
39. CASTELLS, Manuel. **A sociedade em rede** [*The rise of the network society* – 1996]. Trad. Roneide Venancio Majer. 20. ed. Rio de Janeiro: Paz e Terra, 2019, p. 494.
40. Para Manuel Castells, "Espaço é a expressão da sociedade. Uma vez que nossas sociedades estão passando por transformações estruturais, é razoável sugerir que atualmente estão surgindo novas formas de processos espaciais" (CASTELLS, Manuel. **A sociedade**

do Estado[41]. Daí que, partindo do pressuposto de que o modelo democrático representa a melhor forma de estruturação da sociedade, é necessário perceber como este processo social impacta no ambiente democrático atual. Ainda no final da década de 1980 do século passado, Robert A. Dahl já previa a necessidade de que a democracia passasse por uma transformação[42].

---

em rede [*The rise of the network society* – 1996]. Trad. Roneide Venancio Majer. 20. ed. Rio de Janeiro: Paz e Terra, 2019, p. 493).

41. De acordo com Thomas Duve, "Uma determinação apriorística do espaço e a ideia paradigmática de unidade e uniformidade, [...] nos distrai da questão fundamental de como realmente devemos definir espaços jurídicos, ou, em outras palavras, como podemos mapear o mundo do direito atual e do passado". Questiona o mencionado autor se "Outras formas de referência, como redes de cidades globais, centros de colonização e estações de missões, ou mesmo redes de cidades portuárias e comerciais, não seriam quadros mais adequados para a pesquisa?" (DUVE, Thomas. História do direito europeu: perspectivas globais. **Revista da Faculdade de Direito – UFPR**, Curitiba, v. 60, n. 3, p. 383-412, set./dez. 2015 [Trad. Walter Guandalini Junior: European Legal History – Global Perspectives]. Disponível em: http://goo.gl/gnaVXQ. Acesso em: 18 nov. 2015, p. 401). Como resposta à questão proposta, Thomas Duve afirma que os espaços jurídicos "devem ser o resultado, não a limitação da nossa pesquisa". Isso porque "É uma tarefa particularmente importante para a pesquisa em história do direito refletir sobre essa formação de espaços jurídicos conectados com processos de comunicação cada vez mais intensos, investigando conceitos de diferentes regiões e tornando-os produtivos para a história do direito. Ao fazê-lo, podemos não só adquirir um conhecimento mais amplo sobre formações históricas específicas, mas também sobre os cada vez mais importantes processos de regionalização da normatividade, sobre apropriação e imitação, e sobre a integração de normatividade local e não local" (DUVE, Thomas. História do direito europeu: perspectivas globais. **Revista da Faculdade de Direito – UFPR**, Curitiba, v. 60, n. 3, set./dez. 2015, p. 383-412 [Trad. Walter Guandalini Junior: European Legal History – Global Perspectives]. Disponível em: http://goo.gl/gnaVXQ. Acesso em: 18 nov. 2015, p. 408).

42. O autor refere que o processo democrático naturalmente se modifica ao longo do tempo. Propõe que já ocorreram duas transformações democráticas. Nas suas palavras, "A primeira transformação democrática rompeu os limites do tradicional governo de poucos, na forma da monarquia, da aristocracia, da oligarquia ou da tirania, e criou novas estruturas e crenças que sustentaram o governo de muitos nas Cidades-Estado democráticas ou republicanas. Dois milênios depois, a segunda transformação democrática rompeu os limites de todas as estruturas e crenças anteriores ao aplicar deliberadamente a ideia de democracia à esfera maior do Estado nacional. Em consequência disso, as instituições da poliarquia superaram instituições e crenças mais antigas que sustentavam o republicanismo da Cidade-Estado ou as monarquias centralizadas e os remanescentes do feudalismo" (DAHL, Robert A. [1915-2014]. **A democracia e seus críticos** [*Democracy and its critics* – 1989]. Trad. Patrícia de Freitas Ribeiro. São Paulo: Martins Fontes, 2012, p. 496-497). Apontava à época que existiam três causas para a necessidade da aludida transformação: mudança do número de poliarquias; mudanças

Quase dez anos depois (1998), o mesmo autor indicava[43] que as características da democracia estariam alicerçadas: do ponto de vista da sua ordem econômica, em uma economia predominantemente de mercado; no fato de que os controles democráticos seriam afetados pela internacionalização das decisões políticas; no aumento da diversidade cultural (decorrente do movimento de identidade cultural e por um maior número de imigrantes)[44]; na promoção de uma educação cívica, que permita a participação política efetiva (assegurando uma adequada compreensão do aumento de escala e de complexidade da sociedade, bem como permitindo uma comunicação mais eficiente entre os agentes políticos). Contemporaneamente, para Ronaldo Lemos e Massimo di Felice[45], os desafios da educação no contexto da sociedade em rede residem na forma de lidar a diversidade de tipos de arquitetura cognitiva, de interações e de experiências, na medida em que a monosensorialidade (promovida pela oralidade e escrita), embora essencial, mostra-se insuficiente devendo ser complementada por um conhecimento multissensorial possível diante dos meios digitais de informação.

---

na escala da vida política e mudanças nas estruturas e na consciência a respeito da vida política mais democrática (DAHL, Robert A. [1915-2014]. **A democracia e seus críticos** [*Democracy and its critics* – 1989]. Trad. Patrícia de Freitas Ribeiro. São Paulo: Martins Fontes, 2012, p. 497-498).

43. DAHL, Robert A. [1915-2014]. **Sobre a democracia** [*On democracy* - 1998]. Trad. Beatriz Sidou. Brasília: UNB, 2001, p. 199-208.

44. Neste ponto, a projeção de Robert A. Dahl pode parecer distinta da análise de Peter Burke. No entanto, se concebido o movimento de identidade cultural e de imigração como um momento histórico que produz tensão cultural, é possível conciliar as perspectivas se aceita a ideia de que o contato cultural (após um movimento previsível de estranhamento) tende a produzir uma ulterior harmonização. Em qualquer país com um histórico de migração é perceptível essa tendência.

45. LEMOS, Ronaldo; FELICE, Massimo di. **A vida em rede**. Campinas: Papirus 7 Mares, 2014, p. 102-103.

4.1.3. As mudanças na prestação da tutela juridicional e tecnologia a serviço do Direito

Transportando as condições sociais explicitadas anteriormente para o contexto da prestação da tutela jurisdicional[46], verifica-se a incapacidade de o Poder Judiciário atingir sua finalidade, tomando como referência a realidade brasileira. Como bem ressalta Araken de Assis[47], a tolerância das dissidências, opiniões e tendências pessoais e coletivas contraditórias típicas da sociedade pós-moderna (de feição democrática) estimula, como efeito colateral, número consideravelmente alto de litígios. Isso porque não basta apenas que os direitos consagrados no Estado constitucional sejam reconhecidos, é necessário que os mesmos sejam efetivamente concretizados.

Essa concretização é esperada tanto de forma voluntária pelo cidadão (e pelo Estado) quanto de forma heterocompositiva (diante da resistência injusta apresentada por alguém). Contudo, em havendo resistência à efetivação de um direito, o Estado tem o dever de assegurar que aquele sujeito vítima de violação ou ameaça a direito tenha uma resposta por meio do acesso à justiça[48]. O acesso à justiça, que, durante o "Estado Liberal", se contentava em alcançar uma dimensão meramente formal desse direito fundamental, passa a ser assegurado a qualquer pessoa de forma universal e gratuita que busque a realização de qualquer direito, seja ele individual ou coletivo.

---

46. Desde uma perspectiva francesa, já há bastante tempo, Antoine Garapon afirma as áreas de influência existentes entre a aplicação da justiça (prestação da tutela jurisdicional) e a democracia, em especial, por meio da judicialização da justiça. Nas palavras do mencionado autor, "A judicialização da vida política atesta este deslocamento: doravante, é nos métodos da justiça que a nossa época reconhece uma acção colectiva justa. A justiça. Aliás, forneceu à democracia o seu novo vocabulário: imparcialidade, processo, transparência, contraditório, neutralidade, argumentação, etc. O juiz – e a constelação de representações que gravitam à sua volta – confere à democracia as imagens capazes de dar forma a uma nova ética da deliberação coletiva" (GARAPON, Antoine. **O guardador de promessas:** justiça e democracia [*Les gardien des promesses* – 1996]. Trad. Francisco Aragão. Lisboa: Instituto Piaget, 1998, p. 42). O tema proposto, que pode derivar, por exemplo, para o papel do juiz frente à sociedade (e o correspondente ativismo) é relevante, mas transcende as pretensões deste livro, na medida em que trata do papel do juiz diante do processo como meio de realização dos direitos e não do papel político que o juiz (ou corte) pode vir a exercer.

47. ASSIS, Araken de. **Processo civil brasileiro** [2015]. 2. ed., v. 1. São Paulo: Revista dos Tribunais, 2016, p. 80-81.

48. Sobre o tema ver: CAPPELLETTI, Mauro [1927-2004]; GARTH, Bryant. **Acesso à justiça** [*Acess to Justice: The worldwide movement to make rights effective* – 1978]. Trad. Ellen Gracie Northfleet. Porto Alegre: Fabris, 1988.

Diante dessa nova condição de acesso à justiça, por um lado, a Justiça Pública "naufragou nas sucessivas ondas - expressão cativante e popular - que inundaram o sistema judiciário com imensa quantidade de litígios"[49]. Por outro lado, os meios colocados à disposição da prestação da tutela jurisdicional[50] se mostraram, embora tecnicamente adequados e necessários, insuficientes para atender à sociedade na velocidade em que ela se modifica. Uma das possíveis causas para o insucesso das medidas adotadas até então é apontada por Boaventura de Souza Santos. Para este autor é necessária a realização de grandes investimentos no sistema judiciário ("seja na dignificação das profissões jurídicas e judiciárias, na criação de modelos organizativos que tornem o sistema judiciário mais eficiente e acessível, seja nas reformas processuais e na formação de magistrados e funcionários") para que seja possível uma *refundação democrática* do judiciário[51]. Independentemente de quais sejam os meios adequados para que o sistema judiciário seja adequado à sociedade contemporânea, cuja análise crítica da proposta de Boaventura de Souza Santos demandaria um exame mais aprofundado e, consequentemente, o afastamento do objetivo do presente ponto[52], resta evidente que a busca de soluções processuais de *pura técnica*, dissociadas de uma reconfiguração dos atores e dos meios materiais envolvidos na prestação da tutela jurisdicional, tende (a história das reformas processuais nos revela isso) a se mostrar insatisfatória. Luiz Fux[53] refere ser necessário no momento atual uma quarta onda de acesso à justiça (em referência clara às ondas de Mauro Cappelletti), chamada de acesso à justiça digital, diante da influência que os

49. ASSIS, Araken de. **Processo civil brasileiro** [2015]. 2. ed., v. 1. São Paulo: Revista dos Tribunais, 2016, p. 81.

50. Tomando a realidade brasileira como parâmetro, é possível citar o grande desenvolvimento no campo das tutelas coletivas, o surgimento do debate a respeito das medidas estruturantes, a adoção de técnicas de julgamento vocacionadas a dar uma resposta a uma multiplicidade de recursos a partir de uma decisão uniforme, dentre outras.

51. SANTOS, Boaventura de Souza. **Para uma revolução democrática da justiça**. Coimbra: Almedina, 2015, p. 32.

52. Não se está a procurar soluções para a justiça civil neste tópico, mas a identificar uma realidade social diversa da existente quando da transformação da ideia de oralidade promovida por Mauro Cappelletti e a situar a insuficiência dos meios à disposição do Judiciário para a prestação da tutela jurisdicional justa, adequada e tempestiva.

53. FUX, Luiz. Juízo 100% digital e a vocação da moderna atividade jurisdicional. Em: FUX, Luiz; ÁVILA, Henrique; CABRAL, Trícia Navarro Xavier (coords.). **Tecnologia e justiça multiportas**. São Paulo: Foco, 2021.

meios tecnológicos exercem sobre o Direito[54]. A pandemia de COVID-19 que acometeu o mundo, no entanto, impôs que tais esforços, ainda que de modo marcado pela transitoriedade e experimentalismo, fossem feitos. A expectativa pragmática é a de que, embora o momento atual seja marcado por uma situação dotada de imprevisibilidade (quanto ao evento e quanto a sua dilação no tempo) e temporariedade, a vivência do emprego dos meios digitais deixe um legado claro no sentido das vantagens (ainda que não se desconheça as desvantagens) da sua implementação.

Se a sociedade tecnológica em rede modifica a noção do tempo[55] exigindo uma resposta mais rápida aos conflitos, a prestação da tutela jurisdicional, nas últimas décadas, tem mostrado timidez na redução do tempo de resposta. Frisa-se, no entanto, que a ambição do presente livro não é apresentar uma solução para os problemas da justiça civil na sociedade contemporânea.

---

54. A fim de ilustrar a influência dos meios tecnológicos sobre a prestação da tutela jurisdicional é possível mencionar que a Resolução nº 420/2021 do CNJ determina que o acervo físico de processos ainda existentes nos tribunais devam ser digitalizados "I – Até 31/12/2022, nos tribunais que, em 30 de setembro de 2021, ostentarem acervo físico inferior a 5% (cinco por cento) do total dos feitos em tramitação; II – Até 31/12/2023, nos tribunais que, em 30 de setembro de 2021, ostentarem acervo físico superior a 5% (cinco por cento) e inferior a 20% (vinte por cento) do total dos feitos em tramitação; III – Até 31/12/2024, nos tribunais que, em 30 de setembro de 2021, ostentarem acervo físico superior a 20% (vinte por cento) e inferior a 40% (quarenta por cento) do total dos feitos em tramitação; e IV – Até 31/12/2025, nos tribunais que, em 30 de setembro de 2021, ostentarem acervo físico superior a 40% (quarenta por cento) do total dos feitos em tramitação". Tal fato evidencia um processo de migração de um ambiente físico (de baixa tecnologia) para um ambiente virtual (altamente mediado por recursos tecnológicos). Processo este que já vem sendo implementado de forma ampla e que a Resolução mencionada procura indicar marcos para sua consolidação final.
55. Ilustrativa a passagem de Pierre Lévy: "A noção de tempo real, inventada pelos informatas, resume bem a característica principal, o espírito da informática: a condensação no presente, na operação em andamento. O conhecimento de tipo operacional fornecido pela informática está em tempo real. Ele estaria oposto, quanto a isto aos estilos hermenêuticos e teóricos. Por analogia com o tempo circular da oralidade primária e o tempo linear das sociedades históricas, poderíamos falar de uma espécie de implosão cronológica, de um tempo pontual instaurado pelas redes de informática" (LÉVY, Pierre. **As tecnologias da inteligência:** o futuro do pensamento na era da informática [*Les technologies de l'intelligence* – 1993]. 2. ed. Trad. Carlos Irineu da Costa. São Paulo: Editora 34, 2010, p. 116).

Ela é muito mais modesta. Preocupa-se em contribuir com uma releitura de apenas um tema estruturante do processo (a oralidade processual) para, a partir daí, propor uma readequação de papéis e espaços de atuação atinentes ao *serviço público* prestado pelo Poder Judiciário. Antes, contudo, de adentrar no que este livro se faz propositivo (reconstrutivo), é necessário investigar o cenário atualmente existente acerca da oralidade processual.

4.2. O PROCESSO ORAL CONTEMPORÂNEO

As reformas processuais da década de 1990 até o início do presente século não foram suficientes para superar as dificuldades então existentes. Diante do insucesso e da modificação da sociedade, entendeu-se ser a hora de abandonar as reformas e rumar em direção à elaboração de um novo Código de Processo Civil.

Entretanto, como evidentemente acontece no âmbito das ciências sociais aplicadas, o advento do novo Código foi influenciado por fatores ocorridos antes e durante a sua elaboração. Pretende-se, em primeiro momento, procurar identificar as influências transnacionais exercidas sobre o direito processual brasileiro, em geral, no período posterior à reforma de 2002 até a elaboração do Código vigente e, em particular, quanto ao tema e aos institutos relacionados com a oralidade processual. Em um segundo momento, tem-se a intenção de analisar como o ordenamento processual reagiu a estas influências no Código vigente; e, em um terceiro momento, procura-se entender quais os meios tecnológicos estavam à disposição e internalizados na cultura do jurista no momento da formação da legislação atual, para, por fim, apresentar uma crítica à oralidade existente de modo a abrir espaço para a apresentação de soluções no tópico seguinte.

4.2.1. Em busca de um modelo representativo da oralidade processual contemporânea: os *Principles of Transnational Civil Procedure* como ponto de partida para o debate

Se os modelos de oralidade dos períodos anteriores tiveram por linha mestra a obra de um influente jurista contemporâneo à sua construção, a formação de uma sociedade em rede inviabiliza essa opção hoje. O doutrinador individual deixa de ter o protagonismo de outrora e passa a ser promotor de um debate mais amplo (seja do ponto de vista do alcance espacial, seja no que diz respeito ao número de participantes).

Daí que, em vez de procurar um expoente (proponente de debate) sobre o tema, opta-se, como ponto de partida, por já investigar uma proposta de harmonização[56] de regras transnacionais[57], que, embora tenham a intenção

---

56. Essa tendência de harmonização das regras não passou despercebida por Oscar G. Chase. Afirma o mencionado autor que "A conexão entre a cultura nacional e os procedimentos de seus Tribunais intrigou estudiosos comparatistas e teóricos sociais por décadas, mas continua controversa. Em o argumento ser objeto de alguma aceitação, sua relevância para o trabalho pragmático da reforma processual não foi apreciada. A importância da matéria cresceu à medida que a globalização do comércio e da atividade pessoal criou incentivos para transplantar ou harmonizar procedimentos além das fronteiras nacionais" (CHASE, Oscar G. **Direito, cultura e ritual:** sistemas de resolução de conflitos no contexto da cultura comparada [*Law, culture and ritual: disputing systems in cross-cultural context* - 2005]. Trad. Sérgio Arenhart e Gustavo Osna. São Paulo: Marcial Pons, 2014, p. 75-76). No âmbito da America Latina a ideia de harmonização também se faz presente. Nos termos de Roberto Omar Berizonce, "El objetivo y la aspiración de sentar las bases firmes para la armonización progresiva de los sistemas judiciales de los países del subcontinente, requiere en los tiempos finiseculares avanzar en conjunción desde los diversos terrenos: en el camino realista de un "acercamiento" a partir de ordenamientos procesales y, al mismo tiempo, en conformar las estructuras judiciales "tipo" para la aplicación de aquellos. Con apoyo en la doctrina más actualizada y en las diversas experiencias acumuladas desde el Instituto Iberoamericano de Derecho Procesal debe darse el paso siguiente, que es complementario e integrativo de los esfuerzos que llenaron las tres últimas décadas, pero también imprescindible para proyectarnos fructíferamente hacia el siglo venidero en el marco de una armonización que cada día resulta más perentoria" (OMAR BERIZONCE, Roberto. Armonizacion progresiva de los sistemas de justicia en America Latina. **Revista de Processo**, v. 99, p. 135 – 140, Jul - Set / 2000).
57. Acerca das pretensões das regras transnacionais em comparação com outras tentativas de harmonização, informa Antonio Gidi, que: "As normas transnacionais são uma proposta a um só tempo mais ampla e mais restrita do que o Código Processual Civil Modelo para Ibero-América e o Approximation of Judiciary Law in the European Union. Trata-se de uma proposta mais ampla, na medida em que a sua aplicação não está circunscrita a países situados em uma única região e ligados por uma história e cultura comuns. Porém, ao mesmo tempo, trata-se de um empreendimento mais restrito, na medida em que o seu escopo é limitado aos litígios considerados "transnacionais", não abrangendo os litígios domésticos, que continuarão a ser regidos exclusivamente pelo direito processual nacional (GIDI, Antonio. Normas transnacionais de processo civil: apresentação. **Revista de Processo**, v. 102, p. 185-196, abr.-jun. 2001). Sobre o método de harmonização, relata Jorge A. Sanchez-Cordero D´Avila: "The Project was developed with a dualistic structure: a system of basic Principles of civil procedure accompanied by specific Rules. This structure reconciles important needs of both major legal systems: the Anglo-Saxon preference for concrete rules, and the continental European, Latin American, and Asian emphasis on the formulation of abstract principles rather than detailed rules. By taking into consideration this cultural diversity, the dualistic structure allows its incorporation into the different legal systems in a more harmonious way. The formulation of the Principles has been quite novel in comparison to the regional or universal human-rights conventions, as well

de regular uma situação jurídica pontual[58], servem de ponto de partida para um debate acerca do processo civil em escala internacional. Toma-se emprestado, portanto, o esforço empregado pela ALI-UNIDROIT na formação dos *Principles of Transnational Civil Procedure*[59], para procurar compreender

---

as their jurisdictional interpretation" (D´AVILA, Jorge A. Sanchez-Cordero. Preface. *In:* ALI-UNIDROIT. **Principles of Transnational Civil Procedure:** as adopted and promulgated [2004]. Cambridge: Cambridge, 2006, p. XXXV).

58. No prefácio dos *Principles of Transnational Civil Procedure*, consta expectativa do alcance dos mesmos nos seguintes termos: "The Principles of Transnational Civil Procedure are intended to help reduce the impact of differences between legal systems in lawsuits involving transnational commercial transactions. Their purpose is to propose a model of universal procedure that follows the essential elements of due process of law. The Rules and Principles involve 'a universal equitable process in the commercial area' and are distinguishable for their contribution to the attainment of a truly equal access to justice. [...] On the other hand, the Rules do more than merely illustrate the development of the Principles. They intentionally avoid interpreting several Principles that differ across legal cultures and thereby assure the recognition of the main principle of standardization that underlies the project's objectives" (D´AVILA, Jorge A. Sanchez-Cordero. Preface. *In:* ALI-UNIDROIT. **Principles of Transnational Civil Procedure:** as adopted and promulgated [2004]. Cambridge: Cambridge, 2006, p. XXXV). Quanto às delimitações do seu escopo, Geoffrey C. Hazard Jr. afirma que "The Principles and Rules are designed for administration in a relatively small sector of civil litigation. The first delimitation of scope is to international transactions. Concerning this limitation, relatively few disputes addressed in the legal system of any regime arise from transactions or occurrences having an international dimension, as distinct from wholly domestic ones. A second limitation is to 'commercial' disputes. Relatively few legal disputes arise from business transactions, as distinct from motor-vehicle accidents, divorce and other domestic-relations matters, employment disputes, and so on. An issue at the outset and throughout the project, therefore, was whether a project of such limited scope was worthwhile. [...] This is not to say that the procedural system delineated in the Principles could not be adopted for adjudication of other types of disputes in addition to those arising from international commerce. Indeed, systems essentially similar to that in the Principles function today in general litigation in domestic courts throughout the world. We were so informed regarding the basic systems in Australia, Canada, and the Philippines, for example. Moreover, the definition of "commercial" is somewhat different from one legal system to another. It is contemplated that a more precise definition of scope would be required in any system of procedural rules based on the Principles" (HAZARD JR., Geoffrey C. [1929-2018]. A Drafter's Reflections. *In:* ALI-UNIDROIT. **Principles of transnational civil procedure:** as adopted and promulgated [2004]. Cambridge: Cambridge, 2006, p. XLVI-XLVII).

59. A importancia dos *Principles of Transnational Civil Procedure* pode ser medida no relato de Cornelis H. van Rhee: "In the comparative study of civil procedure, the Principles of Transnational Civil Procedure are of considerable importance. According to one

como a oralidade era entendida no início do segundo milênio, a fim de estender esta compreensão aos seus desdobramentos.

Os *Principles of Transnational Civil Procedure* tiveram origem em um projeto iniciado em 1997 junto ao American Law Institute (ALI)[60], levado a efeito e desenvolvido por Geoffrey Hazard (relator e diretor da ALI à época), Michele Taruffo (relator) e Antonio Gidi (no começo como relator assistente e depois como relator associado)[61]. Inicialmente, este projeto tinha por pretensão estipular regras transnacionais (*Transnational Rules of Civil Procedure*)[62].

---

author, disregarding the Principles 'might be declared a form of procedural illiteracy'. They are a major achievement, considering that the majority of comparatists are of the opinion that harmonization of civil procedure on a world-wide scale was not possible" (VAN RHEE, Cornelis H. Civil procedure beyond national borders. **Access to Justice in Eastern Europe**, 1, p. 15-34, 2018, p. 30).

60. Evidentemente que os germes de um projeto tão audacioso já existiam antes da sua formalização. Antonio Gido, por exemplo, refere que o trabalho desenvolvido por Michele Taruffo e Geoffrey Hazard é "a continuação de um livro que os autores escreveram conjuntamente em 1993 sobre o processo civil americano" (referindo-se ao livro: HAZARD JR., Geoffrey C. [1929-2018]; TARUFFO, Michele. **American civil procedure:** an introduction. New Haven: Yale University Press, 1993). De outro lado, quando da apresentação das regras transnacionais à comunidade acadêmica em 1997, John J. Barceló III indicou que o esboço das regras teria ocorrido em 1996. Nas suas palavras, "In an earlier draft they were the subject of a one-day symposium sponsored by the Cornell-Paris I Summer Institute of International and Comparative Law and the Cornell Berger International Legal Studies Program. The symposium, held July 13, 1996 at the University of Paris I law faculty, brought together scholars and practitioners from the United States and Europe (including France, Italy, Switzerland, and the United Kingdom). Both common law and civil law systems were well represented. On the basis of the discussion and comments at the symposium, the authors revised the earlier draft into the 1996 draft Rules and Commentary published herein. The authors plan further revisions of the draft Rules and Commentary on the basis of continued comment and analysis from scholars, judges, and practitioners" (BARCELÓ III, John J. Introduction. *In:* HAZARD JR., Geoffrey C. (1929-2018); TARUFFO, Michele. Transnational Rules of Civil Procedure Rules and Commentary. **Cornell International Law Journal**, v. 30, p. 493-539, 1997, p. 494).

61. KRONKE, Herbert; LIEBMAN, Lance. Forewords. *In:* ALI-UNIDROIT. **Principles of Transnational Civil Procedure**: as adopted and promulgated [2004]. Cambridge: Cambridge, 2006, p. XXIV.

62. O propósito das regras era exposto da seguinte forma pelos relatores do projeto: "Nevertheless, rules of procedure are influential in the conduct of litigation. These Rules seek to express, so far as rules can do so, the ideal of disinterested adjudication. As such they also can be terms of reference in matters of judicial cooperation, wherein the courts of different legal systems seek or provide assistance to each other. By the

No que tange à oralidade, as regras transnacionais propostas indicavam como modelo um processo que, quanto à sua estrutura, era dividido, em geral, em duas partes, nos moldes típicos dos processos de *common law*: *pretrial*[63] e *trial*.

---

same token, reference to the principles expressed herein can moderate the unavoidable tendency of practitioners in a legal system, both judges and lawyers to consider their system from a parochial viewpoint" (HAZARD JR., Geoffrey C. (1929-2018); TARUFFO, Michele. Transnational Rules of Civil Procedure Rules and Commentary. **Cornell International Law Journal**, v. 30, p. 493-539, 1997, p. 509).

63. Segundo Antonio Gidi, as *Transnational Rules of Civil Procedure adotaram* "uma estrutura processual inexistente nos sistemas de *civil law*, em que o procedimento é dividido em duas fases: uma fase de investigação de provas (*discovery*) e uma fase de audiência (*trial* ou *plenary hearing*). A primeira fase é conduzida diretamente pelos advogados, sem participação direta pelo juiz https://professores.uniritter.edu.br/outrosServicos/index.php?q=aHR0cDovL3JldmlzdGFkb3N0cmlidW5haXMuY29tLmJyL21hZi9hcHAvcmVzdWx0TGlzdC9kb2N1bWVudD8mYW1wO3NyYz1ybCZhbXA7c3JndWlkPWkwYWQ2YWRjNjAwMDAwMTVjOGNmMDZjYjFkZWQ0MWZiNyZhbXA7ZG9jZ3VpZD1JODMyOTM3YjBmMjU2MTFkZmFiNmYwMTAwMDAwMDAwMDAmYW1wO2hpdGd1aWQ9STgzMjkzN2IwZjI1NjExZGZhYjZmMDEwMDAwMDAwMDAwJmFtcDtzcG9zPTEmYW1wO2Vwb3M9MSZhbXA7dGQ9MTAwCZhbXA7Y29udGV4dD03JmFtcDtjcnVtYi1hY3Rpb249YXBwZW5kJmFtcDtjcnVtYi1sYWJlbD1Eb2N1bWVudG8mYW1wO2lzRG9jRkc9ZmFsc2UmYW1wO2lzRnJvbU11bHRpU3VtbT0mYW1wO3N0YXJ0Q2h1bms9MSZhbXA7ZW5kQ2h1bms9MQ%3D%3D - DTR.2001.207-n21, com o objetivo de obter as provas e informações em mãos da parte contrária ou de terceiros. A segunda fase consiste na apresentação das provas, em audiência, ao juiz da causa" (GIDI, Antonio. Normas transnacionais de processo civil: apresentação. **Revista de Processo**, v. 102, p. 185-196, abr.-jun. 2001). Guilherme Botelho associa o sistema dividido em duas fases ao modelo adversarial de processo típico dos países anglo-saxões. Quanto ao procedimento, assinala que "A primeira fase preparatória, apenas preparatória da segunda, opera-se sem participação do juiz. Inicia-se com o *service of process*, isto é, com a notificação ao demandado de um ato judicial chamado *summons*, que, por sua vez, dá notícia do ajuizamento da ação contra o réu, análogo ao ato de citação da cultura romano-canônica. A parte autora apresentará o *complaint*, do qual será intimado o demandado, que, por sua vez, poderá apresentar a *answer*. Caso nesta o réu apresente uma ou várias demandas reconvencionais (*counterclaims*), o que é permitido na maioria dos Estados, de regra, se oportunizará ao autor a apresentação de uma peça chamada *reply*. Estas manifestações são denominadas *pleadings* e constituem, a *grosso modo*, a fase postulatória do processo na *common law*. Essa primeira fase ainda contará com outro importante estágio preparatório, destinado a colheitas de provas (*pretrial*) ainda sem a presença do julgador. Neste estágio, as partes podem produzir provas orais e postular a apresentação de documentos que se encontram em poder da parte adversa ou de terceiros, sendo que apenas ocorrerá intervenção judicial nas hipóteses em "que el adversario se oponga. La decisión del juez si pide, de ordinario mediante una *motion*, y se pronuncia

Quanto à fase do *pretrial*, as *Transnational Rules of Civil Procedure* autorizam (*Rule* 16[64]) a realização de audiência (*Pretrial Conference*) antes do julgamento (*trial*). Nesta oportunidade são praticados, de forma oral, atos voltados para a delimitação da causa (*Rule* 16.a.1 e 16.a.2) para a aferição da admissibilidade e a organização da prova (*Rule* 16.a.3 e 16.a.4), bem como para organizar os atos necessários para levar a causa a julgamento (*Rule* 16.a.5 e 16.a.6). Importante referir que a aludida audiência não é obrigatória, ficando a cargo da corte definir a respeito da sua necessidade ou não, para que o processo prossiga para julgamento[65].

Superada a fase do *pretrial*, o processo segue para o *trial*, quando serão apresentadas as provas de forma concentrada em uma única oportunidade

---

en la forma de una *order*". A segunda e mais relevante fase destinada é ao julgamento (*trial*), em que pese sejam rotineiros os relatos de que ela raramente aconteça devido aos altíssimos índices de acordos entre as partes" (BOTELHO, Guilherme. Os poderes processuais do juiz em perspectiva comparada. **Revista de Processo**, v. 243, p. 483-504, maio 2015). No direito processual inglês, ilustrativamente, J. A. Jolowicz afirma que "A impossibilidade prática de impor aos membros do júri que assistissem a várias audiências, cada uma das quais podia ter curta duração, deu nascimento ao conceito do *trial*, audiência única e ininterrupta em que se colhem as provas, se ouvem os arrazoados, e ao fim da qual o júri profere o veredicto. Sem dúvida, para que o processo se desenvolva de maneira eficaz, é essencial uma fase *pretrial*. Há, portanto, uma divisão bem nítida entre duas fases. Durante a fase *pretrial*, cumpre que se instaure o processo e que as partes se preparem para a futura luta que é o *trial*. Mas é de essencial importância que se definam de modo mais preciso possível as questões a serem resolvidas pelo júri" (JOLOWICZ, J. A. A reforma do processo civil inglês: uma derrogação ao "adversary system". **Revista de Processo**, v. 75, p. 64-75, jul.-set. 1994).

64. Regra 16: "Pretrial Conference and Orders: The court may: (1) Order the addition, elimination or revision of claims defenses and issues, in light of the parties' contentions at that stage; (2) Order the isolation for separate trial of one or more issues in the case, and order consolidation of the case with another case pending before it, whether such other case is under these Rules or those of the forum; (3) Make rulings on the admissibility of evidence. Unless the court orders otherwise, documents and other items of demonstrative evidence that are to be introduced at trial shall be identified and their admissibility determined at the pretrial conference; (4) Identify the witnesses who are to testify, including expert witnesses, and the order of their presentation; (5) Fix the date for trial; (6) Enter other orders to expedite the trial. (b) The court may direct the parties to consider settlement or referral of the dispute to mediation" (HAZARD JR., Geoffrey C. [1929-2018]; TARUFFO, Michele. Transnational Rules of Civil Procedure Rules and Commentary. **Cornell International Law Journal**, v. 30, p. 493-539, 1997, p. 501-502).

65. HAZARD JR., Geoffrey C. [1929-2018]; TARUFFO, Michele. Transnational Rules of Civil Procedure Rules and Commentary. **Cornell International Law Journal**, v. 30, p. 493-539, 1997, p. 524.

("in a single hearing, or hearings on consecutive judicial days, except when the court orders otherwise for the convenience of the parties or witnesses or the administration of justice"[66]). Comentam Geoffrey Hazard Jr. e Michele Taruffo, que a aludida regra pode ser flexibilizada pela Corte diante de situações excepcionais, como, por exemplo, quando as partes necessitam de uma ampliação do tempo para a obtenção da prova[67]. De regra, na mesma oportunidade em que a prova é apresentada (*trial*), a decisão é proferida valorizando-se, de tal modo, tanto a ideia de concentração como a de imediação.

Entretanto, já em 1999, a partir da adesão ao projeto do UNIDROIT[68], houve uma modificação de foco normativo; em vez de tratar das regras, o projeto passou a buscar a definição de princípios para o processo civil transnacional (*Principles of Transnational Civil Procedure*)[69]. O avanço do trabalho e o envolvimento de grandes juristas[70] permitiram que em 2004 viessem à luz os almejados princípios.

---

66. Rule 22.a (HAZARD JR., Geoffrey C. [1929-2018]; TARUFFO, Michele. Transnational Rules of Civil Procedure Rules and Commentary. **Cornell International Law Journal**, v. 30, p. 493-539, 1997, p. 504).

67. HAZARD JR., Geoffrey C. [1929-2018]; TARUFFO, Michele. Transnational Rules of Civil Procedure Rules and Commentary. **Cornell International Law Journal**, v. 30, p. 493-539, 1997, p. 529-530.

68. Nas palavras de Antonio Gidi, "o Unidroit é uma organização intergovernamental independente, fundada há mais de 70 anos, cujo objetivo é harmonizar e unificar o direito privado através de convenções, tratados e leis-modelo. O Unidroit é composto por quase 60 países-membros e tem a sua sede em Roma" (GIDI, Antonio. Normas transnacionais de processo civil: apresentação. **Revista de Processo**, v. 102, p. 185-196, abr.-jun. 2001).

69. KRONKE, Herbert; LIEBMAN, Lance. Forewords. *In:* ALI-UNIDROIT. **Principles of Transnational Civil Procedure**: as adopted and promulgated (2004). Cambridge: Cambridge, 2006, p. XXIV.

70. Do ponto de vista do método de trabalho, relata Antonio Gidi que "Os encontros envolvem um grupo muito limitado de pessoas, em geral reunidas em torno de uma grande mesa. O número reduzido e a cuidadosa seleção dos participantes estimulam a troca de informações de alto nível e criam uma atmosfera de informalidade, inexistente nos grandes congressos. Em todos os encontros já realizados, os participantes contribuíram com críticas e sugestões muito importantes para o atual conteúdo das normas transnacionais. Uma simples comparação entre a versão original e a atual revela uma evolução que somente pode ser explicada pela absorção das críticas e sugestões feitas pelos participantes nos diversos encontros, a ponto de o produto final poder ser considerado como uma obra substancialmente diversa daquela iniciada" (GIDI, Antonio. Normas transnacionais de processo civil: apresentação. **Revista de Processo**, v. 102, p. 185-196, abr.-jun. 2001).

Do ponto de vista procedimental, foi estruturado[71] o processo em três fases[72]: *the pleading phase, the interim phase* e *the final phase* (*Principle* 9.1). Na primeira fase (*the pleading phase*), as partes apresentam seus pedidos e defesas por meio de petições escritas, indicando as provas que pretendem utilizar (*Principle* 9.2). Na segunda fase (*the interim phase*), a corte tem a opção de: realizar audiência para organizar o procedimento (*Principle* 9.3.1); estabelecer um cronograma para os atos processuais (*Principle* 9.3.2); adotar medidas orientadas a tutelar provisoriamente os direitos (*Principle* 9.3.3); avaliar a disponibilidade, a admissão, a *disclosure* e a troca de provas (*Principle* 9.3.4); identificar questões que podem interferir em toda ou parte da disputa (*Principle* 9.3.5); ordenar a produção da prova (*Principle* 9.3.6). Por fim, na terceira fase (*the final phase*), as provas ainda não trazidas ao feito serão produzidas em audiência (*final hearing*) concentrada, oportunidade em que as partes deverão apresentar seus argumentos finais (*Principle* 9.4). A decisão deve ser proferida ("accompanied by a reasoned explanation of the essential factual, legal, and evidentiary basis of the decision") imediatamente ou por escrito (*Principle* 23)[73].

No que toca à oralidade, propriamente dita, alguns aspectos dos *Principles of Transnational Civil Procedure* chamam a atenção. Existem regras que valorizam de forma nítida a ideia de oralidade. Veja-se que, embora a fase inicial seja desenvolvida a partir de pedidos e defesas escritas, é assegurado o direito das partes de apresentar oralmente argumentos sobre questões processuais e substanciais importantes (*Principle* 19.1). A fase intermediária do processo permite a sua organização de forma oral e com alcance tão ou

---

71. "The concept of 'structure' of a proceeding should be applied flexibly, according to the nature of the particular case. For example, if convenient a judge would have discretion to hold a conference in the pleading phase and to hold multiple conferences as the case progresses" (ALI-UNIDROIT. **Principles of Transnational Civil Procedure:** as adopted and promulgated [2004]. Cambridge: Cambridge, 2006, p. 40-41).

72. Comparando a estrutura tripartite com o direito processual brasileiro vigente em 2005, Cassio Scarpinella Bueno, afirma que: "Embora, reconheça-se, no direito brasileiro, a ocorrência destas fases "lógicas" ao longo dos procedimentos regulados pelo nosso CPC, nosso sistema é governado por uma rígida sucessão de preclusões (princípio da eventualidade), que impõe a rigorosa prática de atos processuais dentro de limites temporais bem definidos pelo próprio legislador, sendo absolutamente excepcional, entre nós, que o juiz estabeleça, caso a caso, qualquer seqüência de atos processuais diversos daqueles previstos na própria lei" (BUENO, Cassio Scarpinella. Os princípios do processo civil transnacional e o código de processo civil brasileiro. **Revista de Processo**, v. 30, n. 122, p. 167-186, abr. / 2005).

73. ALI-UNIDROIT. **Principles of Transnational Civil Procedure:** as adopted and promulgated [2004]. Cambridge: Cambridge, 2006, p. 44.

mais abrangente que a audiência preliminar idealizada por Mauro Cappelletti. Além disso, há a indicação de que "The final hearing must be held before the judges who are to give judgment" (*Principle* 19.2), valorizando-se, deste modo, a ideia de imediação. Por outro lado, existem outros princípios que mitigam a oralidade. Isso ocorre, por exemplo, na possibilidade de a corte, após consultar as partes, solicitar que o testemunho inicial seja realizado, não de forma oral, mas por escrito (*Principle* 19.3)[74].

4.2.2. Os movimentos de reforma processual e o Código de Processo Civil de 2015: contexto e soluções técnicas

Estabelecido um modelo ideal de processo em que, como se viu, oralidade e escritura encontram-se amalgamadas no procedimento, passa-se a investigar como o direito processual reagiu frente à ineficiência das fontes normativas à disposição para lidar com os problemas contemporâneos.

Isso porque, passados quase 30 anos de experiência democrática e passados mais de 40 anos de sua promulgação, o Código de Processo Civil de 1973 já mostrava o desgaste do tempo reclamando que uma nova matriz processual fosse proposta. Com este desiderato[75], veio à luz em 2015 o atual Código de Processo Civil fortemente influenciado pela tarefa de dar concretude aos direitos fundamentais[76].

Saliente-se que a busca por um novo código de processo mais adequado à realidade não foi um movimento exclusivo brasileiro (reforçando-se a ideia

---

74. A explicação para tal opção foi que, "Traditionally, all legal systems received witness testimony in oral form. However, in modern practice, the tendency is to replace the main testimony of a witness by a written statement. Principle 19 allows flexibility in this regard. It contemplates that testimony can be presented initially in writing, with orality commencing upon supplemental questioning by the court and opposing parties" (ALI-UNIDROIT. **Principles of Transnational Civil Procedure:** as adopted and promulgated [2004]. Cambridge: Cambridge, 2006, p. 40-41).

75. No presente trabalho não se pretende apresentar uma crítica ao Código de Processo Civil de 2015, tampouco verificar se ele atendeu às necessidades que dele eram esperadas. Essa tarefa demandaria um esforço próprio e talvez um maior distanciamento no tempo a fim de aferir os seus resultados de forma objetiva.

76. Daniel Mitidiero identifica que o cenário do direito processual brasileiro após a Constituição Federal de 1988 inaugurou um segundo momento de constitucionalização (MITIDIERO, Daniel. As relações entre o processo civil e a constituição na primeira metade do século XX e sua breve evolução na doutrina processual civil brasileira. **Revista dos Tribunais**, v. 915, p. 50-60, jan. 2012). O primeiro momento estaria associado às garantias constitucionais ao acesso à justiça. O segundo momento, ligado à perspectiva dos direitos fundamentais.

de que a sociedade contemporânea se relaciona além das fronteiras geopolíticas[77]), mas, antes pelo contrário, o Brasil tardou a concretizá-lo. Exemplificativamente, podem ser citados três movimentos de criação de novos códigos. A Inglaterra foi precursora no movimento de atualização legislativa. A partir dos debates em torno dos relatórios de Lord Woolf (apresentados em 1995 e 1996), o Código de Processo Civil inglês foi promulgado, em 1998, tendo por objetivo mudar a cultura dos litígios na Inglaterra concedendo poderes mais abrangentes aos juízes "de forma a administrar o desenvolvimento do procedimento das ações civis, especialmente as grandes"[78]. Também na

---

77. Federico Carpi relatava (em 2000) crer que "non esista paese al mondo ove non si lamenti la crisi della giustizia" e apontava quatro fatores para ela: "a) l'aumento della litigiosità, a fronte di un maggior dinamismo dei rapporti economici, che non tollera ritardi ed inefficienza; b) l'ineguatezza delle legislazioni nel rispondere ai nuovi bisogni della società; c) la mancanza di organizzazione degli uffici giudiziari e la non completa utilizzazione delle nuove tecniche informatiche; d) la carente formazione dei giudici e degli avvocati" (CARPI, Federico. Le riforme del processo civile in Italia verso il XXI secolo. **Rivista Trimestrale de Diritto e Procedura Civile**, v. 54, n. 1, p. 105-126, genn./mar., 2000, p. 106).
78. ANDREWS, Neil. **O moderno processo civil:** formas judiciais e alternativas de resolução de conflitos na Inglaterra [*The modern civil process: judicial and alternative forms of dispute resolution in England* – 2008]. Trad. Teresa Arruda Alvim Wambier. 2. ed. São Paulo: Revista dos Tribunais, 2012, p. 53. O direito processual inglês sofreu reformas no ano de 2013 (Jackson Reforms) tendo por escopo principal ajustas os custos da litigância. Acerca da origem da reforma, John Sorabji relata que "In 2008, nine years after the CPR's introduction, the then Master of the Rolls, Sir Anthony Clarke, appointed Sir Rupert Jackson, a recently appointed Court of Appeal judge, to carry out a fundamental review of civil litigation costs. He was specifically required to ascertain why litigation costs remained disproportionate despite the Woolf reforms and to make recommendations for effective reform. His conclusions were telling. It was apparent that in the majority of cases litigation cost was not disproportionate, but that where it was the predominant cause of the continuing costs crisis was attributable to reforms to litigation funding enacted by Parliament in 1999, via the Access to Justice Act 1999. Those reforms were entirely separate from the Woolf reforms, and were intended to replace a large proportion of civil legal aid with privately funded conditional fee funding. The means to cure this problem was thus to reform the conditional fee funding regime. The Jackson review did however also draw a number of conclusions concerning the operation of the Woolf reforms. He, specifically, noted the failure to ensure a stricter approach to rule compliance and relief from the consequences of non-compliance had not taken hold properly following the CPR's introduction" (SORABJI, John. English civil justice: another atempt at a new approach to justice. **Revista de Processo**, v. 243, p. 81-107, maio / 2015). Além das questões associadas diretamente ao custo da litigância as reformas promoveram alterações procedimentais voltadas para a eficiência da prestação da tutela jurisdicional. Uma delas diz respeito ao *factual witness statements*. Segundo Neil Andrews: "Factual witness evidence requires

Espanha, a *Ley de Enjuiciamiento Civil* de 2000 veio a atualizar o sistema processual que vigia desde 1881[79]. Em 2013, veio à luz um novo Código de Processo Civil para Portugal.

Um aspecto importante a ser considerado nesse movimento orientado à elaboração de novos códigos de processo se revela na tendência de ampliar o alcance da oralidade na dimensão procedimental[80]. Isso porque, em vez de a predominância dos atos orais ocorrer na fase de instrução (e aos atos vocacionados à tentativa de conciliação), o processo buscou encontrar meios de produzir de forma oral atos destinados à definição do objeto da

---

the parties in advance of trial to prepare their witnesses statements. That will become the witness' evidence when he or she appears at trial. The other side can then ask live questions to challenge this evidence. That hostile questioning by the other side is known as cross-examination. Jackson saw the need for greater judicial involvement in this elaborate process. And so the court can now exercise more control over this expensive pre-trial exercise by issuing directions "(a) identifying or limiting the issues to which factual evidence may be directed; (b) identifying the witnesses who may be called or whose evidence may be read; or (c) limiting the length or format of witness statements". But selection of factual witnesses and the preparation of the witness statement and the conduct of cross-examination remain the responsibilities of the parties. The court continues to take a back-seat: the judge is essentially a passenger but the judge has some managerial control over the length, and route, of the car journey" (ANDREWS, Neil. Money and other fundamentals english perspectives on court proceedings, mediation, and arbitration. **Revista de Processo**, v. 224, p. 449 - 483, Out/2013).

79. Analisando a transição da Ley de Enjuiciamiento Civil espanhola de 1881 para a de 2000, no que toca à oralidade, Jordi Nieva Fenoll afirma que "En cualquier caso, la oralidad se introducía tímidamente, como ocurrió en España con la Ley de Enjuiciamiento Civil de 1881 y algunas de sus reformas posteriores, pero la fuerza del uso forense heredado de la anterior época hacía que fuera sistemáticamente olvidada en la práctica. Y es que pese a que las leyes obligaban a la presencia del Juez durante las declaraciones de partes y testigos, los jueces rarísima vez estaban presentes. Ello solamente se corrigió ya en el siglo XXI, cuando una nueva Ley de Enjuiciamiento Civil dispuso en el año 2000 de forma tan clara un proceso por audiencias, que pese a sus defectos de técnica jurídica – especialmente en los juicios verbales –, no se pudo excusar por más tiempo la asistencia de los jueces a las vistas" (NIEVA FENOLL, Jordi. Los problemas de la oralidade. **Revista do Ministério Público do RS**, n. 67, set. / dez., 2010, p.240). Sobre os princípios informadores do novo Código, recomenda-se: PICÓ I JUNOY, Joan. Los principios del nuevo proceso civil español. **Revista de Processo**, v. 103, p. 59 *et seq.*, jul. 2001.

80. Em especial nos países reformadores de tradição de *civil law*, na medida em que, nos países de *common law*, a oralidade na fase inicial do processo (*pretrial*) já se fazia presente.

causa (compreendido como dimensão objetiva da demanda)[81] e da gestão/organização do processo. Na Espanha, segundo Joan Picó i Junoy[82], a *Ley de Enjuiciamiento Civil* havia adotado a oralidade e seus subprincípios ("el de inmediación, el de concentración y el de publicidad[83]") ao estabelecer um procedimento baseado em audiências[84]. Situação muito semelhante ocorreu no mesmo período na Alemanha. Segundo relatam Alvaro Pérez Ragone e Diego Palomo Vélez, o Tribunal Federal alemão estabeleceu que o sentido, e o objetivo, do princípio da oralidade "es obtener una impresión viva e inmediata del material controvertido a través de un procedimiento estructurado para lograr el intercambio de palabras de las partes, un inmediato esclarecimiento y el incentivo de preguntas e indicaciones del tribunal", tendo por eixo "la relación oralidad-publicidad-inmediación"[85]. Em Portugal, a colaboração oral é privilegiada no que se refere à produção de peças escritas, tendo

---

81. Para uma aproximação do debate sobre o objeto litigioso do processo, recomenda-se a leitura de: ASSIS, Araken de. **Cumulação de ações** [1989]. 5. ed. São Paulo: Revista dos Tribunais, 2019.

82. PICÓ I JUNOY, Joan. Los principios del nuevo proceso civil español. **Revista de Processo**, v. 103, p. 59 *et seq.*, jul. 2001.

83. Destaca-se que, na percepção espanhola da oralidade, um dos subprincípios (princípio-consequência) da oralidade é o princípio da publicidade. Tal princípio, no direito brasileiro, perpassa todo o processo (tirante situações excepcionais) não podendo ser situado no ambiente oral. É fenômeno jurídico que deve operar tanto no âmbito de atos pautados pela escritura (em geral, por meio de publicidade mediata) quanto no âmbito dos atos orais (em geral, por meio de publicidade imediata).

84. Esse procedimento por audiências se materializa da seguinte forma: "En concreto, en el procedimiento ordinario, se producen por lo menos dos: la audiencia previa que, con carácter obligatorio, prevé el art. 414 y ss. LEC, con cuatro claras finalidades, a saber, la conciliadora – al inicio y al final del acto –, la subsanadora de defectos procesales, la delimitadora de las cuestiones litigiosas, y la probatoria, proponiéndose y admitiéndose las pruebas que se practicarán en la segunda audiencia, denominada 'juicio'. En ésta tiene lugar la realización de todas las pruebas, y, evidentemente, la oralidad se concreta en las pruebas personales, esto es, aquellas en las que interviene como fuente probatoria una determinada persona, pues su intervención en el proceso se hace, como regla general, a través del mecanismo de la palabra hablada (así, tanto para el interrogatorio de las partes como la prueba testifical, los arts. 302.1 y 368.1, respectivamente, establecen que las preguntas se formularán oralmente)" (PICÓ I JUNOY, Joan. Los principios del nuevo proceso civil español. **Revista de Processo**, v. 103, p. 59 *et seq.*, jul. 2001).

85. PÉREZ RAGONE, Alvaro; VÉLEZ, Diego Palomo. Oralidad y prueba: comparación y análisis crítico de las experiencias reformadoras del proceso civil en Alemania y España. **Revista de derecho de La Pontificia Univesidad Católica de Valparaíso**, n. XXII, p. 363-406, jan./jun. 2009, p. 371-372.

por *pivot* entre a fase dos articulados e a fase da instrução e julgamento da causa a audiência preliminar (renomeada como audiência prévia)[86]. Além disso, o processo civil português vigente vem orientado pelo dever de gestão processual (art. 6º) e pelo princípio da cooperação (art. 7º). De acordo com o dever de gestão processual, indicam os itens 1 e 2 do art. 6º o dever de o juiz dirigir ativamente o processo para buscar "a justa composição do litígio em prazo razoável", bem como providenciar o "suprimento da falta de pressupostos processuais suscetíveis de sanação" ou instigar a parte a fazê-lo. O princípio da cooperação, tal como positivado no ordenamento português, indica que, "na condução e intervenção no processo, devem os magistrados, os mandatários judiciais e as próprias partes cooperar entre si, concorrendo para se obter, com brevidade e eficácia, a justa composição do litígio" (item 1), podendo o juiz, "em qualquer altura do processo, ouvir as partes, seus representantes ou mandatários judiciais, convidando-os a fornecer os esclarecimentos sobre a matéria de facto ou de direito que se afigurem pertinentes" (item 2).

A necessidade de uma abertura à participação (por meio, em especial, de um maior diálogo)[87] das partes no processo impôs "a necessidade de um maior informalismo e a acentuação do princípio fundamental da cooperação entre o órgão judicial e as partes"[88] no sentido de que o órgão judicial passasse a ouvir as partes, seus representantes ou mandatários judiciais, convidando-os a fornecer esclarecimentos sobre a matéria de fato ou de direito, assim como para suprir as faltas caso existentes. Daí surge a necessidade de ser concretizado um modelo colaborativo de processo[89]. Entretanto, é

---

86. LEBRE DE FREITAS, José. Sobre o novo código de processo civil: uma visão de fora. **Revista da Ordem dos Advogados,** a. 73, v. I, jan./mar. 2013, p. 23-61, p. 25-26.

87. Ensina Nicolò Trocker, que "il "dialogo" diventa garanzia di democracità del processo e impedisce che il principio dello iuta novit curia sia fonte di un atteggiamento autoritario o strumento di oppressione. Nello stesso tempo, esso attenua il carattere 'burocratico' e 'tecnicistico' della giustizia, le cui ripercussioni negative sono particolarmente gravi nei nostri ordinamenti nei quali anche le questioni esistenziali più delicate ed importante possono trovare nel processo la loro sede di trattazione e di definizione" (TROCKER, Nicolò. **Processo civile e costituzione:** problemi di diritto tedesco e italiano. Milano: Giuffrè, 1974, p. 670).

88. ALVARO DE OLIVEIRA, Carlos Alberto [1942-2013]. Efetividade e processo de conhecimento [1999]. *In:* **Do formalismo no processo civil**: proposta de um formalismo-valorativo [1997]. 4. ed. São Paulo: Saraiva, 2010, p. 407.

89. Segundo Daniel Mitidiero: "A colaboração é um modelo de processo civil que visa a organizar o papel das partes e do juiz na conformação do processo. Em outras palavras: visa a dar feição ao formalismo do processo, dividindo de forma equilibrada o trabalho

importante advertir que o juiz do processo cooperativo somente se mostra isonômico na condução do processo, na medida em que, quando decide, assume posição assimétrica ao exercer o poder estatal a ele concedido[90]. Dessa nova forma de relação entre os sujeitos processuais, surgem direitos e deveres recíprocos[91] que caso descumpridos prejudicam o próprio direito

---

entre todos os seus participantes. Como modelo, a colaboração rejeita a jurisdição como polo metodológico do processo civil, ângulo de visão evidentemente unilateral do fenômeno processual, privilegiando em seu lugar a própria ideia de processo como centro da sua teoria, concepção mais pluralista e consentânea à feição democrática ínsita ao Estado Constitucional" (MITIDIERO, Daniel. Colaboração no processo civil como prêt-à-porter?: um convite ao diálogo para Lênio Streck. **Revista de Processo**, v. 194, p. 55-68, abr. 2011). Para um aprofundamento da visão de Daniel Mitidiero sobre o tema, ver: MITIDIERO, Daniel. **Colaboração no processo civil:** do modelo ao princípio [2009]. 4. ed. São Paulo: Revista dos Tribunais, 2019. Na perspectiva de Fredie Didier Jr., "Os princípios do devido processo legal, da boa-fé processual e do contraditório, juntos, servem de base para o surgimento de outro princípio do processo: o princípio da cooperação. O princípio da cooperação define o modo como o processo civil deve estruturar-se no direito brasileiro. Esse modelo caracteriza-se pelo redimensionamento do *princípio do contraditório,* com a inclusão do órgão jurisdicional no rol dos sujeitos do diálogo processual, e não mais como um mero espectador do *duelo* das partes. O contraditório volta a ser valorizado como instrumento indispensável ao aprimoramento da decisão judicial, e não apenas como uma regra formal que deveria ser observada para que a decisão fosse válida. A condução do processo deixa de ser *determinada* pela vontade das partes (marca do processo liberal dispositivo). Também não se pode afirmar que há uma condução inquisitorial do processo pelo órgão jurisdicional, em posição assimétrica em relação às partes. Busca-se uma condução *cooperativa* do processo, sem destaques a algum dos sujeitos processuais" (DIDIER JR., Fredie. Os três modelos de direito processual: inquisitivo, dispositivo e cooperativo. **Revista de Processo**, v. 198, p. 213-226, ago. 2011). Para um aprofundamento da visão de Fredie Didier Júnior sobre o tema, ver: DIDIER JR. Fredie**. Fundamentos do princípio da cooperação no direito processual civil português**. Coimbra: Wolters Kluwer Portugal, 2010.

90. Daí por que Daniel Mitidiero afirma que o juiz desempenha um duplo papel, "pois, ocupa dupla posição: *paritário no diálogo e assimétrico na decisão*" e que o juiz passa a ser buscar "um 'ponto de equilíbrio' na organização do processo, conformando-o como uma verdadeira 'comunidade de trabalho' (*Arbeitsgemeinschaft*) entre os seus participantes" (MITIDIERO, Daniel. **Colaboração no processo civil:** do modelo ao princípio [2009]. 4. ed. São Paulo: Revista dos Tribunais, 2019, p. 65).

91. Ressaltando a posição de que inexistem direitos e deveres colaborativos recíprocos entre as partes, mas somente entre as partes e o juiz em duplo sentido (MITIDIERO, Daniel. **Colaboração no processo civil:** do modelo ao princípio [2009]. 4. ed. São Paulo: Revista dos Tribunais, 2019, p. 70-71).

ao processo justo[92]. Outra alteração marcante do Código de Processo Civil de 2015 é uma maior abertura para a convencionalidade das regras processuais[93] quando diante de direitos disponíveis (de natureza processual e material), bem como a consequente adaptabilidade do procedimento à tutela dos direitos postulados em juízo[94].

---

92. Nas palavras de Daniel Mitidiero: "juiz que se omite no cumprimento de seus deveres de cooperação viola o direito ao processo justo. Os deveres de esclarecimento, de diálogo e de prevenção, como se resolvem em deveres que o juiz pode cumprir *independentemente* de qualquer conduta a ser adotada pela parte contrária perante a qual tem o dever de colaborar, podem gerar responsabilização do juiz por ausência (art. 133, CPC). Já o dever de auxílio, que muitas vezes depende de determinado comportamento da parte contrária para que o juiz possa colaborar com a outra, dá lugar à possibilidade de o órgão jurisdicional sancioná-la por descumprimento de seu dever de obediência ao juízo (art. 14 do CPC)" (MITIDIERO, Daniel. Colaboração no processo civil como prêt-à-porter?: um convite ao diálogo para Lenio Streck. **Revista de Processo**, v. 194, p. 55-68, abr. 2011).

93. Sobre o tema, ver: CABRAL, Antonio do Passo. **Convenções processuais** [2016]. 2. ed. Salvador: Juspodivm, 2018; CADIET, Loïc. **Perspectivas sobre o sistema da justiça civil francesa:** seis lições brasileiras. Trad. Daniel Mitidiero e outros. São Paulo: Revista dos Tribunais, 2017.

94. Essa possibilidade consagra a tendência de adaptabilidade das formas processuais como muito bem aponta Rafael Sirangelo de Abreu: "O processo, nesse novo modelo cooperativo, passa a (a) conformar-se de acordo com as peculiaridades das situações específicas em discussão e (b) ajustar-se à vontade das partes. Tem-se uma flexibilidade para e pelas partes, a demonstrar a preocupação do legislador com a estruturação de um ambiente processual que pressuponha liberdade e responsabilidade. Não se trata de privatização do sistema de justiça (como pretende parcela da doutrina). Está-se diante de clara densificação infraconstitucional de um dos fins do Estado Constitucional (a liberdade), no ambiente processual. O respeito ao fundamento (dignidade da pessoa humana) e às finalidades (igualdade e liberdade) do Estado Constitucional passa pela concessão de espaços alargados de autodeterminação às partes no âmbito do processo judicial" (ABREU, Rafael Sirangelo de. Customização processual compartilhada. **Revista dos Tribunais**, v. 41, n. 257, p. 51-76, jul. 2016). Sobre a origem e a fundamentação jusfilosófica de adaptabilidade, ver: KOPLIN, Klaus Cohen. **Origen y fundamentación iusfilosófica del "principio de la adaptabilidad del procedimiento judicial". *In:* MITIDIERO, Daniel; AMARAL, Guilherme Rizzo (Coords.). Processo civil: estudos em homenagem ao professor doutor Carlos Alberto Alvaro de Oliveira. São Paulo: Atlas, p. 262-272, 2012. Sobre o necessário equilíbrio entre rigidez e flexibilidade, ver: CADIET, Loïc. El equilíbrio entre la rigidez y la flexibilidad en el proceso: elementos de teoria general del proceso y de derecho procesal comparado. In: ARENHART, Sérgio Cruz; MITIDIERO, Daniel. O processo civil entre a técnica processual e a tutela dos direitos: estudos em homenagem a Luiz Guilherme Marinoni. São Paulo: Revista dos Tribunais, 2017, p. 143-153. Recomenda-se para uma perspectiva italiana: CAPONI, Remo. Rigidità e flessibilità del processo**

No que tange às audiências, o Código de Processo Civil de 2015 apresentou alterações[95]. Optou o legislador por reservar à fase inicial do processo, antes mesmo da apresentação da defesa do réu, a realização de audiência de mediação e conciliação perante auxiliar do juízo (o mediador ou o conciliador). Além disso, ao final da fase postulatória, permitiu que, a critério do juiz, fosse realizada audiência para o saneamento da causa. Por fim, na fase de organização (oral ou escrita) pode ser identificada a necessidade de prosseguir à instrução probatória em audiência. Dada a relevância do tema, passa-se a analisar pontualmente estas questões.

Em primeiro lugar é necessário explicitar um pouco melhor qual o contexto em que surgiu a audiência de mediação e conciliação prevista no Código de Processo Civil brasileiro de 2015. O Código de 2015 manifesta evidente inclinação para a promoção dos meios conciliatórios[96]. Dentre os

---

civile. In: ARENHART, Sérgio Cruz; MITIDIERO, Daniel. **O processo civil entre a técnica processual e a tutela dos direitos**: estudos em homenagem a Luiz Guilherme Marinoni. São Paulo: Revista dos Tribunais, 2017, p. **823-834.**

95. Referem Yarshell, Setoguti e Rodrigues a respeito da oralidade e das audiências no Código de 2015 que "Embora o CPC não tenha conseguido superar todos os obstáculos que conspiram contra a oralidade no sistema processual brasileiro (o que de certa forma contribuem para utilização dessa técnica de forma menos eficiente), é preciso reconhecer que o diploma, ainda que com escilações, deu à regra uma nova dimensão: basta atentar para a circunstância de que a fase de conhecimento em primeiro grau está estruturada – ao menos potencialmente – em três audiências" (YARSHELL, Flávio Luiz; PEREIRA, Guilherme Setoguti J.; RODRIGUES, Viviane Siqueira. **Comentários ao código de processo civil**: artigos 334 ao 368 [2016]. v.5. 2ª ed., São Paulo: Revista dos Tribunais, 2018, p. 34).

96. Ilustrativo é o levantamento feito por Gustavo Osna a esse respeito: "Aqui, o que se deve perceber é que, se a autocomposição vem sendo sustentada por alguns como uma alternativa favorável à prestação jurisdicional, o novo Código de Processo Civil também parece ter incorporado essa ideia. A análise do texto legislativo é reveladora dessa questão, evidenciando o protagonismo conferido a essa via resolutiva. Esse impacto pode ser prontamente notado por meio de uma mera investigação textual da nova legislação, gerando uma dissemelhança com a anterior. É que, enquanto o Código de 1973 não realiza qualquer menção à 'autocomposição', o diploma de 2015 o faz em duas dezenas de vezes. Da mesma forma, o uso de noções similares à *mediação* ou à *conciliação* é largamente ampliado, demonstrando que esse mote passou a ser explicitamente adotado como uma bandeira. Indo além, ao esmiuçarmos essas diferentes menções, observamos que a adoção dessa guia ideológica é expressa. É assim que, já em seu art. 3º, o diploma estabelece que 'o Estado promoverá, sempre que possível, a solução consensual dos conflitos' e que 'a conciliação, a mediação e outros métodos de solução consensual de conflitos deverão ser estimulados por juízes, advogados, defensores públicos e membros do Ministério Público, inclusive'" (OSNA, Gustavo. A

meios de realização deste desiderato, valorizou a mediação e a conciliação. Quanto à conciliação, não existem maiores dúvidas, à medida que representa prática já consolidada nas regras processuais civis, ao menos, desde 1973. A grande novidade fica por conta do incentivo à mediação judicial.

Para que seja entendida a mediação, faz-se oportuno, antes de mais nada, perceber como o ordenamento jurídico regula a matéria. Essa advertência se faz necessária uma vez que o tema é regulado por diversas fontes normativas que constituem um verdadeiro microssistema[97]. Do ponto de vista principiológico, o Código de Processo Civil brasileiro indica que "a conciliação e a mediação são informadas pelos princípios da independência, da imparcialidade, da autonomia da vontade, da confidencialidade, da oralidade, da informalidade e da decisão informada"[98]. O art. 2º da Lei da Mediação (Lei nº 13.140/2015) acrescenta ainda os princípios da isonomia entre as partes; busca do consenso e boa-fé, enquanto o art. 1º do Anexo III da Resolução nº 125/2010 do Conselho Nacional de Justiça amplia o rol de princípios indicando o respeito à ordem pública e às leis vigentes; o empoderamento e a validação.

Do ponto de vista procedimental, a audiência de conciliação prevista na norma vigente antes do Código de Processo Civil brasileiro de 2015 tem a sua realização antecipada. Antes da entrada em vigor do atual Código, a audiência de conciliação estava situada ao final da fase postulatória, momento, portanto, em que já havia sido indicados todos os contornos da demanda por meio de troca de alegações escritas. Com o Código de 2015, o ato processual vocacionado à composição passa a ser realizado (ou não) após a propositura da demanda, mas antes da apresentação de contestação (o réu será citado para comparecer na audiência e não para apresentar contestação, nos termos do art. 250, IV, do CPC de 2015).

Importante referir que a realização da audiência de mediação e conciliação é a regra no regime do Código atual. Isso porque ela somente não irá ocorrer se todas as partes envolvidas no processo manifestarem o desejo

---

"audiência de conciliação ou de mediação" no novo CPC: seis (breves) questões para debate. **Revista de Processo**, v. 256, p. 349-370, jun. 2016).

97. Indicando a existência de um microssistema da mediação, ver: GAJARDONI, Fernando da Fonseca; PAGNANO, Paula Lovato. Notas comparativas sobre a institucionalização da conciliação/mediação nos processos civis brasileiro e italiano. **Revista de Processo**, v. 287, p. 509-530, jan. 2019; TARTUCE, Fernanda. O novo marco legal da mediação no direito brasileiro. **Revista de Processo**, v. 258, p. 495-516, ago. 2016.

98. Art. 166 do Código de Processo Civil.

de que ela não aconteça[99] (basta que uma, ainda que em litisconsórcio[100], deseje que o ato seja praticado) ou se o direito perseguido na demanda não admita autocomposição (art. 334, § 4°, I e II, do CPC de 2015). Não serão enfrentadas as muitas críticas existentes quanto à obrigatoriedade da realização da audiência mesmo diante do desinteresse de uma das partes, fundadas em que tal fato violaria o princípio da autonomia da vontade, princípio informador do microssistema[101]. Trata-se de opção legislativa clara, e o respectivo exame demandaria análise que redundaria em desvio do tema proposto no presente livro.

Por outro lado, a investigação acerca dos direitos que podem ser submetidos à mediação merece ser realizada. Isso se deve ao fato de que existe uma dissonância a respeito do tema entre a Lei de Mediação (Lei nº 13.140/2015) e o Código de Processo Civil brasileiro de 2015. O artigo 3º da Lei da Mediação indica dois critérios distintos para definir o objeto da mediação. Poderá haver mediação quando o conflito tanto disser respeito a direitos disponíveis quanto disser respeito a direitos indisponíveis que admitam transação (hipótese em que o consenso deve ser homologado em juízo, exigida a oitiva do Ministério Público). Por outro lado, o Código de 2015 opta por excluir do alcance da mediação os direitos que não admitam autocomposição (art. 334, § 4º, II). Parece estar mais adequada a opção terminológica do Código. Segundo esclarecem Leonardo Carneiro da Cunha e Trícia Navarro Xavier Cabral, os direitos possuem graus de indisponibilidade, na medida em que alguns direitos, ainda que indisponíveis, admitem autocomposição[102].

---

99. Art. 334, § 5º, do CPC de 2015: "O autor deverá indicar, na petição inicial, seu desinteresse na autocomposição, e o réu deverá fazê-lo, por petição, apresentada com 10 (dez) dias de antecedência, contados da data da audiência".

100. Art. 334, § 6º, do CPC de 2015.

101. Para uma análise crítica e comparada do problema, recomenda-se a leitura de: GAJARDONI, Fernando da Fonseca; PAGNANO, Paula Lovato. Notas comparativas sobre a institucionalização da conciliação/mediação nos processos civis brasileiro e italiano. **Revista de Processo**, v. 287, p. 509-530, jan. 2019.

102. Nas palavras dos autores, "É possível, a depender do grau de (in)disponibilidade, que se promova a autocomposição, dando solução à disputa envolvendo aquele direito que é indisponível. Suas repercussões financeiras podem ser negociadas, transacionadas, sendo, enfim, objeto de uma autocomposição". Segundo os mesmos autores, assim, por exemplo, ocorre com o direito de família, o direito de trabalho, o direito do consumidor, o direito da Fazenda Pública (CUNHA, Leonardo Carneiro da; CABRAL, Trícia Navarro Xavier. A abrangência objetiva e subjetiva da mediação. **Revista de Processo**, v. 287, p. 531-552, jan. 2019).

A inspiração que conduziu à antecipação da tentativa de composição do litígio (seja pela mediação, seja pela conciliação) partiu da premissa de que, antes da apresentação da contestação, as partes estariam mais suscetíveis a chegar a um acordo, pois o ato de defesa tenderia naturalmente a aumentar o conflito[103]. Daí que a opção de alteração do momento da realização da audiência de mediação ou da conciliação não tem (*a priori*) fundamento procedimental, mas busca uma maior eficiência na obtenção de acordos e, via de consequência, na pacificação social[104]. Essa, inclusive, é uma linha de tendência da legislação processual brasileira, na medida em que a audiência preliminar (chamada de "conciliação" na Reforma de 1994) foi substituída por uma audiência de conciliação (chamada de "preliminar" na Reforma de 2002).

---

103. Relevante a preocupação manifestada por Gustavo Osna no sentido de que o momento escolhido para a realização da audiência de mediação e conciliação geram uma assimetria de informação que coloca o demandado em posição de vantagem em eventual negociação. Nas palavras do mencionado autor, "No modelo previsto pelo Código de 2015, entretanto, há um desalinhamento entre a posição das partes. De um lado, o réu já possui ciência do arsenal de que dispõe o autor, podendo antecipar os benefícios inerentes à sujeição a algum tipo de acordo. De outro, é rigorosamente incerto para o autor o que o réu irá ou não argumentar em juízo. A partir disso, o demandado possui uma posição de barganha bastante superior, podendo utilizá-la de forma pouco cooperativa para obter o acordo mesmo quando desprovido de qualquer razão. Já para o autor, cujas cartas *já estão na mesa*, o cenário é outro e esse tipo de comportamento estratégico não é viabilizado. Além disso, e encerrando o ponto, cabe também indagar se há no nosso atual direito processual *estímulos* suficientes para que as partes cheguem à autocomposição após a propositura da medida. Nesse particular, se a autocomposição efetivamente fosse uma rota a ser perseguida, caberia indagar: não seria o caso de, proposto o acordo, penalizar a parte que não o aceitasse e ao final do processo recebesse resultado menos favorável? Não seria recomendável instituir mecanismos que efetivamente *desencorajassem* o litígio ou *premiassem* a autocomposição? https://www.revistadostribunais.com.br/maf/app/resultList/document?&src=rl&srguid=i0ad82d9b0000016e2c73ed2516f02ba2&docguid=I3610e3201d7e11e69c00010000000000&hitguid=I3610e3201d7e11e69c0001000000000&spos=94&epos=94&td=164&context=32&crumb-action=append&crumb-label=Documento&isDocFG=false&isFromMultiSumm=&startChunk=1&endChunk=1 - DTR.2016.19760-n30 (OSNA, Gustavo. A "audiência de conciliação ou de mediação" no novo CPC: seis (breves) questões para debate. **Revista de Processo**, v. 256, p. 349-370, jun. 2016).
104. Toma-se emprestado aqui um dos escopos sociais do processo proposto por Cândido Rangel Dinamarco (DINAMARCO, Cândido Rangel. **A instrumentalidade do processo** [1987]. 13. ed. São Paulo: Malheiros, 2008, p. 188-191).

Além do momento em que ocorre a audiência, o Código de 2015 inovou[105] ao conceder a tarefa[106] de promover a conciliação ou a mediação a auxiliares da justiça: os mediadores e os conciliadores[107]. Como efeito prático dessa opção e a fim de implementá-la, nasceu a necessidade de preparar[108],

---

105. Em verdade, essa possiblidade já existia no âmbito dos Juizados Especiais Cíveis. O art. 7º da Lei nº 9.099/95 dispunha que "Os conciliadores e Juízes leigos são auxiliares da Justiça, recrutados, os primeiros, preferentemente, entre os bacharéis em Direito, e os segundos, entre advogados com mais de cinco anos de experiência". Dentre as funções exercidas pelo juiz leigo está a direção (sob a supervisão de juiz togado) da instrução (art. 37) e proferir decisão submetendo-a ao juiz togado ("que poderá homologá-la, proferir outra em substituição ou, antes de se manifestar, determinar a realização de atos probatórios indispensáveis" nos termos do art. 40 da mencionada Lei).

106. Luis Alberto Reichelt destaca nesta medida a promoção da divisão de trabalho "entre profissionais com *expertises* diferenciadas, que envolvem formações distintas, ainda que concorram em conjunto com seus atos com vistas à busca da paz social" (REICHELT, Luis Alberto. Considerações sobre a mediação e conciliação no projeto de novo código de processo civil. **Revista de Direito do Consumidor**, v. 97, p. 123-142, jan.-fev. 2015).

107. Acerca da importância da presença desses auxiliares no processo para o Poder Judiciário, ressaltam Alisson Farinelli e Eduardo Cambi, que "A inserção desses novos auxiliares pelo projeto de lei reforça a ideia de participação popular na administração da Justiça. A aproximação das partes, com vistas ao diálogo, à negociação e à busca pelo consenso, auxiliados por um terceiro preparado para esse fim, aumenta o grau de legitimação do Poder Judiciário. Isto porque o acordo é formulado pelas partes, com a ajuda qualificada de um conciliador ou mediador, bem como com a chancela do juiz. Assim, uma justiça que prima pelo consenso mútuo produz resultados mais satisfatórios, considerando que a solução de conflitos, com esteio em técnicas não adversariais, aponta para uma efetividade que, dificilmente, pode ser alcançada pela via tradicional da imposição do Direito nos casos concretos. Nestas situações, o processo, ao invés de pacificar os conflitos, acaba por fomentá-los" (FARINELLI, Alisson; CAMBI, Eduardo. Conciliação e mediação no novo código de processo civil (PLS 166/2010). **Revista de Processo**, v. 194, p. 277-306, abr. 2011). Quanto ao papel desempenhado por cada um dos auxiliares, o Código de Processo Civil brasileiro de 2015 elucida que "O conciliador, que atuará preferencialmente nos casos em que não houver vínculo anterior entre as partes, poderá sugerir soluções para o litígio, sendo vedada a utilização de qualquer tipo de constrangimento ou intimidação para que as partes conciliem" (art. 165, § 2º) e que "O mediador, que atuará preferencialmente nos casos em que houver vínculo anterior entre as partes, auxiliará aos interessados a compreender as questões e os interesses em conflito, de modo que eles possam, pelo restabelecimento da comunicação, identificar, por si próprios, soluções consensuais que gerem benefícios mútuos" (art. 165, § 3º).

108 A importância da qualificação dos mediadores é destacada pela doutrina e estruturada a partir de preceitos legais. Para a doutrina, exemplificativamente, é ressaltado que "Diretamente relacionada às boas práticas está a formação do mediador. Tanto a teórica

acompanhar e fiscalizar a atuação desses auxiliares do juízo. Outro problema, intuído pelo Código de 2015, é a necessidade de um número grande[109] e bem distribuído territorialmente[110] de profissionais habilitados para auxiliar o

---

quanto a prática devem ser continuadas e supervisionadas, pois a reflexão e a avaliação feitas pelo formador (mediador experiente) são fundamentais para o aprimoramento do trabalho" (AWAD, Dora Rocha; TELLES, Marília Campos Oliveira e. Mediação após o novo código de processo civil e a lei de mediação – avanço ou retrocesso? **Revista de Arbitragem e Mediação**, v. 57, p. 355-372, abr.-jun. 2018). Já o legislador traçou os meios em que esta qualificação será alcançada. Inicialmente, exigindo que os auxiliares sejam inscritos em cadastro nacional e em cadastro de tribunal de justiça ou de tribunal regional federal, que manterá registro de profissionais habilitados, com indicação de sua área profissional (art. 167 do CPC de 2015). No entanto, para que seja realizada a inscrição, é necessária a realização de curso cujo parâmetro curricular é definido pelo Conselho Nacional de Justiça em conjunto com o Ministério da Justiça (art. 167, § 1º), bem como que o mediador seja pessoa capaz, graduada há pelo menos dois anos em curso de ensino superior de instituição reconhecida pelo Ministério da Educação (art. 11 da Lei 13.140/2015). Uma vez inscrito o mediador pode ser excluído, por meio de processo administrativo, do cadastro quando agir com dolo ou culpa na condução da conciliação ou da mediação sob sua responsabilidade ou violar qualquer dos seus deveres previstos em lei ou quando atuar em procedimento de mediação ou conciliação, apesar de impedido ou suspeito (art. 173 do CPC de 2015).

109. Na falta de mediadores credenciados a atuar junto a um juízo, apresentam-se duas possibilidades: ou a audiência não é realizada, ou o próprio juiz assume condução da mediação. Sobre o tema é esclarecedora a manifestação de Bruna Bessa de Medeiros: "Ressalta-se que há divergência doutrinária sobre a ocorrência da audiência onde não houver centros judiciários de solução consensual de conflitos e, portanto, onde não houver conciliadores e mediadores. Por um lado, há quem defenda que a audiência será realizada pelo próprio juiz da causa, hipótese esta prevista pelo Enunciado 23, aprovado na I Jornada de Direito Processual Civil do Conselho de Justiça Federal. Por outro lado, há quem defenda que é inadmissível que o juiz faça a audiência de conciliação ou mediação, seja por falta de qualificação necessária, seja por ferir a confidencialidade, seja pela possibilidade de comprometer a imparcialidade do juiz. Conclui-se, portanto, que o atraso dos tribunais na criação desses centros pode dificultar – e muito – a celebração dos acordos, tendo em vista a possibilidade de não ocorrência da audiência, bem como que, caso seja designada, a exposição da parte em relação aos fatos e opiniões perante o juiz é muito menor do que seria diante dos conciliadores e mediadores" (MEDEIROS, Bruna Bessa de. Aspectos peculiares da audiência de conciliação e mediação obrigatória. **Revista de Processo**, v. 280, p. 485-503, jun. 2018).

110. Essa distribuição territorial pode ser mitigada pela realização de audiência de mediação e conciliação por meio eletrônico, tal como autoriza o § 7º do art. 334 do CPC de 2015 e o art. 46 da Lei nº 13.140, de 2015. Segundo relatam Leonardo Carneiro da Cunha e Trícia Navarro Xavier Cabral, "as mediações podem ser feitas pela *internet* ou por outro meio de comunicação que permita a transação à distância, desde que as partes estejam de acordo, inclusive as domiciliadas no exterior. Têm sido frequente a criação

juízo. Esta preocupação fica clara na expressão "onde houver" presente no parágrafo primeiro do artigo 334 do Código de 2015[111].

Frente às dificuldades operacionais e culturais[112] na implementação da audiência de mediação e conciliação, Klaus Koplin manifesta suspeita de que, "na prática, a audiência de conciliação ou de mediação possa acabar se transformando em mera formalidade", podendo receber "o mesmo destino da audiência preliminar do CPC de 1973: transformar-se em letra morta ou, quando muito, em algo de ocorrência bastante excepcional"[113]. Tal conclusão vem, infelizmente, se concretizando como dá conta o relatório *Justiça em números - 2019*, apresentado pelo Conselho Nacional de Justiça. Das considerações finais do mencionado relatório, extrai-se que "A conciliação, política permanente do CNJ desde 2006, apresenta lenta evolução. Em 2018 foram 11,5% de processos solucionados via conciliação. Apesar de o novo Código de Processo Civil (CPC) tornar obrigatória a realização de audiência prévia de conciliação e mediação, em três anos o índice de conciliação cresceu apenas 0,5 ponto percentual"[114].

---

e o uso de plataformas on-line para a solução consensual das controvérsias, que podem ser muito efetivas para a litigância de massa e para a solução consensual em causas repetitivas (pois a mediação tradicional já se revela inadequada ou insuficiente para esse tipo de litigância). O uso de plataformas on-line para a solução consensual de disputas é um modo fácil, rápido e geralmente barato de se resolver o conflito, mas que ainda carece de uma eficiente forma de fiscalização" (CUNHA, Leonardo Carneiro da; CABRAL, Trícia Navarro Xavier. A abrangência objetiva e subjetiva da mediação. **Revista de Processo**, v. 287, p. 531-552, jan. 2019).

111. Eis o texto: "§ 1º O conciliador ou mediador, onde houver, atuará necessariamente na audiência de conciliação ou de mediação, observando o disposto neste Código, bem como as disposições da lei de organização judiciária".

112. Interessante o relato de Bárbara Gomes Lupetti Baptista a respeito da compreensão dos juízes acerca da oralidade. Realizando pesquisa campo (por meio de entrevistas) com juízes no Rio de Janeiro, a autora afirma que "O conceito de oralidade, na visão dos juízes que entrevistei, possui uma vinculação direta com o tema da prova. A oralidade é vista, pelos Juízes, simplesmente como um meio de prova a ser produzido no processo, na fase de instrução, isto é, em audiência. Todavia, como um emio de prova que atrapalha o curso do processo, que dificulta a "distribuição da justiça" e que ao final, impede que realizem um bom trabalho. (BAPTISTA, Bárbara Gomes Lupetti. Os rituais judiciários e o princípio da oralidade: construção da verdade no processo civil brasileiro. Porto Alegre: Sergio Antonio Fabris, 2008, p. 101).

113. KOPLIN, Klaus Cohen. **Um panorama geral das audiências no novo código de processo civil brasileiro**. Disponível em: https://www.academia.edu/15496903/Um_panorama_geral_sobre_as_audi%C3%AAncias_no_novo_CPC_brasileiro. Acesso em: 1º mar. 2019.

114. BRASIL. **Justiça em números 2019:** ano-base 2018. Brasília: CNJ, 2019, p. 220.

Não sendo obtido acordo ou não sendo possível a realização de audiência de mediação e conciliação, o procedimento se desenvolve por meio de troca sucessiva de manifestações escritas. Contudo, ao final da fase postulatória, o Código de 2015 passou a prever a possibilidade de que seja realizada audiência com a finalidade de sanear oralmente o feito.

Se, por um lado, é certo que, desde a Reforma de 1994, era possibilitada a realização de atos de saneamento e organização de forma oral (em audiência), por outro lado, foi somente a partir do Código de Processo Civil de 2015 que esse modelo passou a ser sistematizado. Isso se deve ao fato de que, no regime anterior, a realização de audiência não tinha por propósitos o saneamento e a organização do processo, mas estes atos somente poderiam acontecer quando as causas tratassem de direito disponível (ou admitissem transação, na linguagem da Reforma de 2002). Ponto importante se revela na medida em que, mesmo diante de grande pressão no sentido de acentuar técnicas tendentes à celeridade da prestação da tutela jurisdicional, o Código de Processo Civil de 2015 manteve a possibilidade de realização de audiência[115] voltada para o saneamento e a organização do feito, passando a reestruturar o sistema[116]. Manteve a forma concentrada (quanto à realização dos atos), mas promoveu alterações quanto à natureza mista (possibilidade do saneamento tanto de forma oral quanto da forma escrita) do saneamento e da organização do processo. Dessa maneira, é a partir do Código de Processo Civil de 2015 que a possibilidade de saneamento compartilhado[117] (art. 357,

---

115. Dondi, Ansanelli e Comoglio comparam a mencionada audiência com a *pretrial conference* disciplinada pela *Rule* 16 das *Federal Rules of Civil Procedure* estadunidenses (DONDI, Angelo; ANSANELLI, Vicenzo; COMOGLIO, Paolo. **Processo civil comparado:** uma perspectiva evolutiva [*Processi civili in evoluzione: uma prospettiva comparata* – 2015]. Trad. Luiz Guilherme Marinoni, Sérgio Cruz Arenhart e Daniel Mitidiero (Coords.). São Paulo: Revista dos Tribunais, 2017, p. 181).

116. De acordo com Daniel Mitidiero, "em um processo de estrutura cooperativa, o ideal é que toda essa atividade seja realizada em audiência, propiciando-se um amplo contato e debate oral entre todos aqueles que participam do contraditório" (MITIDIERO, Daniel. **Colaboração no processo civil:** do modelo ao princípio [2009]. 4. ed. São Paulo: Revista dos Tribunais, 2019, p. 129-130).

117. Importante referir quanto a origem do saneamento compartilhado a obra de Paulo Hoffman. O aludido autor em obra publicada em 2011 (cujo título é "saneamento compartilhado"), já sustentava a existência de saneamento compartilhado antes da previsão expressa do Código de Processo Civil de 2015. Pregava que o saneamento compartilhado (entendido a partir da ideia de que "a decisão de saneamento do processo não seja mais proferida pelo juiz isoladamente, sem a participação das partes, mas, sim, sempre em conjunto com elas e de forma mais 'negociada' possível") estava previsto no § 2º do art. 331 do Código de Processo Civil de 1973, com redação da

§ 3º, do CPC de 2015) passa a se desvincular da disponibilidade do direito em questão. O critério para a realização da audiência (e, por conseguinte, da realização oral do ato de saneamento) passa a ser a complexidade em matéria de fato ou de direito[118]. Em estando presentes essas condições, o juiz convidará as partes a integrar ou a esclarecer suas alegações. Assim, o critério adotado pela nova legislação processual preserva de forma mais clara a autonomia do juízo para definir, de modo eficiente, em quais causas deva acontecer audiência de saneamento e organização[119].

Lei nº 8.952/94 ("Se, por qualquer motivo, não for obtida a conciliação, o juiz fixará os pontos controvertidos, decidirá as questões processuais pendentes e determinará as provas a serem produzidas, designando audiência de instrução e julgamento, se necessário") (HOFFMAN, Paulo. **Saneamento compartilhado**. São Paulo: Quartier Latin, 2011, p. 94-95). Contudo, pela leitura fria do texto legal anterior, a cadeia dos atos processuais induz a pensar que as partes são chamadas à audiência somente para tentativa de conciliação (pois, caso não versasse a causa sobre direitos que admitam transação, sequer haveria audiência - na redação da Lei nº 10.444/2002), sendo a mesma infrutífera, caberia ao juiz ("o juiz fixará") determinar unilateralmente os pontos controvertidos. Tivesse a legislação anterior o desejo de oportunizar o debate acerca da delimitação dos contornos da causa, a audiência preliminar (pós-reforma de 2002) deveria se fazer presente em todas as demandas independentemente do direito perseguido ser transacionável ou não.

118. Segundo Heitor Vitor Mendonça Sica, a mudança de critério para realização da audiência de saneamento compartilhado não significa uma maior abertura para o princípio da oralidade no processo civil brasileiro contemporâneo, antes pelo contrário, importa uma maior restrição (SICA, Heitor Vitor Mendonça. Evolução legislativa da fase de saneamento e organização do processo. **Revista de Processo**, v. 255, p. 435-460, maio 2016).

119. Mas não foi apenas em sede de saneamento e organização oral que o Código de Processo Civil de 2015 trouxe importante contribuição. Também no que diz respeito ao modelo de saneamento escrito houve importante avanço. Inicialmente, reprisa-se a ampliação das funções da decisão que passa a contemplar, de forma clara, não apenas o saneamento, mas, igualmente, a organização do processo. Assim, como já se disse, além da preocupação com a validade (ou não) dos atos praticados (função retrospectiva), a decisão se ocupa da organização dos atos futuros do processo (função prospectiva). Essa ampliação de tarefas do juiz ao sanear e organizar o feito, somada aos deveres de colaboração processual, encontrou eco na primeira parte do § 1º do art. 357 do CPC de 2015, ao assegurar às partes o direito de pedir esclarecimentos ou solicitar ajustes na decisão de saneamento. Diante disso, ainda que de maneira postergada (e não imediata como aconteceria em audiência), é assegurada a participação das partes na decisão escrita do juiz.

Além da técnica oral de saneamento compartilhado, o Código de Processo Civil vigente inovou ao permitir a realização de saneamento consensual (também chamado de saneamento negociado) entre as partes (art. 357, § 2º, CPC de 2015). Essa possibilidade faz parte de um contexto de privatização (ou desestatização) do processo civil promovida pelo art. 190 do CPC de 2015. Essa nova forma de saneamento escrito permite que as partes apresentem ao juiz, para homologação, as questões de fato e de direito delimitadas de forma consensual, desde que: não afetem as questões processuais pendentes, se houver; nem a realização de audiência de instrução e julgamento. A teor do que dispõe o Código de 2015 (art. 357, § 2º), uma vez homologadas as questões de fato e de direito, tanto as partes quanto o *juiz* ficariam vinculados a elas. Assinale-se que essa técnica processual possui influência sobre as questões de organização do processo (em uma feição prospectiva), não alcançando as providências necessárias ao saneamento do processo (em uma visão retrospectiva). Embora possa parecer óbvio, é necessário referir que, em que pese o saneamento consensual ter sido concebido a partir de uma lógica baseada na formulação escrita, nada impede que o consenso seja obtido durante a prática de ato processual oral.

Interessante perceber que, embora o saneamento seja realizado de regra por meio escrito (seja por meio de decisão de saneamento, seja por meio de saneamento consensual), a sua realização de forma oral está associada a causas de alta complexidade. Chama-se a atenção para este fato na medida em que, ao longo do tempo, a prática oral dos atos processuais foi relacionada pelo legislador a procedimentos vocacionados à resolução de conflitos de baixa complexidade (como, por exemplo, no antigo rito sumário e nos procedimentos dos juizados especiais). No saneamento compartilhado ocorre exatamente o inverso.

Ainda no que tange às audiências, permanece existindo, quando não ocorrer extinção do processo ou julgamento antecipado do mérito, a audiência de instrução e julgamento no procedimento comum do Código de Processo Civil brasileiro de 2015. Ao menos em tese, é neste ato em que serão materializados, de forma mais intensa, os efeitos da oralidade processual. Isso porque, realizada em ato único e contínuo (art. 365), nesta audiência serão produzidas as provas orais (art. 361), apresentados os debates orais (art. 364), e será prolatada a sentença (art. 366); sendo todos os atos reduzidos a termo (art. 367). Diante disso, o ato é produzido em linguagem falada, de forma concentrada, e permite a imediação do juiz, contemplando, portanto, os três grandes vetores da oralidade tradicional. No entanto, é importante perceber que o Código de 2015 deixa de reproduzir regra existente na legislação anterior[120] que indicava a necessidade de que o juiz que concluir a audiência julgue o processo, salvo exceções.

A prova oral produzida em audiência não está limitada aos depoimentos das partes e dos testemunhos. Também é possível ouvir os peritos e assistentes técnicos nomeados. Aliás é exatamente na produção da prova técnica que reside um grande avanço à luz da oralidade. Isso porque, na vigência do Código de 2015, é permitido ao juiz, em substituição à perícia, determinar a produção de prova técnica simplificada, quando o ponto controvertido for de menor complexidade, inquirindo-se em audiência um especialista sobre ponto que demande especial conhecimento científico ou técnico (art. 464, §§ 2º e 3º).

De outra sorte, nem sempre a oralidade se impõe. Embora os atos orais e concentrados sejam idealizados pelo legislador, na prática, diante da faculdade oportunizada pela própria lei, eles acabam por assumir feição escritural. Isso porque, não é de hoje que os debates orais podem ser substituídos pela apresentação de razões finais escritas[121] quando a causa apresentar questões complexas de fato ou de direito (art. 364, § 2º). Assim, a substituição dos debates orais por manifestação escrita já impede que a concentração dos atos se perfectibilize, na medida em que posterga a prolação da sentença para momento posterior à apresentação das razões finais das partes. Esta dinâmica procedimental também impacta a noção de imediação, pois afasta a tomada de decisão imediata do juiz diante da produção da prova para momento futuro, esvanecendo sua impressão pessoal diante dos fatos narrados. Além disso, ainda que os debates sejam realizados de forma oral em audiência, ainda sim o juiz poderá fazer os autos conclusos para proferir sentença de forma escrita em prazo que o legislador estima ser de no máximo 30 dias (art. 366). O grande volume de trabalho a que são submetidos os juízes dificulta de modo severo que eles analisem as causas antes da audiência, a fim de se prepararem para decidir de forma imediata e oral em audiência, revelando-se, na prática, como regra, o que deveria ser exceção, ou seja, de fazer os autos conclusos para sentença (oportunidade em que terão a colaboração da assessoria).

---

120. Trata-se do Art. 132 do Código de Processo Civil brasileiro de 1973 que, tanto na redação original, quanto na sua redação redefinida pela Lei nº 8.637/1993, impunha essa vinculação.

121. O art. 454, § 3º, do Código de Processo Civil brasileiro de 1973 já indicava a possibilidade de apresentação de *memoriais* escritos quando a causa apresentasse questões complexas de fato ou de direito em substituição ao debate oral.

O tema da recorribilidade das decisões interlocutórias não passou imune de alterações no Código de Processo Civil brasileiro de 2015. Segundo Sérgio Gilberto Porto e Daniel Ustárroz, "no modelo do CPC/2015, ao contrário do anterior, consagra-se o princípio de que as interlocutórias são irrecorríveis" na medida em que "a maior parte das decisões apenas poderá ser atacada, após a prolação da futura sentença, caso a parte prejudicada, em momento futuro, assim deseje"[122]. A ideia de que as decisões interlocutórias seriam irrecorríveis decorre do sistema recursal que apresenta três elementos. Em primeiro lugar, impõe a taxatividade de hipóteses de cabimento para o agravo de instrumento (art. 1.015 do Código de 2015). Em segundo lugar, extingue o recurso de agravo retido. Em terceiro lugar, afasta a preclusão acerca das matérias decididas no curso do processo em face das quais não é admissível o agravo de instrumento, podendo a insurgência ser veiculada em sede preliminar ou de contrarrazões de apelação (art. 1.009, § 1º).

No entanto, em que pese a taxatividade anunciada pelo Código de 2015, a aplicação prática do dispositivo exigiu que o Superior Tribunal de Justiça se pronunciasse a respeito do tema. Reconhecida a repetitividade[123], foi submetida à Corte Especial do mencionado tribunal[124] a seguinte questão: "Definir a natureza do rol do art. 1015 do CPC/2015 e verificar possibilidade de sua interpretação extensiva, para se admitir a interposição de agravo de instrumento contra decisão interlocutória que verse sobre hipóteses não expressamente versadas nos incisos do referido dispositivo do Novo CPC"[125]. No julgamento, firmou-se a tese de que "O rol do art. 1.015 do CPC é de taxatividade mitigada, por isso admite a interposição de agravo de instrumento

---

122. PORTO, Sérgio Gilberto; USTÁRROZ, Daniel. **Manual dos recursos cíveis**. 7. ed. Porto Alegre: Livraria do Advogado, 2019, p. 161. Em sentido semelhante: ARAÚJO, José Aurélio de. O código de processo civil de 2015 é um código josefino?: A oralidade e a preclusão no procedimento comum (parte II). **Revista de Processo**, v. 287, p. 145-175, jan. 2019.

123. O rito do julgamento dos recursos extraordinários e especiais repetitivos está previsto nos artigos 1.036 a 1041 do Código de Processo Civil de 2015. Para uma compreensão ampla sobre o tema, recomenda-se a leitura de: ASSIS, Araken de. **Manual dos recursos** [2007]. 9. ed. São Paulo: Revista dos Tribunais, 2017; WAMBIER, Teresa Arruda Alvim; DANTAS, Bruno. **Recurso especial, recurso extraordinário e a nova função dos tribunais superiores no direito brasileiro**. 3. ed. São Paulo: Revista dos Tribunais, 2016.

124. Foram afetados como recursos repetitivos representativos da controvérsia os recursos especiais nº 1.696.396/MT e nº 1.704.520/MT.

125. SUPERIOR TRIBUNAL DE JUSTIÇA. Tema de recurso repetitivo nº 988. DJe, 19/12/2018

quando verificada a urgência decorrente da inutilidade do julgamento da questão no recurso de apelação"[126]. Saliente-se que, no julgamento, foram modulados os efeitos da tese, a fim de que a mesma apenas seja aplicável às decisões interlocutórias proferidas após a publicação do acórdão, ocorrida no *Diário da Justiça* eletrônico em 19 de dezembro de 2018. Como se observa, mais uma vez a aplicabilidade da taxatividade irrestrita do agravo[127], tal como ocorreu com o Código de 1939, foi afastada pela realidade prática do direito.

Por fim, é importante referir a maneira com que legislador lida, em tema de prestação de tutela jurisdicional, com a tecnologia computacional presente na época. Se na década de 1990 (quando se iniciaram as reformas do Código de Processo Civil brasileiro de 1973) o mundo digital não encontrava ponto de contato com o mundo jurídico[128], no avançar do segundo milênio essa relação foi ficando cada vez mais estreita.

---

126. SUPERIOR TRIBUNAL DE JUSTIÇA. Tese de recurso repetitivo nº 988. DJe, 19/12/2018

127. No voto da Ministra Nancy Andrighi (Relatora do REsp. nº 1.696.396/MT), foram apontadas três correntes possíveis para a interpretação do artigo que trata das hipóteses de cabimento do agravo de instrumento no Código de 2015 (art. 1.015): o rol é absolutamente taxativo e deve ser interpretado restritivamente; o rol é taxativo, mas admite interpretações extensivas ou analógicas ou o rol é exemplificativo, admitindo-se o recurso fora das hipóteses de cabimento previstas no dispositivo. A relatora encaminhou o voto vencido no sentido de que: "A tese jurídica que se propõe, assim como aquela que sustenta que o rol do art. 1.015 do CPC, embora taxativo, admite interpretação extensiva ou analógica, demandam ainda o obrigatório enfrentamento de algumas questões que impactarão diretamente nas atividades jurisdicionais e dos jurisdicionados". Em sentido contrário (foram vencidos no julgamento os Ministros João Otávio de Noronha, Humberto Martins, Maria Thereza de Assis Moura, Og Fernandes e Mauro Campbell Marques), abrindo a divergência no julgamento, a Ministra Maria Thereza de Assis Moura entendeu que "A tese jurídica a ser fixada deve ser no sentido de que 'somente tem cabimento agravo de instrumento nas hipóteses previstas expressamente no art. 1.015 do CPC'" (BRASIL, Superior Tribunal de Justiça, REsp. nº 1696396/MT, Rel. Ministra Nancy Andrighi, Corte Especial, julgado em 05/12/2018, DJe, 19/12/2018).

128. Para que se tenha uma dimensão das dificuldades advindas do desenvolvimento tecnológico na área da informação e comunicação na década de 1990, é bastante ilustrativa o relato de Pierre Levy, produzido em 1993: "Em primeiro lugar, em um plano estritamente informático, não se sabe ainda como programar bancos de dados acima de uma certa ordem de grandeza. Os algoritmos que são eficazes abaixo de um certo limite para gerir uma grande quantidade de informações revelam-se impotentes para tratar as gigantescas massas de dados implicadas em projetos como Xanadu ou Memex. Se segundo lugar, a indexação, a digitalização e a formatação uniforme de informações hoje dispersas em uma infinidade de diferentes suportes pressupõem o

Ainda na vigência do Código de 1973 foi criada uma lei para dispor sobre a informatização do processo judicial (Lei nº 11.419, de 19 de dezembro de 2006). Na aludida Lei, além de disciplinar de forma abrangente[129] a informatização do processo[130], foram alterados diversos dispositivos do Código então vigente. Em geral, não houve uma alteração significativa quanto à estrutura dos atos, modificando-se apenas o meio pelo qual eles eram materializados (meio digital)[131]. Dentre as alterações promovidas, destaca-se a inclusão de parágrafo ao artigo 169 do Código de 1973. O artigo, que regulava a forma de escrituração dos atos processuais, passou a permitir, nos processos (parcialmente ou totalmente) eletrônicos, que "os atos processuais praticados na presença do juiz poderão ser produzidos e armazenados de

---

emprego de meios materiais avançados, a reunião de muitas competências e sobretudo muito tempo; o que equivale a dizer que ela seja extremamente cara. Enfim, e esta não é uma dificuldade menor, a constituição de hipertextos gigantes supõe um minucioso trabalho de organização, de seleção, de contextualização, de acompanhamento e de orientação do usuário, e isto em função de públicos bastante diversos. Ora, quem, em 1990, possui as competências necessárias no plano da concepção de hipertextos com vocação universal, já que, no domínio da multimídia interativa, tudo, ou quase tudo, ainda está para ser inventado? Hoje, portanto, não encontramos hipertextos universais, mas sim sistemas de porte modesto, voltados para domínios bem particulares, como a edição de obras de características enciclopédica em CD-ROM (*o compact disc digital*), o aprendizado e diversos programas de auxílio ao trabalho coletivo. Eis aqui dois exemplos do que é possível realizar hoje" (LÉVY, Pierre. **As tecnologias da inteligência:** o futuro do pensamento na era da informática [*Les technologies de l'intelligence* - 1993]. 2. ed. Trad. Carlos Irineu da Costa. São Paulo: Editora 34, 2010, p. 30). Se comparado o trecho com o estado atual da tecnologia da informação existente hoje, é possível compreender como as soluções técnicas processuais concebidas no período estão em descompasso com os meios de comunicação que hoje estão à disposição da tutela jurisdicional.

129. Aplicável, indistintamente, aos processos civil, penal e trabalhista, bem como aos juizados especiais, em qualquer grau de jurisdição (art. 1º, § 1º).

130. Definindo diversos termos (tais como meio eletrônico, transmissão eletrônica e assinatura eletrônica) e procedimentos (envio de petições, de recursos e a prática de atos processuais, credenciamento e comunicação eletrônica dos atos processuais).

131. Relatava Paulo Henrique dos Santos Lucon que "Nesse novo processo os advogados deverão proceder aos atos processuais tais como a distribuição de petição inicial, apresentação de defesa, interposição de recursos, etc., sem a intervenção do cartório ou da secretaria judicial (art. 10). Acompanha ainda outra grande mudança, a do armazenamento dos dados cartorários e de expediente da serventia judicial não mais em livros em cartório, mas também por meio eletrônico (art. 16)" (LUCON, Paulo Henrique dos Santos. Duração razoável e informatização do proceso nas recentes reformas. **Revista Eletrônica de Direito Processual**, a. 4, v. VI, p. 512-545, jul./dez., 2010, p. 539).

modo integralmente digital em arquivo eletrônico inviolável, na forma da lei, mediante registro em termo que será assinado digitalmente pelo juiz e pelo escrivão ou chefe de secretaria, bem como pelos advogados das partes". Tal regra foi reproduzida no art. 209, § 1º, do Código de 2015.

No que toca aos recursos tecnológicos[132], o Código de 2015 passou a admitir "a prática de atos processuais por meio de videoconferência[133] ou outro recurso tecnológico de transmissão de sons e imagens em tempo real" (art. 236, § 3º). Para tanto, foi determinado que "os juízos deverão manter equipamento para a transmissão e recepção de sons e imagens" (art. 453, § 2º). Esses recursos tecnológicos são especialmente relevantes[134] para a realização de audiências. Inicialmente, estabelece o art. 367, § 5º, que "A audiência poderá ser integralmente gravada em imagem e em áudio, em meio digital

---

132. Interessante para fins de comparação do estágio atual de implementação tecnológica do Poder Judiciário brasileiro apresentar o relato de Richard Susskind (SUSSKIND, Richard. **Tomorrow's lawyers**: an introduction to your future [2013]. 2ª ed. Oxford: Oxford University Press, 2017, p. 107-108). Avaliando a tecnologia à disposição dos tribunais no Reino Unido, o autor encontra três meios de emprego: *e-filing* (submissão de documentos à Corte por meio eletrônico e escrituração dos atos orais em meio escrito por software de reconhecimento de voz); *display systems* (displays eletrônicos que possibilitam todos os envolvidos em uma audiência acompanhar a escrituração de um ato ou lcalizar um documento) e *eletronic presentation of evidence* (possibilidade de os advogados em audiência apresentarem provas por meio de monitor ou mecanismo de projeção utilizando-se de ferramentas computacionais).

133. Sobre a implementação dos meios eletrônicos em geral, incluindos por maiores razões a videoconferência, como solução para problemas relacionados à prova testemunhal nos países da América Latina é importante a advertência de Darci Guimarães Ribeiro no sentido de que "Existen países en que no hay medios electrónicos y tecnología disponible para la práctica de la prueba testimonial, entre los cuales México y Chile que se las utiliza solamente para juicios penal, laboral y de família". No entanto, sinala o mesmo autor que diversos países têm adotado a vídeo conferência. Aponta que "En España y Argentina, pese a inexistencia de reglamento específico sobre el tema, los tribunales tienen utilizado esos recursos tecnológicos en los supuestos mencionados. En Uruguay, la Corte Suprema de Justicia dictó Acordada nº 7784 de 10.12.2013, a través de la cual habilitó la utilización de videoconferencias para fines procesales. En Colombia, el CGP autoriza el juez a utilizarlas, art. 171 y 224, al igual que en Brasil, art. 453.1 del CPC" (RIBEIRO, Darci Guimarães. La prueba testifical en iberoamérica. **Revista de Processo**, v. 297, p. 81 – 113, Nov / 2019).

134. Também são utilizados e muito significativos para a atuação e defesa dos interesses junto aos tribunais. Assim, por exemplo, o art. 937, § 4º, do CPC de 2015 estabelece que: "É permitido ao advogado com domicílio profissional em cidade diversa daquela onde está sediado o tribunal realizar sustentação oral por meio de videoconferência ou outro recurso tecnológico de transmissão de sons e imagens em tempo real, desde que o requeira até o dia anterior ao da sessão".

ou analógico, desde que assegure o rápido acesso das partes e dos órgãos julgadores, observada a legislação específica" podendo, também, a teor do que dispõe o § 6º do mesmo artigo a gravação "ser realizada diretamente por qualquer das partes, independentemente de autorização judicial". Na hipótese de uma das partes (art. 385, § 3º) ou de uma testemunha (art. 453, § 1º) residir em comarca diversa de onde tramita o processo, a audiência ocorrerá presencialmente perante o juiz da causa, mas o depoimento ou testemunho poderá ser tomado, em tempo real, por meio de videoconferência ou outro recurso tecnológico de transmissão de sons e imagens. Com isso, elimina-se a necessidade de realização de cartas precatórias para a prática desses atos, valorizando-se o contato do juiz do processo (e não o juiz deprecado) com a prova e, consequentemente, potencializando a imediação em uma perspectiva de processo oral.

4.2.3. Processo oral e eficiência: a prática dos atos orais, a concentração e a imediação no contexto da eficiência processual

Apresentados os contornos técnicos do Código de Processo Civil brasileiro de 2015, passa-se a analisar se ele atingiu ou não o seu escopo. Como é possível observar, diversos ordenamentos jurídicos processuais civis, não por mera coincidência, sofrem movimentos praticamente sincronizados de reforma. No âmbito temporal deste livro, o primeiro grande movimento de reforma legislativa processual se deu no final da década de 1930 e início da década de 1940 e representava, de um lado, a densificação de valores construídos na formação do Estado liberal e, de outro lado, a superação do modelo judicial do direito comum (de feição medieval). O segundo grande movimento[135] pode ser sentido ao longo da década de 1990 até o início dos anos 2002. Esse movimento, antes de promover uma ruptura com o modelo de processo dominante, procurou conciliá-lo a um contexto de valorização das normas de matriz constitucional, bem como, topicamente, propor soluções para a massificação das relações sociais e do aumento de complexidade dos litígios[136]. Chama a atenção que todas as reformas mencionadas tiveram por pontos em comum o combate à morosidade e a adoção de técnicas para lidar

135. Saliente-se que a década de 1970, período do Código de Processo Civil anterior ao vigente, não é mencionada neste ponto em razão de que a mesma não foi promotora de mudança cultural. Como já foi exposto no presente livro, o aludido Código representou um aprimoramento do Código que lhe antecedeu (o Código de 1939), mas reproduziu a mentalidade e a sua lógica.

136. Nas palavras de Araken de Assis, "Essas reformas legislativas, acompanhando a tendência universal, buscam a celeridade num ambiente dominado pela multiplicidade

com o aumento do número de processos[137]. Dito de outra forma, as reformas (assim como a própria proposta de processo oral de Giuseppe Chiovenda) buscavam uma maior eficiência na prestação da tutela jurisdicional.

Acerca do tema da eficiência[138] a ser alcançada por meio do processo oral, é necessário tecer algumas considerações. Em primeiro lugar, é necessário realizar uma distinção entre eficiência voltada à obtenção de uma decisão de forma econômica (eficiência-economia[139]) e eficiência voltada a uma decisão justa (eficiência-qualidade). Isso porque cogitar da eficiência de um determinado modelo processual exclusivamente segundo a sua aptidão de fornecer uma resposta a uma pretensão veiculada perante o Estado com um menor dispêndio de recursos (econômicos em sentido estrito, bem como por meio da redução da prática de atos processuais) é completamente distinta de buscar a eficiência na prestação da tutela jurisdicional justa e tempestiva. A tutela jurisdicional justa e tempestiva deve ser assegurada aos litigantes independentemente dos recursos econômicos a que o Estado deverá lançar mão para garanti-la[140]. Contudo, havendo meios de que o Estado ofereça uma tutela justa e tempestiva com um mínimo de dispêndio de recursos econômicos, esses devem ser implementados à bem da sociedade em geral (na medida em que os recursos financeiros que passam a estar disponíveis podem receber outra destinação, seja no âmbito do próprio Poder Judiciário,

---

e complexidade dos litígios" (ASSIS, Araken de. **Processo civil brasileiro** [2015]. 2. ed., v. 1. São Paulo: Revista dos Tribunais, 2016, p. 85).

137. Boaventura de Sousa Santos apresenta as soluções propostas por diferentes países para lidar com a sobrecarga dos tribunais (causada pela juridificação econômica, política e do bem-estar social): "informalização da justiça; reapetrechamento dos tribunais com recursos humanos e infraestruturas; automatização; novas tecnologias de comunicação e informação; criação de tribunais especiais para a pequena litigação de massa, reformas processuais, entre outras" (SANTOS, Boaventura de Sousa. **Para uma revolução democrática da justiça.** Coimbra: Almedina, 2015, p. 42).

138. O art. 8º do Código de Processo Civil brasileiro de 2015 impõe como dever do juiz ao aplicar o ordenamento jurídico *observar*, dentre outros valores, a eficiência.

139. Tratando do termo "eficiência", Eduardo Luiz Cavalcanti Campos aponta que, dentre seus possíveis significados, estão "as ideias de otimização de resultados, eliminação dos desperdícios, realização das finalidades, mais e melhores resultados com menos custos e em menor tempo" (CAMPOS, Eduardo Luiz Cavalcanti. **O princípio da eficiência no processo civil brasileiro.** Rio de Janeiro: Forense, 2018, p. 19).

140. Neste sentido a lição de Loïc Cadiet: "O processo civil não tem que eleger entre a eficiência e as garantias: deve ser ao mesmo tempo eficaz e proporcionar as necessárias garantias de boa justiça" (CADIET, Loïc. **Perspectivas sobre o sistema da justiça civil francesa:** seis lições brasileiras. Trad. Daniel Mitidiero e outros. São Paulo: Revista dos Tribunais, 2017, p. 19).

seja em favor da sociedade em geral). De tal sorte, a eficiência-economia deve ser um objetivo somente quando garante a atuação voltada para uma eficiência-qualidade.

Feita essa distinção e estabelecida a relação entre os dois conceitos, é possível associar o processo oral à ideia de eficiência. Como já se disse, praticamente todas as reformas processuais que trataram dos temas da oralidade e da escritura, ao longo do período estudado, tiveram por objetivo atingir um maior nível de eficiência (em geral eficiência-qualidade). Ocorre que os resultados obtidos não se mostraram satisfatórios, seja no plano da eficiência-economia[141], seja no plano da eficiência-qualidade. Em geral, as reformas modernas[142] que privilegiaram a prática de atos por meio da comunicação oral (valorizando imediação, concentração e, ao menos supostamente, assim, a qualidade da prestação da tutela jurisdicional) esbarraram em limitações estruturais do Poder Judiciário em face do aumento da complexidade das relações sociais aliado, por exemplo, à ampliação do acesso à justiça e à massificação das relações sociais. No Brasil, esse acúmulo de processos provocou, como consequência, quatro fenômenos que impossibilitam a obtenção de uma prestação de tutela jurisdicional justa e tempestiva eficiente à luz de um processo de feição oral: (1) a audiência de instrução é agendada para período muito posterior à fase final de preparação escrita (postulatória) da causa; (2) em geral, os magistrados se veem obrigados a marcar diversas audiências para o mesmo turno, não conseguindo, assim, se inteirar da questão controvertida[143]; (3) em face da situação anterior, os debates orais, na maioria

141. Ocupando-se da análise da (in)eficiência econômica relacionada à produção da prova, Michele Taruffo afirma que "From the point of view of the 'economic' efficiency the oral presentation of evidence raises some doubts as well. Examining a witness usually requires a rather relevant amount of time, especially when she has to be examined and cross-examined. Moreover, the preparation of the examination requires time to the parties' lawyers, either in order to submit to the judge the facts on which the judge should examine the witness, or in order to prepare the direct and cross-examination. All this means, in both cases, that time has to be available, and money should also be available in order to pay the fees of the lawyers involved" (TARUFFO, Michele. Orality and writing as factors of efficiency in civil litigation. **Coloquio "Oralidad y escritura en un proceso civil eficiente"**, organizado por la Asociación Internacional de Derecho Procesal en Gandía Valencia, del 6 al 8 noviembre de 2008. Disponível em: https://www.uv.es/coloquio/coloquio/ponencias/8oratar.pdf).

142. Em cada movimento de reforma, o relato se repete: existe um excessivo número de processos (*overload*) para a estrutura do Poder Judiciário.

143. Essa insatisfação com a prática oral em audiência dos atos processuais no Brasil é algo que perdura até hoje. Relata Araken de Assis que, "Nos casos em que não haja precipitação do julgamento, nos termos flexíveis do art. 355, II, do NCPC no direito

das vezes, são substituídos por apresentação de razões finais escritas; e (4), mesmo quando produzidos debates orais em audiência, são raras as vezes em que o juiz profere decisão em audiência, proferindo-a, em geral, muito tempo depois de colhida a sua impressão.

Esses problemas em grande medida estão associados com um maior custo operacional suportado pelos envolvidos com o processo oral[144]. A prática pessoalizada e sincronizada dos atos processuais envolvendo ambos os polos da demanda e o juiz possui logística muito mais complexa do que a atuação pautada pela escritura em ato desconcentrado. Aí reside uma das grandes causas da resistência para com um modelo de processo oral tradicional.

Diante dos problemas apresentados, faz-se necessário retomar os conceitos, as funções e as utilidades dos elementos associados à ideia de oralidade processual. Inicialmente parece adequado distinguir quais são os meios e quais são as finalidades a serem alcançadas com o processo oral. Ao longo

---

anterior os sujeitos do processo acordavam, tacitamente, em evitar a dispendiosa e, a mais das vezes, inútil audiência preliminar, presumível desfecho do art. 357, § 3.º, do NCPC e, havendo convergência de vontade das partes, da audiência de conciliação e de mediação (art. 334 do NCPC). E também concordam em evitar, exceto em casos indispensáveis, a própria audiência de instrução – não é raro as partes requererem o julgamento sem a audiência, a despeito dos fatos controversos, passíveis de prova oral". Conclui de forma enfática que "É tão intensa a ojeriza a esse contato que, forrando-se da possibilidade de as partes requerem esclarecimentos do perito e dos assistentes em audiência, o juiz não só lhes possibilita responder por escrito – prática chancelada, oportunamente, no art. 477, § 2.º do NCPC –, mas a própria perícia pode ser dispensada nos casos de as partes subsidiarem as respectivas alegações de fato com pareceres obtidos privadamente (art. 472 do NCPC)" (ASSIS, Araken de. **Processo civil brasileiro** [2015]. 2. ed., v. 1. São Paulo: Revista dos Tribunais, 2016, p. 345).

144. Fernando Gascón Inchausti identifica que a prática dos atos em homenagem à oralidade tendem a ser mais custosos para as partes, pois "la celebración de vistas orales suele exigir, además de la intervención del abogado, la presencia personal de las partes o, si no está prevista una actuación personalísima de éstas, su representación por un procurador o quien haga sus funciones de representante técnico; también será precisa la asistencia en un momento concreto de todos los demás sujetos de la prueba. Con ello se incrementa el coste personal que el litigio tiene para las partes, especialmente si éste se desarrolla en un lugar que no es el de su domicilio, ni le es cercano. Y, por supuesto, también pueden aumentar los costes económicos que ha de soportar el litigante, vinculados a la necesidad de sufragar desplazamientos personales, indemnizaciones a sujetos de la prueba y honorarios de profesionales jurídicos" (INCHAUSTI, Fernando Gascón. Oralidad o escritura como factores de eficiencia del proceso civil en España. **Coloquio "Oralidad y escritura en un proceso civil eficiente"**, organizado por la Asociación Internacional de Derecho Procesal en Gandía Valencia, del 6 al 8 noviembre de 2008, p. 10).

do trabalho, demonstrou-se que todas as reformas e transições paradigmáticas processuais foram concebidas em nome (ainda que empregando nomes distintos) de uma prestação de tutela jurisdicional justa (pautada pela busca da verdade) e tempestiva. Essa, portanto, é a sua finalidade última[145]. O meio inicialmente proposto para atingir esse desiderato foi a oralidade, que se fazia concreta (sensível) diante dos princípios da imediação, da concentração e da prática dos atos orais. Ocorre que, para realizar a finalidade do processo (oral ou não), diante dos desafios impostos pela sociedade contemporânea, é necessário submeter a teste a utilidade dos elementos integrantes do processo oral, bem como reconfigurar suas interações.

A ideia de concentração dos atos processuais mostra-se em consonância com a realidade contemporânea. Isso porque, ao serem praticados diversos atos processuais em um único momento, fomenta-se, simultaneamente, a economia processual, a redução do tempo do processo e uma análise mais abrangente da causa (o juiz deixa de operar o processamento no modo ato a ato e passa a se preocupar com a dinâmica processual como um todo, na medida em que tem que aferir quais atos podem ou não ser concentrados).

A prática oral dos atos processuais deve ser entendida em duas dimensões distintas. Em uma primeira dimensão é necessário reconhecer que existem atos que obrigatoriamente, dado à sua natureza, devem ser tomados de forma oral. Cita-se como exemplo a produção da prova testemunhal. No entanto, mesmo nesta dimensão, algumas ressalvas devem ser feitas. É bastante comum, nas relações jurídicas contemporâneas, que os fatos debatidos em juízo tenham a sua existência previamente materializada em prova escrita[146]. Daí que, em determinados conflitos (ousa-se dizer: na maioria

---

145. Araken de Assis expressa visão cética, com a qual concordamos, a respeito da oralidade (moderna) como meio de promoção da duração do processo em tempo razoável nos seguintes termos: "Os escassos frutos até agora colhidos com os sistemas presididos com a oralidade, apesar dos louvores, não depõem a seu favor ou recomendam sua defesa como o meio de reduzir o custo ou a duração do processo. Um processo obrigatoriamente presidido pela oralidade implicaria aumento considerável na duração do processo" (ASSIS, Araken de. **Processo civil brasileiro** [2015]. 2. ed., v. 1. São Paulo: Revista dos Tribunais, 2016, p. 346).

146. A contratualização das relações jurídicas é um dos efeitos da busca pela segurança jurídica do Estado de direito liberal e ganhou escala quando da massificação das relações sociais houve, em certa medida, a padronização das relações jurídicas por meio do contrato de adesão. Por outro lado, existem conflitos que derivam de circunstâncias alheias à vontade dos envolvidos (tais como os acidentes) ou concretizam-se em um ambiente de baixa formalidade (como ocorre nas causas de família).

deles), sequer a produção da prova oral é necessária[147]. Além disso, mesmo quando a prova é produzida de forma oral, ela pode, em detrimento da sua escrituração e da ausência de imediação com o juiz da causa, *transformar-se* em prova escrita[148]. Segundo Michele Taruffo, esse fenômeno pode decorrer da necessidade de modificação do juiz[149] que colheu a prova apresentando-se outro para proferir a decisão ou a apreciação da prova oral escriturada em sede de recurso[150]. Assinale-se que a possibilidade de gravação da produção da prova oral e a veiculação do próprio relato em áudio e vídeo no processo[151] (que tramita, em geral, ao menos no Brasil, por meio eletrônico[152])

---

147. Como já se demonstrou no presente trabalho, inclusive em perspectiva histórica, neste ponto se situa a possibilidade do julgamento imediato da demanda.

148. Isso ocorre sem maiores problemas no direito norte-americano quando da *discovery* na medida em que os "elementos orales (en particular el examen oral de testigos, e incluso de las partes) existen, pero tienem lugar frente a las mismas partes y as sus defensores, no frente al juez ni, mucho menos, frente al jurado" (CAPPELLETTI, Mauro [1927-2004]. Proceso oral y escrito [*Procédure écrite et procédure orale* – 1970]. *In:* CAPPELLETTI, Mauro. **La oralidade y las pruebas en el proceso civil**. Trad. Santiago Sentís Melendo. Buenos Aires: EJEA, 1972, p. 13).

149. Referindo a realidade brasileira, Araken de Assis afirma que a "pessoa que ocupa o órgão judiciário muda com frequência e apenas acidentalmente quem presidiu a coleta da prova julgará a causa. Assim, o contato pessoal do(a) magistrado(a) com partes e advogados perde muito da sua utilidade. As impressões porventura colhidas são intransferíveis para o(a) sucessor(a) no órgão" (ASSIS, Araken de. **Processo civil brasileiro** [2015]. 2. ed., v. 1. São Paulo: Revista dos Tribunais, 2016, p. 345).

150. TARUFFO, Michele. Orality and writing as factors of efficiency in civil litigation. **Coloquio "Oralidad y escritura en un proceso civil eficiente"**, organizado por la Asociación Internacional de Derecho Procesal en Gandía Valencia, del 6 al 8 noviembre de 2008. Disponível em: https://www.uv.es/coloquio/coloquio/ponencias/8oratar.pdf.

151. O Código de Processo Civil brasileiro de 2015, de maneira bastante ampla, permite que a prática de atos processuais seja realizada por meio de videoconferência ou outro recurso tecnológico de transmissão de sons e imagens em tempo real (art. 236, § 3º). Dentre as suas aplicações, permite que o depoimento pessoal da parte, a oitiva da testemunha (ou a acareação entre testemunhas) ou a sustentação oral de advogado em sessão de julgamento sejam realizados por meio de videoconferência ou outro recurso tecnológico de transmissão de sons e imagens em tempo real (arts. 385, § 3º; 453, § 1º; 461,§ 2º; 937, § 4º). Nos casos que envolvam a produção da prova oral, em tempo real ou não, o ato será vinculado ao processo, ficando à disposição das partes e do juízo, seja ele quem participou de forma imediata da produção da prova ou não.

152. Segundo dados do Relatório do Conselho Nacional de Justiça de 2019, em 2018 83,8% dos processos tramitam por meio eletrônico (BRASIL. **Justiça em números 2019:** ano-base 2018. Brasília: CNJ, 2019, p. 220).

mitigariam o efeito da transformação da prova oral em escrita[153]. Se não

153. Prevendo o avanço tecnológico do meio audiovisual e a superação da escritura, Pierre Lévy afirmava já em 1993 que "Em breve estarão reunidas todas as condições técnicas para que o audiovisual atinja o grau de plasticidade que fez da escrita a principal tecnologia intelectual" (LÉVY, Pierre. **As tecnologias da inteligência**: o futuro do pensamento na era da informática [*Les technologies de l'intelligence* – 1993]. 2. ed. Trad. Carlos Irineu da Costa. São Paulo: Editora 34, 2010, p. 104). De outro lado, destaca-se, também, a posição de Wilson Ricardo Buquetti Pirotta, ao afirmar que "o registro por meio de áudio e de vídeo, segundo essa tese, reduziria a intervenção de um 'tradutor' entre os meios de comunicação" representando "outro paradigma de construção da argumentação jurídica e, de certa forma, desloca parte do processo interpretativo para outro momento processual" (PIROTTA, Wilson Ricardo Buquetti. **Hermenêutica da prova e argumentação jurídica na era do processo eletrônico do trabalho**. São Paulo: LTR, 2015, p. 32). A experiência espanhola, de acordo com Fernando Gascón Inchausti, tem deslocado a gravação dos atos processuais de uma posição secundária para uma posição-chave no funcionamento do sistema diante de cinco fatores: "a) Los abogados se ven constreñidos a preparar mucho mejor sus intervenciones, igual que los jueces se ven también forzados a realizar un estudio previo del asunto antes de la audiencia; y esto, por supuesto, conduce a una mejora de la justicia. b) La oralidad es real: ya no es posible sustituir los actos orales por la presentación de escritos, como sucedía con anterioridad. c) Se ha producido un claro refuerzo de las pruebas, en especial de las pruebas distintas de la documental: de un lado, porque la inmediación judicial da más valor a interrogatorios de partes y testigos, así como a las explicaciones que los peritos hacen de sus informes; además, los jueces disponen de la grabación del juicio, y siempre pueden volver a ver su desarrollo en su despacho, antes de tomar su decisión y dictar sentencia (y suelen hacerlo con bastante frecuencia); finalmente, porque la grabación permite un mayor control en segunda instancia de la valoración que se haga de esas pruebas. d) Tiene lugar un refuerzo de la apelación como instrumento que permite también controlar la valoración de las pruebas. La segunda instancia española permite apelar la sentencia – entre otros motivos – sobre la base de que el tribunal de primera instancia no ha valorado correctamente las pruebas; pero si el desarrollo del juicio sólo ha quedado registrado en un acta, es muy difícil que el tribunal de segunda instancia pueda hacer un genuino control de la valoración de las pruebas personales, cosa que es más factible con la grabación de las vistas orales, ya que los tribunales de apelación pueden verlas y decidir sobre hechos y pruebas con mayor seguridad. e) También se produce un refuerzo de la publicidad, como garantía del proceso: el juez ya no se encuentra solo ante las partes y ante los eventuales asistentes al acto del juicio, sino que se encuentra también frente a todos aquellos que podrán ver en un futuro la grabación. La jurisprudencia nos ofrece un buen ejemplo de esto: en un proceso en materia de divorcio, en apelación, el tribunal de segunda instancia, tras ver la grabación del juicio, apreció que la actitud del juez de primera instancia durante la vista no había sido correcta respecto de las partes y de sus abogados, y acordó remitir la grabación a la autoridad competente para investigar y sancionar una supuesta infracción disciplinaria" (INCHAUSTI, Fernando Gascón. Oralidad o escritura como factores de eficiencia del proceso civil en España. **Coloquio "Oralidad y escritura en un proceso civil eficiente"**,

há identidade entre o juiz que realizou a instrução e o juiz que profere o julgamento, a prova produzida e disponível em vídeo atenua (não elimina, pois, em tese, o vídeo que não traduz em sua completude uma experiência vivencial de audiência) o distanciamento do julgador do fato narrado. Entre o fato vivido e a sua tradução em texto escrito, situa-se a sua consolidação em vídeo à disposição do juízo[154].

Em uma segunda dimensão, existem atos cuja produção oral não corresponde a uma necessidade, mas a uma oportunidade de tornar a tramitação processual mais eficiente. Isso porque a informalidade e a instantaneidade (em especial do contraditório) dos atos praticados de forma oral permitem que, em um mesmo evento, não seja praticado apenas um, mas uma grande variedade de atos processuais. Basta perceber que, se uma questão é suscitada durante uma audiência (ato de suscitar), na mesma audiência pode ser estabelecido o contraditório (ato de defesa) e tomada uma decisão a respeito do tema (ato de decidir), ficando as partes intimadas da mesma (ato de comunicar). Sem oralidade, essa cadeia de atos seria estendida em um largo tempo. Saliente-se, portanto, que a prática oral de atos processuais, como aqui compreendida, não está a serviço (diretamente) da persecução da verdade dos fatos produzidos, mas como um meio de obter concentração em um maior número de atos necessários ao processo.

Se as ideias de concentração e de oralidade na prática dos atos se mostram relevantes, a ideia de imediação como meio de promoção de prestação da tutela jurisdicional justa e tempestiva (ou, simplesmente, eficiente) mostra-se, hoje, completamente inadequada. Essa inadequação decorre, ao menos, de duas premissas equivocadas. A primeira premissa é a de que o juiz, ao colher sua impressão imediata dos fatos da causa, tem melhores con-

---

organizado por la Asociación Internacional de Derecho Procesal en Gandía Valencia, del 6 al 8 noviembre de 2008, p. 15).

154. Do ponto de vista tipológico, o arquivo digital que contém o ato processual oral gravado é um documento eletrônico. Luís Filipe Pires de Sousa propõe a classificação dos documentos eletrônicos em: "(i) reproduções eletrônicas que representam diretamente um facto com recurso a um meio figurativo, *v.g.*, gravações de som e imagem em *bits*, e (ii) documentos eletrônicos escritos em que a representação do facto ocorre mediante emprego de linguagem alfanumérica" (SOUSA, Luís Filipe Pires de. **O valor probatório do documento eletrônico no processo civil**. Coimbra: Almedina, 2016, p. 55). Entretanto, mesmo diante da escrituração do ato oral, isso não significa que o mesmo passou a ser um ato pautado pela escritura. Alías, a escrituração da audiência sempre foi realizada por meio da sua materialização em ata escrita, cuja finalidade sempre esteve associada à ideia de documentação.

dições para avaliar a veracidade dos fatos narrados[155]. A segunda premissa, decorrente da primeira, reside no desejo de que um mesmo juiz acompanhe a causa durante a sua tramitação.

Quanto à primeira premissa, como ponto de partida, é preciso dizer que os magistrados em geral não possuem aptidão[156] e/ou treinamento minimamente suficiente para aferir a verdade (se é que isso é possível[157]) a partir do

155. Michele Taruffo apresenta preciosa síntese a respeito da visão tradicional da imediação nos seguintes termos: "The traditional view is that if the judge can only read the written record of an examination performed by another person, she cannot appreciate the reliability of what the witness said, nor can she establish whether the witness is or is not credible. On the contrary, it is said, the immediate personal contact of the trier of fact with the witness, that may occur only in the context of an oral examination, allows the trier of fact to appreciate the answers given by the witness, to develop a complete and thorough examination, and to evaluate the credibility of the witness: therefore, the trier of fact will be in the ideal position to determine the proper probative value of the testimony" (TARUFFO, Michele. Orality and writing as factors of efficiency in civil litigation. **Coloquio "Oralidad y escritura en un proceso civil eficiente"**, organizado por la Asociación Internacional de Derecho Procesal en Gandía Valencia, del 6 al 8 noviembre de 2008. Disponível em: https://www.uv.es/coloquio/coloquio/ponencias/8oratar.pdf).

156. Essa aptidão afigura-se como premissa para a atribuição de valor da imediação do juiz com a prova oral. Nas palavras de Vitor de Paula Ramos, "Todas essas ideias baseiam-se, portanto, na crença de que o juiz poderia, durante o depoimento, e com base em sua experiência, analisar circunstâncias subjetivas (modo de falar, grau de confiança, postura durante o depoimento etc.), e que essas seriam de grande valia para saber se o sujeito está ou não mentindo" (RAMOS, Vitor de Paula. **Prova testemunhal:** do subjetivismo ao objetivismo – do isolamento científico ao diálogo com a psicologia e a epistemologia. São Paulo: Thomson Reuters Brasil, 2018, p. 50).

157. O tema da verdade e da sua construção no processo, não de hoje, tem preocupado aqueles que se dedicam, em especial, ao estudo da prova. A formulação que melhor representa o pensamento atual sobre o problema pode ser obtida com Luiz Guilherme Marinoni e Sérgio Cruz Arenhart. Para os autores, existe uma clara distinção "entre busca da verdade e convicção de verdade", na medida em que a essência da verdade filosófica é inatingível "não apenas pelo processo, mas por qualquer mecanismo que se preste a verificar um fato passado". No entanto, apontam que "a impossibilidade de o juiz descobrir a essência da verdade dos fatos não lhe dá o direito de julgar o mérito sem a convicção da verdade", tomada "a partir da consciência da impossibilidade da descoberta da sua essência, uma vez que é essa que demonstra a falibilidade do processo para tanto", tampouco "pode impedir a eliminação dos conflitos". A síntese apresentada é irretocável: "o juiz, para pôr fim ao conflito, deve estar convicto, dentro das suas limitações, a respeito da verdade, uma vez que a sua essência é impenetrável" (MARINONI, Luiz Guilherme; ARENHART, Sérgio Cruz. **Prova e convicção** [2009]. 3. ed. São Paulo: Revista dos Tribunais, 2015, p. 97-99).

comportamento de uma testemunha ou de uma narrativa oral[158]. Ainda que houvesse um grande esforço por parte do juiz (ou de uma política pública judiciária no sentido de promover este ferramental), a impressão do juiz sobre os fatos exposta na decisão traria sérios problemas acerca do seu controle argumentativo. Em um processo minimamente racional[159] e pautado pela

158. Mais uma vez, nas palavras de Michele Taruffo: "But everybody understands how uncertain and even unlikely is such a sort of psychological analysis that the trier of fact is supposed to perform on the witness. Most judges are not specially trained in testimonial psychology; at best some of them may have made some experiences in their judicial practice. When the triers of fact are lay jurors, the only basis of their psychological insights are the rough generalizations (that more often than not are based upon prejudice and bias) provided by common sense. From this point of view, the oral presentation of evidence has a doubtful efficiency as a method to obtain reliable information from credible witnesses" (TARUFFO, Michele. Orality and writing as factors of efficiency in civil litigation. **Coloquio "Oralidad y escritura en un proceso civil eficiente"**, organizado por la Asociación Internacional de Derecho Procesal en Gandía Valencia, del 6 al 8 noviembre de 2008. Disponível em: https://www.uv.es/coloquio/coloquio/ponencias/8oratar.pdf).

159. Sobre a irracionalidade da crença da percepção da veracidade de um fato pelo juiz em contato direto com um testemunho, é contundente a afirmação de Vitor de Paula Ramos: "Assim, por mais duro que possa parecer, o que o estado atual da ciência demonstra é que a ideia de que o juiz pudesse olhar para uma testemunha e 'saber' se ela está mentindo ou se está cometendo erros honestos não tem mais valor epistêmico do que quando na idade média se 'verificava' que alguém era culpado mediante a prova do *ferro incandescente* ou do duelo. É, isso sim, uma forma de 'obtenção' de 'conhecimento' tão irracional quanto" (RAMOS, Vitor de Paula. **Prova testemunhal:** do subjetivismo ao objetivismo – do isolamento científico ao diálogo com a psicologia e a epistemologia. São Paulo: Thomson Reuters Brasil, 2018, p. 133). Em sentido contrário, entendendo valiosa a impressão do juiz sobre o comportamento físico ("enrubescer, gesticular desproporcionalmente, buscar auxílio visual em seu advogado") da parte: RIBEIRO, Darcy Guimarães. **Provas atípicas.** Porto Alegre: Livraria do Advogado, 1998, p. 130). Também preocupado com a valoração da prova testemunhal Danilo Knijnik refere que "Nesse ponto, calha muito bem o exemplo formulado por Weber. O juiz que tem diante de si duas testemunhas, cujos depoimentos se contradizem radicalmente, por óbvio não poderia resolver a divergência a partir do zodíaco mais propenso à sinceridade, o que soaria absurdo, não obstante certas inusitadas situações já tenham sido examinadas pelos Tribunais -. Afastada a arbitrariedade, no sentido de que as decisões devem ser racionalmente formalizáveis com obediência material às leis do pensamento e com estrita obediência do conhecimento científico, é possível garantir certa dimensão objetiva ao convencimento judicial, sem apelar à figura do juiz ficto, que fica servindo, assim, mais como verdadeiro alerta metodológico e mecanismo de autocontenção. Ao fim e ao cabo, impende adotar, como proposta metodológica, a necessária modéstia judicial relativamente à confiança dos sujeitos processuais na resolução do juízo de fato, evitando-se que a exacerbação de subjetivismo acabe por

segurança jurídica, não se pode esperar que uma decisão seja proferida com base em impressões pessoais subjetivas do julgador (some-se a isso o fato de que, durante a coleta das impressões, em geral, as partes e os envolvidos não estão em um ambiente habitual, o que faz com que suas condutas não sejam naturais, ou seja, afastem-se da verdade)[160]. É sabido que a decisão judicial comporta dois contextos distintos: o contexto de descoberta/decisão e o contexto de justificação[161]. Entretanto, as impressões do juiz somente

---

transformar o mecanismo republicano da distribuição probatória numa espécie de "loteria legal" (KNIJNIK, Danilo. **Prova pericial e seu controle no direito processual brasileiro**. São Paulo: Revista dos Tribunais, 2017, p. 31-32).

160. Acerca do contexto fático da audiência, já na década de 1980, José Carlos Barbosa Moreira relatava que: "La inmediación sirve a la comunicación; mas sólo bajo condiciones favorables le servirá bien. Sería deseable, en las personas que se encuentran en la audiencia, una sólida aptitud para expresar sus pensamientos y para comprender la expresión de los pensamientos ajenos. El encuentro debería realizarse en un ambiente tranquilo y agradable, propicio al nacimiento y al desarrollo de una relación de confianza recíproca. Por lo menos en Brasil, la realidad cotidiana no tiene mucho en común con esa imagen de fábula. El juez frecuentemente llega a la audiencia sin haber podido leer con atención el expediente; no sabe con precisión de qué se trata y que preguntas conviene formular al litigante o al testigo; no tiene, ni puede tener, criterio seguro para decidir sobre la pertinencia y la relevancia de las preguntas que por su intermedio solicita la parte que sean formuladas. Al juez le falta además, en general, la preparación psicológica que necesitaría para sacar de la oportunidad todo el provecho posible. La parte y el testigo, a su vez, no siempre saben expresarse bien o, aun cuando lo saben, se dejan perturbar por las formalidades judiciales, que les parecen extrañas; los perturba así mismo la presencia de personas que no conocen, o que más les gustaría no tener que encarar... No sorprende que los resultados sean muchas veces inferiores a los esperados" (MOREIRA, José Carlos Barbosa [1931-2017]. Problemas de la inmediación en el proceso civil. **Revista de Processo**, v. 34, p. 191-196, abr.-jun. 1984).

161. Segundo Michele Taruffo, "A análise estrutural do raciocínio do juiz deve partir necessariamente da individualização da sua função típica. Enquanto, porém, a estrutura do raciocínio decisório é condicionada pelo fato de que o fim por esse buscado é a obtenção da decisão, a estrutura da motivação é condicionada pelo fato de que essa busca justificar a decisão. No curso desta pesquisa foram encontradas numerosas confirmações episódicas dessa distinção e essas já seriam suficientes para fundar sua validade geral. Essa encontra, porém, mais uma base se se entende que se trata de uma manifestação particular, concernente ao raciocínio do juiz, de um princípio válido a respeito de todo e qualquer tipo de procedimento racional. Essa consiste na fundamental distinção que a metodologia lógica e científica traçou entre *context of discovery* e *context of justification* (ou of *explanation*), entendendo-se o primeiro como o procedimento que conduz à formulação de um determinada solução para um problema e o segundo como o procedimento dirigido a demonstrar, justificando-a, a validade dessa solução". Acrescenta ainda que "Isso permite precisar posteriormente a relação existente entre o particular *context of discovery* constituído pelo procedimento decisório e o *context*

podem estar a serviço do contexto de decisão. Ocorre que a controlabilidade da decisão[162] e, portanto, a aferição da sua justiça é operada no contexto de justificação[163]. Na prática, a imediação atua (se atua) no plano "invisível" da

---

of justification constituído pela motivação: esses são diferentes não somente do ponto de vista estrutural, mas também do ponto de vista fenomenológico, no sentido de que o primeiro é uma atividade e o segundo um discurso que, além de tudo, não é nem mesmo o resultado linguístico dessa atividade" (TARUFFO, Michele. **A motivação da sentença civil** [La motivazione della sentenza civile – 1975]. Trad. Daniel Mitidiero, Rafael Abreu, Vitor de Paula Ramos. São Paulo: Marcial Pons, 2015, p. 196-197). Reconstruindo a origem da distinção entre contexto de decisão e contexto de justificação proposto por Michele Taruffo, Otávio Verdi Motta afirma que "Wassestrom refere-se a process of discovery e process of justification: "I will refer to the procedure by with a conclusion is reached as the process of discovery, and to the procedure by which a conclusion is justified as the process of justification" ([WASSERSTROM, Richard A. *The judicial decision: toward a theory of legal justification*. Stanford: Stanford University Press, 1961], p. 27). Alexy igualmente fala de process of discovery e process of justification ([ALEXY, Robert. *Teoria da argumentação jurídica – A teoria do discurso racional como teoria da fundamentação jurídica*. 3. ed. Trad. Zilda Hutchinson Schild Silva. Rio de Janeiro: Forense, 2011], p. 227). Taruffo, por sua vez, refere-se a context of discovery e context of justification ([*La motivazione della sentenza civile*. Padova: Cedam, 1975], p. 214)" (MOTTA, Otávio Verdi. **Justificação da decisão judicial**: a elaboração da motivação e a formação de precedente. São Paulo: Revista dos Tribunais, 2015, p. 141).

162. Para Marinoni, Arenhart e Mitidiero, "A importância disso tudo, além de relacionada à legitimidade da função jurisdicional – uma vez que a justificação é imprescindível para o juiz dar conta das suas razões ao público –, *está em conferir ao litigante a possibilidade de controlar a decisão*. Quando do controle da racionalidade da justificação, será possível verificar se a versão fática está evidenciada por meio de provas e se os critérios empregados na sua valoração e na relação entre as várias hipóteses fáticas e as provas – especialmente as regras de experiência – são dotados de racionalidade" (MARINONI, Luiz Guilherme; ARENHART, Sérgio Cruz; MITIDIERO, Daniel. **Curso de processo civil** [2015]. v.2. 5ª ed., São Paulo: Revista dos Tribunais, 2019, p. 453).

163. Assinala Michele Taruffo que "No *context of discovery*, a escolha é racional na medida em que racionalmente formulada: trata-se, portanto, da racionalidade intrínseca do procedimento de decisão, que coincide com a correção das operações que o constituem. No context of justification a escolha é racional na medida em que racionalizada ex post, ou seja, enquanto o juiz, independentemente da sua intrínseca correção, esteja em condições de apresentá-la como a "melhor" consequência das premissas e regras de juízo estabelecidas ad hoc: sob esse ponto de vista, a escolha é racional na medida em que racionais os procedimentos argumentativos expressos no discurso em que se consubstancia a motivação" (TARUFFO, Michele. **A motivação da sentença civil** [La motivazione della sentenza civile – 1975]. Trad. Daniel Mitidiero, Rafael Abreu, Vitor de Paula Ramos. São Paulo: Marcial Pons, 2015, p. 201). Em sentido análogo, apontam Marinoni, Arenhart e Mitidiero que "Em termos jurídicos, porém, pouco importa saber quais foram os *motivos reais* que determinaram a decisão judicial nesse

descoberta, servindo mais à consciência do julgador do que à prestação da tutela jurisdicional justa e tempestiva[164].

Não fosse isso suficiente, basta perceber que, ao ouvir o relato de uma testemunha, o juiz não está diante do fato, mas de uma reconstrução narrativa oral do fato, ou seja, de um fato traduzido em linguagem oral influenciada por uma infinidade de fatores externos. Além disso, "a fala de uma testemunha poderá refletir fielmente a sua memória, mas não corresponder ao que efetivamente ocorreu; isto é, pode ser sincera"[165]. Isso porque "as testemunhas misturam os fatos com suas próprias interpretações, sem conseguir distingui-los" correndo-se o risco de que a interpretação dos fatos pela testemunha se dê, em face do funcionamento da memória humana[166], a partir de esquemas preestabelecidos familiares[167]. Ainda, de acordo com Michele Taruffo, uma narrativa pode ser construída à luz da verdade do fato de quatro formas: boa e falsa, ruim e falsa, boa e verdadeira e ruim e verdadeira[168]. O desejável é que

---

ou naquele sentido. Em outras palavras, não interessam as *razões psicológicas* que levaram o juiz a decidir. O que interessa é saber se existem ou não *razões jurídicas* que suportam validamente dentro da ordem jurídica a tomada de decisão. Em outras palavras, interessa a *justificativa* da decisão judicial - importam as *razões oriundas do sistema jurídico* capazes de justificar a decisão" (MARINONI, Luiz Guilherme; ARENHART, Sérgio Cruz; MITIDIERO, Daniel. **Curso de processo civil** [2015]. v.2. 5ª ed., São Paulo: Revista dos Tribunais, 2019, p. 424).

164. Adverte Jordi Ferrer Beltrán que "O alcance que deve ser dado ao princípio de imediação não está claro em absoluto e, por muitos anos, uma interpretação extraordinariamente lassa desse foi o subterfúgio para a adoção de concepções altamente irracionalistas da prova, limitando o alcance do dever de motivação e impedindo um verdadeiro controle posterior da decisão" (FERRER BELTRÁN, Jordi. **Prova e verdade no direito** [Prueba y verdad en el derecho - 2003]. Tradução de Vitor de Paula Ramos. São Paulo: Revista dos Tribunais, 2017, p. 63).

165. RAMOS, Vitor de Paula. **Prova testemunhal:** do subjetivismo ao objetivismo - do isolamento científico ao diálogo com a psicologia e a epistemologia. São Paulo: Thomson Reuters Brasil, 2018, p. 132-133.

166. Aponta Pierre Lévy, que "A associação de um item de informação com um esquema preestabelecido é uma forma de "compreensão" da representação em questão. É também uma maneira de fazer com que ela se beneficie da densa rede de comunicação que irriga o esquema" (LÉVY, Pierre. **As tecnologias da inteligência:** o futuro do pensamento na era da informática [*Les technologies de l'intelligence* - 1993]. 2. ed. Trad. Carlos Irineu da Costa. São Paulo: Editora 34, 2010, p. 81).

167. LÉVY, Pierre. **As tecnologias da inteligência:** o futuro do pensamento na era da informática [*Les technologies de l'intelligence* - 1993]. 2. ed. Trad. Carlos Irineu da Costa. São Paulo: Editora 34, 2010, p. 81.

168. TARUFFO, Michele. **La prueba**. Tradução de Laura Manríquez e Jordi Ferrer Beltrán. Madrid: Marcial Pons, 2008, p. 222-223.

o juiz pudesse escolher a narrativa boa e verdadeira, entretanto, "probablemente tienden a preferirse las buenas narraciones, incluso si son falsas, más que las narraciones verdaderas, especialmente cuando los relatos verdaderos son narrativamente defectuosos" pondendo existir variações "dependiendo del tipo de juzgador (jurado o juez professional), y certamente dependendo del tipo de contexto en que la *story* judicial sea relatada"[169].

Assim, teria o juiz a mesma potencial segurança quanto à proximidade da verdade do fato se, em vez da linguagem falada, o contato se desse em linguagem escrita. Em ambos os casos, está diante de uma reconstrução. E mais. A partir dessa reconstrução (que é o testemunho), o juiz recebe as informações e as pode processar também por meio de elaborações que lhes sejam familiares[170]. Neste caso, uma decisão judicial sobre um fato narrado se apresenta como uma reelaboração (por parte do juiz) de uma reconstrução (de um testemunho), sujeito aos riscos do enviesamento na tomada de decisão diante de possíveis preconceitos neste processo[171], bem como produzindo um baixo nível de controle objetivo na justificação da decisão tomada[172]. Some-se a isso que, fosse desejável a proximidade do juiz com o

169. TARUFFO, Michele. **La prueba**. Tradução de Laura Manríquez e Jordi Ferrer Beltrán. Madrid: Marcial Pons, 2008, p. 226.

170. Sobre o tema, Pierre Lévy afirma que "As muitas experiências feitas em psicologia cognitiva sobre este tema da elaboração mostraram que, quanto mais complexas e numerosas fossem as associações, melhores eram as performances mnemônicas. A ativação de esquemas (espécie de fichas ou dossiês mentais estabilizados por uma longa experiência) durante a aquisição de informações influi positivamente sobre a memória. Os esquemas ou roteiros estereotipados, que descrevem as situações correntes de nossa vida cotidiana, representam na verdade elaborações já prontas, imediatamente disponíveis. É sabido que retemos melhor as informações quando elas estão ligadas a situações ou domínios de conhecimento que nos sejam familiares" (LÉVY, Pierre. **As tecnologias da inteligência:** o futuro do pensamento na era da informática [*Les technologies de l'intelligence* - 1993]. 2. ed. Trad. Carlos Irineu da Costa. São Paulo: Editora 34, 2010, p. 80).

171. Ensina Daniel Mitidiero, que, "Desde o ponto de vista da imparcialidade, a principal preocupação pode ser resumida a partir da necessidade de se evitar o enviesamento da decisão. Nesse particular, procura-se vedar a atividade jurisdicional diante de situações em que o juiz pode entrar em um conflito de interesses ou em situações que possa aflorar eventuais preconceitos arraigados" (MITIDIERO, Daniel. Accountability e transparência da justiça civil: uma perspectiva comparada. *In:* MITIDIERO, Daniel (Coord.). **Accountability e transparência da justiça civil:** uma perspectiva comparada. São Paulo: Revista dos Tribunais, 2019, p. 33).

172. Sobre a necessidade de objetivação na interpretação e aplicação do direito, são oportunas as palavras de Daniel Mitidiero: "Se o direito trabalha – no mínimo – com quatro variáveis de indeterminação (existência, inexistência e sentido dos fatos, existência,

fato, ou com as partes, não haveria limitações nesse sentido quanto às regras de suspeição ou quanto à possibilidade de o juiz servir de testemunha de um fato que presenciou e, ao mesmo tempo fosse o juiz da causa (a valer a tese da imediação, esse seria o melhor juiz para decidir a causa, pois colheu suas impressões diretamente sobre o fato e não sobre uma narrativa acerca do mesmo). Deste modo, pouco ou nada acrescenta de concreto o contato presencial do juiz com a produção da prova[173].

Quanto à segunda premissa, que é um claro desdobramento da primeira, a exigência/desejo de que o mesmo juiz atue durante toda a tramitação da causa mostra-se em dissonância com a realidade quando se trata de prestação de tutela jurisdicional justa e tempestiva. Ainda que se aceite a afirmação de que o juiz que tem prévio contato com a causa tem melhores condições de julgá-la (de forma adequada e célere), a realidade social a que o juiz é demandado a interferir impede que os efeitos práticos pretendidos sejam alcançados. Com o acúmulo de processos, o juiz fica absolutamente impedido de reconhecer os detalhes da causa que julga ao longo de toda a sua tramitação. Em geral, toda a vez que os autos são feitos conclusos, o juiz se vê diante de fatos desconhecidos. Frise-se que não se trata de uma crítica aos juízes, mas de uma conclusão derivada da impossibilidade de (re) conhecimento de um número excessivo de objetos. Esse é um dos efeitos da massificação: a despersonificação. Se hoje os sujeitos são despersonificados, imaginem-se os conflitos existentes em um processo.

Diante desse problema concreto, o que se vê é a reestruturação do próprio poder judiciário de modo a atender ao volume massivo de processos. A figura do gabinete do juiz deixa de indicar o lugar onde o juiz trabalha e

---

inexistência, sentido e peso da prova, sentido dos textos e alcance das normas), é indispensável que o ato de interpretação e de aplicação do direito dê conta dessas diferentes dimensões da maneira mais objetiva possível, isto é, viabilizando um controle intersubjetivo de razões a partir da decisão judicial" (MITIDIERO, Daniel. Accountability e transparência da justiça civil: uma perspectiva comparada. *In:* MITIDIERO, Daniel (Coord.). **Accountability e transparência da justiça civil:** uma perspectiva comparada. São Paulo: Revista dos Tribunais, 2019, p. 34).

173. Em sentido diverso, Sérgio Gilberto Porto entende (ao tecer crítica aos efeitos do procedimento eletrônico e o afastamento do "juízo da atmosfera da causa") que "a convivência pessoal com as partes e o objeto litigioso sempre foi ferreamente eficiente na formação da convicção e que sempre esteve insculpida, ao menos no primeiro grau, no entao princípio da identidade física" (PORTO, Sérgio Gilberto. **Processo civil contemporâneo:** elementos, ideologia e perspectivas. Salvador: Juspodivm, 2018, p. 165).

passa a significar a equipe de profissionais que atuam diretamente com ele[174]. Dentro do gabinete, na primeira análise do feito pela assessoria, o último vestígio de imediação por ventura existente se perde. Isso porque ou o juiz atua como gestor de seu gabinete para dar vazão aos processos, dividindo as tarefas voltadas para a prestação de tutela em tempo razoável, ou o juiz (ao enfrentar sozinho o enorme número de processos) projeta a resposta às pretensões das partes para um futuro tão distante que as suas impressões colhidas na causa esvanecem da memória.

Com verdadeiro pesar, de quem reconhece as valiosas intenções[175] dos defensores de um modelo processual baseado na oralidade tradicional, é preciso reconhecer que a realidade jurídica contemporânea afasta a utilidade prática e racional da ideia de imediação como meio de uma prestação de tutela jurisdicional justa e tempestiva. No entanto, se a imediação é um estado ideal de coisas que se mostra anacrônico, isso não quer dizer que, com ela, toda a compreensão de oralidade mostra-se inadequada. O que se faz necessário é reconstruir o modelo a partir dos elementos que realmente são aderentes à sociedade contemporânea.

Percebe-se, portanto, que o modelo de processo deve ser pautado pela concentração (e não pela oralidade), sendo a oralidade (entendida como prática de atos de forma oral e não como modelo) um meio de favorecê-la. Assim, o processo oral que foi concebido para combater um processo pautado pela escritura (que tinha por característica a falta de concentração dos atos)

---

174. Em estudo de direito comparado, Daniel Mitidiero aponta que, "Para chegar à decisão, o juiz normalmente compartilha tarefas com os seus assistentes judiciais (*law clerks*), encomendando pesquisas, debatendo com eles os argumentos levantados pelas partes para a solução do caso. Esse processo não é público, sendo realizado sob o signo da privacidade judicial (vale dizer: é realizado *in chambers*)" (MITIDIERO, Daniel. Accountability e transparência da justiça civil: uma perspectiva comparada. *In:* MITIDIERO, Daniel (Coord.). **Accountability e transparência da justiça civil:** uma perspectiva comparada. São Paulo: Revista dos Tribunais, 2019, p. 38).

175. A doutrina processual brasileira da transição do presente milênio, inclusive, chegou a reconhecer à imediatidade uma função *humanizadora do Estado* na medida em que "A audiência, como centro vivo do procedimento, exalta-se, assim, como protagonista de outros valores: a) comunicação direta entre os sujeitos do processo; b) simultaneidade e instantaneidade de ações e reações; c) centralização da direção do ato na pessoa do juiz; d) exercício imediato dos poderes judiciais. São todos valores a exaltar a humanização como valor social do processo, surgido como elemento de pacificação social e dirigido para o mesmo fim" (GUEDES, Jefferson Carús. **O princípio da oralidade:** procedimento por audiências no direito processual civil brasileiro. São Paulo: Revista dos Tribunais, 2003, p. 62).

perdeu o sentido. Já não é necessário combater a escritura (contrapondo-a) à oralidade, mas, sim, combater a falta de concentração dos atos (e os seus efeitos no processo). A concentração e não a oralidade é a pedra de toque ideal do modelo processual.

Daí que se mostra importante aferir dentre os elementos existentes como deve se dar as suas interações a partir da sua aplicação na dinâmica processual, objeto do próximo ponto do presente trabalho.

4.2.4. A oralidade processual diante da crise sanitária da COVID-19 e a aceleração do fenômeno da transformação digital

Ainda no início da pandemia de COVID-19 (em 20 de março de 2020), Yuval Noah Harari publicou artigo no jornal Financial Times no qual, ao projetar o mundo depois do coronavírus, afirmava que as medidas tomadas em caráter emergencial seriam perpetuadas. Segundo o mencionado autor "essa é a natureza das emergências: elas aceleram processos históricos"[176]. Essa afirmação pode ser transportada para o universo do direito, em geral, e para a realidade do processo civil, em particular. No plano geral, foram criadas diversas regras nos mais diversos âmbitos legislativos e regulamentares a fim de propor um enfrentamento adequado ao cenário de crise epidemiológica vivido[177]. Especificamente quanto ao processo civil, o principal desafio foi encontrar meios para que a prestação da tutela jurisdicional não fosse interrompida diante do necessário distanciamento social. A solução passou pela virtualização dos atos processuais.

A virtualização de atos processuais foi objeto de atenção ampla durante a pandemia de coronavírus no Brasil[178]. Tratando da realidade do processo

---

176. HARARI, Yuval Noah. O mundo depois do coronavírus. In: HARARI, Yuval Noah. **Notas sobre a pandemia e breves lições para o mundo pós-coronavírus**. Tradução Odorico Leal. São Paulo: Companhia das Letras, 2020, p. 27-44.

177. Sobre os impactos em variados ramos do direito, veja-se: NELSON, Rocco Antonio Rangel Rosso; NELSON, Isabel Cristina Amaral de Sousa Rosso. Coronavírus (covid-19) e o direito: fato, valor e norma. **Revista dos Tribunais**, vol. 1017, p. 207 - 241, Jul / 2020. Sobre os conflitos de normas existentes em decorrência da COVID-19, recomenda-se a leitura de CAMBI, Eduardo; LIMA, Diogo de Araujo; NOVAK, Mariana Sartori. Isolamento social e reabertura de atividades não essenciais: controle judicial de atos discricionários em tempos do novo coronavírus (COVID-19). **Revista dos Tribunais**, vol. 1018, p. 323 - 341, Ago / 2020.

178. Importante referir a reconhecida disparidade de implementação do processo eletrônico entre Tribunais e entre estados da federação. Tal circunstância é apontada, no cenário da crise do Covid-19, por Hermes Zaneti Júnior da seguinte forma: "the geographical

trabalhista (que em se tratando do cenário de pandemia é idêntica à do processo civil da justiça comum), Douglas Alencar Rodrigues, afirma que a virtualização do processo permitiu que o Poder Judiciário permanecesse cumprindo sua função, tendo a crise do COVID-19 antecipado "em alguns anos a realidade que seria naturalmente alcançada, por meio de plataformas digitais, possibilitando, com custos menores e significativa economia de tempo, a prática de diversos atos processuais, por meio da intensificação das audiências, sessões e reuniões entre magistrados e advogados"[179].

Preocupado em estipular como (e se) os processos tramitariam durante a pandemia, o Conselho Nacional de Justiça (CNJ)[180] promulgou nos anos de 2020 e 2021 várias resoluções sobre o tema[181]. No início da pandemia,

---

and political situation in Brazil means that we have very pronounced disparities in the justice system, including the distribution of financial resources, investment in infrastructure, personnel and technology. The country has continental dimensions and very different realities. As an example, it is not the same thing to talk about online hearings (videoconference) and electronic processes in the supreme court (STF), in the são paulo state court and in the espírito santo state court" (ZANETI JÚNIOR, Hermes. Covid-19: brazilian perspective. **Septentrio Reports**, 5, 2020, p. 8-11).

179. RODRIGUES, Douglas Alencar. Notas panorâmicas do retrato da crise covid-19 no poder judiciário. **Revista de Direito do Trabalho**, vol. 212, Jul - Ago / 2020.

180. A atuação do CNJ no sentido que passa a ser apresentado, encontra respaldo no art. 196 do CPC que estabelece: "Compete ao Conselho Nacional de Justiça e, supletivamente, aos tribunais, regulamentar a prática e a comunicação oficial de atos processuais por meio eletrônico e velar pela compatibilidade dos sistemas, disciplinando a incorporação progressiva de novos avanços tecnológicos e editando, para esse fim, os atos que forem necessários, respeitadas as normas fundamentais deste Código."

181. Na oportunidade, um ponto que causou grande repercussão foi a suspensão dos prazos processuais. Entretanto, tendo em vista que o exame de tal ponto não é essencial para a compreensão do tema do presente livro, ao leitor que deseje aprofundamento, recomenda-se: TALAMINI, Eduardo; AMARAL, Paulo Osternack. Suspensão de prazos judiciais por força da pandemia. **Revista de Processo**, vol. 306, p. 393 – 410, Ago / 2020; DIAS, Victor Massante. A COVID-19 e seus impactos no processo civil: uma análise sobre o motivo de força maior como ensejador da suspensão do processo e dos prazos, bem como de efeitos obstativos à preclusão. **Revista de Processo**, vol. 308, p. 351 – 368, Out / 2020. Com o objetivo de propor a retomada das atividades presenciais a Resolução nº 397/2021 de 09/06/2021 acrescentou ao artigo 3º da Resolução nº 322/2020 os parágrafos 3º, 4º e 5º que assim dispõem: "§ 3o A suspensão dos prazos processuais pelos tribunais demanda justificação adequada, com exposição das circunstâncias locais e do ato da autoridade estadual ou municipal correlata que inviabilizam a regular fluência, devendo ser comunicada ao CNJ. § 4o A suspensão dos prazos processuais pelos tribunais não impede a realização de atos telepresenciais, como audiências ou sessões de julgamento, cabendo ao magistrado competente decidir sobre sua suspensão, diante das peculiaridades de cada caso concreto e de eventual

em 19 de março de 2020, o CNJ editou a Resolução nº 312/20[182] possibilitando a ampliação da utilização do meio eletrônico (sessão extraordinária do Plenário Virtual) para os seus julgamentos. No mesmo dia, promulgou a Resolução nº 313/20 que tinha por propósito estabelecer "regime de Plantão Extraordinário[183], para uniformizar o funcionamento dos serviços judiciários, com o objetivo de prevenir o contágio pelo novo Coronavírus – Covid-19, e garantir o acesso à justiça neste período emergencial" [184].

---

requerimento fundamentado pelas partes. § 5o A ausência de ato normativo editado pelo tribunal local, determinando a suspensão de prazos processuais, não obsta a verificação pelo juiz competente acerca da necessidade de tal suspensão no caso concreto, também à luz de suas peculiaridades e de eventual requerimento fundamentado pelas partes".

182. A necessidade de medidas de enfrentamento ao coronavirus foi sinalizada nos "considerandos" da Resolução nº 312/20 do CNJ da seguinte forma: "CONSIDERANDO a declaração pública de situação de pandemia em relação ao novo coronavírus pela Organização Mundial da Saúde – OMS, em 11 de março de 2020, assim como a Declaração de Emergência em Saúde Pública de Importância Internacional da Organização Mundial da Saúde, em 30 de janeiro de 2020, da mesma OMS, a Declaração de Emergência em Saúde Pública de Importância Nacional – ESPIN veiculada pela Portaria no 188/GM/MS, em 4 de fevereiro de 2020, e o previsto na Lei no 13.979, de 6 de fevereiro de 2020, que dispõe sobre as medidas para enfrentamento da emergência de saúde pública de importância internacional decorrente do novo coronavírus;"(Resolução nº 312 de 19 de março de 2020 do Conselho Nacional de Justiça)

183. Nos termos do art. 2º, caput e §2º, da mencionada resolução foi estabelecido que o Plantão Extraordinário importaria em suspensão do trabalho presencial de magistrados, servidores, estagiários e colaboradores nas unidades judiciárias, assegurada a manutenção dos serviços essenciais em cada Tribunal, definindo como prioritária a metodologia de prestação de serviços em regime de trabalho remoto, exigindo-se o mínimo necessário de servidores em regime de trabalho presencial.

184. Para Gonzaga, Labruna e Nery, "A edição da Resolução 313 se demonstrou correta". Segundo os autores, "Se, por um prisma, a demanda urgente pelo esvaziamento dos edifícios forense e dos escritórios de advocacia era imprescindível, por outro o Poder Judiciário e o acesso à Justiça não deveriam de forma alguma cessar, já se trata de um serviço público essencial. No momento da edição de tal Resolução, já restava evidente que o país padeceria dos mesmos males impactantes da pandemia assim como já vinham enfrentando os demais países ao leste do globo. Como vários tribunais do país já sinalizavam a adoção de esforços para o fechamento e para a suspensão da prática de atos e de prazos processuais sob suas jurisdições, o CNJ se dispôs acertadamente a buscar a uniformidade dos planos de ação das casas forenses, levando em conta as peculiaridades regionais da administração da Justiça". (GONZAGA, Alvaro de Azevedo; LABRUNA, Felipe ; NERY, Vitor Goulart. O teletrabalho, a pandemia de covid-19 e o poder judiciário. **Revista dos Tribunais**, vol. 1027, Maio / 2021).

Esse cenário impôs ao Poder Judiciário a necessidade de promover, por meio da adoção de diversas medidas, a aceleração do processo de virtualização da justiça civil. Dentre as ações que tocam à oralidade e que mais se destacaram no período, encontra-se a predominância do trabalho remoto dos seus agentes e a realização das audiências e julgamentos de forma virtual.

O trabalho remoto, que já era autorizado antes da pandemia[185], tornou-se inevitável diante da necessidade de não haver a interrupção da prestação da tutela jurisdicional e, ao mesmo tempo, de garantir o distanciamento social recomendado como forma de prevenção e contenção do coronavírus. O alcance do teletrabalho, disciplinado pelos respectivos tribunais, foi garantido, do ponto de vista subjetivo, a magistrados, a servidores e a colaboradores e, do ponto de vista dos atos a serem praticados, para realização de expedientes internos (como elaboração de decisões e sentenças, minutas, sessões virtuais e atividades administrativas)[186]. O CNJ também emitiu orientação quanto aos atendimentos presenciais de partes, advogados e interessados. Indicou que, embora "presenciais", os atendimentos deveriam ser realizados remotamente pelos meios tecnológicos disponíveis incumbindo a cada unidade judiciária manter canal de atendimento remoto, a ser amplamente divulgado pelos tribunais[187]. Além disso, criou (por meio da Resolução nº 372/2021) o Balcão Virtual como meio de viabilizar que os advogados fossem atendidos pelos magistrados por meio eletrônico indicado pelo tribunal responsável[188] pelo processo (Resolução nº 397/2021). Eduardo Talamini e Paulo Osternack Amaral observam que durante a vigência das medidas propostas pelo CNJ, "os juízes e auxiliares da justiça continuam todos em atividade, devendo cumprir suas funções, ainda que mediante trabalho remoto" de tal modo que "tudo o mais que possa ser realizado em cada processo para que ele tenha andamento deverá ser feito."[189]

Além de os atos processuais, em geral, serem realizados por meio de trabalho e valerem-se de recursos que permitam sua realização de forma remota; os atos orientados à produção da prova[190] e a prática de atos orais

---

185. Resolução 227, de 15 de junho de 2016, do Conselho Nacional de Justiça.

186. Art. 6º da Res nº 313/20 do Conselho Nacional de Justiça.

187. Art. 3º, *caput* e §1º, da Res nº 313/20 do Conselho Nacional de Justiça.

188. À exceção do Supremo Tribunal Federal, nos termos do art. 1º da Resolução nº 372/2021.

189. TALAMINI, Eduardo; AMARAL, Paulo Osternack. Suspensão de prazos judiciais por força da pandemia. **Revista de Processo**, vol. 306, p. 393 – 410, Ago / 2020.

190. Não foi apenas a prova tipicamente produzida em audiência que foi virtualizada. Assim, por exemplo, ocorreu com a realização de perícias nas ações em que se discutem

também receberam estímulo à virtualização[191]. Ainda no âmbito do CNJ, a Resolução nº 314/20 (art. 6º, § 3º) ratificou a necessidade de que atos sejam praticados de forma virtual ressalvando que "As audiências em primeiro grau de jurisdição por meio de videoconferência[192] devem considerar as dificuldades de intimação de partes e testemunhas, realizando-se esses atos somente quando for possível a participação". Na mesma norma ficou vedada "a atribuição de responsabilidade aos advogados e procuradores em providenciarem o comparecimento de partes e testemunhas a qualquer localidade fora de prédios oficiais do Poder Judiciário para participação em atos virtuais". A ausência de regulamentação prévia acerca de como seriam realizadas as audiências fez com que, em 07 de outubro de 2020, o CNJ apresentasse a Resolução nº 341/20. Algumas orientações foram emitidas em atenção à necessidade de infraestrutura e ao pessoal envolvido. No que respeita à infraestrutura, além de normas de distanciamento e de restrição à circulação nos fóruns (art. 1º, § 1º e 3º), a Resolução impôs que os tribunais "deverão disponibilizar salas para a realização de atos processuais, especialmente depoimentos de partes, testemunhas e outros colaboradores da justiça por sistema de videoconferência em todos os fóruns, garantindo a adequação Poder Judiciário Conselho Nacional de Justiça dos meios tecnológicos" (art. 1º). No que tange a atuação dos envolvidos com o processo, a mencionada Resolução indicou a necessidade de que servidores sejam designados para "acompanhar a videoconferência na sede da unidade judiciária, que serão responsáveis pela verificação da regularidade do ato, pela identificação e garantia da incomunicabilidade entre as testemunhas, quando for o caso, dentre outras medidas necessárias para realização válida do ato" (art. 1º, § 2º). Por outro lado, de acordo com o parágrafo único do art. 2º da Resolução nº 341/20 do CNJ, àqueles que não forem prestar depoimento ("Os magistrados, advogados, representantes do Ministério Público e da Defensoria Pública, bem como as partes e demais participantes da audiência") não necessitavam

benefícios previdenciários por incapacidade ou assistenciais, em que foi permitida a sua realização em meios eletrônicos ou virtuais enquanto durarem os efeitos da crise ocasionada pela pandemia do novo Coronavírus (Resolução nº 317, de 30 de abril de 2020).

191. As decisões tomadas em sessão de julgamento também sofreram um processo de implementação de virtualização, contudo, como o presente estudo não trata de forma específica das decisões para além daquelas tomadas de forma concentrada e imediata à audiência, não haverá estudo detido sobre o tema.

192. Os sistemas de videoconferência foram disciplinados na Resolução nº337 de 29 de setembro de 2020.

comparecer no fórum podendo participar da audiência por meio do link disponibilizado para o ato por meio de videoconferência.

Passado pouco mais de um mês da Resolução nº 341/20, em 19 de novembro de 2020, o Conselho Nacional de Justiça editou a Resolução nº 354 para tratar das audiências e das sessões por videoconferência de forma ampla no âmbito da Justiça Civil. Importante ressaltar, preliminarmente, que dentre os "considerandos" apresentados pelo Conselho Nacional de Justiça nenhum refere se tratar de medida temporária, tampouco, relacionada à pandemia de coronavírus. Há, portanto, evidente intenção de regulamentar para um futuro perene a prática de atos virtuais cujo período de pandemia submeteu a teste prático em cenário excepcional com aceitável (aparentemente) sucesso. Contudo, se inexiste uma restrição contextual (relativa à pandemia) às audiências virtuais[193], a regulamentação apresentou limitação quanto ao seu emprego. Se durante a pandemia a audiência por meio de videoconferência era a regra, o Conselho Nacional de Justiça recomendou sua prática somente

193. Aqui, opta-se por terminologia abrangente. Essa advertência se justifica na medida em que a Resolução nº 354 do CNJ (art. 2º) realiza distinção entre audiência por videoconferência (comunicação a distância realizada em ambientes de unidades judiciárias) e audiência telepresencial (realizadas a partir de ambiente físico externo às unidades judiciárias). Sobre as regras específicas para a audiência virtual cível (tanto por videoconferência, quanto telepresencial) a Resolução em seu art. 7º dispõe que: "A audiência telepresencial e a participação por videoconferência em audiência ou sessão observará as seguintes regras: I – as oitivas telepresenciais ou por videoconferência serão equiparadas às presenciais para todos os fins legais, asseguradas a publicidade dos atos praticados e as prerrogativas processuais de advogados, membros do Ministério Público, defensores públicos, partes e testemunhas; II – as testemunhas serão inquiridas cada uma de per si, de modo que umas não saibam nem ouçam os depoimentos umas das outras; III – quando o ofendido ou testemunha manifestar desejo de depor sem a presença de uma das partes do processo, na forma da legislação pertinente, a imagem poderá ser desfocada, desviada ou inabilitada, sem prejuízo da possibilidade de transferência para lobby ou ambiente virtual similar; IV – as oitivas telepresenciais ou por videoconferência serão gravadas, devendo o arquivo audiovisual ser juntado aos autos ou disponibilizado em repositório oficial de mídias indicado pelo CNJ (PJe Mídia) ou pelo tribunal; V– a publicidade será assegurada, ressalvados os casos de segredo de justiça, por transmissão em tempo real ou por meio hábil que possibilite o acompanhamento por terceiros estranhos ao feito, ainda que mediante a exigência de prévio cadastro; VI – a participação em audiência telepresencial ou por videoconferência exige que as partes e demais participantes sigam a mesma liturgia dos atos processuais presenciais, inclusive quanto às vestimentas; e VII – a critério do juiz e em decisão fundamentada, poderão ser repetidos os atos processuais dos quais as partes, as testemunhas ou os advogados não tenham conseguido participar em virtude de obstáculos de natureza técnica, desde que devidamente justificados."

quando ocorra "em unidade judiciária diversa da sede do juízo que preside a audiência ou sessão" (art. 2º, parágrafo único, I). Por outro lado, também reservou exceções em que uma audiência telepresencial possa ser realizada (de ofício ou a requerimento). São os casos em que há urgência, substituição ou designação de magistrado com sede funcional diversa; mutirão ou projeto específico; conciliação ou mediação; indisponibilidade temporária do foro, calamidade pública ou força maior (art. 3º).

Embora seja relativamente recente sua implantação, os resultados dos primeiros experimentos demonstram que o teletrabalho certamente se tornará uma prática cada vez mais frequente na Administração Pública[194]. Segundo Alvaro de Azevedo Gonzaga, Felipe Labruna e Vitor Goulart, o teletrabalho representa "sob a ótica organizacional, à diminuição de custos institucionais, ao incremento da produtividade e da qualidade do trabalho e às melhorias de qualidade de vida e dos níveis de dedicação, de otimização do tempo e de economia de recursos pelos servidores públicos"[195]. Tanto é assim que ainda em 2020 o CNJ instituiu (por meio da Resolução nº 345/2020) projeto vocacionado à implementação da prestação da tutela jurisdicional totalmente em meio virtual, batizado de "Juízo 100% Digital".

Inicialmente, é importante ressaltar que a implementação o Juízo 100% Digital não encontra justificação (expressada nos "considerandos" da Resolução nº 345/2020) em contexto excepcional (como o da pandemia), mas nas "mudanças introduzidas nas relações e nos processos de trabalho em virtude do fenômeno da transformação digital". Outro aspecto importante a ser destacado reside no fato de que a adoção do Juízo 100% Digital para um processo não leva em consideração a natureza ou a complexidade da demanda, mas é fruto da vontade das partes[196]. Por outro lado, o Juízo 100% Digital não pode alterar (criar ou modificar) a competência de uma unidade julgadora estabelecida em lei de tal forma que para que ele (o Juízo

---

194. Mesmo porque a Lei nº 14.129, de 29 de março de 2021, dispõe em seu art. 3º, VIII, que "São princípios e diretrizes do Governo Digital e da eficiência pública: (...) o uso da tecnologia para otimizar processos de trabalho da administração pública".

195. GONZAGA, Alvaro de Azevedo; LABRUNA, Felipe; NERY, Vitor Goulart. O teletrabalho, a pandemia de covid-19 e o poder judiciário. **Revista dos Tribunais**, vol. 1027, Maio / 2021.

196. As partes podem optar pela tramitação perante o Juízo 100% Digital na inicial e contestação (art. 3º, *caput*) ou pela celebração de negócio jurídico processual (art. 3ª-A, incluído pela Resolução nº 378/2021). Uma vez adotado, as partes podem se retratar da escolha pelo Juízo 100% Digital por uma vez até a prolação da sentença (art. 3º, § 2º com redação dada pela Resolução nº 378/2021).

100% Digital) seja estabelecido é necessário que exista uma opção presencial idêntica[197]. Por fim, a Resoluções impõe responsabilidade aos tribunais quanto ao fornecimento de infraestrutura de informática e de telecomunicação necessárias ao funcionamento das unidades jurisdicionais incluídas no "Juízo 100% Digital" (art. 4º).

A virtualização da atuação do poder judiciário também trouxe reflexos à tomada de decisão nas demandas. Isso porque a Resolução nº 375/2021 do CNJ previu a possibilidade de criação de equipes de trabalho remoto (composta por magistrados e servidores lotados em quaisquer unidades jurisdicionais ou administrativas) para "o desenvolvimento de teses jurídicas, soluções teóricas, pesquisas empíricas e estudos de questões complexas." (art. 12-A). A formação dessas equipes de apoio à prestação da tutela jurisdicional, sem qualquer base territorial e cujos agentes são escolhidos a partir da sua aptidão para a tarefa independentemente do tribunal em que atuem originalmente, é um sinal claro de que o papel do juiz da causa deixa, explicitamente, de ser exercido de forma solitária. Se a decisão final ainda depende do magistrado competente para a causa, na medida em que o magistrado não fica vinculado à proposta apresentada pela equipe, tal como indicam Fredie Didier Jr. e Leandro Fernandez, "não parece possível que o produto do seu trabalho seja simplesmente ignorado pelo julgador"[198].

Diante de todas essas circunstâncias, ao menos, algumas observações podem ser tomadas com clareza. A primeira, e mais abrangente, é a de que no estágio atual da tecnologia é possível realizar um processo de forma totalmente virtual. A segunda é a de que a presença física dos sujeitos do processo pode ser substituída por recurso tecnológico que promova telepresencialidade. Assim a ideia de presencialidade típica da noção de imediação, passa a ser entendida como atuação síncrona dos agentes do processo (sinalizando-se que é a sincronicidade que garante a concentração). A terceira é a de que, mesmo diante da existência de recursos tecnológicos para a promoção da telepresencialidade, não pode o Estado se furtar de viabilizar meios operacionais (infraestrutura e pessoal) para garantir o acesso aos meios tecnológicos aos jurisdicionados, bem como, a ausência de interferência na produção da prova oral. A quarta é a de que a garantia da não interferência não neces-

197. FUX, Luiz. Juízo 100% digital e a vocação da moderna atividade jurisdicional. Em: FUX, Luiz; CABRAL, Trícia Navarro Xavier (coords.). **Tecnologia e justiça multiportas**. São Paulo: Foco, 2021, p. 8.

198. DIDIER JR., Fredie; FERNANDEZ, Leandro. **O conselho nacional de justiça e o direito processual**: administração judiciária, boas práticas e competência normativa. Salvador: Jusposivm, 2022, p. 127.

sita ser necessariamente concretizada pela presença física do juiz ao ato, podendo ser realizada por um servidor designado para acompanhamento *in loco*. Por fim, a quinta é a de que a atuação do magistrado vem, cada vez de forma mais clara, sendo desempenhada de forma conjunta com outros atores que, diante da divisão de trabalho ou expertise específica, favorecem a uma prestação da tutela jurisdicional mais justa e tempestiva.

4.3. PROPOSTA DE RECONSTRUÇÃO DO PROCESSO ORAL VIGENTE

Partindo-se da premissa de que o ato processual deve guardar adequação à função processual que deve desempenhar e que o processo de conhecimento é tradicionalmente dividido em fases nas quais funções são preponderantemente exercidas, tem-se por oportuno reconstruir a ideia de concentração a partir das fases processuais. Assim, propõe-se o enfrentamento do problema a partir da fase inicial (encarregada da formação e organização da demanda) e da final (encarregada da produção da prova e da decisão judicial). No entanto, para que o modelo do processo oral reconstruído possa ser concretizado não bastam ajustes procedimentais, é necessário realizar uma ressignificação dos papéis dos agentes públicos voltados à prestação da tutela jurisdicional. Daí que a reconfiguração da oralidade recomenda perceber o processo não apenas como sequência de atos (procedimentos) com finalidades definidas, mas, a partir da visão de módulos procedimentais[199] que, além de cogitar dos atos integrantes, também cogita dos sujeitos adequados para levá-los a efeito.

---

199. O tema da flexibilização do procedimento tem ocupado a doutrina processual em todo o mundo (sobre o tema no Brasil, sugere-se, dentre outros: GAJARDONI, Fernando da Fonseca. **Flexibilização procedimental:** um novo enfoque para o estudo do procedimento em matéria processual, de acordo com as recentes reformas do CPC. São Paulo: Atlas, 2008; ABREU, Rafael Sirangelo de. Customização processual compartilhada. **Revista dos Tribunais**, v. 41, n. 257, p. 51-76, jul. 2016). De acordo com Loïc Cadiet, a *flexibilização das formas do processo* "consiste principalmente em uma melhor economia do tempo processual", pois "No lugar do « prêt à porter » ('pronto para usar') procedimental tradicional, de molde procedimental único, que não permite responder apropriadamente à diversidade das situações litigiosas, o ideal é a adaptação à medida (« sur-mesure »*)* jurisdicional para que cada caso seja tratado no seu ritmo e de acordo com a sua complexidade". De tal sorte, afirma que "Essas múltiplas situações de fato justificam a instituição de circuitos procedimentais de velocidade variável, que requerem ou não a intervenção de um magistrado especializado e contam ou não com todas as garantias de um processo justo" (CADIET, Loïc. **Perspectivas sobre o sistema da justiça civil francesa:** seis lições brasileiras. Trad. Daniel Mitidiero e outros. São Paulo: Revista dos Tribunais, 2017, p. 29). Saliente-se, no entanto, que a opção pela "modulação" do procedimento decorre da tentativa de permitir a flexibilização e adap-

Para tanto, como já se disse, prefere-se segmentar os temas procedimentais em dois módulos processuais. O primeiro, de natureza obrigatória, tem por funções preponderantes a apresentação da causa e da prova pré-constituída e a organização do processo. O segundo módulo é dividido em duas partes. A primeira parte do segundo módulo, de natureza facultativa, é orientada à produção da prova e aos debates orais. A segunda parte do segundo módulo contempla a prestação da tutela jurisdicional propriamente dita, materializada por meio da(s) decisão(ões) judicial(is) de primeiro grau de jurisdição.

Cada um desses módulos demanda a prática de atos processuais típicos (predominantes) à obtenção do fim a que se propõe, bem como exige comportamentos distintos dos sujeitos a ele relacionados.

4.3.1. O primeiro módulo: a apresentação da causa, a prova pré-constituída e a organização do processo: revisitando a competência territorial e ressignificando a audiência de mediação e conciliação

O primeiro módulo processual parte de duas premissas: primeiro, que as regras de organização judiciária quanto à competência territorial devem ser revistas em face da inadequação do princípio da imediação e, segundo, que a definição da causa deve ser feita de modo concentrado na audiência de mediação e conciliação.

4.3.1.1. A ampliação dos limites territoriais da comarca e a especialização da prestação da tutela jurisdicional

A primeira premissa que toca ao primeiro módulo processual diz respeito à necessidade de compreender as regras de organização judiciária e de competência territorial de forma a adequar a noção de oralidade a um novo modelo de compreensão acerca do processo. Isso se deve ao fato de que a distribuição da competência territorial em comarcas da maneira como tem sido feita[200] desfavorece uma prestação de tutela jurisdicional eficiente

---

tação procedimental (em medida maior do que a solução baseada em procedimentos especiais), sem abrir mão de estruturas mínimas procedimentais associadas à função e à finalidade que são esperadas na prestação da tutela jurisdicional.

200. A crítica ao modelo implementado de organização do Poder Judiciário em comarcas não é nova. Na virada do presente milênio, José Carlos Barbosa Moreira já mencionava que "Teríamos de incluir no catálogo das mazelas o insuficiente preparo de muitos juízes, bem como o do pessoal de apoio; em nosso Estado, e provavelmente, não só nele, a irracional divisão do território em comarcas, em algumas das quais se

(qualitativa e economicamente) [201]. A subdivisão promovida pelas justiças estaduais[202] em comarcas parte do pressuposto de que o Poder Judiciário, por meio do seu representante, o juiz, deve estar próximo da comunidade[203].

---

torna insuportável a carga de trabalho, enquanto noutras, pouco movimentadas, se mantém uma capacidade ociosa deveras impressionante; a defeituosa organização do trabalho e a insuficiente utilização da moderna tecnologia, que concorrem para reter em baixo nível a produtividade" (BARBOSA MOREIRA, José Carlos [1931-2017]. O futuro da justiça: alguns mitos. **Revista de Processo**, v. 102, p. 228-238, abr.-jun. 2001). O mesmo autor, passados sete anos, afirmou que "É pena que, ao menos em certos Estados, a divisão em comarcas se deixe influenciar por fatores menos técnicos e mais políticos, do que resulta o aumento do número de comarcas além das reais necessidades do serviço, e o conseqüente acréscimo de despesa. No Estado do Rio de Janeiro, por exemplo, grande vantagem haveria caso se unificassem algumas comarcas do interior, de pequena população e movimento relativamente escasso, com sede em cidades próximas umas das outras e ligadas por boas vias de comunicação e transporte" (BARBOSA MOREIRA, José Carlos [1931-2017]. A justiça estadual na república. **Revista de Processo**, v. 160, p. 295-303, jun. 2008).

201. Saliente-se que a relação entre competência territoria e eficiência não é nova. Enrico Tullio Liebman, por exemplo, já afirmava que "A competência por território distribui as causas entre os muitos juízes de igual tipo, com dois objetivos principais: facilitar e tornar mais cômoda a defesa das partes, especialmente a do réu, a fazer com que, em determinadas categorias de controvérsias, o processo corra perante o juiz que, em razão do lugar em que tem sede, possa exercer suas funções da maneira mais eficiente" (LIEBMAN, Enrico Tullio [1903-1986]. **Manual de direito processual civil** [Manuale di diritto processuale civile - 1955]. v. I. Tradução de Câncido Rangel Dinamarco. 3ª ed., São Paulo: Malheiros Editores, 2005, p. 93).

202. Nos termos do art. 125, e seu § 1º, da Constituição Federal de 1988.

203. A Constituição Federal de 1988 (com redação da Emenda Constitucional nº 45, de 2004) dispõe que o juiz titular residirá na respectiva comarca, salvo autorização do tribunal (art. 93, VII), relegando à Lei Complementar dispor sobre o Estatuto da Magistratura respeitando os seus princípios. Assinala Clémerson Merlin Cléve que a "Referida normatividade, no sistema jurídico brasileiro, vem disciplinada na LC 35/79 (Lei Orgânica da Magistratura Nacional - LOMAN), recepcionada, formal e materialmente, pela nova ordem jurídica como a legislação a que se reporta o art. 93, da CF/1988)" (CLÉVE, Clémerson Merlin. Estrutura diretiva de tribunal de justiça. **Revista de Direito Constitucional e Internacional**, v. 50, p. 337-345, jan.-mar. 2005). De outro lado, a Lei Orgânica da Magistratura Nacional (Lei Complementar nº 35, de 1979) impõe como dever do magistrado "residir na sede da Comarca salvo autorização do órgão disciplinar a que estiver subordinado" (art. 35, V). O Conselho Nacional de Justiça editou Resolução (nº 37, em 06 de junho de 2007) determinando aos Tribunais que ainda não o tivessem feito que, por seus órgãos Plenário ou Especial, no prazo de 60 (sessenta) dias, editassem atos normativos regulamentando as autorizaçoes para que Juízes residam fora das respectivas comarcas, explicitando que tais autorizações só deveriam ser concedidas em casos excepcionais e desde que não causassem pre-

Essa proximidade, de um lado, permitiria o contato direito com o magistrado da causa e favoreceria o conhecimento do magistrado dos costumes locais, assegurando-se, portanto, acesso à justiça substancial e uma prestação de tutela jurisdicional mais aderente àquele espaço geográfico[204]. Bem percebidas essas observações, ambas derivam da ideia de imediação do juiz com o fato e a sua habilidade de percebê-lo. Ou seja, o juiz inserido na comunidade, vivenciando-a, teria melhores condições de julgar os fatos por ela produzidos, pois os teria percebido (sentido) diretamente.

Entretanto, essa noção de proximidade física do juiz com o processo e com a comunidade deixa de ser necessária (diante do avanço da tecnologia[205] e dos fenômenos culturais descritos no item 4.1 do presente livro) e eficiente (diante do aumento de complexidade social e do acesso à informação[206]). Isso porque, se na época em que foi formado esse conceito ("o juiz da comarca"),

---

juízo à efetiva prestação jurisdicional, bem como registrando que a residência fora da comarca, sem autorização, caracterizaria infração funcional, sujeita a procedimento administrativo disciplinar.

204. Afirma Araken de Assis que "A divisão do território nacional em circunscrições constitui imperativo geográfico e demográfico. É imperioso aproximar o órgão judiciário da população, dos possíveis usuários do serviço jurisdicional prestado pelo Estado, e, assim, acercar-se da própria lide, que é fenômeno social eminentemente intersubjetivo. A proximidade facilita o acesso à Justiça. E, no ângulo reverso, concentração da atividade judiciária num único lugar mostrar-se-ia, por óbvio, impraticável" (ASSIS, Araken de. **Processo civil brasileiro** [2015]. 2. ed., v. 1. São Paulo: Revista dos Tribunais, 2016, p. 1120).

205. Prevendo o desaparecimento da imediação em face da adoção dos meios eletrônicos do processo, professa Araken de Assis, que "Essa tendência acentuar-se-á com a introdução do processo eletrônico. O princípio da imediação ou desaparecerá – cenário mais provável – ou sofrerá mudança radical. O uso do ambiente virtual nas audiências (tecnologia já praticável e mencionada no art. 194 do NCPC) distanciará o juiz das partes e dos seus advogados" (ASSIS, Araken de. **Processo civil brasileiro** [2015]. 2. ed., v. 1. São Paulo: Revista dos Tribunais, 2016, p. 346). Em sentido contrário, vislumbrando no meio eletrônico uma possibilidade de resgate da ideia de oralidade, sustenta Petrônio Calmon que "O processo eletrônico se afirma como instrumento hábil para proporcionar a retomada do conjunto de idéias que formam a oralidade, abrindo as portas do Judiciário para o novo modo de viver da sociedade, com sua radical transformação em decorrência dos avanços tecnológicos" (CALMON, Petrônio. O modelo oral de processo no século XXI. **Revista de Processo**, v. 178, p. 47-75, dez. 2009).

206. A preocupação com a precariedade dos meios de comunicação existente em 1979 pode ser mensurada pelo que dispõe o § 2º do art. 97 da Lei Complementar nº 35/1979. O art. 97 da aludida Lei trata dos critérios para a criação, a extinção e a classificação de Comarcas ("I - a extensão territorial; II - número de habitantes; III - o número de eleitores; IV - a receita tributária; V - o movimento forense"). Ocorre que o § 2º do

a proximidade do magistrado era medida necessária em face dos meios que se dispunha para a atuação processual (o processo físico demandava que todos os operadores tivessem de manipular os autos, mostrando-se eficiente a proximidade física), hoje[207], a desmaterialização física dos atos processuais (por meio da adoção do processo eletrônico/digital) permite que o acesso aos autos e a atuação processual (por videoconferência, por exemplo[208]) sejam de maneira remota[209]. Estabelecida a desnecessidade de que os auxiliares da

---

mencionado artigo dispensa a observância dos índices mínimos estabelecidos em Lei "em relação a Municípios com precários meios de comunicação".

207. Segundo dados do Relatório do Conselho Nacional de Justiça de 2019, os processos autuados eletronicamente passaram de 30,4% em 2013 para 83,8% em 2018 (BRASIL. **Justiça em números 2019:** ano-base 2018. Brasília: CNJ, 2019, p. 220).

208. Prática permitida de forma expressa pelo art. 194 do Código de Processo Civil ("Art. 194. Os sistemas de automação processual respeitarão a publicidade dos atos, o acesso e a participação das partes e de seus procuradores, inclusive nas audiências e sessões de julgamento, observadas as garantias da disponibilidade, independência da plataforma computacional, acessibilidade e interoperabilidade dos sistemas, serviços, dados e informações que o Poder Judiciário administre no exercício de suas funções").

209. Neste sentido, Carlos Henrique Abrão afirma que "O processo eletrônico, como não poderia deixar de ser, apresenta fases e etapas, que caracterizam sua constituição, formação válida, desenvolvimento, com todos os princípios constitucionais e processuais assegurados, objetivando, assim, acesso e consulta, permitindo que o juiz natural, mesmo ausente do local de sua jurisdição, acesse e possa receber, em tempo real, todas as informações" (ABRÃO, Carlos Henrique. **Processo eletrônico:** processo digital. 5. ed. São Paulo: Atlas, 2017, p. 19). Na mesma linha de orientação, assevera Paulo Roberto Pegoraro Jr., que "O processo eletrônico permite sua tramitação pela rede mundial de computadores (Internet) e é caracterizado pela ubiquidade, elemento pelo qual o acesso se dá a partir de indistinto ponto geográfico planetário, em qualquer tempo e simultaneamente, eis que disponível de forma remota, pois as redes telemáticas não exigem consultas e operação *in loco*, o que rompe definitivamente a convenção espacial temporal clássica da prestação jurisdicional" (PEGORARO JR., Paulo Roberto. A ubiquidade do processo eletrônico e a superação da competência territorial relativa. **Revista de Processo**, v. 263, p. 453-477, jan. 2017).

justiça[210] (e, por que não, os magistrados[211]) façam-se presentes de modo físico em um processo eletrônico (ou para determinados atos), passa-se a apresentar um modelo que melhor atenda a eficiência que se exige do Poder Judiciário na prestação da tutela jurisdicional. A complexidade social, a massificação das relações jurídicas e a potencial harmonização global dos fatores culturais[212] (permitida a partir dos meios atuais de comunicação e

---

210. Saliente-se que o Conselho Nacional de Justiça brasileiro regulamentou a possibilidade de realização de teletrabalho por meio da Resolução nº 227, de 15 de junho de 2016, considerando dentre outras causas, "que o avanço tecnológico, notadamente a partir da implantação do processo eletrônico, possibilita o trabalho remoto ou a distância" e "as vantagens e benefícios direitos e indiretos resultantes do teletrabalho para a Administração, para o servidor e para a sociedade". A aludida Resolução tomou, também, por fundamento a alteração do art. 6º da Consolidação das Leis do Trabalho promovida pela Lei nº 12.551, de 15 de dezembro de 2011, que equiparou "os efeitos jurídicos da subordinação exercida por meios telemáticos e informatizados à exercida por meios pessoais e diretos". Eis o texto do aludido artigo: "Art. 6º Não se distingue entre o trabalho realizado no estabelecimento do empregador, o executado no domicílio do empregado e o realizado a distância, desde que estejam caracterizados os pressupostos da relação de emprego. Parágrafo único. Os meios telemáticos e informatizados de comando, controle e supervisão se equiparam, para fins de subordinação jurídica, aos meios pessoais e diretos de comando, controle e supervisão do trabalho alheio".

211. Em notícia veiculada no site do Conselho Nacional de Justiça, há matéria na qual se divulgam as vantagens do teletrabalho e pode ser lido o seguinte relato: "A infraestrutura de tecnologia da informação permitiu que um magistrado do mesmo tribunal trabalhasse ainda mais longe que Belém. Durante o ano em que o juiz da 17ª Vara do Trabalho de Curitiba José Aparecido passou na Universidade de Salento, em Lecce, na Itália, para concluir seu doutorado, ele não deixou de trabalhar. Entre setembro de 2012 e agosto de 2013, Aparecido acessava diariamente o sistema eletrônico do tribunal para descobrir quais tarefas estavam pendentes e emitia despachos, sentenças e guias, sem ter sequer de entrar em contato com sua equipe no tribunal em Curitiba. 'Raramente precisava dar alguma orientação, tirar alguma dúvida, o que fazia por e-mail. Passei um ano como se não tivesse saído da vara, em termos de produção. Graças a um bom sistema, simples, rápido e racional, cumprimos os prazos no mesmo ritmo como se estivesse na vara. Basicamente, só não fiz audiência', afirma" (Disponível em: http://www.cnj.jus.br/noticias/cnj/79737-tecnologia-viabiliza-teletrabalho-para-servidores-e-magistrados).

212. Sobre o tema, é valiosa a reflexão, produzida em 1975, de Zygmunt Bauman: "Se as barreiras linguísticas ainda são capazes de obstar ou reduzir a velocidade de seu [produtos culturais] movimento, sua capacidade de fazer isso vai encolhendo a cada passo sucessivo no desenvolvimento da tecnologia eletrônica. Isso não significa o desaparecimento final das identidades culturais. Mas representa, sim, que elas, e a difusão de padrões e produtos culturais mudaram de lugar – pelo menos quando comparadas com suas versões na imagem ortodoxa da cultura. Mobilidade, desarraigamento e disponibilidade/acessibilidade global dos padrões e produtos culturais

por uma maior circulação de pessoas) fazem com que, mesmo em pequenas comunidades, exista uma grande variedade de conflitos, tanto no que tange às suas categorias jurídicas quanto ao grau de sua complexidade. Ao encaminhar um juiz menos experiente para assumir uma pequena comarca em vara em que exerce competência plena[213], coloca-se sobre este profissional um fardo insuportável, na medida em que, mesmo diante de um número menor de processos sob sua responsabilidade (se em comparação com uma vara pertencente a uma grande comarca), a variedade de causas inexoravelmente irá ocasionar uma baixa eficiência na prestação da tutela jurisdicional[214]. Além disso, em geral, nas comarcas pequenas, existe uma menor infraestrutura (seja física, seja de suporte humano) à disposição do magistrado que se coloca diante desse desafio. Em síntese, o cenário que encontramos é o de um profissional com pouca experiência, com parcos recursos de infraestrutura[215], atuando em causas de matérias e complexidades diversas.

---

constituem agora a 'realidade primária' da cultura; como identidades culturais distintas, só podem emergir como resultados de uma longa cadeia de 'processos secundários' de escolha, retenção e recombinação seletivas (os quais, o que é mais importante, não são bloqueados quando a identidade em questão emerge)" (BAUMAN, Zygmunt [1925-2017]. **Ensaios sobre o conceito de cultura** [*Culture as praxis* - 1975]. Trad. Carlos Alberto Medeiros. Rio de Janeiro: Zahar, 2012, p. 68-69).

213. Segundo Athos Gusmão Carneiro, "Em uma comarca provida de apenas uma vara, ao respectivo juiz titular é atribuída competência para processar e julgar, em primeira instância, todas as causas propostas naquele foro; tem assim competência plena ou cumulativa. Assim também em comarcas providas de duas ou mais varas, quando todas as causas forem distribuídas indistintamente a todas as varas" (CARNEIRO, Athos Gusmão [1925-2014]. **Jurisdição e competência** [1982]. 15. ed. São Paulo: Saraiva, 2007, p. 123). Atualmente, segundo dados do Conselho Nacional de Justiça, "69,2% das comarcas brasileiras são providas com apenas uma vara. Aproximadamente 66% das unidades judiciárias são de juízo único ou de competência exclusiva cível ou criminal. As demais unidades possuem competências específicas que atuam ou na forma exclusiva ou cumulativa com outras especializações" (BRASIL. **Justiça em números 2019**: ano-base 2018. Brasília: CNJ, 2019, p. 165).

214. Seja do ponto de vista da eficiência-economia (em face da necessidade de um maior tempo para dar a resposta), seja em face da eficiência-qualidade (diante impossibilidade de conhecer de uma vasta gama de temas em um curso espaço de tempo no exercício da magistratura).

215. O aumento da estrutura do Poder Judiciário é medida apenas paliativa para o problema decorrente das alterações experimentadas pela sociedade. Como refere Araken de Assis, "O cenário traçado só pode ser alterado por intermédio da mudança de hábitos e pelo aprimoramento da técnica processual. O simples aumento da estrutura judiciária jamais acompanhará a demanda crescente, supondo-se que existam recursos financeiros abundantes para ampliá-la indefinidamente. Eis o papel do novo CPC e

Diante de tudo isso, seria preferível que, em vez de insistir na ideia de que o contato do juiz com o fato ou comunidade traz consigo uma qualificação da prestação da tutela jurisdicional, se estruturasse a atuação das carreiras da magistratura a partir da área de atuação e não da área geográfica. Basta que, para tanto, por ordem do respectivo tribunal de justiça[216], as comarcas contemplem regiões, cujo tamanho justifique a existência de todas as varas especializadas que se entenda necessária[217]. Ou seja, se um determinado tribunal entender oportuna a criação de uma determinada vara especializada, por uma questão de igualdade[218], todas as causas a que tenha competência devem ser julgadas por um juiz especializado. Chama-se a atenção para o fato de que esse modelo, se, por um lado, afasta a proximidade física do juiz com as comunidades menores (periféricas), por outro promove a igualdade

---

de seus institutos renovados" (ASSIS, Araken de. **Processo civil brasileiro** [2015]. 2. ed., v. 1. São Paulo: Revista dos Tribunais, 2016, p. 88).

216. Na medida em que a Constituição Federal (art. 96, inciso I, alínea "a" e inciso II, alínea "d", da Constituição Federal) concede ao Poder Judiciário o princípio do autogoverno como reconhecido, por exemplo, no julgamento da ADI nº 3.915 – BA, em 20 de junho de 2018, pelo Tribunal Pleno do Supremo Tribunal Federal (BRASIL, ADI 3915, Relator: Min. Alexandre de Moraes, Tribunal Pleno, julgado em 20/06/2018, **DJe**-128, divulgado em 27-06-2018, publicado em 28-06-2018).

217. Importante perceber que a medida proposta, em grande parte, se mostra conservadora se considerados alguns prognósticos do desenvolvimento da sociedade em rede e a adoção de tecnologias baseadas em inteligência artificial. É uma proposta consentânea com as regras atuais do processo civil e não uma proposta de reforma radical. Não propõe, por exemplo, a extinção da própria comarca enquanto delimitação espacial de prestação de tutela jurisdicional ou a extinção da competência territorial (como o faz Paulo Roberto Pegoraro Jr. em: PEGORARO JR., Paulo Roberto. A ubiquidade do processo eletrônico e a superação da competência territorial relativa. **Revista de Processo**, v. 263, p. 453-477, jan. 2017). Trata-se de um ajuste baseado no sistema posto e de proposições vocacionadas a aumentar o nível de eficiência, quantitativa e qualitativamente, valendo-se dos novos modelos de interação social e da existência de meios necessários para a sua funcionalização.

218. Rafael Sirangelo de Abreu apresenta preocupação com a dificuldade de promover a igualdade no processo em razão da distância e localização das partes o do Poder Judiciário. Afirma que "A igualdade, portanto, impõe que o Legislativo e Judiciário criem meios de neutralizar esse potencial desequilíbrio que a questão geográfica pode criar" (ABREU, Rafael Sirangel de. **Igualdade e processo**: posições processuais equilibradas e unidade do direito. São Paulo: Revista dos Tribunais, 2015, p. 166). No ponto do presente livro, busca-se diminuir a desigualdade não quanto a facilidade de acesso (proximidade) ao Poder Judiciário, mas quanto à qualidade da prestação da tutela jurisdicional em comarcas com estruturas (em sentido amplo) distintas. Embora, tratando de pontos diversos, a conclusão é a mesma: o Estado deve criar meios para diminuir a desigualdade.

de prestação da tutela jurisdicional com os grandes centros metropolitanos. Hoje o que se vê[219] é um juiz inexperiente (em início de carreira) atuando junto às pequenas comunidades (partindo-se do conceito prévio de que nas pequenas comunidades existem causas de menor complexidade[220]), enquanto os juízes mais experientes exercitam suas funções em grandes centros urbanos. Promove-se, assim, um evidente tratamento não isonômico no que toca a prestação da tutela jurisdicional.

Além disso, a redefinição da competência tal como proposto, do ponto de vista da eficiência, permite que seja possível concentrar fisicamente a atuação jurisdicional em cidades que possuam uma infraestrutura mais adequada, mantendo, nas cidades pequenas (atuais comarcas), apenas postos aparelhados a prestar informações e a realizar os atos processuais por meio virtual (videoconferências, por exemplo). Essa redefinição de comarcas associada a regiões e não a municípios permite, também, que um dos efeitos negativos da especialização da prestação da tutela jurisdicional seja mitigado. Como bem observa Antonio do Passo Cabral, a extrema especialização da competência pode promover a associação de um determinado magistrado (ente físico) fique associado à prestação de tutela em um determinado tipo de conflito em um determinado espaço geográfico a tal ponto que ele assuma a condição de personificar a própria justiça[221]. Fica reduzido este risco pois, compreendendo a comarca a partir de região e não de município é mais factível, do ponto de vista da eficiência estrutural, designar mais de

219. O critério atual de alocação de recursos humanos nas comarcas leva em consideração o número de processos existentes em uma comarca, mas ignora, aparentemente, o impacto que esse modelo gera na qualidade da prestação da tutela jurisdicional aos direitos das pessoas residentes em pequenas comunidades. Ao que parece, a confiança no poder de controle das decisões exercido pelos tribunais locais (sobre o tema dos papéis das cortes e dos tribunais, ver: MITIDIERO, Daniel. **Cortes Superiores e Cortes Supremas:** do controle à interpretação, da jurisprudência ao precedente [2013]. 3. ed. São Paulo: Revista dos Tribunais, 2017) parece preponderar sobre a qualidade da prestação da tutela jurisdicional na origem do processo judicial. O efeito colateral dessa decisão pode ser sentido no volume de recursos interpostos e no percentual de reformas de decisões judiciais promovidas pelos tribunais.

220. A título exemplificativo, basta questionar-se sobre qual a diferença de complexidade de um pedido de guarda provisória postulada em uma pequena comunidade e em uma grande cidade que justifique um juiz generalista (e inexperiente) em uma e um juiz especializado (e experiente) em outra. Trata-se de evidente violação à igualdade.

221. CABRAL, Antonio do Passso. **Juiz natural e eficiência processual**: flexizibilização, delegação e coordenação de competências no Processo Civil. São Paulo: Revista dos Tribunais, 2021, p. 290.

um (ou mesmo diversos) magistrado para atuar em um ramo especializado do direito em uma determinada área de abrangência.

Significativo, também, é o fato de que a padronização de estruturas judiciais[222] a partir do volume de processos[223] (e não a partir de critérios dotados de características geopolíticas[224]) e das peculiaridades da causa (em razão da matéria) assegura um maior controle quanto à da eficiência da prestação da tutela jurisdicional, como um todo, e do agente público que a exercita, em particular. É fácil perceber a possível injustiça no tratamento dispensado a um juiz ou servidor público que atue em comarca com baixa infraestrutura e multiplicidade de temas a serem enfrentados se comparado o seu desempenho, a partir de número de atos praticados, com outro juiz ou servidor que atue em comarca com maior infraestrutura e diante de causas de menor complexidade (por vezes baseados em casos repetitivos).

---

222. A padronização de alguns aspectos do Poder Judiciário brasileiro tem sido uma preocupação constante do Conselho Nacional de Justiça (CNJ). Essa busca pela padronização decorre da sua atribuição constitucional de exercer o controle sobre as atividades administrativas e o controle ético-disciplinar dos membros do Poder Judiciário (Constituição Federal, art. 103-B, § 4º). Diante desse cenário, fez o CNJ como uma de suas políticas estratégicas a "política de incentivo à padronização" (RIBEIRO, Antônio de Pádua. A importância do CNJ na implantação de uma nova ordem judiciária no Brasil. *In:* STOCO, Rui; PENALVA, Janaína (Orgs.). **Dez anos de reforma do judiciário e o nascimento do Conselho Nacional de Justiça**. São Paulo: Revista dos Tribunais, 2015, p. 73).

223. Aqui se faz presente a ideia de centros de rede (*hubs*) como aglutinadores dos fluxos sociais e culturais de uma sociedade em rede, tal como foi explorado no item 4.1 deste livro.

224. O art. 97, I, da Lei Orgânica da Magistratura Nacional (Lei Complementar nº 35/1979) aponta, por exemplo, como critério de criação de comarca a sua extensão territorial. Outro dado que revela esta conclusão é o de que "Dos 5.570 municípios brasileiros, 2.702 (48,5%) são sedes de comarca na Justiça Estadual" (BRASIL. **Justiça em números 2019:** ano-base 2018. Brasília: CNJ, 2019, p. 219).

A padronização das estruturas permite comparar iguais, tanto do ponto de vista quantitativo (número de atos praticados[225]) quanto do ponto de vista qualitativo[226].

Por fim, além desse ganho de eficiência em infraestrutura, a ênfase em especialidade e não em espaço geográfico permite que a progressão (ou mobilidade) na carreira da magistratura esteja associada não à proximidade das grandes cidades, mas à complexidade das causas. Um juiz em início de carreira deve ser lotado em vara especializada de causas de menor complexidade e na medida em que ascende, sem necessariamente mudar de "comarca/região", assume vara especializada de maior complexidade. Assim, por exemplo, um juiz ingressaria na carreira em uma vara de juizado especial ou uma vara cível residual (cível comum) e poderia ser promovido para atuar em uma vara de maior complexidade (como, por exemplo, de Falência e Recuperação Judicial). Tudo isso sem sair da comarca/região.

Nos últimos anos o Poder Judiciário tem dado sinais de seguir o caminho proposto no presente tópico.

Em um primeiro momento e em perspectiva pontual, foram criadas varas especializadas regionais para atender demandas de alta complexidade fora dos limites impostos pelas comarcas. Assim, tomando o exemplo do Tribunal de Justiça do Rio Grande do Sul, foi criada em 01/07/2019 a primeira Vara Regional[227] Empresarial do estado na cidade de Novo Hamburgo, bem como, em outubro de 2021, a Vara Estadual de Improbidade Administrativa

---

225. Essa parece ser a ênfase atual da atuação do Conselho Nacional de Justiça. Compartilha do entendimento Maro Felix Jobim ao afirmar que o modo como o CNJ vem fiscalizando o Poder Judiciário não é o mais eficiente "uma vez que, da forma como vem aparecendo em algumas matérias, nas quais aparece cobrando os órgãos jurisdicionais em demasia, por meio de metas prioritárias ou ações prioritárias, apenas a parte da eficiência quantitativa estaria abarcada, quando, em uma análise mais aprofundada daquilo que vem sendo feito pelo CNJ, vê-se que, mesmo que não na mesma intensidade, tenta equilibrar a balança da eficiência com sua outra face, a qualitativa" (JOBIM, Marco Felix. **As funções da eficiência no processo civil brasileiro**. São Paulo: Thomson Reuters Brasil, 2018, p. 123-124).

226. Critério que se mostra deficientemente explorado nas estatísticas do Poder Judiciário brasileiro.

227. Segundo informações do Tribunal de Justiça do Rio Grande do Sul a competência da vara regional alcança, "além da sede, as Comarcas de Campo Bom, Dois Irmãos, Estância Velha, Igrejinha, Ivoti Montenegro, Portão, Parobé, São Leopoldo, São Sebastião do Caí, Sapiranga, Sapucaia do Sul, Taquara e Três Coroas" (Fonte: https://www.tjrs.jus.br/novo/noticia/tj-instala-em-novo-hamburgo-a-primeira-vara-regional-empresarial-do-rs-comarca-ganha-tambem-a-4a-vara-civel-especializada-em-fazenda-publica/).

para processar e julgar todos os processos relacionados à matéria de improbidade administrativa distribuídos no Estado do Rio Grande do Sul[228]. Como se observa nos casos mencionados exemplificativamente, a solução encontrada para tornar mais eficiente a prestação da tutela jurisdicional nestes casos foi pontual.

De outro lado, o CNJ, por meio da Resolução nº 385 de 06 de abril de 2021, propôs solução muito mais abrangente para o tema com a criação dos "Núcleos de Justiça 4.0". Partindo do pressuposto de que os processos tramitam perante o "Juízo 100% Digital"[229], o CNJ propõe que "Os tribunais poderão instituir "Núcleos de Justiça 4.0" especializados em razão de uma mesma matéria e com competência sobre toda a área territorial situada dentro dos limites da jurisdição do tribunal" (art. 1º, *caput*, da Resolução nº 385/2021) podendo "abranger apenas uma ou mais regiões administrativas do tribunal" (art. 1º, § 1º, da Resolução nº 385/2021). Do ponto de vista estrutural, dispõe a Resolução que cada "Núcleo de Justiça 4.0" "deverá contar com um juiz, que o coordenará, e com, no mínimo, dois outros juízes" (art. 1º, § 3º, da Resolução nº 385/2021), que atuarão de forma "exclusiva ou cumulativa à atuação na unidade de lotação original" (art. 4º, § 3º, da Resolução nº 385/2021), por prazo determinado, ou de forma permanente[230] (art. 5º da Resolução nº 385/2021). A avaliação da adequação da estrutura do núcleo deve ser feita pelos tribunais levando em consideração a quantidade de processos distribuídos e o volume de trabalho dos servidores, podendo, de acordo com os resultados obtidos, haver "transformação de unidades físicas em núcleos, readequação da sua estrutura de funcionamento ou de alteração da abrangência de área de atuação" (Art. 6º da Resolução nº 385/2021). Além da criação dos Núcleos de Justiça 4.0 como unidade judiciárias, o CNJ, por meio da Resolução nº 398 de 09 de junho de 2021, também permitiu que fossem criados Núcleos de apoio às unidades judiciárias existentes em situações específicas (Art. 1º da Resolução nº 398/2021). Dentre as hipóteses aventadas pela Resolução, no que diz respeito à oralidade processual tal como compreendida no presente livro, destaca-se a possibilidade de criação de Núcleos de apoio para atuação em processos que abarquem questões espe-

228. Fonte: https://www.tjrs.jus.br/novo/noticia/aprovada-criacao-da-vara-estadual-de--improbidade-administrativa/

229. Ver item 4.2.4 do livro, bem como a Resolução do CNJ nº 345/2020.

230. "Na hipótese de o tribunal viabilizar a transformação de unidades jurisdicionais físicas em unidades jurisdicionais virtuais no âmbito do Núcleo de Justiça 4.0, poderá substituir o sistema de designação por tempo certo previsto no caput pelo de lotação permanente", nos termos do parágrafo único do art. 5ºda Resolução nº 385/2021 do CNJ.

cializadas em razão da fase processual (art. 1º, I, da Resolução nº 398/2021) e que "encontrem-se com elevado prazo para a realização de audiência" (Art. 1º, V, da Resolução nº 398/2021).

Como é possível observar, os Núcleos de Justiça 4.0 concebidos como unidades judiciárias autônomas rompem com os critérios tradicionais de competência territorial valorizando a atuação especializada diante da matéria, bem como, quando concebidos como unidades de apoio, permitem, além da disrupção territorial, uma atribuição de competência pautada pela função processual (levando em consideração fase ou ato processual). Frise-se que estas medidas são adotadas considerando "a necessidade de racionalização da utilização de recursos pelos órgãos do Poder Judiciário" e a promoção do "aumento da celeridade e da eficiência da prestação jurisdicional"[231].

A segunda premissa do primeiro módulo, como dito, reside na observação de que a definição da causa deveria ser feita de modo concentrado na audiência de mediação e conciliação. O exercício do direito de ação[232] por quem entende ter sofrido violação ou ameaça a direito se dá por meio da propositura da demanda. Esse fato é comum, possivelmente, em todos os sistemas processuais no mundo. A diferença entre os ordenamentos processuais, em geral, situa-se no grau de exigência para com a descrição dos fatos e fundamentos jurídicos pelo autor e nas consequências para descrição inadequada. No Brasil, a descrição pormenorizada dos fatos e fundamentos jurídicos do pedido é indicação obrigatória[233] já na petição inicial, ficando

231. Tal como exposto ns considerandos das Resoluções nº 385/2021 e 398/2021 ambas do CNJ.

232. Sobre o direito de ação, recomenda-se: PASSOS, J. J. Calmon de (1920-2008). **A ação no direito processual civil brasileiro** [1960]. Salvador: Juspodivm, 2014; TESHEINER, José Maria Rosa. **Elementos para uma teoria geral do processo**. São Paulo: Saraiva, 1993; ALVARO DE OLIVEIRA, Carlos Alberto [1942-2013]. **Teoria e prática da tutela jurisdicional**. Rio de Janeiro: Forense, 2008; BAPTISTA DA SILVA, Ovídio A. [1929-2009]; GOMES, Fábio. **Teoria Geral do processo civil** [1997]. 4ª ed., São Paulo: Revista dos Tribunais, 2006; MARINONI, Luiz Guilherme; ARENHART, Sérgio Cruz; MITIDIERO, Daniel. **Curso de processo civil** [2015]. v.1. 4ª ed., São Paulo: Revista dos Tribunais, 2019, p. 221-375; ABREU, Leonardo Santana de. **Direito, ação e tutela jurisdicional**, Porto Alegre: Livraria do Advogado, 2011.

233. O art. 319, III, do Código de Processo Civil impõe a descrição dos fatos e fundamentos jurídicos do pedido na inicial, materializando, para a doutrina majoritária, a adoção da teoria da substanciação da causa de pedir. Para uma visão tradicional da teoria da substanciação, ver: TUCCI, José Rogério Cruz e. A causa petendi no processo civil. São Paulo: Revista dos Tribunais, 2009. Sobre as teorias da causa de pedir, oportuna a leitura de: DOMIT, Otávio Augusto Dal Molin. **Iura novit curia e causa de pedir**: o

impedido o autor de inovar, salvo situações específicas. Além disso, é dever do autor fazer acompanhar a inicial de todos "os documentos indispensáveis à propositura da demanda"[234]. Tal modelo de ato inaugural da demanda é típico dos países de origem romano-germânica[235]. O mesmo ocorre com a apresentação dos documentos que amparam a defesa. A prova documental será trocada entre as partes ao longo da aludida fase inicial.

Proposta a demanda, o juiz brasileiro realiza análise acerca do atendimento dos pressupostos processuais e dos requisitos formais da petição inicial[236]. Neste momento, não é realizada a análise dos fatos e dos fundamentos jurídicos, salvo se pretendida a concessão de tutela provisória[237], ou quando "da narração dos fatos não decorrer logicamente a conclusão"[238]. Até aqui, nenhuma grande novidade foi trazida pelo ordenamento processual contemporâneo frente à maneira tradicional de ver o processo.

Uma das principais mudanças procedimentais propostas pelo Código de Processo Civil de 2015 foi a inserção de uma audiência de mediação

---

juiz e a qualificação jurídica dos fatos no processo civil brasileiro. São Paulo: Revista dos Tribunais, 2016, p. 257-285; MEDINA, Paulo Roberto de Gouvêa. **Iura novit curia**: a máxima e o mito. Salvador: Juspodivm, 2020, p. 89-98.

234. Art. 320 do Código de Processo Civil.

235. Nos países de experiência de *common law*, embora os contornos da demanda sejam desenhados ao longo da fase de preparação para a causa, existe uma tendência de ser exigida a narrativa dos fatos de forma mais completa. No direito inglês, a partir da entrada em vigor do Código de Processo Civil de 1999, a descrição dos fatos no ato introdutivo da demanda varia de acordo com a complexidade da causa (o que impacta no procedimento em que a demanda irá tramitar). No direito norte-americano, a tendência por uma maior precisão quanto aos fatos decorre da tentativa de inibir a prática de atos processuais meramente especulativos. Sobre o tema, ver: DONDI, Angelo; ANSANELLI, Vicenzo; COMOGLIO, Paolo. **Processo civil comparado:** uma perspectiva evolutiva [*Processi civili in evoluzione: uma prospettiva comparata* – 2015]. Trad. e Coord. Luiz Guilherme Marinoni, Sérgio Cruz Arenhart e Daniel Mitidiero. São Paulo: Revista dos Tribunais, 2017, p. 106-127. Ainda sobre os contornos da demanda, compreendidos a partir da sua introdução e modificação, no direito comparado é valiosa a leitura de: DONDI, Angelo. **Introduzione della causa e strategie di difesa**: il modello statunitense. Padova: CEDAM, 1991 e PICÓ I JUNOY, Joan. **La modificación de la demanda en el processo civil**: reflexiones sobre la prohibición de mutatio libelli. Valencia: Tirant lo Blanch, 2006.

236. Previstos nos artigos 319 e 330 do Código de Processo Civil.

237. Artigos 300 e seguintes do Código de Processo Civil.

238. Art. 330, § 1º, III, do Código de Processo Civil.

antes da apresentação da contestação[239]. Essa audiência cuja realização é indicada como regra tem por escopo ordinário viabilizar uma técnica de autocomposição antes de controvertidos os fatos (com a apresentação de contestação), oportunidade em que, ao menos em tese, as partes estariam mais suscetíveis a realizar um acordo[240].

Um grande esforço foi feito pelo Poder Judiciário para capacitar profissionais a exercerem essa função. Contudo, diante do pequeno número de mediadores e conciliadores habilitados, quando considerado o número de causas que tramitam no judiciário brasileiro, não é raro que, ainda diante de direitos disponíveis e não havendo objeção quanto à sua realização, a audiência de mediação seja dispensada pelo magistrado em face de ausência de pauta para tanto. A trajetória da audiência de mediação do código processual vigente parece repetir a sina da audiência de conciliação e preliminar das reformas processuais do Código de Processo Civil anterior. Tratando do tema, José Carlos Barbosa Moreira identifica que o ato processual "foi e é uma faca de dois gumes: se se consegue promover o acordo das partes, ela abrevia o pleito em medida considerável; no caso contrário, só faz prolongá-lo, sem que outros eventuais benefícios compensem por força a desvantagem", prevalecendo na reforma da Lei nº 10.444/2002 "o entendimento de que os prós não superam sempre e necessariamente os contras"[241]. A chave de leitura que parece ter escapado pode ser extraída do trecho "sem que outros eventuais benefícios compensem por força a desvantagem". Isso porque, em uma análise pragmática pautada por uma lógica de prós e contras, basta a inserção de uma nova vantagem ("outros eventuais benefícios") na equação para que a resposta seja modificada. Em outras palavras: para que uma audiência seja vantajosa, tomando por parâmetro a eficiência processual, não

---

239. Art. 334 do Código de Processo Civil.

240. Essa afirmação é contestada por Erik Navarro Wolkart à luz da análise econômica do direito. Afirma o autor, que "a petição inicial e a contestação deitam todos os argumentos jurídicos a serem utilizados pelas partes, já no início do processo, bem como os fatos relevantes (as facetas da realidade que importam para cada parte). Infelizmente, o CPC/2015 optou por não exigir a especificação de provas nesse momento. Como é fácil perceber, o pedido de prova pericial ou testemunhal, com o simultâneo arrolamento de testemunhas e indicação de quesitos ao perito, seria de grande valia para a diminuição da assimetria de informação já na fase postulatória, aumentando a possibilidade de acordo" (WOLKART, Erik Navarro. **Análise econômica do processo civil:** como a economia, o direito e a psicologia podem vencer a tragédia da justiça. São Paulo: Thoomson Reuters, 2019, p. 355).

241. MOREIRA, José Carlos. Reformas processuais e poderes do juiz. **Revista da EMERJ**, v. 6, n. 22, p. 58-72, 2003, p. 70.

basta que ela tenha por escopo exclusivamente a promoção de tentativa de conciliação, é necessário atribuir ao ato outras utilidades.

É exatamente neste contexto que se insere a ideia de concentração processual, pois, concentrando-se diversos atos processuais em uma mesma oportunidade, tem-se um evidente ganho de eficiência de tempo, sem prejuízo da qualidade da prestação da tutela jurisdicional. Resta saber quais atos podem ser contemplados neste momento.

Em que pese a aparente opção do legislador em situar a audiência de mediação e conciliação no início da fase postulatória não ter sido motivada por questões relacionadas ao desenvolvimento do procedimento (confiando que uma mediação ou conciliação bem-sucedida irá pôr fim à demanda), não se pode ignorar que, em não sendo obtido o acordo, o processo irá se desenvolver e que questões derivadas deste fato podem ser resolvidas no mesmo ato, de forma concentrada e oral.

Partindo do pressuposto de que pode ser feita mediação sobre direitos passíveis de autocomposição (disponíveis transacionáveis, na linguagem da Lei nº 13.140/2015), todos os direitos processuais que possuam esta natureza podem ser objeto da mediação. Assim, basta identificar quais são os direitos que podem ser objeto de negócios/convenções processuais[242] para definir quais podem ser mediados.

De tal modo, ainda que a causa veicule direito não passível de autocomposição (do ponto de vista material), sendo os direitos processuais suscetíveis de autocomposição, ainda sim a audiência de mediação seria útil como verdadeira audiência preliminar. Acrescente-se que o fato de ser obrigatória a presença dos advogados (art. 334, § 9º, do CPC de 2015) permite que as questões atinentes à organização do processo sejam realizadas sem risco ao direito das partes.

Se, no regime anterior, quando do acordo, as partes poderiam ampliar ou limitar a demanda na conciliação[243], no regime atual, em que sequer a contestação foi apresentada é ainda mais evidente a possibilidade de que as

---

242. A doutrina apresenta profundo debate sobre quais seriam os limites para a realização de acordos processuais. Como não se trata do tema deste livro, recomenda-se, para a compreensão do tema, a leitura de: CABRAL, Antonio do Passo. **Convenções processuais** [2016]. 2ª ed., Salvador: Juspodivm, 2018; NOGUEIRA, Pedro Henrique. **Negócios jurídicos processuais** [2016]. 2ª ed., Salvador: Juspodivm, 2017.

243. Art. 264 e art. 475-N, III, do Código de 1973 (com redação, respectivamente, das Leis nº 5.925/73 e 11.232/2005).

partes ajustem as suas reais intenções (lide sociológica) àquilo que é postulado em juízo (lide processual).

É certo que não se pode cogitar da hipótese de que o agente público incumbido (o mediador/conciliador) pratique ato para o qual seja indispensável a investidura. Não pode, evidentemente, tomar decisões relacionadas ao processo (saneamento) ou ao mérito da causa (tutelas provisórias). No entanto, mesmo sem poder decidir, podem (até mesmo devem[244]) esses agentes públicos (mesmo desinvestidos de jurisdição), em consonância com as partes, imediatamente definir quais são os contornos da causa e o rumo do procedimento (*ope legis*). Importante perceber que as partes, a fim de formular um acordo, necessitam conhecer os elementos sobre o que o ajuste de vontades está lançando efeito. Ou seja, para que um acordo seja feito, é necessário conhecer os limites do conflito posto em juízo, sob pena de desconhecer se, com a celebração do acordo, o processo deve ou não prosseguir.

Ademais, discutido um fato entre as partes é possível encontrar pontos convergentes quanto à narrativa fática de ambas[245]. Assim, não havendo acordo quanto aos pedidos formulados pelo autor, ao menos é possível estabelecer a incontrovérsia sobre um (ou alguns) fato jurídico integrante da demanda (devidamente consignado na ata de audiência). O reconhecimento precoce da incontrovérsia sobre o fato favorece a eventual tomada de decisão em tutela provisória pelo magistrado, bem como permite mais clareza quanto à necessidade (ou alcance) de um módulo processual instrutório. *Contrario sensu*, deve-se fazer consignar em ata os fatos que as partes indicarem como controvertidos. Ainda, no âmbito da prova e na esfera de disponibilidade

---

244. Sobre essa possibilidade/dever à luz da eficiência processual, é ilustrativa a lição de Eduardo Luiz Cavalcanti Campos: "O magistrado não é o único sujeito que conduz a marcha processual. [...] Os demais sujeitos processuais, apesar de não conduzirem o processo, devem contribuir para uma gestão processual eficiente. Os serventuários da justiça, em especial o escrivão e o assessor judicial têm especial importância nesse sentido, pois auxiliam ativamente o julgador na condução do procedimento. Os demais auxiliares também devem contribuir para a eficiência processual, seja na perspectiva de menor custo, de menor tempo ou de maior qualidade" (CAMPOS, Eduardo Luiz Cavalcanti. **O princípio da eficiência no processo civil brasileiro**. Rio de Janeiro: Forense, 2018, p. 110).

245. Importante a percepção de que no processo não existe apenas uma narrativa sendo apresentada, mas que é "composto por um número variável de histórias contadas por sujeitos diferentes, de modos diferentes e com escopos diferentes" (TARUFFO, Michele. **Uma simples verdade:** o juiz e a construção dos fatos [*La símplice verità: il giudice e la costituzione dei fatti* – 2009]. Trad. Vitor de Paula Ramos. São Paulo: Marcial Pons, 2012, p. 62).

dos atos processuais, é possível que seja realizado acordo para troca de documentos diretamente entre as partes[246], bem como seja proposta distribuição de ônus probatório de forma dinâmica[247].

Note-se que nenhum dos atos narrados anteriormente é privativo de juiz de direito[248], na medida em que se situam na margem de negociabilidade do procedimento[249]. Note-se também que nada impede que, ainda sim, sendo complexa a causa, o juiz competente para julgá-la realize audiência de saneamento compartilhado, nos termos do art. 357, § 3º, do Código de Processo Civil brasileiro, exercendo, assim, um controle sobre os atos realizados na audiência de mediação e conciliação.

Depois de apresentados todos os escritos (postulações e documentos), chega-se à fase final do primeiro módulo procedimental. Essa parte do módulo é levada a cargo do juiz responsável pelo julgamento da causa para

---

246. Saliente-se que a troca de documentos entre as partes, sem a necessidade da intermediação do juiz da causa não é atividade estranha aos ordenamentos jurídicos processuais americano e inglês que permitem que, mesmo no plano das relações particulares (fora do âmbito do Poder Judiciário), as partes possam e devam compartilhar documentos entre si. Dentre os mencionados sistemas o direito processual inglês se apresenta como um meio intermediário entre "o robusto sistema americano e o tradicional sistema dos países de *Civil Law*, em que tudo se passa, predominantemente, perante o Judiciário" na medida em que impõe à troca de documentos *(disclosure)* restrições bastante rígidas, pois "Cada uma das partes precisa, agora, revelar e permitir a inspeção de: documentos nos quais as partes desejam confiar; ou que influam negativamente nas suas alegações ou nas da parte contrária, ou que sirvam de apoio às da parte contrária" (ANDREWS, Neil. **O moderno processo civil:** formas judiciais e alternativas de resolução de conflitos na Inglaterra [*The modern civil process: judicial and alternative forms of dispute resolution in England* – 2008]. Trad. Teresa Arruda Alvim Wambier. 2. ed. São Paulo: Revista dos Tribunais, 2012, p. 54). Considerando que as partes podem trocar diretamente documentos e provas, é fácil perceber que tais atividades não dependem necessariamente da atuação prévia do juiz da causa, podendo ser levada a cabo (no sentido de conduzida) por auxiliar da justiça não dotado de jurisdição (como o mediador, por exemplo) ou não responsável pelo julgamento da causa (juiz instrutor) sem que isso resulte em ofensa ao processo justo.

247. Respeitando-se as limitações impostas no § 3º do art. 373 do Código de Processo Civil, ou seja, não sendo possível realizar o ajuste quando distribuição do ônus da prova recair sobre direito indisponível da parte ou quando tornar excessivamente difícil a uma parte o exercício do direito.

248. Ainda que fossem, existe a possibilidade, em tese, de se reconhecer (ainda que o presente trabalho não vá tão longe) o ato por meio de homologação de juiz togado, a exemplo do que acontece no procedimento da Lei nº 9.099/1995.

249. Sobre o tema, ver: CABRAL, Antonio do Passo. **Convenções processuais** [2016]. 2. ed. Salvador: Juspodivm, 2018.

que afira a regularidade dos atos praticados (saneamento ou organização em retrospectiva) e projete, diante dos fatos e fundamentos apresentados na demanda, os atos necessários para o desenvolvimento da demanda (organização prospectiva)[250]. Neste momento, deve o juiz declarar quais são os pontos que restaram controvertidos após o contraditório estabelecido. Sendo necessária a realização de prova testemunhal ou pericial para demonstrar os fatos jurídicos controvertidos, o juiz estabelece as regras aplicáveis ao caso a respeito do ônus da prova e intima as partes para que indiquem as provas que pretendem produzir[251]. Assim, chega-se ao fim do primeiro módulo procedimental. Os resultados esperados com o módulo processual formatado desta maneira são a obtenção de clareza quanto à causa (com impacto: na tomada de decisão, na recorribilidade, na futura identificação da *ratio decidendi* e na promoção da segurança jurídica); a economia quanto aos atos produzidos; e o fomento da participação das partes no *iter* procedimental (favorecendo, ao menos em tese, uma maior aceitação do resultado do processo).

Superadas as questões relativas ao primeiro módulo processual (postulação e organização), a marcha processual chega ao segundo módulo e encontra-se diante de dois caminhos.[252] Tendo encerrado o primeiro mó-

---

250. Nas palavras de Mitidiero, "A organização da causa opera em um duplo sentido: retrospectivamente, apanha tudo que possa atrasar ou impedir a resolução do mérito da causa, pré-excluindo eventuais vícios nos atos processuais ou propiciando desde logo a extinção do processo sem a resolução do mérito. Prospectivamente, providencia para que a instrução da causa tenha um endereço certo, com o que visa a informar todos os participantes do processo a respeito da repartição do encargo probatório e das provas a serem produzidas" (MITIDIERO, Daniel. **Colaboração no processo civil:** pressupostos sociais, lógicos e éticos [2009]. 4. ed. São Paulo: Revista dos Tribunais, 2019, p. 130).

251. Saliente-se que, como o juiz é o destinatário da prova, somente ele é quem tem condições de estipular a distribuição dos respectivos ônus de prova, bem como determinar quais provas são úteis para o descobrimento da verdade quando da sua apreciação.

252. Sobre a possibilidade de o procedimento seguir rumos diferentes de acordo com o caso, Paula Costa e Silva afirmava – já em 2011, por força da entrada em vigor do Decreto-Lei nº 180, de 25 de setembro de 1996, que inseriu o art. 265-A ao Código de Processo Civil português (cujo texto é o que segue: "Quando a tramitação processual prevista na lei não se adequar às especificidades da causa, deve o juiz oficiosamente, ouvidas as partes, determinar a prática dos actos que melhor se ajustem ao fim do processo, bem como as necessárias adaptações") – que em Portugal "Há pelo menos 15 anos que tem vigência um regime que permite ao juiz adaptar a tramitação processual pré-ordenada pelo legislador para o julgamento da causa". Entretanto, sinaliza que "a prática judiciária nunca absorveu este princípio" (COSTA E SILVA, Paula. Legalidade das formas de processo e gestão processual ou as duas faces de Janus. **Revista de Informação Legislativa**, Brasília, a. 48, n. 190, abr./jun. 2011, p. 138-139). Sobre o

dulo, o juiz da causa pode ter chegado à conclusão de que a produção de outras provas se mostra desnecessária. Neste caso, como ato contínuo ao encerramento do primeiro módulo, o próprio juiz passa a decidir o processo de forma definitiva[253]. Concentra-se, assim, a atuação do juiz em findar o primeiro módulo (com o saneamento e a organização) e o segundo módulo, prescindido de produção de prova, com a tomada imediata de decisão. Essa técnica processual não revela grande novidade. Por outro lado, não sendo hipótese de julgamento imediato do feito, é necessário o desenvolvimento do processo em um novo módulo vocacionado à produção da prova em juízo.

4.3.2. O segundo módulo: a produção da prova e os debates orais e a prestação da tutela jurisdicional propriamente dita: desconcentração da instrução e a competência funcional; a construção da decisão por equipe de trabalho

A compreensão do processo a partir de dois módulos, tal como proposto no presente livro, permite que a prestação da tutela juridisdicional se adapte às peculiaridades do feito. Para causas que não dependam de produção de prova no curso do processo, o primeiro módulo concebido é suficiente para a prestação da tutela jurisdicional justa e tempestiva. De outra sorte, em de-

---

fenômeno da customização processual, ver: ABREU, Rafael Sirangelo de. Customização processual compartilhada. **Revista dos Tribunais**, v. 41, n. 257, p. 51-76, jul. 2016.

253. Trata-se do julgamento antecipado do mérito, previsto no art. 355 do Código de Processo Civil de 2015. Tal instituto não é novidade no direito processual civil brasileiro. O Código de Processo Civil de 1973 consagrou a possibilidade de que o mérito da causa pudesse ser apreciado antes da fase de instrução, por meio da técnica do *julgamento antecipado da lide*. A partir de então, pôde o juiz conhecer diretamente do pedido, proferindo sentença em três situações: (a) quando a questão de mérito for unicamente de direito; (b) quando a questão for de direito e de fato, mas não houver necessidade de produzir prova em audiência; ou (c) quando ocorrer a revelia. O Código de Processo Civil de 2015, na essência com o que se preocupa o presente estudo, não altera a técnica do julgamento antecipado. Limita-se (além de alternar a nomenclatura, na medida em que o Código de Processo Civil de 2015 passou a chamar a técnica de *julgamento antecipado do mérito*) a simplificar as duas hipóteses indicadas nos itens "a" e "b" cogitando a desnecessidade de produção de prova (sendo questão de direito ou questão de direito ou de fato) e restringindo o julgamento antecipado do mérito às hipóteses de revelia onde se produza o efeito da confissão (art. 344 do CPC de 2015) e o réu não requerer a produção de prova (art. 349 do CPC de 2015). Note-se que essa limitação do emprego do julgamento antecipado do mérito no que concerne à revelia vai ao encontro da exigência da concepção atual de contraditório forte.

mandas que dependam de produção de prova no seu curso, faz-se necessário que o procedimento abarque atos vocacionados a tal fim.

Tradicionalmente, esse *momento processual* é reconhecido por *fase de instrução* e julgamento. Como se demonstrou ao longo da reconstrução histórica e cultural da oralidade, essa *fase* esteve intimamente ligada à prestação da tutela jurisdicional justa, pois, sem ela, ficariam restritos a praticamente nada os atos praticados de forma oral. A ideia de *módulo* em detrimento da ideia de *fase*, parece oportuna na medida em que deixa claro não se tratar de uma prestação de tutela jurisdicional incompleta ou antecipada (como sugere a própria nomenclatura adotada pelo Código de Processo Civil, no seu artigo 355), mas uma tutela integral diante das necessidades da demanda proposta. Além disso, a ideia de módulo deixa claro (ou ao menos mais claro) que as atividades desenvolvidas neste estágio do processo são distintas das atividades desenvolvidas no módulo anterior.

Além dessa reflexão de natureza terminológica, no tocante ao desenvolvimento e compreensão dos atos praticados no segundo módulo é útil relembrar que este, tal como compreendido no presente livro é dividido em duas partes: uma orientada à produção da prova e debates orais (facultativa) e outra direcionada à produção da decisão da causa (obrigatória). A partir disso, as reflexões propostas pretendem questionar o dogma da imediação e da concentração da instrução como meio eficiente à prestação da tutela jurisdicional justa (primeira parte do segundo módulo) e a ideia de que, diante das condições de litigância atuais a que o Poder Judiciário é submetido, o magistrado é quem produz todas as decisões de forma isolada (segunda parte do segundo módulo).

4.3.2.1. A desconcentração da instrução e a superação do dogma da imediação

Tradicionalmente, a audiência de instrução é julgamento é *una e contínua* sendo sua cisão medida excepcional (art. 365 do Código de Processo Civil). A ideia da unicidade da audiência é reflexo da desejável concentração dos atos processuais como meio de promover uma resposta mais célere aos jurisdicionados. Indiretamente, a unicidade da audiência também permite a imediação do juiz da causa com o a prova dos fatos produzidas no processo para com isso, supostamente, favorecer a justiça da decisão. Em linhas gerais, e em tese, ao ser produzida toda a prova do feito diante do mesmo juiz que irá julgar a causa ao final da audiência, promove-se a concentração e a imediação no processo e como resultado, há uma decisão mais célere e mais justa, pois o juiz pode aferir a verdade dos fatos pessoalmente. Em si, a unicidade da audiência é algo virtuoso (do ponto de vista científico) e desejável (do ponto de vista prático). Contudo, diante das condições atuais da prestação da tutela jurisdicional é produtivo investigar se não existem outras formas mais eficientes (céleres e justas) e mais concretizáveis levando em consideração à realidade contemporânea.

Assim, propõe-se uma reflexação sobre a possibilidade de ganho em eficiência (econômica e qualitativa) na prestação da tutela jurisdicional a partir da superação do dogma da imediatidade na produção da prova no processo, diante da impossibilidade fática de, atualmente, o juiz produzir e apreciar a prova tal como proposto no modelo tradicional de processo oral[254]. Diante disso, ou o Poder Judiciário dá provimento ao um gigantesco número de magistrados para atender à solução processual em exame, ou muda sua compreensão sobre a mesma.

Assim, frise-se, a imposição de que a "audiência de instrução e julgamento" seja renovada não deriva exclusivamente de uma opção doutrinária ou acadêmica, mas de aspectos pragmáticos decorrentes da atividade (em especial quanto ao seu volume) que é exigida do juiz hoje em dia. Com a carga de processos a que os magistrados estão sujeitos, é humanamente impossível que haja a devida preparação para a realização de audiência, de modo que, ao final da mesma, seja proferida sentença. De tal sorte, a produção da prova e a tomada de decisão raras vezes são feitas em um mesmo momento, mostrando-se, portanto, desconcentradas.

Diante da impossibilidade (fática) de serem concentrados os atos de produção de prova e de decisão, pode ser preferível designar um juiz especializado na produção da prova oral do que manter a ideia de que o mesmo juiz deva acompanhar toda a tramitação do processo. Esse juiz, encarregado apenas da produção da prova em juízo (nem da admissibilidade – feita na organização –, nem da apreciação – feita na decisão), para além da expertise desenvolvida para a prática do ato[255] (o que lhe propiciará um desempenho

---

254. Basta uma experiência mínima nas atividades forenses para perceber que, na prática, a regra é a cindibilidade da audiência de instrução e do julgamento, tal como já foi demonstrado nos capítulos de reconstrução histórica e cultural da oralidade e que as datas entre os eventos (nova audiência, alegações finais e decisão) constumam ser bastante espaçadas no tempo, ferindo a noção de *continuidade* projetada pelo legislador.

255. Valiosa é a dissociação que faz Daisson Flach entre a sensibilidade adquirida pelo juiz e a ausência de valor disso para a justificação dos juízos probatórios. Nas suas palavras: "Não há dúvida de que a sensibilidade do juiz, desenvolvida ao longo do tempo de desempenho de seu ofício, pode ser auxiliar valoroso quando da coleta da prova oral. Fica claro, todavia, como adiante será demonstrado, que o papel por ela exercido é

mais eficiente), terá maior facilidade de determinação de pauta para a realização da audiência[256], na medida em que não terá de conciliá-la com a tarefa de decidir. Sua atenção (e seu tempo) pertence exclusivamente às audiências[257]. Além disso, a divisão de trabalho entre instrução e decisão evita que a prova possa ser produzida de forma a justificar uma decisão já tomada pelo magistrado da causa em seu juízo[258]. Isso pode pôr em risco a justiça da decisão (ou, pelo menos, deixar margem de dúvida a respeito da sua correção) em razão da dificuldade de controle acerca da tomada de decisão (juízo)[259].

---

modesto quando está em questão expressa e racional justificação dos juízos probatórios" (FLACH, Daisson. **Dever de motivação das decisões judiciais na jurisdição contemporânea**. 2012. 174f. Tese (Doutorado em Direito) – Universidade Federal do Rio Grande do Sul, Porto Alegre, 2012, p. 113).

256. Sobre o tema, Araken de Assis elucida que "A falta de controle sobre as pautas do órgão judiciário impõe audiências, quando realizadas, excessivamente distanciadas uma da outra. A designação da continuação em 'data mais próxima possível, em pauta preferencial' (art. 365, parágrafo único, do NCPC) constitui simples quimera, dependendo da boa organização da pessoa ocupante do juízo" (ASSIS, Araken de. **Processo civil brasileiro** [2015]. 2. ed., v. 1. São Paulo: Revista dos Tribunais, 2016, p. 345).

257. Tratando do tema da *organização industrial do Poder Judiciário no contexto italiano*, Daniela Marchesi afirma que "l´introduzione del giudice unico si traduce in umma variazione della scala delle unità produttive rispetto all'assetto precedentemente in vigore – legata all'accorpamento degli uffici di pretura e tribunale compresi elle rispettive procure – e in un incremento delle ricorse produttive, rappresentate dai magistrati" (MARCHESI, Daniela. **Litiganti, avvocati e magistrati**: diritto ed economia del processso civile. Bologna: Il Mulino, 2003, p. 43).

258. Acerca da distinção entre contexto de decisão (juízo) e contexto de justificação (motivação), recomenda-se: TARUFFO, Michele. **A motivação da sentença civil** [*La motivazione della sentenza civile* – 1975]. Trad. Daniel Mitidiero, Rafael Abreu, Vitor de Paula Ramos. São Paulo: Marcial Pons, 2015.

259. Daisson Flach, em sua tese de doutoramento, valendo-se do realismo jurídico, apresenta a seguinte consideração sobre o tema: "As decisões nada mais podem ser do que o que disserem os juízes, afirmaram eles, e, diante disso, é conveniente que os juízes sejam sinceros quanto aos motivos para que se possa tentar entrever regularidades que permitam previsões realistas. A perspectiva, portanto, voltava-se mais aos aspectos subjetivos e comportamentais, do que resultava escassa possibilidade de controle sob cânones de racionalidade e normatividade. Sepultada a ilusão formalista, restou-nos a constatação de que não há modelo teórico completo que permita individualizar a estrutura racional do juízo e da motivação, tampouco a precisa definição e significado dos cânones de racionalidade e correção" concluindo que "os juízos não podem derivar de critérios subjetivos, não objetiváveis" (FLACH, Daisson. **Dever de motivação das decisões judiciais na jurisdição contemporânea.** 2012. 174f. Tese (Doutorado em Direito) – Universidade Federal do Rio Grande do Sul, Porto Alegre, 2012, p. 81 e 101).

Note-se que a compreensão de um juízo especializado no desempenho de função processual tem sido a solução encontrada para a resolução de problemas contemporâneos atinentes a prestação da tutela jurisdicional. Assim, por exemplo, a Resolução 350/2020 do CNJ criou (e a Resolução nº 436/2021 do CNJ alterou) a figura do "Magistrado de Cooperação Judiciária". Diante da necessidade de atender a uma atividade específica da prestação da tutela jurisdicional, ao invés de confiar de forma *pulverizada* entre os juízos a sua execução, o CNJ sinaliza com a atribuição específica a um determinado magistrado para que este possa, por exemplo "intermediar o concerto de atos entre magistrados(as) cooperantes e ajudar na solução dos problemas dele decorrentes" (art. 14, IV, com redação dada pela Resolução nº 436/2021 do CNJ).

Analisando a psicologia do testemunho Jordi Nieva Fenoll, refere que mesmo não sendo possível confiar nas memórias, "se han establecido criterios para analizar la fiabilidad del testimonio de una persona, consistentes en analizar básicamente, y con criterios flexibles, la coherencia de su declaración, la capacidad de contextualización del sujeto recordando los detalles obvios del entorno de la observación, la corroboración con otras evidencias del proceso que efectivamente confirmen lo que dice el sujeto, y la presencia o ausencia de comentarios oportunistas en la deposición" (NIEVA FENOLL, Jordi. La psicologia y el aprendizaje del derecho: um cambio necessário em los estúdios jurídicos. In: ARENHART, Sérgio Cruz; MITIDIERO, Daniel. **O processo civil entre a técnica processual e a tutela dos direitos**: estudos em homenagem a Luiz Guilherme Marinoni. São Paulo: Revista dos Tribunais, 2017, p. 1285-1297, p. 1293). Ocorre que, ainda que levados em considerações estes critérios, em se tratando de uma tentativa de objetivação da apreciação da verdade por meio do testemunho essa tarefa pode ser levada a efeito tanto pelo juiz que se vê fisicamente diante do fato (testemunho), quanto pelo juiz que analisa o testemunho mediatamente em arquivo de áudio e vídeo (com a possibilidade de pausar, avançar e retroceder). Daí que, ainda que se cogite da possibilidade de aferir a verdade por meio do testemunho, ela não necessita ser buscada por meio do contato imediato (físico) do juiz com a testemunha.

Sabe-se que a separação entre produção e apreciação da prova, considerando a história do direito processual brasileiro, pode causar algum estranhamento[260]. Entretanto, essa cisão já vem acontecendo como tendência[261]. Dentre os atos processuais que rompem com essa relação entre o sujeito que produz a prova e aquele que a aprecia, podem ser citadas a preconstituição da prova por meio desjudicializado[262] (como, por exemplo, a ata notarial) ou mesmo por meio de técnicas processuais (como a produção antecipada de prova fundada na necessidade de prévio conhecimento dos fatos a fim de justificar ou evitar o ajuizamento de ação prevista no inciso III, do artigo 381, do Código de Processo Civil). Além dessas práticas, recentemente, com a implementação dos Núcleos de Justiça 4.0 (Resolução nº 398/2021 do CNJ), foi permitida a criados núcleos de apoio às unidades judiciárias para atuação em processos que abarquem questões especializadas em razão da fase processual (art. 1º, I, da Resolução nº 398/2021) e que "encontrem-se com elevado prazo para a realização de audiência" (Art. 1º, V, da Resolução nº 398/2021). Em outras palavras, reconheceu-se a possibilidade de superar a imediação do juiz da causa para com a apreciação da prova diante de

---

260. Embora reste evidenciada na história do direito comparado moderno a possibilidade de cisão da atuação dos juízes como revela Vittorio Denti: "Anche volendo restare in ordinamenti a noi vicini, ricorderò che le recenti riforme della Germania federale, che hanno generalizzato il c.d. modello di Stoccarda, prevedono, nella fase preparatoria della controversia, l'elaborazione in primo approccio, da parte del giudice, di un progetto di soluzione della lite, le cui probabilità di successo si affidano ovviamente all'autorevolezza dei magistrati ed all'efficacia persuasiva del loro intervento" (DENTI, Vittorio [1919-2001]. Riflessioni sulla crisi della giustizia civile. **Il Foro Italiano**, v. 108, n. 11, p. 341-352, nov. 1985, p. 345). Assim como já é reconhecida a distinção de utilidade da imediação do juiz quanto à produção e à distinção da prova. Neste sentido, vai a construção de Daisson Flach: "esse contato face a face do juiz com as fontes de prova é muito mais importante para a produção consistente da prova do que para sua análise e valoração" (FLACH, Daisson. **Dever de motivação das decisões judiciais na jurisdição contemporânea**. 2012. 174f. Tese (Doutorado em Direito) – Universidade Federal do Rio Grande do Sul, Porto Alegre, 2012, p. 81 e 114).

261. Tal fenômeno é bastante comum e tradicional nos países que evoluíram em um contexto de *common law*. No direito norte-americano a existência da *discovery* "no tienen lugar en la Corte, sino normalmente en la oficina de los abogados, y a ellos pueden recurrir los abogados por lo general sin necesidad de una autorización por parte del juez" (CAPPELLETTI, Mauro [1927-2004]. Proceso oral y escrito [*Procédure écrite et procédure orale* – 1970]. *In:* CAPPELLETTI, Mauro. **La oralidade y las pruebas en el proceso civil**. Trad. Santiago Sentís Melendo. Buenos Aires: EJEA, 1972, p. 13).

262. Sobre o tema, ver: MÜLLER, Julio Guilherme. **Negócios processuais e desjudicialização da produção da prova:** análise econômica e jurídica. São Paulo: Revista dos Tribunais, 2017.

impossibilidade prática (levando-se em consideração o direito fundamental ao processo em tempo razoável).

Por fim, soma-se como argumento o fato de que, ainda que seja o juiz competente para o julgamento do processo seja quem acompanhe a produção da prova, muito possivelmente, como se analisará no próximo tópico, a decisão vertida no processo será produto de uma atividade coletiva do seu gabinete, perdendo-se (ou, no mínimo, reduzindo-se consideravelmente) sua impressão pessoal sobre a verdade dos fatos provados em audiência.

Dito de forma clara, a divisão de trabalho entre magistrados distintos a partir de funções processuais (instrução e decisão), tomando por base a reestrutura da demanda proposta neste livro e levando em consideração os meios eletrônicos[263] de prática dos atos processuais[264], é medida que pode

---

263. Os meios atuais de comunicação permitem, além da participação simultânea e remota em atos processuais, a escrituração dos mesmos em áudio e vídeo para o juiz da causa. Esse fato produz como resultado a possibilidade de o juiz da causa, mesmo distinto daquele que produziu a prova, tomar contato direito com os fatos ainda que mediatizados pela *escrituração digital* dos mesmos. Sobre a possibilidade de contato com os *fatos puros* por meio de recurso digital, assinala Paulo Cesar Zeni que "O processo judicial eletrônico radicaliza a oralidade, permitindo que os atos produzidos em meio oral sejam realizados e armazenados em seu estado puro, dispensando a necessidade de registro dos eventos orais. O princípio da hiper-realidade é uma extensão lógica do princípio da intermidialidade, mas merece referência particularizada porque seus efeitos avançam para muito além da manifestação formal do que sejam os autos judiciais, alcançando também o modo como o juiz e as partes percebem e interpretam as provas e os eventos processuais. Nesse sentido, o hiper-real extrapola a mera representação da realidade por meio do registro de símbolos que indiretamente transmitem uma aproximação da ideia original: antes permite que seja a realidade apresentada repetida com alto grau de fidelidade. (ZENI, Paulo Cesar. **Fundamentos do processo judicial eletrônico e a defesa dos direitos no ciberespaço**. Belo Horizonte: Editora Forum, 2019, p. 120)".

264. A importância da compreensão da figura do juiz instrutor à luz da evolução dos meios de comunicação é essencial. Do contrário, considerando a figura do juiz instrutor apenas em abstrato, poderiam permanecer válidas as críticas lançadas por Luigi Paolo Comoglio acerca da ineficiência da medida (em especial, no que tange à possibilidade de, sendo o mesmo juiz que julga e que instrui o processo, ser dada por encerrada a instrução antes da produção de toda a prova, quando restar convencido pela prova já produzida). (COMOGLIO, Luigi Paolo. **Il principio di economia processuale**. Tomo I. Padova: Cedam, 1980, p. 200). No entanto, no modelo proposto, o juiz instrutor não teria a competência para apreciar a prova, razão pela qual, tampouco, poderá considerar encerrada a instrução.

ser mais eficiente[265], seja desde a perspectiva da celeridade da prestação da tutela jurisdicional, seja considerando a qualidade da prestação da tutela jurisdicional[266].

---

265. Não é por acaso que, segundo relata Loïc Cadiet, a reestruturação do processo civil francês promovida desde o Código de Processo Civil de 1975 tem por característica a existência de um juiz especializado para a fase de instrução (juiz da preparação do processo), cujos poderes atribuídos são cada vez maiores. Relata que "O alcance dessa evolução é considerável, haja vista que é suscetível de modificar a natureza da jurisdição de preparação ('mise en état'), levando-a de um modelo de instrução integrada, que é o modelo originário do *Code de Procédure Civile* de 1975, a um modelo de instrução autônoma. O juízo de preparação converte-se, então, em uma plena e definitiva jurisdição de primeira instância, «véritable gestionnaire de l'instruction civile» ("autêntico gesto da instrução civil"), para retomar a expressão do professor Perrot, o que introduz de certo modo uma ruptura no processo civil. Consagra-se, assim, uma espécie de princípio da concentração procedimental na instância, permitindo-se dispor nos umbrais do procedimento de primeiro grau a respeito dos elementos necessários para resolução do litígio e encerrar já nessa fase toda a discussão processual relativa à competência, às nulidades e a outras questões incidentais, a fim de que a etapa posterior do procedimento consagre-se integralmente à resolução das questões de mérito. Essa nova perspectiva legitima-se pela preocupação de assegurar a lealdade e a eficácia dos debates" (CADIET, Loïc. **Perspectivas sobre o sistema da justiça civil francesa:** seis lições brasileiras. Trad. Daniel Mitidiero e outros. São Paulo: Revista dos Tribunais, 2017, p. 31-32). Os resultados práticos obtidos com o sistema francês revelam que, "em 2011, os magistrados pronunciaram 2.654.179 decisões em matéria civil, levando-se, em média, para tanto 7,1 meses diante dos tribunais de grande instância, 5,3 meses diante dos tribunais de instância, diante dos tribunais de proximidade e dos tribunais de comércio, com apenas 6,6% de apelações interpostas nos tribunais de instância, 12,3% nos tribunais de comércio e 19,7% nos tribunais de grande instância, sendo que a maioria dos recursos levou a uma decisão de confirmação das decisões recorridas. Em suma, a atividade jurisdicional parece, à vista dos números, bem mais satisfatória, especialmente se se levam em consideração as 272.064 tutelas sumárias ('ordonnances de référé') decididas em um prazo médio de 2,1 meses" (CADIET, Loïc. **Perspectivas sobre o sistema da justiça civil francesa:** seis lições brasileiras. Trad. Daniel Mitidiero e outros. São Paulo: Revista dos Tribunais, 2017, p. 32).

266. Saliente-se que desconstrução da oralidade (em qualquer cenário) não representa violação necessária ao processo justo, pois, como bem refere Araken de Assis, "O desaparecimento da oralidade, e do seu derivado da imediação, aparentemente não compromete a resolução da causa, ou o processo equânime e equilibrado, justamente porque tais princípios não constituem fins em si mesmos, mas meios para se obter esses resultados" (ASSIS, Araken de. **Processo civil brasileiro** [2015]. 2. ed., v. 1. São Paulo: Revista dos Tribunais, 2016, p. 346).

4.3.2.2. A litigância civil (Brasil e Europa) e a equipe de trabalho a serviço da prestação da tutela jurisdicional: o melhor proveito a partir do reconhecimento de uma realidade

A oralidade enquanto modelo processual, como se demonstrou ao longo do texto, foi concebida como meio para qualificar a prestação da tutela jurisdicional a partir de algumas premissas (princípios). Uma dessas premissas é a de que o processo deve ser concentrado e promover a imediação do juiz (único) com os fatos da causa tendo em vista que, em consequência disso, ele irá tomar uma melhor decisão em menor tempo (mesmo ato). Ocorre que as modificações sociais transformaram o modo como a litigância civil se apresenta diante do Poder Judiciário. Uma das principais transformações diz respeito ao volume de trabalho a que o magistrado é submetido diante do crescente número de demandas que aportam ao judiciário brasileiro.

Analisando os dados da Justiça Brasileira do ano de 2019, obtêm-se a informação de que, em média, um juiz de primeiro grau (não incluído o juizado especial) da justiça estadual julga 1.625 processos por ano e tem sob sua responsabilidade (carga de trabalho), em média, 8.140 processos[267] [268]. Considerando que, em 2019[269], o ano teve apenas 255 dias úteis e descontando 60 dias correspondentes aos dois meses de férias a que os magistrados têm direito, em média, cada magistrado julgou mais de oito processos por dia[270]. Acrescente-se que, no ano de 2019, "foram proferidas 32 milhões de

---

267. BRASIL. **Justiça em números 2020:** ano-base 2019. Brasília: CNJ, 2020, p. 53.

268. Em 2018, a média de julgamento era de 1.582 e a carga de 7.882 processos (BRASIL. **Justiça em números 2018:** ano-base 2017. Brasília: CNJ, 2018, p. 41). Em 2017, a média de julgamento era de 1.540 e a carga de 7.812 processos (BRASIL. **Justiça em números 2018:** ano-base 2017. Brasília: CNJ, 2018, p. 37).Observa-se que, mesmo diante do aumento de julgamentos, há o aumento gradual do número de processos em carga.

269. Toma-se o ano de 2019 como referência pois foi o último antes dos efeitos da pandemia de COVID-19, representando, poranto, um cenário de normalidade do sistema.

270. Em abordagem similar, Joan Picó i Junoy construiu o cenário hipotético acerca da realidade espanhola a fim de demonstrar a dificuldade de realização da imediação em procedimento que contemple a realização de duas audiências (preparatória e instrutória). Segue o exercício hipotético do autor: "Imaginemos lo que podrá suceder en un Juzgado de Primera Instancia e Instrucción, que deba tramitar una media de 450 procesos civiles y se le exija que, cuando menos esté presente en dos audiencias (una previa y otra probatoria) bajo pena de nulidad de actuaciones, más otras dos que aun no siendo preceptivas en la práctica será muy frecuente que se realicen (así, por ejemplo, para la adopción, oposición o modificación de cualquier medida cautelar; la resolución de recursos; la decisión de múltiples cuestiones incidentales etc.): cada

sentenças e decisões terminativas, com aumento de 2.230 mil casos (7,6 %) em relação a 2018"[271-272]. Imaginar que, atuando sem apoio dos servidores do gabinete[273], o juiz teria condições de proferir uma sentença a cada hora

---

día el juez deberá realizar nada menos que 6 comparecencias. Y ello al margen de que dicho juez deberá seguir atendiendo a otras múltiples obligaciones: tramitar los expedientes de jurisdicción voluntaria y los procesos concursales (excluidos del ámbito de aplicación de la LEC), dictar sentencias, resolver los recursos contra resoluciones interlocutorias, efectuar la instrucción de los procedimientos penales por delitos, celebrar los juicios orales de los procesos por faltas, estar presente en las diversas guardias que le correspondan etc. La situación no mejora si pensamos en un Juzgado de Primera Instancia: con una media de 850 procesos anuales deberá practicar 11 audiencias cada día, también bajo pena de nulidad de actuaciones, y ello al margen, evidentemente, de efectuar otras obligaciones procesales citadas con anterioridad. Con estas cifras se hace patente la dificultad práctica para que pueda a llevarse a cabo la inmediación judicial tal como está prevista en la nueva LEC si previamente no se incrementa los medios personales y materiales en el orden jurisdiccional civil" (PICÓ I JUNOY, Joan. Los principios del nuevo proceso civil español. **Revista de Processo**, v. 103, p. 59 *et seq.*, jul. 2001). Transportando o exemplo de Joan Picó i Junoy para a realidade Brasileira – mesmo que o Código de Processo Civil tenha relegado os atos orais de organização do processo pelo juiz a situações excepcionais (audiência de saneamento, nos termos do art. 357, § 3º, do CPC) e a audiência inicial tenha finalidade conciliatória sob o controle de auxiliar da justiça (art. 334 do CPC) – a menor imediação do juiz como processo (na medida em que atua somente nas audiências de instrução e julgamento, quando não presente as hipóteses em que ela é dispensada) não permite a sua atuação eficiente, pois o número de processos sob a responsabilidade do juiz brasileiro mostra-se muito superior. Enquanto o exemplo construído a partir da realidade espanhola (do período em que escrito o texto) parte de 850 processos por ano, no Brasil, um juiz da justiça comum estadual (tendo em vista que na Justiça Federal, em face da natureza das demandas, o número de audiências é menor) julga por ano 1.625 processos. De tal sorte, é possível concluir que exigir imediação do juiz brasileiro seria exigir a realização diária de mais de 10 audiências.

271. Também houve um aumento de casos entre os anos de 2017 e 2018. Contudo, no período houve um aumento de 939 mil casos, representando 3% do total. (BRASIL. **Justiça em números 2019:** ano-base 2018. Brasília: CNJ, 2019, p. 80).

272. BRASIL. **Justiça em números 2020:** ano-base 2019. Brasília: CNJ, 2020, p. 94.

273. Sobre o tema, Ovídio Baptista da Silva, já em 2008, chamava a atenção para o fato de que "nossos juízes e tribunais na contingência de transferir a seus assessores a incumbência de examinar os autos do processo e elaborar os 'projetos' de julgamentos, quando não o próprio julgamento. Praticamos, por enquanto, uma espécie espúria de 'justiça de gabinete', que se tornará brevemente oficial. Este é outro componente estrutural de que se compõe a crise do Poder Judiciário" (BAPTISTA DA SILVA, Ovídio [1929-2009]. Da função à estrutura. **Revista de Processo**, v. 158, p. 9-19, abr. 2008). Passados mais de 10 anos, a situação somente se agravou como se demonstraráadiante no texto quando da investigação das estruturas do Poder Judiciário. Desde logo,

(considerando uma jornada de trabalho de oito horas diárias), além de proferir decisões interlocutórias e realizar audiências, é ignorar de forma drástica a realidade da atividade judicante[274]. Mesmo diante de todo o esforço empregado (o relatório de 2019 do Conselho Nacional de Justiça celebrou que "Em 2018, pela primeira vez na última década, houve de fato redução no volume de casos pendentes, com queda de quase um milhão de processos judiciais"[275]), na Justiça Estadual o estoque equivale a 3 vezes a demanda (a diferença entre o volume de processos pendentes e o volume que ingressa a cada ano) e 2 vezes na Justiça Federal, segundo dados colhidos em 2019[276].

A fim de realizar a comparação do cenário brasileiro com a realidade europeia, é possível verificar o desempenho dos poderes judiciários (limitando a atuação em primeiro grau, por se tratar do foco de preocupação do presente livro) a partir dos relatórios da *European Commission for the Efficiency of Justice* (CEPEJ)[277] do *Council of Europe* e dos dados compilados pelo Conselho Nacional de Justiça Brasileira (CNJ). Considerando que os últimos relatórios da *European Commission for the Efficiency of Justice* do *Council of Europe* levam em consideração os anos-base de 2016 e 2018[278], esses serão os períodos tomados para fins de comparação por revelar os dados disponíveis mais recentes. Dentre os critérios de comparação, analisa-se os dados referentes à litigância (processos novos, processos pendentes de julgamento e processos julgados), o tempo para que uma sentença seja proferida e a número de pessoas envolvidas com a prestação da tutela jurisdicional de primeiro grau (juízes profissionais e servidores [*non judge staff*]). Importante

---

indica-se que a desproporção entre o volume de trabalho, número de magistrados e número de servidores evidencia a realização de trabalho cooperativo na prestação da tutela jurisdicional.

274. Embora seja possível concordar, em tese, com Roberto Omar Berizonce (OMAR BERIZONCE, Roberto. Armonizacion progresiva de los sistemas de justicia en America Latina. **Revista de Processo**, v. 99, p. 135 – 140, Jul - Set / 2000) no sentido de que a presença de "más jueces y menos funcionarios administrativos" é desejável para organização judicial em geral, a realidade prática, passados quase vinte anos, torna invável esse objetivo.

275. BRASIL. **Justiça em números 2019:** ano-base 2018. Brasília: CNJ, 2019, p. 79.

276. BRASIL. **Justiça em números 2020:** ano-base 2019. Brasília: CNJ, 2020, p. 94.

277. A *European Commission for the Efficiency of Justice* é um órgão criado pelo *Council of Europe*, em 18 de setembro de 2002, por força da sua Resolução nº 12 do *Committee of Ministers of the Council of Europe*. Disponível em: https://www.coe.int/en/web/cepej/home/.

278. A opção por cotejar dois períodos permite limitar os efeitos de eventual assimetria de dado em um cenário atípico.

referir que, a fim de permitir uma comparação adequada, uniformiza-se o critério de comparação levando em consideração a relação existente entre o número de processos e o número de juízes e servidores para cada grupo de 100.000 habitantes[279].

Inicia-se por constatar o volume de processos existentes no Brasil e nos países europeus nos anos de 2016 e 2018. O Poder Judiciário brasileiro, segundo os relatórios do CNJ, finalizou o ano de 2016[280] com 79,7 milhões de processos em tramitação, aguardando alguma solução definitiva e o ano de 2018 com 78,7 milhões de processos com o mesmo status[281]. Ou seja, no período (2016 e 2018), havia em torno de 6.200 processos pendentes para cada 100.000 habitantes. Desses processos, no mesmo período, aproximadamente 80% dos processos tramitaram perante a Justiça Estadual e 13% perante a Justiça Federal[282]. Considerando os casos novos, para cada 100.000 habitantes foram propostos 8.788, em 2016, e 8.325, em 2018, processos perante a Justiça Estadual e 1.670, em 2016, e 1.802, em 2018, perante a Justiça Federal, atingindo a expressiva marca de 10.458 processos em 2016 e 11.796, em 2018 processos novos[283]. A realidade europeia acerca da litigância será apresentada por meio dos dados consolidados do continente e (dada a multiplicidade de realidades naquele espaço geográfico) dos países que receberam maior atenção (cultural e doutrinária) ao longo do presente trabalho, ou seja, França, Itália, Portugal e Alemanha[284]. Analisando os dados da litigância nos países europeus em 2016[285] e 2018[286], é aferível que foram

279. Sendo este o critério adotado para fins de comparação pelos CEPEJ entre os países europeus.

280. BRASIL. **Justiça em números 2017:** ano-base 2016. Brasília: CNJ, 2017, p. 66.

281. BRASIL. **Justiça em números 2019:** ano-base 2018. Brasília: CNJ, 2019, p. 79.

282. BRASIL. **Justiça em números 2017:** ano-base 2016. Brasília: CNJ, 2017, p. 71 e BRASIL. **Justiça em números 2019:** ano-base 2018. Brasília: CNJ, 2019, p. 80

283. BRASIL. **Justiça em números 2017:** ano-base 2016. Brasília: CNJ, 2017, p. 71 e BRASIL. **Justiça em números 2019:** ano-base 2018. Brasília: CNJ, 2019, p. 85

284. Some-se a esse critério o fato de que o Relatório da CEPEJ de 2019 não apresenta os dados relativos à litigância do Reino Unido. Caso existissem os dados, em face do modelo de processo e da cultura de litigância significativamente distintos da realidade brasileira, não seria recomendada a comparação quantitativa.

285. EUROPEAN COMISSION FOR THE EFFICIENCY OF JUSTICE. European judicial systems efficiency and quality of justice. *In:* COUNCIL OF EUROPE. **CEPEJ Studies,** n. 26 (2016 data), 2018, p. 245.

286. EUROPEAN COMISSION FOR THE EFFICIENCY OF JUSTICE. **CEPEJ Report on the evaluation of judicial systems**: Country profiles (part 2). Council of Europe, September 2020, p. 37, 51, 75 e 41.

propostas em primeiro grau, aproximadamente para cada 100.000 habitantes os seguintes números de causas cíveis e comerciais: na França, 2.500 / 2.236; na Itália, 2.600 / 2.550; em Portugal, 3.000 / 2888; e, na Alemanha, 1.600 / 1520. Considerando os casos cíveis e comerciais pendentes, em 2016[287] e 2018[288] para cada 100.000 habitantes existiam, na França, 2.400 / 2.465; na Itália, 4.100 / 3.789; em Portugal, 2.700 / 1979; e, na Alemanha, 900 / 890 processos pendentes. A média europeia em 2016 e 2018, respectivamente, de casos novos foi de 2.390 e 2.230 e de casos pendentes mantiveram-se em 1.160 em ambos os períodos[289]. Diante dos dados apresentados, é possível observar que a realidade da litigância na Europa e no Brasil é bastante distinta. Tomando os piores resultados dentre os países europeus investigados (tanto no número de novos processos por habitantes quanto no número de processos pendentes), verifica-se que, em 2016 e 2018, no Brasil, foram propostos em cada ano mais do que o triplo (10.458 e 11.796) de processos novos que em Portugal e da média europeia (aproximadamente 3.000 e 2.400) e, ao final do ano, estavam pendentes de julgamento (6.200) mais do que o triplo de processos (1.979 em 2018) se considerarmos Portugal e quese o sêxtuplo se comparado com a média europeia.

Apresentada a tarefa a cargo do Judiciário (volume de processos recebidos e casos pendentes), passa-se a identificar a força de trabalho posta à sua disposição, no Brasil, nos anos de 2016 e 2018.

Segundo os relatórios da "Justiça em números", existiam 8,2 magistrados a cada cem mil habitantes, em 2016[290], e 8,15 em 2018[291]. No entanto, se delimitada a realidade aos juízes atuantes na Justiça Estadual (primeiro e segundo grau) e na Justiça Federal (primeiro e segundo grau), a proporção cai, respectivamente para 5,66 juízes e 0,8 juiz para cada 100.000 habitantes

---

287. EUROPEAN COMISSION FOR THE EFFICIENCY OF JUSTICE. European judicial systems efficiency and quality of justice. *In:* COUNCIL OF EUROPE. **CEPEJ Studies,** n. 26 (2016 data), 2018, p. 252.

288. EUROPEAN COMISSION FOR THE EFFICIENCY OF JUSTICE. **CEPEJ Report on the evaluation of judicial systems**: Country profiles (part 2). Council of Europe, September 2020, p. 37, 51, 75 e 41.

289. EUROPEAN COMISSION FOR THE EFFICIENCY OF JUSTICE. **CEPEJ Report on the evaluation of judicial systems**: tables, graphs and analyses (part 1). Council of Europe, September 2020, p.109-110.

290. BRASIL. **Justiça em números 2017:** ano-base 2016. Brasília: CNJ, 2017, p. 62. Revela ainda o mesmo relatório que "No período de 2009 a 2016 esse índice variou pouco: a menor média se deu em 2015 (7,9) e a maior em 2010 (8,6)".

291. BRASIL. **Justiça em números 2019:** ano-base 2018. Brasília: CNJ, 2019, p. 73.

em 2016[292] e 5,63 e 0,86 em 2018[293]. Levando em conta que aproximadamente 13% dos magistrados de uma determinada justiça atuam em segundo grau[294], é possível afirmar que no Brasil, no período existiam aproximadamente 5 juízes atuando em primeiro grau na Justiça Estadual e 0,7 juiz atuando na Justiça Federal para cada 100.000 habitantes. Considerando que na Europa em geral não existe distinção entre Justiças Estaduais e Federais, o número tomado para fins de comparação com o Brasil é a soma dos magistrados dentro do mesmo universo de habitantes, ou seja, aproximadamente 6 juízes para cada 100.000 habitantes. Estabelecendo uma relação do número de juízes com o número de casos novos (ou seja, casos novos por magistrado), tem-se que, em 2016, na Justiça Estadual em primeiro grau a proporção foi de 1.581 processos por magistrado, enquanto na Justiça Federal a média foi de 1.948 processos por magistrado[295]; enquanto, em 2018, na Justiça Estadual em primeiro grau a proporção foi de 1.497 processos por magistrado e na Justiça Federal a média foi de 1.980 processos por magistrado[296]. No que respeita ao número de servidores (auxiliares), de 2016[297] a 2018[298], o Poder Judiciário brasileiro variou de um total de 279.013 a 272.138 pessoas atuantes (correspondente a 127 servidores para cada 100.000 habitantes). Segundo revelam os relatórios, do total de servidores, de 166.197 a 182.287 atuaram junto ao primeiro grau na área judiciária em 2016 e 2018, respectivamente[299].

292. BRASIL. **Justiça em números 2017:** ano-base 2016. Brasília: CNJ, 2017, p. 62.
293. BRASIL. **Justiça em números 2019:** ano-base 2018. Brasília: CNJ, 2019, p. 73.
294. De acordo com os relatórios de 2017 e 2019 (ano base 2016 e 2018) o total de magistrados passou, noperíodo de 18.011 para 18.141, sendo que em ambos os períodos o percentual de desembargadores era de 13% (BRASIL. **Justiça em números 2017:** ano-base 2016. Brasília: CNJ, 2017, p. 62 e BRASIL. **Justiça em números 2019:** ano--base 2018. Brasília: CNJ, 2019, p. 73).
295. BRASIL. **Justiça em números 2017:** ano-base 2016. Brasília: CNJ, 2017, p. 91.
296. BRASIL. **Justiça em números 2019:** ano-base 2018. Brasília: CNJ, 2019, p. 108.
297. BRASIL. **Justiça em números 2017:** ano-base 2016. Brasília: CNJ, 2017, p. 64.
298. BRASIL. **Justiça em números 2019:** ano-base 2018. Brasília: CNJ, 2019, p. 72.
299. Para que se tenha uma ideia da distribuição desses servidores na atuação do Poder Judiciário é oportuno referir que, segundo o relatório do CNJ de 2020 (ano base 2019), último que não leva em conta os efeitos da pandemia no cenário jurídico, do total de 143.960 servidores da Justiça estadual, 112.149 trabalhavam em atividades ligadas ao primeiro grau de jurisidição comum e 20.300 junto à primeira instância dos juizados especiais (BRASIL. **Justiça em números 2020:** ano-base 2019. Brasília: CNJ, 2020, p.53). Ou seja, 92% do contingente total.

Na área administrativa, em todo o Poder Judiciário atuaram, em 2016 58.615 servidores e, em 2018, 55.364 servidores[300].

O que se observa dos dados apresentados é que no período de 2016 a 2018 o número de pessoas envolvidas com a prestação da tutela jurisdicional (magistrados, servidores judiciários e servidores administrativo) em geral não variou muito. Além disso, é possível concluir que a grande maioria dos esforços são direcionados aos juízos de "primeiro grau". Do ponto de vista comparativo entre os sujeitos envolvidos é possível perceber que em média para cada 1 juiz existe mais de 19 servidores, dos quais, aproximadamente 13 atuam na área judiciária.

Apresentado o cenário atinente à força de trabalho posta à disposição do Poder Judiciário Brasileiro, passa-se a investigar a realidade europeia quanto ao mesmo aspecto.

Nos anos de 2016 e 2018, na Europa, existiam, em média, 18 juízes para cada 100.000 habitantes[301]. Nos países investigados, nos mesmos anos (2016[302] e 2018[303]), o número de juízes profissionais cada 100.000 habitantes era de, na França 10; na Itália 11; em Portugal 19 e na Alemanha 24. Destes juízes, em torno de 70 a 74% atuavam em primeira instância[304]. Além dos juízes profissionais, na Europa, existem os servidores que cumprem variadas funções necessárias ao exercício da atividade jurisdicional. Em 2016 e 2018 a relação entre o número de juízes profissionais e de servidores (*non judge*

---

300. BRASIL. **Justiça em números 2019:** ano-base 2018. Brasília: CNJ, 2019, p. 72.

301. EUROPEAN COMISSION FOR THE EFFICIENCY OF JUSTICE. **CEPEJ Report on the evaluation of judicial systems**: Country profiles (part 2). Council of Europe, September 2020, p. 103 e EUROPEAN COMISSION FOR THE EFFICIENCY OF JUSTICE. **CEPEJ Report on the evaluation of judicial systems**: tables, graphs and analyses (part 1). Council of Europe, September 2020, p. 48.

302. EUROPEAN COMISSION FOR THE EFFICIENCY OF JUSTICE. European judicial systems efficiency and quality of justice. *In:* COUNCIL OF EUROPE. **CEPEJ Studies,** n. 26 (2016 data), 2018, p. 103.

303. EUROPEAN COMISSION FOR THE EFFICIENCY OF JUSTICE. **CEPEJ Report on the evaluation of judicial systems**: Country profiles (part 2). Council of Europe, September 2020, p.46.

304. EUROPEAN COMISSION FOR THE EFFICIENCY OF JUSTICE. European judicial systems efficiency and quality of justice. *In:* COUNCIL OF EUROPE. **CEPEJ Studies,** n. 26 (2016 data), 2018, p. 112 e EUROPEAN COMISSION FOR THE EFFICIENCY OF JUSTICE. **CEPEJ Report on the evaluation of judicial systems**: Country profiles (part 2). Council of Europe, September 2020, p. 49.

staff) na Europa era de 3,4[305]. Quanto aos números de servidores comparados com o universo de 100.000 habitantes em 2016 e 2018 os dados dos países eram os seguintes: na França, 33,9 e 34,1; na Itália, 35 e 37,5; em Portugal, 54,8 e 56,6 e, na Alemanha, 64,7 e 65,1[306].

Realizando uma comparação entre a as forças de trabalho é possível observar que a realidade brasileira está muito distante da realidade europeia, seja em proporção de agentes estatais envolvidos com a prestação da tutela jurisdicional, seja em proporção de juízes profissionais e servidores. Esses dados revelam ao menos duas conclusões.

A primeira é a de que existe uma defasagem na proporção de juízes por habitante no Brasil se comparado com o cenário europeu (em especial se considerarmos Portugal, Alemanha e a média europeia). Comparados os números do Brasil com Portugal existe o triplo do número de juízes (segundo o critério adotado) e com a Alemanha existe o quadruplo.

A segunda, a de que a defasagem no número de juízes no Brasil tem sido compensada com a utilização de servidores da área judiciária, cujo volume de profissionais é extravagantemente superior às médias europeias. Essa conclusão se afere, da comparação com os números correspondentes aos servidores do Poder Judiciário (*non-judge staff*), pois, no Brasil, existe o dobro de profissionais do que o existente na Alemanha e na média da Europa e quase o quádruplo em comparação com França e Itália.

Além disso, importante dizer que o tempo de resposta do Poder Judiciário brasileiro à tutela dos direitos fica muito aquém dos países europeus. Basta referir que, enquanto a duração média do processo civil e comercial é calculada na Europa em dias[307], no Brasil o tempo médio de tramitação de um processo em primeiro grau até a sentença, em 2016, na Justiça Federal,

---

305. EUROPEAN COMISSION FOR THE EFFICIENCY OF JUSTICE. **CEPEJ Report on the evaluation of judicial systems**: tables, graphs and analyses (part 1). Council of Europe, September 2020, p. 53

306. EUROPEAN COMISSION FOR THE EFFICIENCY OF JUSTICE. European judicial systems efficiency and quality of justice. *In:* COUNCIL OF EUROPE. **CEPEJ Studies,** n. 26 (2016 data), 2018, p. 160 e EUROPEAN COMISSION FOR THE EFFICIENCY OF JUSTICE. **CEPEJ Report on the evaluation of judicial systems**: Country profiles (part 2). Council of Europe, September 2020, p. 36, 50, 74 e 40.

307. Segundo dados de 2016 e 2018, na França, a duração foi de 353 e 420 dias; na Itália, a duração foi de 514 e 527 dias; em Portugal, a duração foi de 289 e 229 dias; e, na Alemanha, foi de 196 e 220 dias (EUROPEAN COMISSION FOR THE EFFICIENCY OF JUSTICE. European judicial systems efficiency and quality of justice. *In:* COUNCIL OF EUROPE. **CEPEJ Studies,** n. 26 (2016 data), 2018, p. 250 e EUROPEAN COMISSION FOR THE

foi de 2 anos[308] e, na Justiça Estadual, de 2 anos e 1 mês[309] e, em 2018, na Justiça Federal, foi de 1 ano e 10 meses[310] e, na Justiça Estadual, de 2 anos e 4 meses[311].

Diante desse cenário, fica evidente que a solução preconizada e implementada pelo Poder Judiciário não tem indícios de ser a mais adequada[312]. É visível que a adoção pura e simples de soluções práticas inspiradas em modelos europeus não são as mais recomendadas, diante da desproporção do volume de causas e da distorção no número de magistrados e de servidores públicos. É necessário empreender um esforço no sentido de conciliar a realidade posta da litigância, do material humano, à disposição pelo Estado e as técnicas processuais existentes no ordenamento jurídico brasileiro para realizar o preceito constitucional do acesso à justiça e à prestação da tutela jurisdicional justa e em tempo razoável.

No que tange à tomada de decisão, a ideia de concentração com a audiência de instrução ("audiência de instrução e julgamento") cede espaço à utilidade (e realidade) de que ela advenha de uma equipe de trabalho cuja orientação e direção é dada pelo magistrado da causa[313]. Propõe-se, para tanto, uma visão de colaboração processual endossubjetiva. Isso porque, enquanto a colaboração processual induz a uma gama de deveres que unem

---

EFFICIENCY OF JUSTICE. **CEPEJ Report on the evaluation of judicial systems**: tables, graphs and analyses (part 1). Council of Europe, September 2020, p. 115).

308. BRASIL. **Justiça em números 2017:** ano-base 2016. Brasília: CNJ, 2017, p. 45.

309. BRASIL. **Justiça em números 2017:** ano-base 2016. Brasília: CNJ, 2017, p. 41.

310. BRASIL. **Justiça em números 2019:** ano-base 2018. Brasília: CNJ, 2019, p. 47.

311. BRASIL. **Justiça em números 2019:** ano-base 2018. Brasília: CNJ, 2019, p. 39.

312. Soma-se a isso o fato de que além de ineficiente do ponto de vista do tempo de resposta, a prestação da tutela jurisdicional tem se mostrado cada vez mais ineficiente do ponto de vista financeiro, na medida em que a cada ano aumenta sua despesa com pessoal (BRASIL. **Justiça em números 2020:** ano-base 2019. Brasília: CNJ, 2020, p. 80 e seguintes). Esse fenomeno indica que a falta de adequação do modelo à realidade impõe um aumento de investimento constante sem que, com isso, tenha-se um resultado mais favorável. Antes pelo contrário, quando muito, os resultados da prestação jurisdicional mostram-se estável (em que pese o grande esforço empreendido no sentido de informatização).

313. Reprisa-se a lição de Daniel Mitidiero a partir do estudo comparado: "Para chegar à decisão, o juiz normalmente compartilha tarefas com os seus assistentes judiciais (*law clerks*), encomendando pesquisas, debatendo com eles os argumentos levantados pelas partes para a solução do caso" (MITIDIERO, Daniel. Accountability e transparência da justiça civil: uma perspectiva comparada. *In:* MITIDIERO, Daniel (Coord.). **Accountability e transparência da justiça civil:** uma perspectiva comparada. São Paulo: Revista dos Tribunais, 2019, p. 38).

os sujeitos da relação jurídica processual (juiz e partes), a colaboração endossubjetiva parte da premissa de que cada sujeito da relação processual (em especial[314], o Estado-juiz) não se manifesta, necessariamente, a partir de um único sujeito, mas por meio de uma comunidade de trabalho. Essa divisão de trabalho, segundo Antonio do Passo Cabral, "leva em consideração: a) a natureza da função a praticar e o sujeito que tem melhores condições de praticá-la; e b) contenção democrática de poder"[315]. Diante deste cenário, o magistrado passa a atuar como um gestor de gabinete a fim de conseguir atender às metas impostas pelos órgãos de controle e pela realidade do foro.

Por fim, somente a título de ilustração, se as decisões de primeiro grau sofrem com o impacto do volume insuperável de processo, fazendo com que os magistrados singulares tenham que mudar sua forma de prestar tutela jurisdicional (coordenando equipe de trabalho e se afastando de qualquer dimensão de imediatidade[316]), melhor sorte não assiste aos julgamentos nos tribunais. Mesmo antes dos últimos avanços tecnológicos (que permitiram o julgamento, por exemplo, por meio de plenário virtual[317]), os julgamentos colegiados limitavam-se, quando muito, à leitura de votos elaborados em gabinete, cuja sessão de julgamento oral e imediata tinha muito pouco a interferir no resultado do processo.

Como o problema do Brasil é de escala (número imenso de processos por 100.000 habitantes), soluções do tipo "customização" caso-a-acaso, embora do ponto de vista ideal sejam desejáveis, mostram-se irreais, pois

314. Mesmo considerando as partes como sujeitos da relação processual, não é incomum que se façam representar por uma equipe de advogados e até mesmo, diante de causas mais complexas, por uma equipe de profissionais inclusive de fora do ambiente jurídico.

315. O autor chama, também, a atenção para o fato de que, com a contenção de poder promovida a partir da divisão de funções, evita-se "que um sujeito processual acumule atribuições que o posicionem como uma 'super-figura', detentora de potestades que o possam transformar num déspota, centralizador, censor das liberdades, algo típico dos mais autoritários ordenamentos processuais que se puderam historicamente observar". (CABRAL, Antonio do Passo. Imparcialidade e impartialidade: por uma teoria sobre a repartição e incompatibilidades de funções nos processos civil e penal. **Revista de Processo**, a. 32, n. 149, p. 339-364, 2007, p. 348-349).

316. Perde-se imediatidade na coleta da prova e perde-se a imediatidade na tomada de decisão.

317. Aline Regina das Neves e Eduardo Cambi definem Plenário virtual como sendo a "votação digital, por parte dos ministros, das matérias submetidas à sua apreciação, tornando despiciendas as sessões, antes, destinadas a tal finalidade" (NEVES, Aline Regina das; CAMBI, Eduardo. Processo e tecnologia: do processo eletrônico ao plenário virtual. **Revista dos Tribunais**, v. 986, p. 87-110, dez. 2017).

causas pontuais de alta complexidade (p. ex. processos derivados de conflitos estruturais) não representam nem de longe parcela significativa (do ponto de vista quantitativo), das demandas no Brasil. Por outro lado, um sistema de justiça adequado à realidade contemporânea e a resolução da grande massa de conflitos submetidos ao Poder Judiciário pode permitir que se dê a devida atenção às causas pontuais de grande complexidade e repercussão. Tendo em mente estas considerações, entende-se que deve ser buscada uma solução que envolva repensar a forma e estrutura de como os envolvidos como o processo devam atuar de maneira eficiente, justa e tempestiva.

Capítulo 5

CONSIDERAÇÕES FINAIS

As considerações finais do presente livro, buscando maior clareza, serão apresentadas respeitando o seu desenvolvimento em três momentos distintos: formação, transformação e reconstrução.

Em um primeiro momento, é possível afirmar que a formação da oralidade processual surge do confronto da ideia de oralidade e escritura a partir de um problema cujo contexto histórico e cultural que já não mais faz sentido contemporaneamente. A escritura tinha por escopo vincular o juiz (em um ordenamento jurídico heterogêneo com origem no romano--canônico e de aplicação particularista) aos atos das partes existentes no processo. A oralidade partia do pressuposto da segurança do direito pela lei (Código) e atribuía confiança ao juiz para a produção e a interpretação dos atos processuais. Em última análise, o problema residia essencialmente na definição dos poderes do juiz (vista na perspectiva do processo como direito público) e da origem da segurança jurídica (por meio da aplicação da lei). Daí que a busca pela superação da escritura está associada ao abandono de um sistema processual que não atendia às necessidades sociais na transição dos 1800 para os 1900 e está eminentemente voltada para a ideia de eficiência (maior qualidade em menor tempo) na prestação da tutela jurisdicional.

A grande contribuição que Giuseppe Chiovenda prestou ao tema da oralidade foi a sua sistematização. A oralidade, para Giuseppe Chiovenda, era entendida como uma cadeia de princípios (sendo os principais: a concentração, a imediação e a irrecorribilidade das decisões interlocutórias). A ideia de concentração estava associada à tentativa de combater a dispersão dos atos processuais típicas do processo comum. A ideia de imediação tinha por endereço a ineficiência e o formalismo da produção da prova perante agentes distintos daqueles encarregados de decidir a demanda, bem como, representava o combate ao modelo de apreciação da prova predominante no processo comum: o da prova legal. A ideia da irrecorribilidade das decisões interlocutórias em separado garantia que a tramitação do processo não fosse interrompida em face do manejo de diversos recursos (e exceções) típicas do processo comum.

O Código de Processo Civil brasileiro de 1939 foi visivelmente influenciado pela ideia de oralidade proposta por Giuseppe Chiovenda. O procedimento era marcado por uma fase inicial de troca de argumentos e documentos escritos (circunstância que não afasta a compreensão chiovendiana na medida em que reconhecia a impossibilidade de um processo informado pela oralidade pura) que era finalizado por ato concentrado de saneamento escrito. A fase instrutória e decisória possuía seus atos ainda mais concentrados em razão de ser toda desenvolvida em audiência obrigatória de instrução e julgamento. A imediação do juiz com a prova era tão importante para o sistema que impunha (por exemplo) que, mesmo depois de aposentado, o juiz que realizou a instrução ficava responsável pelo julgamento da causa (quando não proferida em audiência). As soluções preconizadas quanto à irrecorribilidade das decisões interlocutórias passavam pela taxatividade recursal (no que tange ao cabimento do agravo de instrumento) e pela não atribuição de efeito suspensivo aos recursos voltados para atacar este tipo de decisão. Contudo, a oralidade proposta pelo Código de Processo Civil de 1939 não obteve bons resultados práticos. As causas apontadas para o insucesso da oralidade do Código de Processo Civil brasileiro de 1939 foram: a dificuldade de agendamento das audiências em um curto espaço de tempo, a resistência dos advogados em realizar o debate de forma oral e a resistência dos juízes em proferir sentença na própria audiência. A dificuldade de agenda e a sentença em gabinete tinham por justificação o excessivo volume de processos. A não realização dos debates orais na audiência de instrução tinha por fundamento apontado a resistência cultural dos advogados.

Em um segundo momento, a afirmação de direitos fundamentais de cunho social, aliada à massificação das relações sociais e à formação do Estado democrático de direito centrado na ideia de participação, exigiu dos processos respostas mais aderentes a uma prestação de tutela substancialmente justa do que sua execução tecnicamente perfeita do ponto de vista formal, exigindo que a oralidade processual fosse transformada.

A oralidade processual proposta por Mauro Cappelletti, do ponto de vista metodológico, valia-se de ferramental pouco explorado por Giuseppe Chiovenda: o direito comparado. Do ponto de vista substancial, enquanto Giuseppe Chiovenda pretendia superar o processo comum propondo um processo adequado ao Estado moderno, Mauro Cappelletti investigava meios de atualizar o processo oral a um Estado de feição social e democrática. A principal solução técnica, no campo da oralidade, proposta por Mauro

Cappelletti, embora para o autor a ideia de oralidade esteja intimamente ligada à produção e à apreciação da prova (livre apreciação da prova, imediação e unicidade de audiência), está associada à audiência preliminar como um espaço de debate na fase inicial (preparatória) do processo.

O Código de Processo Civil brasileiro de 1973 não representou uma ruptura com modelo de processo preconizado pelo Código anterior, mas um modelo de processo alinhado com o paradigma do início do século XX. Do ponto de vista de soluções técnicas voltadas à oralidade, o Código de 1973 procurou corrigir os problemas existentes no seu tempo. Como resposta à dificuldade de ajuste de pauta para audiência e à resistência cultural aos debates orais, o Código de 1973 concebeu a possibilidade do julgamento antecipado do mérito. No entanto, como meio de valorizar a oralidade do processo, criou o procedimento sumaríssimo (cujo nome depois foi alterado para sumário) para cuidar das causas de menor complexidade. Quanto à recorribilidade das decisões interlocutórias, diante da complexidade e dificuldade prática de aplicação do Código anterior, o Código de 1973 permitiu o amplo manejo do agravo de instrumento, confiando que, em face da não suspensão do processo, nenhum prejuízo trataria à tempestividade da prestação da tutela jurisdicional. Tendo em vista que o Código de Processo Civil brasileiro de 1973 não propôs verdadeira alteração no processo e que a sociedade mudava em ritmo cada vez mais acelerado, a legislação processual, naturalmente necessitou de reformas. Dois movimentos de reforma foram sensíveis: um, na primeira metade da década de 1990, e outro, na primeira metade dos anos 2000. No entanto, as reformas, em vez de apresentarem aprofundamento e aperfeiçoamento das técnicas processuais, foram marcadas por avanços e retrocessos quanto ao tema da oralidade. A reforma promovida pela Lei nº 8.952/94, já influenciada pela abertura democrática ocorrida no Brasil no final dos anos 1980, pela doutrina e pelas reformas legislativas existentes na América Latina, representou uma tentativa nítida de valorização da oralidade processual. Nos moldes propostos por Mauro Cappelletti, a reforma vislumbrou como solução para os problemas do processo (dentre outras técnicas) a realização de audiência na fase inicial do procedimento em que fosse possível, além de buscar conciliação, fixar os pontos controvertidos da demanda, sanear o feito e organizar a instrução probatória. A reforma promovida pela Lei nº 10.444/2002, em que pese ter em sua justificação o apreço pela oralidade, representou um retrocesso, na medida em que limitou a utilização da audiência preliminar, deixando a cargo do juiz, com ampla discricionariedade, na prática, a sua realização, associando-a funcionalmente à tentativa de conciliação.

O tema da recorribilidade das decisões interlocutórias nas reformas do Código de Processo Civil brasileiro de 1973 significou uma limitação gradual do manejo praticamente irrestrito do agravo de instrumento. A Lei nº 9.139/95 resgatou a possibilidade de interposição oral do agravo retido contra decisão proferida em audiência (consagrando a ideia de irrecorribilidade em apartado das decisões interlocutórias, cara a Giuseppe Chiovenda), mas sua adoção prática foi muito restrita. A principal correção proposta pela Lei mencionada dizia respeito ao procedimento do agravo de instrumento, facilitado e que pouco dependia de atuação no processo de origem. A Lei nº 10.352/2001, por sua vez, procurou intensificar os efeitos pretendidos pela reforma anterior ao tornar obrigatória a interposição do agravo retido em face das decisões proferidas em audiência de instrução ou dos julgamentos posteriores à sentença, salvo situações excepcionais. Ainda procurando limitar o cabimento do agravo de instrumento, a Lei nº 11.187/2005 expandiu a aplicação do agravo retido, que de exceção passou a ser regra, não sendo cabível apenas quando a decisão recorrida pudesse causar à parte lesão grave e de difícil reparação, bem como nos casos de inadmissão da apelação e nos relativos aos efeitos em que a apelação é recebida. Como se observa, desde o Código de Processo Civil de 1973, que permitia uma recorribilidade ampla das decisões interlocutórias pela via do agravo de instrumento, até a Reforma de 2005, o legislador atuou sempre no sentido de limitar o cabimento do recurso imediato aos tribunais superiores, em geral, apostando na técnica do agravo retido. Neste sentido, pensando a partir de uma leitura chiovendiana de oralidade processual, houve ao longo do período uma valorização gradual da oralidade quanto a este ponto.

Paralelamente às reformas do Código de Processo Civil de 1973, o tema da oralidade foi experimentado no âmbito da justiça de pequenas causas e, posteriormente, nos juizados especiais. A exemplo do que o ocorreu com as reformas legislativas do Código de Processo Civil, em sucessivos modelos de "justiça especializada" a oralidade ora foi valorizada, ora subjugada.

O Código de Processo Civil brasileiro vigente não adota nenhum modelo de processo oral de forma clara. Opta pelo procedimento em que as audiências se apresentam como caminhos possíveis para a prática de determinados atos. A rigor, no processo brasileiro vigente, nenhuma audiência deve ser feita, mas, ao mesmo tempo, diversas podem ser feitas. Na prática, cumpre ao juiz da causa definir se os atos processuais serão escritos ou orais de acordo com critérios específicos para cada ato (por exemplo, direitos passíveis de autocomposição, causas complexas, não haver necessidade de produção de provas), não havendo prevalência apriorística de uma forma sobre a outra.

Ao longo de toda a história moderna da oralidade, sua aplicação teve como justificativa a prestação de tutela jurisdicional mais justa e ao mesmo tempo mais célere, portanto, baseada em uma ideia de eficiência. No entanto, em todos os modelos propostos, a justificativa para não adotar as técnicas inerentes à oralidade (concentração de todos os atos em audiência única para Giuseppe Chiovenda; realização de audiência preliminar para Mauro Cappelletti; realização de audiência para cada ato – mediação/conciliação, saneamento compartilhado, audiência de instrução e julgamento – para o Código contemporâneo) é o prejuízo à tempestividade do processo. Em todos estes cenários de processo oral, o juiz deve atuar pessoalmente nas audiências. Daí que, pela ausência de um modelo de oralidade e pela percepção de que a operacionabilidade das audiências é prejudicial à prestação da tutela jurisdicional célere, o processo no Brasil tende a ser eminentemente escrito.

Além disso a imediação, como meio de promoção da tutela jurisdicional justa e tempestiva, mostra-se inadequada. Primeiro, porque o contato imediato do juiz com a prova não garante uma maior proximidade com a verdade. Segundo, porque a exigência de o mesmo juiz participar de forma pessoal de todos os atos do processo oral é irreal e ineficiente diante das circunstâncias sociais contemporâneas. Deve-se, portanto, redefinir, de forma clara e transparente, os papéis dos auxiliares do juízo, tanto de cartório, quanto de gabinete. Do contrário, a imediação permanecerá sendo a causa do insucesso dos modelos processuais pautados pela oralidade.

Diante disso, é necessário realizar uma profunda reflexão a respeito de alguns temas inerentes a um modelo de oralidade processual ajustado à realidade contemporânea. Isso porque não existe modelo claro de processo oral que tenha sido construído após a revolução tecnológica das comunicações ou que atenda ao anseio de uma sociedade permeada por este contexto. O que se vê é que, desde uma perspectiva pragmática, a oralidade foi abandonada no Brasil. A prova, mesmo oral, passa a ser escriturada por meio de vídeo; os debates orais ocorrem excepcionalmente e se prestam somente para causas extremamente simplificadas; a decisão oral é exceção.

Alguns dos elementos tradicionais da ideia de oralidade processual devem ser revistos. A prática oral dos atos não pode mais ser o eixo de um modelo de oralidade processual. Isso porque, os elementos da oralidade, em verdade, são derivações da ideia de concentração. Da necessidade de um processo concentrado, nasce a utilidade da prática de atos orais e não o contrário. Da necessidade de um processo concentrado, a imediação é um meio útil.

A imediação não possui nenhuma justificativa válida fora do contexto da concentração dos atos processuais e tem sido a causa do insucesso dos modelos de processo oral ao longo do tempo. A impressão do juiz na coleta da prova oral é irrelevante do ponto de vista racional. Pragmaticamente, o juiz não possui a aptidão e o treinamento necessários para a aferir a *verdade* de um testemunho e as decisões são proferidas em momentos distantes da coleta da prova. Funcionalmente, as impressões do juiz a respeito da prova oral não permite controlabilidade das razões de decidir e se situam no plano do juízo e não da motivação. Além disso, o pouco ganho que o juiz da causa pode ter quando da tomada de decisão com a participação direta na produção da prova pode ser obtido por meio da escrituração do ato por meio de arquivo digital de áudio e vídeo.

Em virtude da ressignificação da imediação, propõe-se, para reflexão, que a vinculação do juiz que irá decidir a causa deve ter por parâmetro aquele que organizou o processo (indicando as provas necessárias para o seu convencimento e definindo os contornos da demanda, com a colaboração dos sujeitos envolvidos na fase inicial do processo) e não aquele que participou da produção da prova. Se a ideia da oralidade nasce da busca pela eficiência e a imediação do juiz com a causa (fatos) é irrelevante, é preferível a formação de uma comunidade de trabalho (em uma perspectiva endossubjetiva de colaboração processual) distribuindo funções a serem desempenhadas. A divisão de trabalho entre juízes distintos (juiz instrutor e juiz da causa) favoreceria um maior nível de especialidade na sua tarefa, que seria executada de maneira mais adequada em menor espaço de tempo. Salienta-se que essa solução foi rechaçada por Giuseppe Chiovenda e pelo direito italiano na primeira metade do século XX, em face de problemas estruturais do próprio Poder Judiciário que se mostram estranhos à realidade contemporânea (como o julgamento colegiado de primeiro grau), bem como do fato de não se dispor de meios técnicos (em especial associados à tecnologia da comunicação) e científicos (relacionados propriamente à gestão judicial) suficientes.

Partindo do reconhecimento da incompatibilidade da oralidade processual tradicional, faz-se oportuno apresentar para debate soluções que podem melhor servir à prestação da tutela jurisdicional justa e tempestiva. A complexidade das relações sociais contemporâneas exige que o procedimento possa ser adaptado à demanda. A melhor forma de permitir conciliar adaptabilidade e segurança é a modulação procedimental a partir das funções processuais. Daí que, se o processo possui fases distintas (postulatória, organizatória, instrutória e decisória) com funções preponderantemente distintas (definir e organizar a demanda, produzir a prova e decidir), é mais eficiente que em cada fase atue um agente jurisdicional com as aptidões específicas para tanto. Além disso, deve-se procurar concentrar todos os atos possíveis de cada fase em um único evento (sendo eficiente, neste contexto, a prática oral do ato).

Propõe-se que o processo seja compreendido a partir de dois módulos. O primeiro módulo (obrigatório) é constituído da fase postulatória e organizatória, construída de forma colaborativa entre mediador/conciliador e juiz (colaboração endossubjetiva). Neste módulo, a colaboração ocorre entre mediador/conciliador e juiz da causa e opera-se em três estágios: (i) organização-inicial com delimitação da demanda com a atuação do mediador; (ii) organização-saneamento realizada pelo juiz da causa sobre os atos iniciais e os atos realizados pelo mediador/conciliador; (iii) organização-probatória com a atuação do juiz da causa avaliando acerca da necessidade de produção de prova, diante da demanda previamente organizada (podendo para tanto, inclusive, agendar audiência de saneamento compartilhado) ou da possibilidade de proferir imediatamente julgamento. O segundo módulo é constituído da fase instrutória (facultativa) e da decisão definitiva (obrigatória). Na fase instrutória, a produção da prova deve ser realizada por juiz instrutor e escriturada por arquivo digital de áudio e vídeo. Por outro lado, a decisão deve ser tomada, preferencialmente pelo juiz que realizou a organização-probatória em colaboração com os servidores públicos que foram designados para atuar em seu gabinete. Excepcionalmente, caso o juiz da causa sinta a necessidade, poderá, antes de decidir o processo e mediante decisão fundamentada, repetir a prova produzida pelo juiz instrutor, praticando pessoalmente os atos necessários, exercendo, portanto, controle sobre a produção da prova realizada pelo juiz instrutor.

Por fim, para que o modelo de oralidade reconstruída seja viável, ao menos dois pontos devem ter sua compreensão renovada. Em primeiro lugar, a competência territorial deve ser revista, ampliando-se o seu espaço (com uma maior tendência à regionalização) e estabelecendo-se que cada comarca tenha em si todas as especialidades que um determinado tribunal entenda adequado, tendo em vista a possibilidade da prática de atos processuais por meio de tecnologia da comunicação de forma remota. Tal providência já vem sendo, em outra medida, adotada com a implementação dos Núcleos de Justiça 4.0 pelos Tribunais, sob orientação do CNJ. Valoriza-se assim a igualdade na prestação da tutela jurisdicional e permite-se um sistema de progressão na carreira da magistratura mais eficiente. Em segundo lugar, a audiência de mediação somente não deve ocorrer, de fato, quando as partes expressamente manifestarem esse desejo, pois, ainda que o direito material perseguido com o processo não seja suscetível de autocomposição, o mediador/conciliador deve, não sendo possível entabular acordo quanto ao mérito, junto com as partes, definir o objeto da demanda, pontos controvertidos e questões processuais suscetíveis de acordo.

Com estas considerações e provocações o presente livro pretende, com a melhor das intenções, convidar a refletir sobre o processo civil como fenômeno cultural que deve encontrar respostas adequadas ao tempo em que se lhe cobra atuação como instrumento de promoção de tutela jurisdicional justa e tempestiva.

REFERÊNCIAS

ABRÃO, Carlos Henrique. **Processo eletrônico**: processo digital. 5. ed. São Paulo: Atlas, 2017.

ABREU, Rafael Sirangelo de. Customização processual compartilhada. **Revista dos Tribunais**, v. 41, n. 257, p. 51-76, jul. 2016.

ABREU, Leonardo Santana de. **Direito, ação e tutela jurisdicional**. Porto Alegre: Livraria do Advogado, 2011.

ABREU, Rafael Sirangelo de. **Igualdade e processo**: posições processuais equilibradas e unidade do direito. São Paulo: Revista dos Tribunais, 2015.

ABREU, Rafael Sirangelo de. Vertentes culturais do processo civil na passagem do século XIX ao século XX: as vertentes francesa e austríaca como marcos da passagem do estado liberal ao estado social e a atualidade de sua discussão. **Revista de Processo**, v. 229, p. 89-119, mar. 2014.

ADRAGÃO, Paulo Pulido. **Lições de história do direito romano, peninsular e português** [2016]. 2. ed. Coimbra: Almedina, 2018.

ALCALÁ-ZAMORA Y CASTILLO, Niceto [1906-1985]. Teoría y practica del proceso. **Revista de Processo**, v. 33, p. 102-123, jan.-mar. 1984.

ALI-UNIDROIT. **Principles of transnational civil procedure**: as adopted and promulgated [2004]. Cambridge: Cambridge, 2006.

ALVARO DE OLIVEIRA, Carlos Alberto [1942-2013]. **Do formalismo no processo civil**: proposta de um formalismo-valorativo [1997]. 4. ed. São Paulo: Saraiva, 2010.

ALVARO DE OLIVEIRA, Carlos Alberto [1942-2013]. Mauro Cappelletti e o direito processual brasileiro. **Revista da Faculdade de Direito da Universidade Federal do Rio Grande do Sul**, Porto Alegre, v. 20, p. 45-50, out. 2001.

ALVARO DE OLIVEIRA, Carlos Alberto [1942-2013]. **Teoria e prática da tutela jurisdicional**. Rio de Janeiro: Forense, 2008.

ANDREWS, Neil. Money and other fundamentals english perspectives on court proceedings, mediation, and arbitration. **Revista de Processo**, v. 224, p. 449 - 483, Out / 2013.

ANDREWS, Neil. **O moderno processo civil**: formas judiciais e alternativas de resolução de conflitos na Inglaterra [*The modern civil process: judicial and alternative forms of dispute resolution in England* – 2008]. Trad. Teresa Arruda Alvim Wambier. 2. ed. São Paulo: Revista dos Tribunais, 2012.

ANSANELLI, Vincenzo. **Contributo allo studio dela trattazione nella storia del processo civil italiano**: 1815-1942. Torino: Giappichelli Editore, 2017.

ARAÚJO, José Aurélio de. O código de processo civil de 2015 é um código josefino?: a oralidade e a preclusão no procedimento comum (parte I). **Revista de Processo,** v. 286, p. 87-120, dez. 2018.

ARAÚJO, José Aurélio de. O código de processo civil de 2015 é um código josefino? a oralidade e a preclusão no procedimento comum (parte II). **Revista de Processo,** v. 287, p. 145-175, jan. 2019.

ARENHART, Sérgio Cruz; MITIDIERO, Daniel. **O processo civil entre a técnica processual e a tutela dos direitos**: estudos em homenagem a Luiz Guilherme Marinoni. São Paulo: Revista dos Tribunais, 2017.

ARENHART, Sérgio Cruz; OSNA, Gustavo. **Curso de processo civil coletivo**. 2ª ed., São Paulo: Revista dos Tribunais, 2020.

ASSIS, Araken de. **Cumulação de ações** [1989]. 5. ed. São Paulo: Revista dos Tribunais, 2019.

ASSIS, Araken de. **Manual dos recursos** [2007]. 9. ed. São Paulo: Revista dos Tribunais, 2017.

ASSIS, Araken de. **Processo civil brasileiro** [2015]. 2. ed., v. 1. São Paulo: Revista dos Tribunais, 2016.

ÁVILA, Humberto. **Constituição, liberdade e interpretação**. São Paulo: Malheiro, 2019.

ÁVILA, Humberto. Função da ciência do direito tributário: do formalismo epistemológico ao estruturalismo argumentativo. **Revista Direito Tributário Atual**, n. 29, p. 181-204, 2013.

ÁVILA, Humberto. Subsunção e concreção na aplicação do direito. *In:* MEDEIROS, Antonio Paulo Cachapuz. **Faculdade de Direito**: o ensino jurídico no limiar do novo século. Porto Alegre: EDIPUCRS, 1997.

ÁVILA, Humberto. **Teoria da igualdade tributária** (2008). 3ª ed., São Paulo: Malheiros, 2015.

ÁVILA, Humberto. **Teoria dos princípios**: da definição à aplicação dos princípios jurídicos [2003]. 16. ed. São Paulo: Malheiros, 2015.

AWAD, Dora Rocha; TELLES, Marília Campos Oliveira e. Mediação após o novo código de processo civil e a lei de mediação – avanço ou retrocesso? **Revista de Arbitragem e Mediação,** v. 57, p. 355-372, abr.-jun., 2018.

BAPTISTA, Bárbara Gomes Lupetti. **Os rituais judiciários e o princípio da oralidade:** construção da verdade no processo civil brasileiro. Porto Alegre: Sergio Antonio Fabris, 2008.

BAPTISTA DA SILVA, Ovídio [1929-2009]. Da função à estrutura. **Revista de Processo**, v. 158, p. 9-19, abr., 2008.

BAPTISTA DA SILVA, Ovídio [1929-2009]. Juizado de pequenas causas. **Revista dos Tribunais**, 598/9, Ago./1985.

BAPTISTA DA SILVA, Ovídio [1929-2009]. **Juizado de pequenas causas**. Porto Alegre: Letras Jurídicas, 1985.

BAPTISTA DA SILVA, Ovídio [1929-2009]. **Processo e ideologia**. Forense: Rio de Janeiro, 2004.

BAPTISTA DA SILVA, Ovídio A. [1929-2009]; GOMES, Fábio. **Teoria geral do processo civil** [1997]. 4. ed. São Paulo: Revista dos Tribunais, 2006.

BARBI, Celso Agrícola. Despacho saneador e julgamento do mérito. **Revista dos Tribunais**, v. 391, n. 9, maio 1968.

BARBOSA MOREIRA, José Carlos. **Tendências contemporâneas do direito processual civil**. Revista de Processo, vol. 31, p. 199 - 209, Jul - Set / 1983.

BARZOTTO, Luis Fernando. **A democracia na constituição**. São Leopoldo: Unisinos, 2003.

BAUMAN, Zygmunt [1925-2017]. **Ensaios sobre o conceito de cultura** [*Culture as praxis* - 1975]. Trad. Carlos Alberto Medeiros. Rio de Janeiro: Zahar, 2012.

BAUMAN, Zygmunt [1925-2017]. **Globalização**: as consequências humanas [*Globalization: the human consequences* - 1998]. Trad. Marcus Penchel. Rio de Janeiro: Zahar, 1999.

BEDAQUE, José Roberto dos Santos. **Poderes instrutórios do juiz** [1991]. 7. ed. São Paulo: Revista dos Tribunais, 2013.

BENEDUZI, Renato. **Introdução ao processo civil alemão**. Salvador: Juspodivm, 2015.

BOBBIO, Norberto [1909-2004]. **Il positivismo giuridico**: lezioni di filosofia del diritto [1979]. Torino: Giappichelli, 1996.

BOBBIO, Norberto [1909-2004]. **Liberalismo e democrazia**. Milano: Simonelli, 2006.

BONAVIDES, Paulo. **Curso de direito constitucional** [1982]. 13. ed. São Paulo: Malheiros, 2003.

BONAVIDES, Paulo. **Do estado liberal ao estado social** [1958]. 8. ed. São Paulo: Malheiros, 2007.

BOTELHO, Guilherme. Os poderes processuais do juiz em perspectiva comparada. **Revista de Processo**, v. 243, p. 483-504, maio 2015.

BRASIL. **Justiça em números 2017**: ano-base 2016. Brasília: CNJ, 2017.

BRASIL. **Justiça em números 2018**: ano-base 2017. Brasília: CNJ, 2018.

BRASIL. **Justiça em números 2019**: ano-base 2018. Brasília: CNJ, 2019.

BRASIL. **Justiça em números 2020:** ano-base 2019. Brasília: CNJ, 2020.

BRASIL, Guilherme Mungo. **O conflito coletivo como produto da globalização**: consequências e reflexões. Revista de Processo, vol. 265, p. 257 – 275, Mar / 2017.

BUENO, Cassio Scarpinella. Os princípios do processo civil transnacional e o código de processo civil brasileiro. **Revista de Processo**, v. 30, n. 122, p. 167-186, abr. / 2005.

BURKE, Peter. **Hibridismo cultural** [*Cultural hybridity, cultural exchange, cultural translation: reflexions on history and theory* – 2003). Trad. Leila Souza Mendes. São Leopoldo: Unisinos, 2010.

BURKE, Peter. **Uma história social do conhecimento**: da enciplopédia à Wikipedia [A social history of knowledge II: from the encyclopaedia to Wikipedia – 2012]. V. II. Trad. Denise Bottmann. Rio de Janeiro: Zahar, 2012.

BUZAID, Alfredo [1914-1991]. A influência de Liebman no direito processual civil brasileiro. **Revista de Processo**, v. 27, p. 12-26, jul.-set. 1982.

BUZAID, Alfredo [1914-1981]. **Do agravo de petição no sistema do código de processo civil**. 2ª ed., São Paulo: Saraiva, 1956.

BUZAID, Alfredo [1914-1991]. Do despacho saneador. **Revista de Direito Processual Civil**, v. 1, a. 1, p. 45-58, jan.-jun. 1960.

BUZAID, Alfredo [1914-1991]. **Estudos e pareceres de direito processual civil**. São Paulo: Revista dos Tribunais, 2002.

BUZAID, Alfredo [1914-1991]. Exposição de motivos [1972]. *In:* SENADO FEDERAL. **Código de processo civil**: histórico da lei. v. I, t. I. Brasília: Senado Federal, 1974.

CABRAL, Antonio do Passo. **Convenções processuais** [2016]. 2. ed. Salvador: Juspodivm, 2018.

CABRAL, Antonio do Passo. Imparcialidade e impartialidade: por uma teoria sobre a repartição e incompatibilidades de funções nos processos civil e penal. **Revista de Processo**, a. 32, n. 149, p. 339-364, 2007.

CABRAL, Antonio do Passo. **Juiz natural e eficiência processual**: flexizibilização, delegação e coordenação de competências no Processo Civil. São Paulo: Revista dos Tribunais, 2021.

CADERMATORI, Sérgio. **Estado de direito e legitimidade**: uma abordagem garantista (2006). 2. ed. Campinas: Millennium, 2007.

CADIET, Loïc. El equilíbrio entre la rigidez y la flexibilidad en el proceso: elementos de teoria general del proceso y de derecho procesal comparado. In: ARENHART, Sérgio Cruz; MITIDIERO, Daniel. O processo civil entre a técnica processual e a tutela dos direitos: estudos em homenagem a Luiz Guilherme Marinoni. São Paulo: Revista dos Tribunais, 2017.

CADIET, Loïc. **Perspectivas sobre o sistema da justiça civil francesa**: seis lições brasileiras. Trad. Daniel Mitidiero e outros. São Paulo: Revista dos Tribunais, 2017.

CAENEGEM. R. C. van [1927-2018]. **Juízes, legisladores e professores** [*Judges, legislators and professor* – 1987]. Trad. Luís Carlos Borges. Rio de Janeiro: Elsevier, 2010.

CAENEGEM. R. C. van [1927-2018]. **Uma introdução histórica ao direito privado** [*Introduction historique au droit prive* – 1988]. Trad. Carlos Eduardo Lima Machado. São Paulo: Martins Fontes, 2000.

CALAMANDREI, Piero [1889-1956]. **Chiovenda**: recuerdo de juristas. Tradução de Santiago Sentís Melendo. Buenos Aires: EJEA, 1959.

CALAMANDREI, Piero [1889-1956]. Giuseppe Chiovenda, maestro. *In:* CALAMANDREI, piero. **Chiovenda**: recuerdo de juristas. Trad. Santiago Sentís Melendo. Buenos Aires: EJEA, 1959.

CALAMANDREI, Piero [1889-1956]. La cassazione civile [1920]. V. I. *In:* CAPPELLETTI, Mauro. **Opere giuridiche di Piero Calamandrei**. V. VI. Napoli: Morano, 1976.

CALAMANDREI, Piero [1889-1956]. Le controversie del lavoro e l oralità. **Il Foro Italiano,** v. 59, parte quarta, p. 129-138, 1934.

CALAMANDREI, Piero [1889-1956]. Oralitá nel processo. **Nuovo digesto italiano**. V. IX. Torino: UTET, p. 178-180, 1940.

CALAMANDREI, Piero [1889-1956]. **Proceso y democracia**. Trad. Hector Fix Zamudio. Buenos Aires: EJEA, 1960.

CALMES, Sylvia. État de droit, droits fondamentaux et démocratie. **Annales de philosophie et des sciences humaines**, n. 23, t. 1, 2007.

CALMON, Petrônio. O modelo oral de processo no século XXI. **Revista de Processo**, v. 178, p. 47-75, dez. 2009.

CAMARGO, Alessandro Mancio de. **Sociedade em rede**: Comunicação científica na nova mídia. Curitiba: Appris, 2016.

CAMBI, Eduardo; LIMA, Diogo de Araujo; NOVAK, Mariana Sartori. Isolamento social e reabertura de atividades não essenciais: controle judicial de atos discricionários em tempos do novo coronavírus (COVID-19). **Revista dos Tribunais**, vol. 1018, p. 323 – 341, Ago / 2020.

CAMPOS, Francisco [1891-1968]. A reforma processual. **Revista Forense**, v. 67, 1936.

CAMPOS, Eduardo Luiz Cavalcanti. **O princípio da eficiência no processo civil brasileiro**. Rio de Janeiro: Forense, 2018.

CAPONI, Remo. Il processo civile telematico tra scrittura e oralità. **Revista Eletrônica de Direito Processual**, a. 10, v. 17, n. 1, p. 193-204, Jan./Jun., 2016.

CAPONI, Remo. Processo civil e complexidade [*Processo civile e complessità*]. Trad. Michele Pedrosa Paumgartten. **Revista Eletrônica de Direito Processual – REDP**, v. 18, n. 3, a. 11, p. 280-296, set.-dez., 2017.

CAPONI, Remo. Rigidità e flessibilità del processo civile. In: ARENHART, Sérgio Cruz; MITIDIERO, Daniel. **O processo civil entre a técnica processual e a tutela dos direitos**: estudos em homenagem a Luiz Guilherme Marinoni. São Paulo: Revista dos Tribunais, p. 823-834, 2017.

CAPPELLETTI, Mauro [1927-2004]. Algunas reflexiones sobre el rol de los estudios procesales en la actualidad. **Revista de Processo**, v. 64, p. 145-157, out.-dez., 1991.

CAPPELLETTI, Mauro [1927-2004]. Apuntes para una fenomenologia de la justicia en el siglo XX. **Revista de Processo**, v. 71, p. 84-120, jul.-set., 1993.

CAPPELLETTI, Mauro [1927-2004]. Constitucionalismo moderno e o papel do poder judiciário na sociedade contemporânea. **Revista de Processo**, v. 60, p. 110-117, out.-dez., 1990.

CAPPELLETTI, Mauro [1927-2004]. **El processo civil en el derecho comparado**: las grandes tendencias evolutivas [*Principi fondamentali e tendenze evolutive del processo civile nel diritto comparato* – 1968]. Trad. Santiago Sentís Melendo. Buenos Aires: EJEA, 1973.

CAPPELLETTI, Mauro [1927-2004]. Fundamental Guarantees of the Parties in Civil Litigation: Comparative Constitutional, International, and Social Trends. **Stanford Law Review**, v. 25, p. 651-715, 1972-1973.

CAPPELLETTI, Mauro [1927-2004]. L'oralità nel processo civile italiano: ideale contro realtà. **Revista Brasileira de Direito Processual**, v. 3, 3ª trim., p. 155-167, 1975.

CAPPELLETTI, Mauro [1927-2004]. La giustizia dei poveri. **Il Foro Italiano**, v. 91, n. 10, p. 114-120, out., 1968.

CAPPELLETTI, Mauro [1927-2004]. La "politica del diritto" di Calamandrei: coerenza e attualità di un magistero. **Revista de Processo**, vol. 70, p. 299-309, abr.-jun., 1993.

CAPPELLETTI, Mauro [1927-2004]. **La testimonianza della parte nel sistema dell'oralità**. Parte prima. Milão: Guiffrè, 1962.

CAPPELLETTI, Mauro [1927-2004]. **La oralidad y las pruebas en el proceso civil**. Trad. Santiago Sentís Melendo. Buenos Aires: EJEA, 1972.

CAPPELLETTI, Mauro [1927-2004]. O valor atual do princípio da oralidade [original publicado em 1960]. Trad. Daniel Ustárroz. **Revista da Faculdade de Direito da UFRGS**, v. 21, p. 255-260, mar., 2002.

CAPPELLETTI, Mauro [1927-2004]. **Opere giuridiche di Piero Calamandrei**. V. VI, Napoli: Morano, 1976.

CAPPELLETTI, Mauro [1927-2004]. Pobreza e justiça. *In:* CAPPELLETTI, Mauro. **Processo ideologias e sociedade** [*Processo e ideologie* – 1969]. V. 1. Trad. Elício de Cresci Sobrinho. Porto Alegre: Fabris, p. 189-220, 2008.

CAPPELLETTI, Mauro [1927-2004]. Problemas de reforma do processo civil nas sociedades contemporâneas. Trad. José Carlos Barbosa Moreira. **Revista de Processo**, v. 65, p. 127-143, jan.-mar., 1992.

CAPPELLETTI, Mauro [1927-2004]. Proceso oral y processo escrito [*Procédure écrite et procédure orale* – 1970]. *In:* CAPPELLETTI, Mauro. **La oralidad y las pruebas en el proceso civil**. Trad. Santiago Sentís Melendo. Buenos Aires: EJEA, 1972.

CAPPELLETTI, Mauro [1927-2004]. Recuerdo de Piero Calamandrei: escrito por el último de sus discípulos. *In:* CALAMANDREI, piero. **Chiovenda**: recuerdo de juristas. Trad. Santiago Sentís Melendo. Buenos Aires: EJEA, 1959.

CAPPELLETTI, Mauro [1927-2004]; GARTH, Bryant. **Acesso à justiça** [*Acess to Justice: The worldwide movement to make rights effective* – 1978]. Trad. Ellen Gracie Northfleet. Porto Alegre: Fabris, 1988.

CAPPELLETTI, Mauro [1927-2004]; PERILLO, Joseph M. [1933-2017]. **Civil procedure in Italy**. Dordrecht: Springer, 1965.

CARDOSO, Oscar Valente. A oralidade (e a escrita) no novo código de processo civil brasileiro. **Cadernos do Programa de Pós-Graduação em Direito/UFRGS**, v. VIII, n. 1, p. 247-279, 2013.

CARNEIRO, Athos Gusmão [1925-2014]. **Audiência de instrução e julgamento e audiências preliminares** [1978]. 15. ed. Brasília: Gazeta Jurídica, 2014.

CARNEIRO, Athos Gusmão [1925-2014]. Considerações sobre o processo e o juizado de pequenas causas. **Revista de Processo**, v. 51, p. 23-31, Jul.-Set./1988.

CARNEIRO, Athos Gusmão [1925-2014]. **Jurisdição e competência** [1982]. 15. ed. São Paulo: Saraiva, 2007.

CARNEIRO, João Geraldo Piquet. Análise da estruturação e do funcionamento do juizado de pequenas causas da cidade de Nova Iorque. Em WATANABE, Kazuo (coord.). **Juizado especial de pequenas causas**. São Paulo: Revista dos Tribunais, 1985, pp. 23-36.

CARNELUTTI, Francesco [1879-1965]. **La prova civile**. Roma: Athenaeum, 1915.

CARNELUTTI, Francesco [1879-1965]. Nuovo processo civile italiano. **Il Foro Italiano**, v. 66, anno LXVI, parte IV, p. 25-30, 1941.

CARPI, Federico. Le riforme del processo civile in Italia verso il XXI secolo. **Rivista Trimestrale de Diritto e Procedura Civile**, v. 54, n. 1, p. 105-126, genn./mar., 2000.

CARPI, Federico. Mauro Cappelletti: una gioiosa curiosità oltre i recinti. **Rivista Trimestrale di Diritto e Procedura Civile**, n. 2, a. LXI, p. 381-393, jun. 2007.

CASTELLS, Manuel. **A sociedade em rede** [*The rise of the network society* – 1996]. Trad. Roneide Venancio Majer. 20. ed. Rio de Janeiro: Paz e Terra, 2019.

CASTELLS, Manuel. **O poder da comunicação** [*Communication power* – 2009]. Trad. Vera Lúcia Mello Joscelyne. 3. ed. Rio de Janeiro: Paz e Terra, 2019.

CHASE, Oscar G. **Direito, cultura e ritual**: sistemas de resolução de conflitos no contexto da cultura comparada [*Law, culture and ritual: disputing systems in cross-cultural context* – 2005]. Trad. Sérgio Arenhart e Gustavo Osna. São Paulo: Marcial Pons, 2014.

CHIOVENDA, Giuseppe [1872-1937]. Adolfo Wach [1926]. **Saggi di diritto processuale civile** [1900-1930]. V.1. Roma: Foro Italiano, 1930a.

CHIOVENDA, Giuseppe [1872-1937]. **Instituições de direito processual civil** [*Istituzioni di diritto processuale civile (1933-1935)*]. Trad. J. Guimarães Menegale. 2. ed., v. 3. São Paulo: Saraiva, 1965.

CHIOVENDA, Giuseppe [1872-1937]. **Istituzioni di diritto processuale civile** [1933]. V. 1. 2. ed. Napoli: Jovane, 1947.

CHIOVENDA, Giuseppe [1872-1937]. Le riforme processual e le correnti del pensiero moderno [1906]. **Saggi di diritto processuale civile** [1900-1930]. V. 1. Roma: Foro Italiano, 1930b.

CHIOVENDA, Giuseppe [1872-1937]. L'idea romana nel processo civile moderno. **Rivista di Diritto Processuale Civile**, v. IX, parte I, p. 317-332, 1932.

CHIOVENDA, Giuseppe [1872-1937]. **Principii di diritto processuale civile** [1906]. Napoli: Jovane, 1923.

CHIOVENDA, Giuseppe [1872-1937]. Procedimento oral. **Revista Forense**, n. 74, 1938.

CHIOVENDA, Giuseppe [1872-1937]. Romanesimo e germanesimo nel processo civile. **Saggi di diritto processuale civile** [1900-1930]. V. 1. Roma: Foro Italiano, 1930.

CLÉVE, Clémerson Merlin. Estrutura diretiva de tribunal de justiça. **Revista de Direito Constitucional e Internacional**, v. 50, p. 337-345, jan.-mar. 2005.

COMOGLIO, Luigi Paolo. **Il principio di economia processuale**. Tomo I. Padova: Cedam, 1980.

COMOGLIO, Luigi Paolo; FERRI, Corrado; TARUFFO, Michele. **Lezioni sul processo civile** [1995]. 2ª ed., Bologna: Il Mulino, 1998.

CORDEIRO, Antonio Manuel da Rocha e Menezes. **Da boa-fé no direito civil** [1983]. Coimbra: Almedina, 2013.

COSTA, Alfredo de Araújo Lopes da [1886-1966]. **Direito processual civil**. V. 2. Rio de Janeiro: José Konfino, 1946.

COSTA, Alfredo de Araújo Lopes da [1886-1966]. **Direito processual civil brasileiro** [1957]. 2. ed., v. I. Rio de Janeiro: Forense, 1959.

COSTA, Pietro. Pagina introduttiva. Giudici, giuristi (e legislatori): un "castello dei destini incrociati"? **Quaderni Fiorentini**, v. XL, p. 1-17, 2011.

COSTA E SILVA, Paula. Legalidade das formas de processo e gestão processual ou as duas faces de Janus. **Revista de Informação Legislativa**, Brasília, n. 190, ano 48, p. 138-139, abr.-jun. 2011.

COUTURE, Eduardo J. [1904-1956]. Oralidade e regra moral no processo civil. **Revista Forense**, v. 36, n. 77, p. 21-29, jan.-mar. 1939.

CUNHA, Leonardo José Carneiro da. Anotações sobre a competência dos juizados especiais cíveis federais. **Revista de Processo**, vol. 173, p. 33 – 53, Jul/2009.

CUNHA, Leonardo Carneiro da. O processo civil no estado constitucional e os fundamentos do projeto do novo código de processo civil brasileiro. **Revista de Processo**, v. 209, p. 349-374, jul. 2012.

DAHL, Robert A. [1915-2014]. **A democracia e seus críticos** [*Democracy and its critics* - 1989]. Trad. Patrícia de Freitas Ribeiro. São Paulo: Martins Fontes, 2012.

DAHL, Robert A. [1915-2014]. **Sobre a democracia** [*On democracy* - 1998]. Trad. Beatriz Sidou. Brasília: Editora UNB, 2001.

DALL'ALBA. Felipe Camilo. **Curso de juizados especiais**. Belo Horizonte: Forum, 2011.

DENTI, Vittorio [1919-2001]. Chiovenda e le riforme del processo civile. **Il Foro Italiano**, v. 111, parte quinta, p. 347-356, 1988.

DENTI, Vittorio [1919-2001]. **Dottrine del processo civile**: studi storici sulla formazione del diritto processuale civile. Bologna: Il Mulino, 1989.

DENTI, Vittorio [1919-2001]. Riflessioni sulla crisi della giustizia civile. **Il Foro Italiano**, v. 108, n. 11, p. 341/352, nov. 1985.

DIAS, Victor Massante. A COVID-19 e seus impactos no processo civil: uma análise sobre o motivo de força maior como ensejador da suspensão do processo e dos prazos, bem como de efeitos obstativos à preclusão. **Revista de Processo**, vol. 308, p. 351 - 368, Out/2020.

DIDIER JR., Fredie. **Fundamentos do princípio da cooperação no direito processual civil português**. Coimbra: Wolters Kluwer Portugal, 2010.

DIDIER JR., Fredie. O princípio da cooperação: uma apresentação. **Revista de Processo**, v. 127, p. 75-79, set. 2005.

DIDIER JR., Fredie. Os três modelos de direito processual: inquisitivo, dispositivo e cooperativo. **Revista de Processo**, v. 198, p. 213-226, ago. 2011.

DIDIER JR., Fredie; FERNANDEZ, Leandro. **O conselho nacional de justiça e o direito processual**: administração judiciária, boas práticas e competência normativa. Salvador: Jusposivm, 2022.

DINAMARCO, Cândido Rangel. **A instrumentalidade do processo** [1987]. 13. ed. São Paulo: Malheiros, 2008.

DINAMARCO, Cândido Rangel. **A reforma da reforma** [2002]. 2. ed. São Paulo: Malheiros, 2002.

DINAMARCO, Cândido Rangel. **A reforma do código de processo civil** [1995]. 3. ed. São Paulo: Malheiros, 1996.

DINAMARCO, Cândido Rangel. O novo código de processo civil brasileiro e a ordem processual civil vigente. **Revista de Processo**, v. 247, p. 63-103, set. 2015.

DINAMARCO, Cândido Rangel. Reflexões sôbre direito e processo. **Revista dos Tribunais**. v. 60, n. 432, p. 23-38, out. 1971.

DOMIT, Otávio Augusto Dal Molin. **Iura novit curia e causa de pedir**: o juiz e a qualificação jurídica dos fatos no processo civil brasileiro. São Paulo: Revista dos Tribunais, 2016.

DONDI, Angelo. **Introduzione della causa e strategie di difesa**: il modelo statunitense. Padova: CEDAM, 1991.

DONDI, Angelo; ANSANELLI, Vicenzo; COMOGLIO, Paolo. **Processo civil comparado**: uma perspectiva evolutiva [*Processi civili in evoluzione: uma prospettiva comparata* - 2015]. Trad. e coord. Luiz Guilherme Marinoni, Sérgio Cruz Arenhart e Daniel Mitidiero. São Paulo: Revista dos Tribunais, 2017.

DUQUE, Marcelo Schenk. **Curso de direitos fundamentais**: teoria e prática. São Paulo: Revista dos Tribunais, 2014.

DUVE, Thomas. História do direito europeu: perspectivas globais [*European legal history: global perspectives*]. Trad. Walter Guandalini Junior. **Revista da Faculdade de Direito,** UFPR, Curitiba, v. 60, n. 3, p. 383-412, set./dez. 2015.

EUROPEAN COMISSION FOR THE EFFICIENCY OF JUSTICE. **CEPEJ Report on the evaluation of judicial systems**: Country profiles (part 2). Council of Europe, September 2020.

EUROPEAN COMISSION FOR THE EFFICIENCY OF JUSTICE. **CEPEJ Report on the evaluation of judicial systems**: tables, graphs and analyses (part 1). Council of Europe, September 2020.

EUROPEAN COMISSION FOR THE EFFICIENCY OF JUSTICE. European judicial systems Efficiency and quality of justice. Council of Europe, **CEPEJ Studies,** n. 26 (2016 data), 2018.

FABRÍCIO, Adroaldo Furtado. A experiência brasileira dos juizados e pequenas causas. **Revista de Processo**, v. 101, p. 175-189, Jan.-mar./2001.

FACCHINI NETO, Eugênio. Code civil francês: gênese e difusão de um modelo. **Revista de Informação Legislativa**, n. 198, a. 50, p. 59-88, abr./jun. 2013.

FARINELLI, Alisson; CAMBI, Eduardo. Conciliação e mediação no novo código de processo civil (PLS 166/2010). **Revista de Processo**, v. 194, p. 277-306, abr. 2011.

FASCHING, Hans Walter. A posição dos princípios da oralidade e da imediação no processo civil moderno: descrita à luz de alguns ordenamentos processuais centro-europeus. **Revista de Processo**, v. 39, p. 27-34, jul.-set. 1985.

FERGUSON, Niall. **A praça e a torre**: redes hierarquias e a luta pelo poder global [the square and the tower – 2017]. Tradução de Angela Tesheiner e Gavin Adams. São Paulo: Planeta do Brasil, 2018.

FERRAJOLI, Luigi. **A cultura jurídica e a filosofia jurídica analítica no século XX** [*La cultura giuridica nell'Italia del novecento* – 1999]. Trad. Alfredo Copetti Neto, Alexandre Salim e Hermes Zaneti Júnior. São Paulo: Saraiva, 2015.

FERRER BELTRÁN, Jordi. **Prova e verdade no direito** [*Prueba y verdad en el derecho* - 2003]. Trad. Vitor de Paula Ramos. São Paulo: Revista dos Tribunais, 2017.

FERRI, Giordano. Verso il processo civile moderno [a proposito di Knut Wolfgang Nörr, *Verso il processo civile moderno. Dal diritto naturale al Novecento*, traduzione di C. Foti, Roma, Aracne "Storia del diritto e delle Istituzioni: Studi", 2013]. **Historia et ius** [www.historiaetius.eu], paper 15, 5, 2014.

FIORAVANTI, Maurizio. Savigny e la scienza di diritto pubblico del diciannovesimo secolo. **Quaderni Fiorentini**, IX, p. 319-338, 1980.

FLACH, Daisson. **Dever de motivação das decisões judiciais na jurisdição contemporânea**. 2012. 174f. Tese (Doutorado em Direito) – Universidade Federal do Rio Grande do Sul, Porto Alegre, 2012.

FOLLONI, André. **Introdução à teoria da complexidade**. Curitiba: Juruá, 2016.

FREITAS, Juarez de. **Sustentabilidade**: direito ao futuro [2011]. 4. ed. Belo Horizonte: Forum, 2019.

FUX, Luiz. A ideologia dos juizados especiais. **Revista de Processo**, v. 86, p. 204-2014, Abr. - jun. /1997.

FUX, Luiz. Juizados especiais: um sonho de justiça. **Revista de Processo**, v. 90, p. 151-158, Abr. - jun. /1998.

FUX, Luiz. Juízo 100% digital e a vocação da moderna atividade jurisdicional. Em: FUX, Luiz; CABRAL, Trícia Navarro Xavier (coords.). **Tecnologia e justiça multiportas**. São Paulo: Foco, 2021.

FUX, Luiz; CABRAL, Trícia Navarro Xavier (coords.). **Tecnologia e justiça multiportas**. São Paulo: Foco, 2021.

GAJARDONI, Fernando da Fonseca. **Flexibilização procedimental**: um novo enfoque para o estudo do procedimento em matéria processual, de acordo com as recentes reformas do CPC. São Paulo: Atlas, 2008.

GAJARDONI, Fernando da Fonseca. Gestão de conflitos nos Estados Unidos e no Brasil. **Revista de Processo Comparado**, vol. 4, p. 43 – 63, Jul - Dez/2016.

GAJARDONI, Fernando da Fonseca; PAGNANO, Paula Lovato. Notas comparativas sobre a institucionalização da conciliação/mediação nos processos civis brasileiro e italiano. **Revista de Processo**, v. 287, p. 509-530, jan. 2019.

GARAPON, Antoine. **O guardador de promessas**: justiça e democracia [*Les gardien des promesses* – 1996]. Trad. Francisco Aragão. Lisboa: Instituto Piaget, 1998.

GELSI BIDART, Adolfo [1918-1998]; TORELLO, Luís [1928-2017]; VESCOVI, Enrique [1919-2003]. La integración americana, hacia la integración institucional, tratados, organismos, tribunales, códigos modelos. **Revista de Processo**, v. 51, p. 109-154, jul.-set. 1988.

GIDI, Antonio. Normas transnacionais de processo civil: apresentação. **Revista de Processo**, vol. 102, p. 185-196, abr.-jun. 2001.

GONZAGA, Alvaro de Azevedo; LABRUNA, Felipe; NERY, Vitor Goulart. O teletrabalho, a pandemia de covid-19 e o poder judiciário. **Revista dos Tribunais**, vol. 1027, Maio/2021.

GRINOVER, Ada Pellegrini. Relatório geral: civil law. Em: GRINOVER, Ada Pellegrini; WATANABE, Kazuo; MULLENIX, Linda. **Os processos coletivos nos países de *civil law* e *common law***: uma análise de direito comparado. 2ª ed., São Paulo: Revista dos Tribunais, 2011.

GRINOVER, Ada Pellegrini; WATANABE, Kazuo; MULLENIX, Linda. **Os processos coletivos nos países de *civil law* e *common law***: uma análise de direito comparado. 2ª ed., São Paulo: Revista dos Tribunais, 2011.

GRINOVER, Ada Pellegrini (1933 – 2017); WATANABE, Kazuo; SALLES, Carlos Alberto de; GABBAY, Daniela Monteiro; LUCHIARI, Valeria Ferioli Lagrasta; OMURA, Masahiko. Constituição e processo - acesso efetivo à justiça: o direito de acesso à justiça e responsabilidades públicas. **Revista de Processo**, vol. 250, p. 17 – 31, Dez/2015.

GROSSI, Paolo. História social e dimensão jurídica. **Meritum**, Belo Horizonte, v. 4, n. 2, p. 05-26, jul./dez. 2009.

GROSSI, Paolo. Lungo l'itinerario di Piero Calamandrei. **Rivista di Diritto e Procedura Civile**, n. 3, a. LXII, p. 865-885, set. 2009.

GROSSI, Paolo. Presenza di Calamandrei. **Quaderni Fiorentini**, n. 15, p. 501-503, 1986.

GUASTINI, Riccardo. **Interpretare e argomentare**. Milano: Giuffrè, 2011.

GUASTINI, Riccardo. La "constitucionalización" del ordenamiento jurídico: el caso italiano [1998]. Trad. José María Lujambio. *In:* GUASTINI, Riccardo. **Estudios de teoria constitucional**. México: DJC, 2001.

GUIMARAES, Luiz Machado [1895-1974]. O processo oral e o processo escrito. **Revista Forense**, v. 35, n. 74, p. 160-167, abr./jun., 1938.

GUIMARAES, Luiz Machado [1895-1974]. O processo oral e os seus críticos. **Revista Forense**, v. 36, n. 78, p. 422-433, abr./jun. 1939.

GUEDES, Jefferson Carús. **O princípio da oralidade**: procedimento por audiências no direito processual civil brasileiro. São Paulo: Revista dos Tribunais, 2003.

HARARI, Yuval Noah. O mundo depois do coronavírus. In: HARARI, Yuval Noah. **Notas sobre a pandemia e breves lições para o mundo pós-coronavírus**. Tradução Odorico Leal. São Paulo: Companhia das Letras, 2020.

HARARI, Yuval Noah. **Notas sobre a pandemia e breves lições para o mundo pós-coronavírus**. Tradução Odorico Leal. São Paulo: Companhia das Letras, 2020.

HAZARD JR., Geoffrey C. [1929-2018]; TARUFFO, Michele. **American civil procedure**: an introduction. New Haven: Yale University Press, 1993.

HAZARD JR., Geoffrey C. [1929-2018]; TARUFFO, Michele. Transnational rules of civil procedure rules and commentry. **Cornell International Law Journal,** v. 30, p. 493-539, 1997.

HESPANHA, António Manuel [1945-2019]. **Cultura jurídica europeia**: síntese de um milênio. Florianópolis: Fundação Boiteux, 2005.

HOFFMAN, Paulo. **Saneamento compartilhado**. São Paulo: Quartier Latin, 2011.

HONNETH, Axel. **O direito da liberdade** [*Das Recht der Freiheit* - 2011]. Trad. Saulo Krieger. São Paulo: Martins Fontes, 2015.

HORTA, José Luiz Borges. **História do estado de direito**. São Paulo: Alameda, 2011.

IURA, Alexandre Miura. **Oralidade e escrita no processo civil**. 2012. 141f. Dissertação (Mestrado em Direito) – Faculdade de Direito da Universidade de São Paulo, São Paulo, 2012.

JELLINEK, Georg. **The declaration of the rights of man and of citizens**: a contribution to modern constitutional history. Trad. Max Farrand. New York: Henry Holt and Company, 1901.

JOBIM, Marco Felix. **As funções da eficiência no processo civil brasileiro**. São Paulo: Thomson Reuters Brasil, 2018.

JOBIM, Marco Felix. **Cultura, escolas e fases metodológicas do processo**. 4. ed. Porto Alegre: Livraria do Advogado, 2018.

JOLOWICZ, John Anthony. Orality and immediacy in english civil procedure. **Boletín Mexicano de Derecho Comparado**, a. 8, p. 595-608, set.-out. 1975.

KNIJNIK, Danilo. **Prova pericial e seu controle no direito processual brasileiro**. São Paulo: Revista dos Tribunais, 2017.

KOPLIN, Klaus Cohen. O contraditório como direito de influência e o dever de consulta no novo CPC. *In:* ARENHART, Sérgio Cruz; MITIDIERO, Daniel. **O processo civil entre a técnica processual e a tutela dos direitos:** estudos em homenagem a Luiz Guilherme Marinoni. São Paulo: Revista dos Tribunais, p. 127-142, 2017.

KOPLIN, Klaus Cohen. Origen y fundamentación iusfilosófica del "principio de la adaptabilidad del procedimiento judicial". ***In:*** MITIDIERO, Daniel; AMARAL, Guilherme Rizzo (Coords.). **Processo civil:** estudos em homenagem ao professor doutor Carlos Alberto Alvaro de Oliveira. São Paulo: Atlas, p. 262-272, 2012.

KOPLIN, Klaus Cohen. Um panorama geral das audiências no novo código de processo civil brasileiro. [S.d.] Disponível em: https://www.academia.edu/15496903/Um_panorama_geral_sobre_as_audi%C3%AAncias_no_novo_CPC_brasileiro. Acesso em: 1º mar., 2019.

LACERDA, Galeno [1922-2012]. **Despacho saneador** [1953]. 3. ed. Porto Alegre: Fabris, 1990.

LACERDA, Galeno [1922-2012]. Processo e cultura. **Revista de Direito Processual Civil**, a. 2, v. 3, Jan./Jun., p. 74-86, 1961.

LAGRASTA NETO, Caetano. Juizado Especial de Pequenas Causas e direito processual civil comparado. Em WATANABE, Kazuo (coord.). **Juizado especial de pequenas causas**. São Paulo: Revista dos Tribunais, 1985.

LANES, Júlio Cesar Goulart. **Audiências**: conciliação, saneamento, prova e julgamento. Rio de Janeiro: Forense, 2009.

LAZZARINI, Alvaro. A constituição federal de 1988, os juizados especiais e os juizados de pequenas causas. **Revista de Processo**, v. 58, p. 110-113, Abr. – Jun. /1990.

LEBRE DE FREITAS, José. Sobre o novo código de processo civil: uma visão de fora. **Revista da Ordem dos Advogados**, v. I, a. 73, p. 23-61, jan./mar. 2013.

LEMOS, Ronaldo; FELICE, Massimo di. **A vida em rede**. Campinas: Papirus 7 Mares, 2014.

LÉVY, Pierre. **As tecnologias da inteligência**: o futuro do pensamento na era da informática [*Les technologies de l'intelligence* – 1993]. 2. ed. Trad. Carlos Irineu da Costa. São Paulo: Editora 34, 2010.

LIEBMAN, Enrico Tullio [1903-1986]. **Estudo sôbre o processo civil brasileiro**. São Paulo: Saraiva, 1947.

LIEBMAN, Enrico Tullio [1903-1986]. **Manual de direito processual civil** [Manuale di diritto processuale civile - 1955]. v. I. Tradução de Câncido Rangel Dinamarco. 3ª ed., São Paulo: Malheiros Editores, 2005.

LORENZETTI, Ricardo Luis. **Justicia Colectiva**. Santa Fé: Rubinzal-Culzoni, 2010.

LUCON, Paulo Henrique dos Santos. Duração razoável e informatização do proceso nas recentes reformas. **Revista Eletrônica de Direito Processual**, a. 4, v. VI, p. 512-545, jul./dez., 2010.

MAGRANI, Eduardo. **Democracia conectada**: a internet como ferramenta de engajamento político-democrático. Curitiba: Juruá, 2014.

MANCUSO, Rodolfo de Camargo. Ação popular. **Revista de Processo**, v. 27, pp. 175-185, jul.-set., 1982.

MARCHESI, Daniela. **Litiganti, avvocati e magistrati**: diritto ed economia del processso civile. Bologna: Il Mulino, 2003.

MARINONI, Luiz Guilherme. **Precedentes obrigatórios** [2010]. 6. ed. São Paulo: Revista dos Tribunais, 2019.

MARINONI, Luiz Guilherme; ARENHART, Sérgio Cruz. **Prova e convicção** [2009]. 3. ed. São Paulo: Revista dos Tribunais, 2015.

MARINONI, Luiz Guilherme; ARENHART, Sérgio Cruz; MITIDIERO, Daniel. **Curso de processo civil** [2015]. 4. ed., v. 1. São Paulo: Revista dos Tribunais, 2019.

MARINONI, Luiz Guilherme; ARENHART, Sérgio Cruz; MITIDIERO, Daniel. **Curso de processo civil** [2015]. v.2. 5ª ed., São Paulo: Revista dos Tribunais, 2019.

MARTINS, Pedro Batista [1895-1950]. **Comentários ao código de processo civil**. V. III. Rio de Janeiro: Forense, 1942.

MARTINS, Pedro Batista [1895-1950]. Em defesa do ante-projeto de código de processo civil. **Revista Forense**, v. 36, n. 78, p. 411-421, abr./jun. 1939.

MATTOS, Sérgio Luís Wetzel. **Da iniciativa probatória do juiz no processo civil**. Rio de Janeiro: Forense, 2001.

MATTOS, Sérgio Luís Wetzel. **Devido processo legal e proteção de direitos**. Porto Alegre: Livraria do Advogado, 2009.

MEDAUAR, Odete. **Direito administrativo moderno**. São Paulo: Revista dos Tribunais, 2016.

MEDEIROS, Bruna Bessa de. Aspectos peculiares da audiência de conciliação e mediação obrigatória. **Revista de Processo**, v. 280, p. 485-503, jun. 2018.

MEDINA, Paulo Roberto de Gouvêa. **Iura novit curia**: a máxima e o mito. Salvador: Juspodivm, 2020.

MELLO, Cláudio Ari. **Democracia constitucional e direitos fundamentais**. Porto Alegre: Livraria do Advogado, 2004.

MELO, Valternei. A vinculação jurídica: do protagonismo da lei ao protagonismo da interpretação. *In:* ARENHART, Sérgio Cruz; MITIDIERO, Daniel. **O processo civil entre a técnica processual e a tutela dos direitos**: estudos em homenagem a Luiz Guilherme Marinoni. São Paulo: Revista dos Tribunais, p. 1209-1228, 2017.

MENDES, Armindo Ribeiro. As sucessivas reformas do processo civil português. Coimbra Editora, **Julgar**, n. 16, p. 79-97, 2012.

MERRYMAN, John Henry [1920-2015]. **La tradición jurídica romano-canónica** [*The civil law tradition* - 1969]. Trad. Carlos Sierra. México: Fondo de Cultura Económica, 1971.

MESQUITA, José Ignácio Botelho de [1935-2014]. Julgamento antecipado [1974]. *In*: MESQUITA, José Ignácio Botelho de. **Teses, estudos e pareceres de processo civil**. V. 3. São Paulo: Revista dos Tribunais, 2007.

MESQUITA, José Ignácio Botelho [1935-2014]. O Juizado Especial em face das garantias constitucionais. **Revista Jurídica**, v. 53, n. 330, p. 9–16, abr., 2005.

MITIDIERO, Daniel. Accountability e transparência da justiça civil: uma perspectiva comparada. *In:* MITIDIERO, Daniel (Coord.). **Accountability e transparência da justiça civil**: uma perspectiva comparada. São Paulo: Revista dos Tribunais, 2019.

MITIDIERO, Daniel. As relações entre o processo civil e a constituição na primeira metade do século XX e sua breve evolução na doutrina processual civil brasileira. **Revista dos Tribunais**, v. 915, p. 50-60, jan. 2012.

MITIDIERO, Daniel. **Colaboração no processo civil**: do modelo ao princípio [2009]. 4. ed. São Paulo: Revista dos Tribunais, 2019.

MITIDIERO, Daniel. Colaboração no processo civil como prêt-à-porter?: um convite ao diálogo para Lênio Streck. **Revista de Processo**, v. 194, p. 55-68, abr. 2011.

MITIDIERO, Daniel. **Cortes Superiores e Cortes Supremas:** do controle à interpretação, da jurisprudência ao precedente [2013]. 3. ed. São Paulo: Revista dos Tribunais, 2017.

MITIDIERO, Daniel. Por uma reforma da Justiça Civil no Brasil um diálogo entre Mauro Cappelletti, Vittorio Denti, Ovídio Baptista e Luiz Guilherme Marinoni. **Revista de Processo**, v. 199, p. 83, set. 2011.

MITIDIERO, Daniel. **Precedentes**: da persuasão à vinculação [2016]. 3. ed. São Paulo: Revista dos Tribunais, 2018.

MITIDIERO, Daniel. Processo e cultura: praxismo, processualismo e formalismo em direito processual civil. **Cadernos do Programa de Pós-Graduação em Direito – PPGDIR/UFRGS**, n. 2, p. 101-128, set. 2004.

MORAES, Maria Celina Bodin de. Do juiz boca-da-lei à lei segundo a boca-do-juiz: notas sobre a aplicação-interpretação do direito no início do século XXI. **Revista de Direito Privado**, v. 14, n. 56, p. 11-30, out./dez., 2013.

MORATO, Francisco [1868-1948]. A oralidade. **Revista Forense**, v. 74, p. 141-148, 1938.

MOREIRA, José Carlos Barbosa [1931-2017]. A justiça estadual na república. **Revista de Processo**, v. 160, p. 295-303, jun. 2008.

MOREIRA, José Carlos Barbosa [1931-2017]. A justiça no limiar do novo século. **Revista de Processo**, v. 71, p. 189-199, jul.-set. 1993.

MOREIRA, José Carlos Barbosa [1931-2017]. Breve notícia sobre a reforma do processo civil alemão. *In:* MOREIRA, José Carlos Barbosa. **Temas de direito processual**: oitava série. São Paulo: Saraiva, 2004.

MOREIRA, José Carlos Barbosa [1931-2017]. **Comentários ao código de processo civil**. V. V. Rio de Janeiro: Forense, 1974.

MOREIRA, José Carlos Barbosa [1931-2017]. Mauro Cappelletti. **Revista de Processo**, v. 119, p. 299-300, jan. 2005.

MOREIRA, José Carlos Barbosa [1931-2017]. Notas sobre as recentes reformas do processo civil francês. **Revista da Academia Brasileira de Letras Jurídicas**, v. 23, n. 30, p. 133-145, jan./jun. 2007.

MOREIRA, José Carlos Barbosa [1931-2017]. O futuro da justiça: alguns mitos. **Revista de Processo**, v. 102, p. 228-238, abr.-jun. 2001.

MOREIRA, José Carlos Barbosa [1931-2017]. Problemas de la inmediación en el proceso civil. **Revista de Processo**, v. 34, p. 191-196, abr.-jun. 1984.

MOREIRA, José Carlos Barbosa [1931-2017]. Reformas processuais e poderes do juiz. **Revista da EMERJ**, v. 6, n. 22, p. 58-72, 2003.

MOTTA, Otávio Verdi. **Justificação da decisão judicial**: a elaboração da motivação e a formação de precedente. São Paulo: Revista dos Tribunais, 2015.

MÜLLER, Julio Guilherme. **Negócios Processuais e desjudicialização da produção da prova**: análise econômica e jurídica. São Paulo: Revista dos Tribunais, 2017.

NELSON, Rocco Antonio Rangel Rosso; NELSON, Isabel Cristina Amaral de Sousa Rosso. Coronavírus (covid-19) e o direito: fato, valor e norma. **Revista dos Tribunais**, vol. 1017, p. 207 - 241, Jul/2020.

NEVES, Aline Regina das; CAMBI, Eduardo. Processo e tecnologia: do processo eletrônico ao plenário virtual. **Revista dos Tribunais**, v. 986, p. 87-110, dez. 2017.

NICORA, Attilio [1939-2017]. **Il principio di oralità nel diritto processuale civile italiano e nel diritto processuale canônico.** Roma: Università Gregoriana Editrice, 1977.

NIEVA FENOLL, Jordi. **Inteligencia artificial y proceso judicial**. Madrid: Marcial Pons, 2018.

NIEVA FENOLL, Jordi. La psicologia y el aprendizaje del derecho: um cambio necessário em los estúdios jurídicos. In: ARENHART, Sérgio Cruz; MITIDIERO, Daniel. **O processo civil entre a técnica processual e a tutela dos direitos**: estudos em homenagem a Luiz Guilherme Marinoni. São Paulo: Revista dos Tribunais, 2017.

NIEVA FENOLL, Jordi. Los problemas de la oralidade. **Revista do Ministério Público do RS**, n. 67, set. / dez., 2010.

NOGUEIRA, Antonio de Pádua Ferraz. A competência dos juizados especiais cíveis em face das normas constitucionais e infraconstitucionais. **Revista do Advogado**, Associação dos Advogados de São Paulo, n. 50, pp. 07-16, agosto de 1997.

NOGUEIRA, Pedro Henrique. **Negócios jurídicos processuais** [2016]. 2ª ed., Salvador: Juspodivm, 2017.

NÖRR, Knut Wolfgang [1935-2018]. **Verso il processo civile moderno:** dal diritto naturale al novecento [*Naturrecht und Zivilprozess. Studien zur Geschichte des deutschen Zivilprozessrechts während der Naturrechtsperiode bis zum beginnenden* - 1976]. Trad. Claudia Foti. Roma: Aracne, 2013.

NUNES, Dierle; TEIXEIRA, Ludmila. Por um acesso à justiça democrático: primeiros apontamentos. **Revista de Processo**, vol. 217, p. 75 - 120, Mar / 2013.

OLIVEIRA JUNIOR, Zulmar Duarte de. **O princípio da oralidade no processo civil**. Porto Alegre: Núria Fabris, 2011.

OMAR BERIZONCE, Roberto. Armonizacion progresiva de los sistemas de justicia en America Latina. **Revista de Processo**, v. 99, p. 135 – 140, Jul - Set/2000.

OMAR BERIZONCE, Roberto. Ideologías y processo. **Revista Iberoamericana de Derecho Procesal**. v. 4, p. 251 – 288, Jul - Dez/2016.

OMAR BERIZONCE, Roberto. Luces y sombras del proceso civil contemporâneo. **Revista de Processo**, v. 126, p. 83 – 94, Ago/2005.

OSNA, Gustavo. A "audiência de conciliação ou de mediação" no novo CPC: seis (breves) questões para debate. **Revista de Processo**, v. 256, p. 349-370, jun. 2016.

OTEIZA, Eduardo. **América Latina: cultura y proceso civil.** Revista de Processo, v. 227, p. 319 – 333, Jan/2014.

PALOMBELLA, Gianluigi. **Filosofia do direito** [*Filosofia del diritto* – 1996]. Trad. Ivone C. Benedetti. São Paulo: Martins Fontes, 2005.

PASSOS, José Joaquim Calmon de [1920-2008]. **A ação no direito processual civil brasileiro** [1960]. Salvador: Juspodivm, 2014.

PASSOS, José Joaquim Calmon de [1920-2008]. **Comentários ao código de processo civil**. V. III. São Paulo: Forense, 1974.

PEGORARO JR., Paulo Roberto. A ubiquidade do processo eletrônico e a superação da competência territorial relativa. **Revista de Processo**, v. 263, p. 453-477, jan. 2017.

PEGORARO JR., Paulo Roberto. **Processo eletrônicos e a evolução disruptiva do direito processual civil**. Curitiba: Juruá, 2019.

PÉREZ RAGONE, Alvaro. Algunas reflexiones sobre Chiovenda y su legado para Latinoamérica: laudatio. **Revista ius et veritas**, n. 55, p. 161-175, dez. 2017.

PÉREZ RAGONE, Alvaro. Retrato del revisionismo garantista en el proceso civil a través de Klein y Wach: algunas precisiones sobre eficiencia y derechos procesales. **Revista de Processo**, v. 233, p. 241-269, jul. 2014.

PÉREZ RAGONE, Alvaro; VÉLEZ, Diego Palomo. Oralidad y prueba: comparación y análisis crítico de las experiencias reformadoras del proceso civil en Alemania y España. **Revista de derecho de La Pontificia Univesidad Católica de Valparaíso**, n. XXII, p. 363-406, jan./jun. 2009.

PICARDI, Nicola [1935-2016]. **Jurisdição e processo**. Trad. Carlos Alberto Alvaro de Oliveira. Rio de Janeiro: Forense, 2008.

PICÓ I JUNOY, Joan. **La modificación de la demanda en el processo civil**: reflexiones sobre la prohibición de mutatio libelli. Valencia: Tirant lo Blanch, 2006.

PICÓ I JUNOY, Joan. Los principios del nuevo proceso civil español. **Revista de Processo**, v. 103, p. 59-94, jul. 2001.

PINTO, Bilac [1908-1985]. Aspectos da reforma processual brasileira. **Revista Forense**, v. 35, n. 74, p. 152-159, abr./jun. 1938.

PIROTTA, Wilson Ricardo Buquetti. **Hermenêutica da prova e argumentação jurídica na era do processo eletrônico do trabalho.** São Paulo: LTR, 2015.

POLLOCK, Sir Frederick [1845-1937]; MAITLAND, Frederic William [1850-1906]. **The history of English law before the time of Edward I** (1895). v. 2. Indianapolis: Liberty Fund, 2010.

PORTO, Éderson Garin. **A colaboração no direito tributário**: por um novo perfil de relação obrigacional tributária. Porto Alegre: Livraria do Advogado, 2016.

PORTO, Júlia Pinto Ferreira. Acesso à Justiça: Projeto Florença e Banco Mundial. Dissertação de mestrado, Universidade Presbiteriana Mackenzie, 2009, 176f.

PORTO, Sérgio Gilberto. **Processo civil contemporâneo**: elementos, ideologia e perspectivas. Salvador: Juspodivm, 2018.

PORTO, Sérgio Gilberto; USTÁRROZ, Daniel. **Manual dos recursos cíveis.** 7. ed. Porto Alegre: Livraria do Advogado, 2019.

PRATA, Edson [1927-1990]. **História do processo civil e sua projeção no direito moderno**. Rio de Janeiro: Forense, 1987.

PROTO PISANI, Andrea. I processi a cognizione piena in Italia dal 1940 al 2012. **Revista de Processo**, v. 218, p. 221-257, 2013.

RAMOS, Vitor de Paula. **Prova testemunhal**: do subjetivismo ao objetivismo – do isolamento científico ao diálogo com a psicologia e a epistemologia. São Paulo: Thomson Reuters Brasil, 2018.

REICHELT, Luis Alberto. Considerações sobre a mediação e conciliação no projeto de novo código de processo civil. **Revista de Direito do Consumidor**, v. 97, p. 123-142, jan.-fev. 2015.

REIS, José Alberto dos [1875-1955]. **Breve estudo sôbre a reforma do processo civil e comercial** [1927]. 2. ed. Coimbra: Coimbra, 1929.

REIS, José Alberto dos [1875-1955]. A oralidade no processo civil português. **Revista Forense**, v. 35, n. 74, p. 214-222, abr./jun., 1938.

RIBEIRO, Antônio de Pádua. A importância do CNJ na implantação de uma nova ordem judiciária no Brasil. *In:* STOCO, Rui; PENALVA, Janaína (Orgs.). **Dez anos de reforma do judiciário e o nascimento do Conselho Nacional de Justiça**. São Paulo: Revista dos Tribunais, 2015, p. 67-78.

RIBEIRO, Darci Guimarães. Audiência preliminar e oralidade. **Revista dos Tribunais**, v. 759, p. 767 – 791, Jan / 1999.

RIBEIRO, Darci Guimarães. La prueba testifical en iberoamérica. **Revista de Processo**, v. 297, p. 81 – 113, Nov / 2019.

RIVAS, Adolfo. A. **Teoría general del derecho procesal**. Buenos Aires: Lexis Nexis, 2005.

ROBILANT, Enrico di [1924-2012]. Modelli nella teoria del diritto. **Rivista Trimestrale di Diritto e Procedura Civile**, a. XXIV, p. 705-721, 1970.

ROCHA, Cármen Lúcia Antunes. **Princípio constitucional da igualdade**. Belo Horizonte: Jurídicos Lê, 1990.

RODRIGUES, Douglas Alencar. Notas panorâmicas do retrato da crise covid-19 no poder judiciário. **Revista de Direito do Trabalho**, vol. 212, Jul - Ago/2020.

RODRIGUES, Francisco César Pinheiro. Perspectivas do juizado especial de pequenas causas. **Revista dos Tribunais**, v. 618, p. 250-253, Abr./1987.

RODRÍGUEZ-ARANA MUÑOS, Jaime. Dimensiones del estado social y derechos fundamentales sociales. **Revista de Investigações Constitucionais**, v. 2, n. 2, maio/ago. 2015.

SALVADOR, Antonio Raphael Silva. O juizado de pequenas causas: obrigatória sua criação e absoluta sua competência. **Revista dos Tribunais**, v. 660, p. 251-253, Out. 1990.

SANTAELLA, Luciana; LEMOS, Renata. **Redes sociais digitais**: a cognição conectiva do Twitter. São Paulo: Paulus, 2010.

SANTOS, Boaventura de Sousa. **Para uma revolução democrática da justiça**. Coimbra: Almedina, 2015.

SANTOS, Moacir Amaral [1902-1983]. Contra o processo autoritário. **Revista da Faculdade de Direito da Universidade de São Paulo**, v. 54, n. 2, p. 212-229, 1959.

SARLET, Ingo Wolfgang. **A eficácia dos direitos fundamentais**: uma teoria geral dos direitos fundamentais na perspectiva constitucional [1998]. 12. ed. Porto Alegre: Revista dos Advogados, 2015.

SARLET, Ingo Wolfgang; MARINONI, Luis Gulherme; MITIDIERO, Daniel. **Curso de direito constitucional** [2012]. 8. ed. São Paulo: Saraiva, 2019.

SCHIERA, Pierangelo. Estado moderno. *In:* BOBBIO, Norberto; MATTEUCCI, Nicola; PASQUINO, Gianfranco. **Dicionário de política**. V. 1. Trad. Carmen C. Varriale e outros. 11. ed. Brasília: UNB, 1998.

SEMON, Hans. M. O debate oral no processo civil alemão. **Revista Forense**, v. 35, n. 74, p. 239-244, abr./jun. 1938.

SENTIS MELENDO, Santiago [1900-1979]. Couture y su obra procesal (1957). **Revista Brasileira de Direito processual**, n. 38, p. 181-216, abr./jun., 1983.

SICA, Heitor Vitor Mendonça. Brevísimas reflexiones sobre la evolución del tratamiento de los litigios repetitivos en el ordenamiento brasileño: del CPC de 1973 al CPC de 2015. **Revista de Derecho Procesal,** I, p. 615-628, 2019.

SILVA, Flávio Pâncaro da. Prólogo à 2ª edição. *In:* LACERDA, Galeno [1922-2012]. **Despacho saneador** [1953]. 3. ed. Porto Alegre: Fabris, 1990.

SINGER, Peter. **Marx** [1980]. Trad. Paula Mattos. São Paulo: Edições Loyola, 2003.

SORABJI, John. English civil justice: another atempt at a new approach to justice. **Revista de Processo**, v. 243, p. 81-107, maio, 2015.

SOUZA, Carlos Aurélio Mota. Juizados de pequenas causas: escolas de equidade. **Revista de Processo**, v. 58, p. 114-117, abr.-jun./1990.

SOUSA, Luís Filipe Pires de. **O valor probatório do documento eletrônico no processo civil**. Coimbra: Almedina, 2016.

SOUZA JÚNIOR, Cesar Saldanha; REVERBEL, Carlos Eduardo Dieder. **O tribunal constitucional como poder**: uma nova visão dos poderes políticos [2012]. 2. ed. São Paulo: Revista dos Tribunais, 2016.

SPRUNG, Rainer. Os fundamentos do direito processual civil austríaco. **Revista de Processo,** v. 17, p. 138-149, jan./mar., 1980.

STOCO, Rui; PENALVA, Janaína (Orgs.). **Dez anos de reforma do judiciário e o nascimento do Conselho Nacional de Justiça**. São Paulo: Revista dos Tribunais, 2015.

STORME, Marcel [1930-2018]. A single civil procedure for Europe: a cathedral builders' dream. **Ritsumeikan Law Review**, n. 22, p. 87-100, 2005.

STÜRNER, Rolf. Oralidade e escritura no processo civil europeu. Trad. Ronaldo Kochem. **Revista de Processo**, v. 223, p. 111-129, set., 2013.

SUSSKIND, Richard. **Tomorrow's lawyers**: an introduction to your future [2013]. 2ª ed. Oxford: Oxford University Press, 2017.

TALAMINI, Eduardo. Saneamento do processo. **Revista de Processo**, v. 86, p. 76-111, abr.-jun., 1997.

TALAMINI, Eduardo; AMARAL, Paulo Osternack. Suspensão de prazos judiciais por força da pandemia. **Revista de Processo**, vol. 306, p. 393 – 410, Ago/2020.

TARELLO, Giovanni. **Cultura jurídica y política del derecho**. Granada: Comares, 2002.

TARELLO, Giovanni [1934-1986]. Ideologias setecentistas da codificação e estrutura dos códigos [Ideologie settecentesche della codificazione e struttura dei codici – 1978]. Trad. Ricardo Sontag. **Meritum**, Belo Horizonte, v. 3, n. 2, p. 05-31, jul./dez. 2008.

TARELLO, Giovanni [1934-1986]. La crisis del derecho común en el siglo XVII europeo: un problema historiográfico [*La crisi del diritto comune nel settecento europeo: un problema stroriografico* – 1976]. *In:* TARELLO, Giovanni. **Cultura jurídica y política del derecho**. Granada: Comares, 2002.

TARELLO, Giovanni [1934-1986]. L'opera di Giuseppe Chiovenda nel crepuscolo dello Stato liberale. *In:* TARELLO, Giovanni [1934-1986]. **Dottrine del processo civile**: studo storici sulla formazione del diritto processuale civile. Bologna: Il Mulino, 1989.

TARELLO, Giovanni [1934-1986]. **Storia dela cultura giuridica moderna**: assolutismo e codificazione del diritto. Bologna: Mulino, 1976.

TARUFFO, Michele. **A motivação da sentença civil** [La motivazione della sentenza civile – 1975]. Trad. Daniel Mitidiero, Rafael Abreu, Vitor de Paula Ramos. São Paulo: Marcial Pons, 2015.

TARUFFO, Michele. **La prueba**. Tradução de Laura Manríquez e Jordi Ferrer Beltrán. Madrid: Marcial Pons, 2008.

TARUFFO, Michele. **Orality and writing as factors of efficiency in civil litigation.** Coloquio "Oralidad y escritura en un proceso civil eficiente", organizado por la Asociación Internacional de Derecho Procesal en Gandía Valencia, del 6 al 8 noviembre de 2008. Disponível em: https://www.uv.es/coloquio/coloquio/ponencias/8oratar.pdf. Acesso em: 5 dez. 2019.

TARUFFO, Michele. **Uma simples verdade**: o juiz e a construção dos fatos [*La símplice verità: il giudice e la costituzione dei fatti* – 2009]. Trad. Vitor de Paula Ramos. São Paulo: Marcial Pons, 2012.

TARUFFO, Michele; HAZARD JR., Geoffrey C. **American civil procedure**. New Haven: Yale University Press, 1993.

TARUFFO, Michele; MITIDIERO, Daniel. **A justiça civil**: da Itália ao Brasil, dos setecentos a hoje. São Paulo: Thomson Reuters Brasil, 2018.

TEIXEIRA, Sálvio de Figueiredo [1939-2013]. A efetividade do processo e a reforma processual. **Revista de Informação Legislativa**, Brasília, n. 122, a. 31, p. 205-214, maio/jul. 1994.

TEIXEIRA DE SOUSA, M. **Apontamento sobre o princípio da gestão processual no novo Código de Processo Civil**. Disponível em: https://www.academia.edu/5187428/ TEIXEIRA_DE_SOUSA_M._Apontamento_sobre_o_princ%C3%ADpio_da_gest%C3%A3o_processual_no_novo_C%C3%B3digo_de_Processo_Civil_10.2013_. Acesso em: 18 out. 2017.

TESHEINER, José Maria Rosa. **Elementos para uma teoria geral do processo**. São Paulo: Saraiva, 1993.

TROCKER, Nicolò. Mauro Cappelletti. **Rivista Trimestrale di Diritto e Procedura Civile**, n. 1, a. LIX, p. 159-178, mar. 2005.

TROCKER, Nicolò. **Processo civile e costituzione:** problemi di diritto tedesco e italiano. Milano: Giuffrè, 1974.

TROCKER, Nicolò. Processo e costituzione nell'opera di Mauro Cappelletti: elementi di una moderna "teoria" del processo. **Revista de Processo Comparado**, v. 2, p. 233-281, jul.-dez. 2015.

TUCCI, José Rogério Cruz e. **Lineamento da nova reforma do CPC** [2002]. 2. ed. São Paulo: Revista dos Tribunais, 2002.

TUCCI, José Rogério Cruz e. **Giuseppe Chiovenda**: vida e obra. São Paulo: Migalhas, 2018.

VAN DIJK, Jan. **The network society**: social aspects of new media (1999). 2ª ed., Londres: SAGE Publications, 2006.

VAN RHEE, Cornelis H. Civil procedure beyond national borders. **Access to Justice in Eastern Europe**, 1, p. 15-34, 2018.

VESCOVI, Enrique [1919-2003]. Hacia un proceso civil universal. Confrontación entre el código procesal civil modelo iberoamericano y el proyecto de código europeo: las tendencias del código modelo van plasmando en la realidad. **Revista de Processo**, v. 93, p. 179-190, jan.-mar. 1999.

VIGORITI, Vincenzo. Mauro Cappelletti e altri: davvero impossibile la class action in Italia? **Revista de Processo**, v. 131, p. 83-95, jan. 2006.

VILLEY, Michel [1914-1988]. **A formação do pensamento jurídico moderno** [*La formation de la pensée juridique moderne* – 2005]. Trad. Claudia Berliner. São Paulo: Martins Fontes, 2005.

VITORELLI, Edilson. **O devido processo legal coletivo**: dos direitos aos litígios coletivos. 2ª ed., São Paulo: Revista dos Tribunais, 2019.

WACH, Adolf [1843-1926]. **Conferencias sobre la ordenanza procesal civil alemana** [*Vorträge über die Reichs – Civilprocessordnung* – 1879]. Trad. Ernesto Krotoschin. Buenos Aires: EJEA, 1958.

WAMBIER, Luiz Rodrigues. Apontamentos sobre os juizados especiais cíveis. **Revista de Processo,** vol. 82, p. 38 – 45, Abr - Jun/1996.

WAMBIER, Teresa Arruda Alvim; DANTAS, Bruno. **Recurso especial, recurso extraordinário e a nova função dos tribunais superiores no direito brasileiro**. 3. ed. São Paulo: Revista dos Tribunais, 2016.

WATANABE, Kazuo. Assistência judiciária e o juizado especial de pequenas causas. **Revista dos Tribunais**, v. 617, p. 250/253, mar./1987.

WATANABE, Kazuo. Filosofia e características básicas do Juizado Especial de Pequenas Causas. Em WATANABE, Kazuo (coord.). **Juizado especial de pequenas causas**. São Paulo: Revista dos Tribunais, 1985, pp. 01-07.

WATANABE, Kazuo (coord.). **Juizado especial de pequenas causas**. São Paulo: Revista dos Tribunais, 1985.

WIEACKER, Franz. **História do direito privado moderno** [*Privatrechtsgeschichte der neuzeit unter besonderer berücksichtigung der deutschen entwicklung* – 1952]. Trad. A. M. Botelho Hespanha. 2. ed. Lisboa: Fundação Calouste Gulbenkian, 1980.

WOLKART, Erik Navarro. **Análise econômica do processo civil**: como a economia, o direito e a psicologia podem vencer a tragédia da justiça. São Paulo: Thoomson Reuters, 2019.

YARSHELL, Flávio Luiz; PEREIRA, Guilherme Setoguti J.; RODRIGUES, Viviane Siqueira. **Comentários ao código de processo civil**: artigos 334 ao 368 [2016]. v. 5. 2ª ed., São Paulo: Revista dos Tribunais, 2018.

YEAZELL, Stephen C. **From Medieval Group Litigation to the Modern Class Action**. New Haven; London: Yale University Press, 1987.

ZAGREBELSKY, Gustavo. **Il diritto mite**. Torino: Einaudi, 1992.

ZANETI JÚNIOR, Hermes. **A constitucionalização do processo**: o modelo constitucional da justiça brasileira e as relações entre o processo e a constituição [2013]. 2. ed. São Paulo: Atlas, 2014.

ZANETI JÚNIOR, Hermes. Covid-19: brazilian perspective. **Septentrio Reports**, 5, 2020

ZENI, Paulo Cesar. **Fundamentos do processo judicial eletrônico e a defesa dos direitos no ciberespaço**. Belo Horizonte: Forum, 2019.

ZWEIGERT, Konrad [1911-1996]; KÖTZ, Hein. **Introduction to comparative law** [1977]. Trad. Tony Weir. Oxford: Oxford University Press, 1998.

EDITORA
JusPODIVM
www.editorajuspodivm.com.br